Michael Böhnke

# Kirche in der Glaubenskrise

Michael Böhnke

# Kirche in der Glaubenskrise

Eine pneumatologische Skizze
zur Ekklesiologie und
zugleich eine theologische Grundlegung
des Kirchenrechts

HERDER

FREIBURG · BASEL · WIEN

MIX
Papier aus verantwor-
tungsvollen Quellen
FSC® C106847

© Verlag Herder GmbH, Freiburg im Breisgau 2013
Alle Rechte vorbehalten
www.herder.de

Satz: Barbara Herrmann, Freiburg im Breisgau
Herstellung: fgb · freiburger graphische betriebe
www.fgb.de

Printed in Germany

ISBN 978-3-451-33268-5

„Und nun möchte ich den Segen erteilen, aber zuvor bitte ich euch um einen Gefallen. Ehe der Bischof das Volk segnet, bitte ich euch, den Herrn anzurufen, dass er mich segne: das Gebet des Volkes, das um den Segen für seinen Bischof bittet. In Stille wollen wir euer Gebet für mich halten."

*Jorge Mario Bergoglio*
*an die auf dem Petersplatz versammelten Menschen*
*nach seiner Wahl zum Bischof von Rom am 13. März 2013*

# Dank

Dieses Buch präsentiert die Ergebnisse eines mehrjährigen Forschungsvorhabens. Seine Entstehung ist im letzten Jahr durch die Deutsche Forschungsgemeinschaft (DFG) mit einem nennenswerten Beitrag gefördert worden. Die zur Verfügung gestellten Mittel haben es mir erlaubt, an dem Projekt ein Jahr ohne Unterbrechung arbeiten zu können. Dafür sei der DFG herzlich gedankt. Ebenso herzlich danken möchte ich in diesem Zusammenhang Frau PD Dr. Julia Knop, die während der Zeit meiner Freistellung die Professur für Systematische Theologie am Seminar für Katholische Theologie der Bergischen Universität Wuppertal so hervorragend vertreten hat. Ihr verdanke ich zudem zahlreiche Anregungen.

In mehreren Kolloquien und Gesprächen sind die hier vorgelegten Ergebnisse gereift. Mein Dank gilt allen, die sich daran beteiligt haben, vor allem den Mitgliedern des Wuppertaler Kolloquiums, in dessen Sitzungen das Projekt von Anfang bis Ende diskutiert worden ist, dann aber auch den Münsteraner Studierenden im Lizentiatsstudiengang Kanonisches Recht.

Darüber hinaus danke ich namentlich den Münsteraner Professoren em. Dr. Dr. h.c. Thomas Pröpper und Dr. Klaus Lüdicke, mit denen ich das Konzept in einer frühen Phase besprechen konnte. Ihre wertvollen Hinweise sind ebenso in das vorliegende ‚Produkt' eingeflossen wie diejenigen meines Freundes Prof. Dr. Thomas Schüller, mit dem ich seit nunmehr über zwanzig Jahren in einem die Grenzen zwischen Theologie und Kanonistik überschreitenden Dialog stehe. Er hat mich aus diesem Dialog heraus quasi aufgefordert, meine ohnehin geplante pneumatologische Reformulierung der Ekklesiologie mit einer theologischen Grundlegung des Kirchenrechts zu verbinden.

Für die formale Gestaltung des Textes, für die am Standort Wuppertal oft mit Mühen und Fahrten in die Bibliotheken nach Bochum und Köln verbundene Literaturbeschaffung, für die Überprüfung der Zitate und für zahlreiche Korrekturen wie auch stilistische Verbesserungen gilt mein Dank meinen Wuppertaler Mitarbeiterinnen und Mitarbeitern, namentlich Michaela G. Grochulski, Arno Hadasch M.A. und meinem ehemaligen Mitarbeiter Oliver Humberg M.A.

Wohlwollend gefördert worden ist das Buchprojekt durch den Herderverlag. Genannt seien die Verlagslektoren Dr. Peter Suchla und Stephan Weber. Auch ihnen sei herzlich gedankt.

Wuppertal, im Juli 2013                                   *Michael Böhnke*

# Inhalt

# Prolog

Als am 4. Februar 2011 unter dem Titel „Kirche 2011: Ein notwendiger Aufbruch"[1] ein von insgesamt 311 Professorinnen und Professoren der katholischen Theologie aus dem deutschsprachigen Raum unterzeichnetes Memorandum über die Krise in der katholischen Kirche erschienen ist, hat Walter Kasper mit einer scharfen Replik reagiert.[2] Im Urteil des Kardinals mangelt es dem Memorandum an theologischem Tiefgang. „Glauben denn die Unterzeichner im Ernst, dass die Kirchenfragen die existenziellen Fragen der Menschen heute sind? Oder ist es nicht eher umgekehrt, dass nämlich die Kirchenkrise eine Folge der Gotteskrise ist?" fragt Kasper rhetorisch und unterstellt damit zugleich einen Kausalnexus. Die Gotteskrise bedingt für Kasper die Kirchenkrise. Die brennenden kirchlichen Fragen, konkret der Priestermangel, die Situation derjenigen, die geschieden sind und wieder geheiratet haben, die Rolle der Frauen, der Zölibat, die Auflösung und Zusammenlegung von Pfarrgemeinden sowie die Aufarbeitung der „schrecklichen und beschämenden Missbrauchsfälle"[3] lassen sich ohne Arbeit an der Gotteskrise nach Kasper nicht lösen.

---

1 Memorandum von Theologieprofessoren und -professorinnen zur Krise der katholischen Kirche vom 04. Februar 2011, in: http://www.memorandumfreiheit.de (10.12.2012).
2 *W. Kasper,* Theologen-Memorandum – Kommen wir zur Sache!, in: FAZ vom 11. Februar 2011, 35, wiederabgedruckt in: *T. Schüller, J. Könemann (Hg.),* Das Memorandum. Die Positionen im Für und Wider, Freiburg 2011, 148–152. Vgl. ferner: *G. Kruip, M. Heimbach-Steins, S. Wendel (Hg.),* „Kirche 2011: Ein notwendiger Aufbruch". Argumente zum Memorandum, Freiburg 2011.
3 Ebd.

Nun ist die Gotteskrise – der Begriff stammt von Johann Baptist Metz[4] – seit Jahren offenkundig und nicht von der Hand zu weisen. Mit dem neuzeitlichen ‚Ende der Metaphysik' ist die philosophische Gewissheit, dass ein Gott sei, verschwunden.[5] „Die verlorene Nützlichkeit der Religion"[6] trat in der funktionalen Perspektive der Moderne hinzu. Wissenschaftlich sei die Hypothese Gott verzichtbar, wird gesagt. Im Alltag sei er nicht vonnöten, im alltäglichen Bewusstsein abwesend. Manchmal erinnere man sich an ihn. Oft werde er nicht einmal mehr vermisst. Postmetaphysisch lasse sich nur noch sagen, was er nicht sei. Für viele existiere er nur noch als Frage. Angesichts des Leidens in der Welt, so hat Stendhal (1783–1842) in einem berühmt gewordenen Diktum formuliert, sei die einzige Entschuldigung für ihn, dass er nicht existiere.[7] All das hat das Memorandum nicht thematisiert. In all dem zeigt sich, dass die Gotteskrise die Kirchenkrise bei weitem überragt. In all dem greift das Memorandum zu kurz.

In Bezug auf Kaspers These, die Gotteskrise als Ursache aller weiteren Kirchenkrisen zu verstehen, sind jedoch Zweifel anzumelden. Ist diese auch für das jahrelange Verschweigen und das Vertuschen der Missbrauchsfälle verantwortlich oder hat nicht gerade dieses Verhalten die Gotteskrise verschärft? Ist die Gotteskrise auch für den Machtmissbrauch und die Kommunikationsdefizite in der Kirche verantwortlich oder haben nicht gerade diese die

---

4 *J. B. Metz*, Gotteskrise. Versuch zur „geistigen Situation der Zeit", in: Diagnosen zur Zeit, mit Beiträgen von J. B. Metz u. a., Düsseldorf 1994, 76–92.
5 Die Literatur dazu ist unüberschaubar. Vgl. zu den grundlegenden Auseinandersetzungen zwischen 1781 und 1841: *G. Essen, C. Danz (Hg.),* Philosophisch-theologische Streitsachen. Pantheismusstreit – Atheismusstreit – Theismusstreit, Darmstadt 2012.
6 So der Titel eines Buches von *T. Ruster*, Die verlorene Nützlichkeit der Religion. Katholizismus und Moderne in der Weimarer Republik, Paderborn u. a. ²1997.
7 Vgl. *M. Böhnke*, Von scheinbaren Lösungen zu existentiellen Fragen. Zur verantworteten Rede von Gott angesichts des Leids, in: ders., G. Neuhaus, M. Schambeck, L. Schwienhorst-Schönberger, E. Stögbauer, T. Söding, Leid erfahren – Sinn suchen (Theologische Module 1), Freiburg – Basel – Wien 2007, 69–105.

Gotteskrise verschärft? Ist sie auch für das Ausbleiben von Reformen verantwortlich oder hat nicht gerade dieses die Gotteskrise verschärft? So wird man zumindest fragen müssen, wenn man nicht von vornherein alle Forderungen nach innerkirchlichen Strukturreformen als Kurieren an Symptomen abtun will. Man kann und darf nicht von der Gotteskrise reden, um Versäumnisse oder Einseitigkeiten in der Erneuerung der konkreten Gestalt der Kirche zu relativieren.

Kasper hingegen hat recht, wenn er meint, dass sich die Kirchenkrise nicht ohne die Gotteskrise bearbeiten lasse. Was er übersieht: die kirchliche Bedingtheit der Gotteskrise. Die Gotteskrise lässt sich nicht ohne die Kirchenkrise bearbeiten, auch wenn es für die Kirchenkrise durchaus gesellschaftliche Gründe gibt. So hat die Kirche nach dem Ende der Metaphysik den öffentlich bisweilen aggressiv vorgetragenen Gottesfrust vieler Zeitgenossen allein zu ertragen und die Gotteslast allein zu tragen. Sie ist der permanenten publizistischen, wissenschaftlichen und gesellschaftlichen Gotteskritik ausgesetzt. Dazu muss die Kirche sich verhalten. Das darf jedoch nicht den Blick darauf verstellen, dass sich für die Gotteskrise auch innerkirchliche Gründe namhaft machen lassen.

Es mag sein, dass die Gotteskrise der Neuzeit, Moderne und Postmoderne die gegenwärtige Kirchenkrise erst ermöglicht hat. Zweifelsfrei jedoch hat die gegenwärtige Kirchenkrise die Gotteskrise verschärft. Der Missbrauchsbeauftragte der Deutschen Bischofskonferenz, der Trierer Bischof Stephan Ackermann, hat bei der Vorstellung der Auswertung der Telefon-Hotline zum Missbrauch in der Kirche festgestellt: „Täter hätten [sich; MB] gezielt die moralische Autorität des Priesteramtes zunutze gemacht, die psychische Wirkung von Riten wie Beichte oder Gebet benutzt, um Macht über Kinder zu gewinnen – bis dahin, dass Minderjährigen vorgetäuscht wurde[n], die Übergriffe seien Ausdruck ‚liebender Verbundenheit in Christus oder Auserwählung vor Gott'"[8],

---

8 http://www.faz.net/aktuell/politik/inland/missbrauch-in-katholischer-kirche-erschuetternde-ergebnisse-12028299.html (18.01.2013).

und Thomas Söding hat den Zusammenhang von Kirchenkrise und Gotteskrise nach dem Missbrauchsskandal auf den Begriff gebracht: „Was es aufzuarbeiten gilt, ist eine menschliche Katastrophe: missbrauchte Macht, verratenes Vertrauen, ausgenutzte Schwäche. Was es aufzuarbeiten gilt, ist aber auch eine religiöse Katastrophe. Es geht um praktische Blasphemie: Gottes Heiligkeit wird angetastet; sein Wille wird pervertiert, seine Barmherzigkeit wird in den Dreck gezogen."[9]

Wie kann, so lautet die entscheidende Frage, die Kirche ‚Zeichen und Werkzeug' des Heils für diejenigen sein, die unter Berufung auf den Namen Gottes und der Kirche von kirchlichen Amtsträgern missbraucht und gedemütigt worden sind? Wie kann die Kirche angesichts des Missbrauchsskandals ihren Anspruch aufrecht erhalten, dass der Gott, der nichts und niemanden verloren gehen lässt, dieses Heil durch *ihr* Handeln und *ihre* Amtsträger ‚wirkt'? Wie kann sie den Anspruch aufrecht erhalten, dass sie auch denen „das Geheimnis der Liebe Gottes zu den Menschen zugleich offenbart und verwirklicht" (GS 45), die im Vertrauen auf diese Botschaft durch Amtsträger gedemütigt und verletzt worden sind?

Eine Ekklesiologie, die nach dem Jahr 2010, nach der Aufdeckung der Skandale verfasst wird, muss diese Fragen beantworten – und sie kann das nicht mit einem einfachen Verweis auf die Heiligkeit und Reinheit der Kirche sowie die Ex-opere-operato-Lehre des Heils tun – oder sie ist das Papier nicht wert, auf dem sie steht. Bis heute sind diese Fragen, die das ganze Ausmaß der Krise anzeigen, weil sie auf der Heilsbedeutsamkeit der Kirche insistieren, jedoch weder gestellt noch beantwortet worden. Die öffentliche Debatte begnügt sich mit Diskussionen über die moralische Integrität und Glaubwürdigkeit der Kirche und der

---

9  *T. Söding,* Nichts wird geheim gehalten, außer damit es an die Öffentlichkeit kommt (Mk 4,22). Ein exegetischer Kommentar zur Aufklärung des Missbrauchsskandals, in: http://www.ruhr-uni-bochum.de/imperia/md/content/nt/nichts_wird_geheim_gehalten1.pdf (21.01.2013), 1–5, 1.

Forderung nach einem angemessenen den Täter-Opfer Ausgleich.[10] Ekklesiologisch ist das zu wenig.

Über den Missbrauch des Gottesnamens im Namen der Kirche hinaus gehören gleichwohl noch weitere innerkirchliche Gründe von Kirchenkrise und Gotteskrise auf die Agenda. Wie verhält und bestimmt sich die Kirche in einer Zeit, in der es nicht mehr selbstverständlich ist, Gott anzuerkennen und zu achten, weil der Grund des Glaubens, Gott, nicht mehr selbstverständlich und gewiss ist?[11] Weiß sie sich als Suchende mit den Suchenden auf dem Weg,[12] oder versteht sie sich als vor den Zeitläuften Zuflucht bietende feste Burg? Oder hat sie ihre Rolle in der modernen Welt, in der Welt *etsi Deus non daretur* gar noch nicht gefunden und stolpert ob ihrer Unentschlossenheit immer tiefer in die Krise?

Eine eindeutige Antwort scheint es auf diese Fragen nicht zu geben. Es gibt Indikatoren für eine innerkirchliche Suchbewegung, aber auch für eine gewisse Ratlosigkeit. Es gibt Indikatoren für einen neuen Fundamentalismus, aber auch für eine gewisse Gleichgültigkeit. Dass es für all dies gleichzeitig Indikatoren gibt, kann zudem als Indikator für eine Verschärfung der Krise angesehen werden. Bestehende innerkirchliche Konflikte lassen sich nicht verschweigen. Sie müssen freimütig und sie müssten auch ungeachtet des Missbrauchsskandals zur Sprache kommen.

Denn eines ist offensichtlich: Die Kirche ist von zahlreichen Spannungen durchzogen – Spannungen, die von innen kommen, Spannungen, unter denen sie leidet, Spannungen, an denen sie zerbrechen könnte. Wohin man auch blickt, die derzeitige Situa-

---

10 Vgl. *K. Mertes*, Kirche und Trauma, in: StZ 231 (2013), 327–338.
11 Vgl. *J. Negel*, ‚Weil die Welt nicht ganz dicht ist …'. Eine philosophisch-theologische Erörterung der Frage nach dem Wirken Gottes in der Welt, in: http://www.uni-marburg.de/hosting/ks/personal/negel/weildiewelt.pdf (11.02.2013). Die fundamentaltheologische Problemstellung des Handelns Gottes kann in dieser Studie nicht bearbeitet werden. Negel gibt einen guten Überblick über den Stand der Diskussion.
12 „Mit den Suchenden auf die Suche gehen". Ein Gespräch mit dem tschechischen Theologen Tomáš Halík über Glauben heute, in: HerKorr 67 (2013), 69–73.

tion der Kirche wird durch Differenzen und Konflikte geprägt: zwischen Basis und Hierarchie, zwischen Konservativ und Liberal, zwischen Dialog und Gehorsam, zwischen Wahrheit und Freiheit, zwischen Praxis und Lehre, zwischen Einheit und Vielfalt, zwischen Zentralismus und Pluralität etc. All diese Spannungsfelder dürften sich gebildet haben, weil es keine unbezweifelbare und allgemein anerkannte Ordnung für den Gottesglauben mehr gibt.

Der Versuch, die bestehenden Differenzen auf einen Begriff zu bringen, ist wahrscheinlich zum Scheitern verurteilt. Dennoch scheint mir ein Konfliktfeld strukturell zu dominieren: die ungelöste Spannung zwischen Geist und Recht. Sie durchzieht die Kirche, prägt all ihre Dimensionen: innen und außen, oben und unten, sichtbar und unsichtbar. Die innere, unsichtbare und durch die Gotteskrise noch geschwächte Macht[13] des Heiligen Geistes steht gegen die äußere, sichtbare und selbstbewusste Übermacht kirchlicher Strukturen und des göttlichen Rechts.

Wer nach innerkirchlichen Gründen der Glaubens- und der Kirchenkrise fragt, wird an der Spannung zwischen den ungleichen Geschwistern Geist und Recht nicht vorbei kommen. Beispiele muss man nicht lange suchen. Zwei mögen genügen. Beide sind hoch relevant.

Erstes Beispiel: Gegen den Geist eines neuen Aufbruchs, der auf die Verwirklichung des Christlichen als lebendige, aber unverfügbare *Beziehung* Gottes zu den Menschen in der Zeit setzt, verweisen die in Kategorien der unzerstörbaren *Ordnung* denkenden traditionsorientierten Christen auf das göttliche Recht: Nur was in der Vergangenheit gegolten habe, könne auch gegenwärtig Geltung

---

13 Ich verstehe mit Hannah Arendt Macht als das, „was den öffentlichen Bereich, den potentiellen Erscheinungsraum zwischen Handelnden und Sprechenden, überhaupt ins Dasein ruft und am Dasein erhält". Macht „besitzt eigentlich niemand, sie entsteht zwischen Menschen, wenn sie zusammen handeln, und sie verschwindet, wenn sie sich wieder zerstreuen". (*H. Arendt*, Vita activa oder Vom tätigen Leben, München 1960, 194). Dieses Begriffsverständnis kann für manche Zitate, in denen das Wort Macht vorkommt, nicht vorausgesetzt werden. Meist wird das Wort in den von mir zitierten Texten alltagssprachlich verwendet.

beanspruchen. Die geltende kirchliche Ordnung könne durch einen neuen Aufbruch nicht außer Kraft gesetzt werden. Zwischen diesen beiden Positionen wird um den Kurs der Kirche gerungen. Ausgetragen wird der globale Disput unter anderem als heftiger Streit um das Verständnis des Zweiten Vatikanischen Konzils.[14] Ist das Konzil als pfingstliches Ereignis, als geistbewegter ‚Anfang eines neuen Anfangs' (K. Rahner) zu verstehen, oder müssen seine Texte im ‚Lichte der Tradition' (M. Lefèbvre) interpretiert werden? Das zweite Beispiel ist mit Blick auf die aktuelle Lage der Kirche in Deutschland gewählt. Einige Bischöfe führen ihre Bistümer dialogisch, wollen Menschen einbeziehen, auf diese Weise den Glauben und die Identifikation mit der Kirche fördern, wollen integrieren und sehen dies als notwendig zu gehenden Weg zu einer von innen her erneuerten kirchlichen Einheit an. Sie setzen sich für eine dialogische Kirche ein. Andere führen Aufsicht; auch über den Dialog! Sie bringen sich ihrem episkopalen Selbstverständnis gemäß – episkopos heißt Aufseher – nicht selbst in den Dialog ein. Sie lassen sich berichten, entscheiden souverän, laden ein oder aus, formulieren Grenzen, verlangen Gefolgschaft, erwarten Gehorsam. Sie setzen weniger auf Integration als auf die kleine Herde, den heiligen Rest. Ihr Weg zur kirchlichen Einheit lautet Profilierung durch Abgrenzung und Geschlossenheit. Da bleibt kein Raum für Innovation, für Einsicht und Dialog. Da unterliegt der Geist dem Ordnung schaffenden und einzuhaltenden Recht.

Ob solcher Zerrissenheit suchen Gläubige, die sich mit der Kirche identifizieren und ohne kirchenpolitische Parteinahme als Christen kirchlich engagieren wollen, ihre Nischen. Die mangelnde innere Einheit der Kirche hinterlässt verunsicherte und ängstliche Zeugen. Ihr Rückzug ins Private und ihr Schweigen in der Öffentlichkeit sind Anzeichen für eine lautlose, gleichsam wirkmächtige Distanzierung. Der Missbrauchsskandal dürfte seinen Teil zur Verunsicherung der Wohlmeinenden beigetragen und den Prozess des Rückzugs beschleunigt haben. Er hat dazu ge-

---

14 Vgl. *M. Böhnke*, Wider die falschen Alternativen. Zur Hermeneutik des Zweiten Vatikanischen Konzils, in: Cath 65 (2011), 169–183.

führt, dass selbst Katholikinnen und Katholiken, die sich hochgradig in der Öffentlichkeit für den Glauben der Kirche einsetzen, Zweifel gekommen sind. Kann man sich für eine Glaubensgemeinschaft, in der so etwas möglich ist, noch öffentlich engagieren? Die missionarische Strahlkraft des Evangeliums erlischt mit dem Rückzug verunsicherter Glaubenszeugen ins Private. Eine Botschaft, für die niemand mehr öffentlich eintritt, verflüchtigt sich. Traditionsabbruch droht. Die Kirche im Glaubenssinn gerät in die Krise: Kirche in der Glaubenskrise! Selbsternannte Propheten haben in dieser Situation Hochkonjunktur und leichtes Spiel. Ihre polarisierend zur Schau gestellte Rechtgläubigkeit trägt jedoch kaum zum Abbau der Spannungen bei.

Gemessen an den Gottesdienstbesucherzahlen verharrt die Mehrzahl der in Deutschland und Westeuropa lebenden Christen bereits seit längerem in Gleichgültigkeit. Sie haben sich aus der Glaubensgemeinschaft lautlos zurückgezogen und tragen so zur Glaubens- und Vertrauenskrise bei. Dass sie ihr ‚Eintrittsbillet‘ in die Kirche, ihren ‚Taufschein‘, nicht zurückgeben, zeigt allerdings auch: Die Gleichgültigkeit der ‚Taufscheinchristen‘ an sich ist noch keine Krise für die Kirche als Körperschaft des öffentlichen Rechts. Sie erlaubt es der Institution Kirche vielmehr unter Verweis auf die Statistik, von hohen Mitgliederzahlen zu sprechen und dementsprechend gesellschaftspolitisch weiterhin Gehör einzufordern, ohne sich um das privatisierte Glaubensleben vieler ihrer Mitglieder kümmern zu müssen. Auch darin zeigt sich die Differenz von Geist und Recht, dass die Kirche im Rechtssinn in gewisser Weise unabhängig vom Glaubenssinn der Gläubigen existieren kann.

Zur Krise für die Kirche als Körperschaft des öffentlichen Rechts kommt es oft erst, wenn Gleichgültigkeit nicht mehr verantwortet werden kann, wenn innerkirchliche Konflikte oder Skandale zu eigener Positionierung und Entscheidung zwingen.[15]

Kirchenaustrittszahlen weisen signifikante Spitzen auf, die sich nur durch innerkirchliche Konflikte erklären lassen: dem Fall Küng, dem Fall Drewermann, dem Fall Lefèbvre und nicht zuletzt

---

15 Insofern ist das Theologenmemorandum Zeichen der Krise.

dem Skandal sexueller Gewalt, verübt an Minderjährigen. 2010 sind in Deutschland 181.193 Menschen aus der römisch-katholischen Kirche ausgetreten[16]. Das sind mehr als doppelt so viele wie fünf Jahre zuvor. Und laut dpa ist auch im Fall „der Abweisung einer vergewaltigten Frau an zwei katholischen Kliniken […] die Zahl der Kirchenaustritte in Köln ungewöhnlich stark gestiegen".[17]

Die Kirchensteuer ist offenbar nicht der einzige Grund, der Kirche als Körperschaft des öffentlichen Rechts den Rücken zu kehren. Zumindest statistisch kann man auf Korrelationen zu innerkirchlichen Spannungen und Konflikten verweisen. Wenn die Kirche mit ihrem amtlichen Handeln, ihren Sanktionen oder auch mit ihrer Nachsicht gegenüber Tätern aus ihren eigenen Reihen, im eigenen Urteil gegen den Geist des Evangeliums und der Humanität verstoßen hat, scheint vielen der weitere Verbleib in ihr und das stillschweigende Mittragen der Institution untragbar. Skandale, Spannungen und Konflikte provozieren Austritte. Austritte können deshalb ebenso wie der Rückzug ins Private als Indikatoren einer innerkirchlich bedingten Glaubenskrise angesehen werden.

Auf die Spannung zwischen Geist und Recht kam Papst Benedikt XVI. bei seinem letzten Deutschlandbesuch zu sprechen. Er versteht diese ekklesiale Spannung jedoch nicht als Ursache, vielmehr deutet er sie als Ausdruck der Glaubenskrise. Gleichwohl fordert er eine Stärkung des Geistes. Am 24. September 2011 sagte er in Freiburg: „In Deutschland ist die Kirche bestens organisiert. Aber steht hinter den Strukturen auch die entsprechende geistige Kraft – Kraft des Glaubens an den lebendigen Gott? Ich denke, ehrlicherweise müssen wir doch sagen, daß es bei uns einen Überhang an Strukturen gegenüber dem Geist gibt. Ich füge hinzu: Die

---

16  Kirchliche Statistik der (Erz-)Bistümer in Deutschland. Jahreserhebung 2010 – Eckdaten, in: Katholische Kirche in Deutschland. Zahlen und Fakten 2010/11 (Arbeitshilfe 249), http://www.dbk.de/fileadmin/redaktion/Zahlen%20und%20Fakten/Kirchliche%20Statistik/Allgemein_-_Zahlen_und_Fakten/Zahlen-Fakten10-11-de.pdf, 20 (18.02.2013).

17  Kirchenaustritte in Köln stark gestiegen, in: NWZ vom 06. Februar 2013, 1.

eigentliche Krise der Kirche in der westlichen Welt ist eine Krise des Glaubens. Wenn wir nicht zu einer wirklichen Erneuerung des Glaubens finden, wird alle strukturelle Reform wirkungslos bleiben."[18]

Papst Benedikt fordert eine kirchliche Praxis der geistlichen Erneuerung, weil für ihn der Glaube den Strukturen der Kirche vorausgeht und diese bedingen sollte. Er steht innerkirchlichen Strukturreformen skeptisch gegenüber, weil sie ihm nicht tief genug gehen und möglicherweise auch deshalb, weil er nicht damit rechnet, dass durch sie der „Überhang der Strukturen gegenüber dem Geist"[19] abgebaut werden könne. Gegen die mutmaßliche Übermacht institutioneller und rechtlicher Strukturen setzt er auf eine tiefgehende und die Kirche von ihrem Grund her reformierende geistliche Erneuerung.[20] Bis diese jedoch ‚greift', dürfte der Überhang der Strukturen bestehen bleiben. Ja mehr noch: Man wird in dem gleichen Maß, in dem die Strukturen ihre Selbstverständlichkeit verlieren, mit ihrer zunehmenden Selbstimmunisierung durch spirituelle Überhöhung rechnen müssen. Aufklärung ist also vonnöten. Denn das Spannungsverhältnis von Geist und Recht, welches dieser Alternative als Tiefengrammatik zugrunde liegt, wird von Papst Benedikt XVI. zwar angedeutet, aber es scheint von ihm in seiner ekklesiologischen Dimension kaum zureichend bedacht worden zu sein.

Die Kirche ist für Benedikt XVI. Ausdruck des Glaubens. Deshalb ist die Kirchenkrise, von ihm verstanden als Disproportion zwischen Strukturen und Geist, Ausdruck der Glaubenskrise. Werde die Glaubenskrise überwunden, dann könne auch die Kir-

---

http://www.papst-in-deutschland.de/fileadmin/redaktion/microsites/Papst-besuch/Tagebuch/Reden_Papst/ DT_24092011_SH_13_ZDK_FB.pdf 1–3, 2f. (26.01.2012).

19 Ebd.

20 Papst Benedikt XVI. versteht die Kirche als Geschöpf des Geistes. Vgl. *J. Ratzinger*, Der Heilige Geist als Communio. Zum Verhältnis von Pneumatologie und Spiritualität bei Augustinus, in: ders., Weggemeinschaft des Glaubens. Kirche als Communio (Festgabe zum 75. Geburtstag), hg. v. Schülerkreis, Augsburg ²2005, 34–52, 35.

chenkrise überwunden werden. Die Glaubenskrise lasse sich aber nicht durch Strukturreformen überwinden. Gefragt sei ein Prozess der geistlichen Erneuerung. Sein Gelingen, so die idealistische Annahme, würde auch die Kirchenkrise beheben. Ob es der Idealismus dieser Annahme war, der neben dem fortschreitenden Alter die Kräfte des Papstes letztlich überfordert hat, so dass er das Jahr des Glaubens angesichts der Krisen, die den Vatikan erschüttert haben, nicht zuende führen konnte, sei dahin gestellt. Fakt ist: In der glaubenstheologischen Perspektive von Papst Benedikt XVI. kann die Kirchenkrise als mögliche Ursache der Glaubenskrise nicht in den Blick kommen. Sie erscheint immer nur als deren Folge. Jedoch ist die Kirche nicht nur Ausdruck des Glaubens. Sie ist immer auch Subjekt des Handelns. Als solche trägt sie für die Glaubenskrise wie für die Kirchenkrise gleichermaßen eine Verantwortung, aus der sie nicht entlassen werden kann. Deswegen bedarf die glaubenstheologische Perspektive des Papstes einer ekklesiologischen Ergänzung, in der die Konsequenzen der Kirchenkrise für den Glauben der Kirche bedacht werden. Sie setzt an bei den innerkirchlichen Spannungen und Konflikten, paradigmatisch bei der Spannung zwischen Geist und Recht.

In diesem Konfliktfeld wirken zwei unterschiedliche Weisen der Inanspruchnahme der Autorität Gottes durch die Kirche: der Berufung auf den Geist Gottes steht die Berufung auf das göttliche Recht, das *ius divinum*, gegenüber. Und darum geht es im letzten: um die Frage, in welcher Weise die Kirche sich Gottes gewiss sein kann beziehungsweise, in welcher Form sie seine Autorität für sich in Anspruch nehmen kann.

So handelt dieses Buch von der Macht des Heiligen Geistes und der Übermacht des göttlichen Rechts. Es handelt von der katholischen Kirche zu Beginn des 21. Jahrhunderts, einer Kirche in der Glaubenskrise. Diese Kirche ist uneins darüber, in welcher Form sie die Autorität Gottes in Zeiten der Gotteskrise für sich und für ihr Handeln in Anspruch nehmen kann und trägt eben dadurch selbst zur Verschärfung der Gotteskrise bei.

Der Konflikt zwischen Geist und Recht belastet die Kirche nicht erst seit gestern. Spätestens seit Ende des 19. Jahrhunderts lässt sich ein theoretisches und praktisches Auseinanderbrechen der Kirche im geistlichen Sinn, das heißt im Glaubens-[21] und Heilssinn[22], und der Kirche im Rechtssinn beobachten, welches auch durch das Zweite Vatikanische Konzil nicht gestoppt werden konnte. Das von Romano Guardini in den zwanziger Jahren des vergangenen Jahrhunderts auf den Begriff gebrachte „Erwachen der Kirche in den Seelen"[23] setzte wirkungsgeschichtlich einen Kontrapunkt[24] zum seinerzeit vorherrschenden institutionellen, hierarchischen und juridischen Kirchenverständnis und generierte die Frage nach dem Ort der personalen Verwirklichung des Christlichen in einer objektiv vorgegebenen Heils- und Rechtsordnung. Sie blieb weitgehend unbeantwortet.[25] Der Auszug der mündig gewordenen Seelen aus der Kirche war und ist die Konsequenz. Erst die strukturelle Anerkennung des „Erwachens der Kirche in den Seelen" könnte die Notwendigkeit des innerkirchlichen Dialogs wie auch den oft geforderten Verzicht auf Zwang in Glaubenssachen einsichtig machen und damit der Macht des Geistes zum

---

21 Vgl. zum Verständnis der Kirche im Glaubenssinn die Bekenntnisaussage des Glaubensbekenntnisses von Nizäa und Konstantinopel: „Wir glauben an den Heiligen Geist [...], der gesprochen hat durch die Propheten und die eine, heilige, katholische und apostolische Kirche".

22 Vgl. zum Verständnis der Kirche im Heilssinn LG 8: „Christus wurde vom Vater gesandt, ‚den Armen frohe Botschaft zu bringen, zu heilen, die bedrückten Herzens sind' (Lk 4,18), ‚zu suchen und zu retten, was verloren war' (Lk 19,10). In ähnlicher Weise umgibt die Kirche alle mit ihrer Liebe, die von menschlicher Schwachheit angefochten sind, ja in den Armen und Leidenden erkennt sie das Bild dessen, der sie gegründet hat und selbst ein Armer und Leidender war. Sie müht sich, deren Not zu erleichtern, und sucht Christus in ihnen zu dienen" (LG 8). Gerechtigkeit, Barmherzigkeit, Rechtfertigung und Heiligung, darum geht es, wenn von der Kirche im Heilssinn gesprochen wird.

23 Vgl. R. Guardini, Das Erwachen der Kirche in der Seele, in: Hochland 19 (1922), 257–267.

24 Dabei darf das apologetische Interesse Guardinis nicht übersehen werden. Ihm ging es vor allem um die Katholizität als Form des Glaubens.

25 Vgl. die aufschlussreichen Beobachtungen von D. Wiederkehr, Ekklesiologie und Kirchen-Innenpolitik. Protokoll einer Re-lecture der Kirchenkonstitution von Vaticanum II, in: M. Kessler, W. Pannenberg, H. J. Pottmeyer (Hg.), Fides quaerens intellectum. Beiträge zur Fundamentaltheologie, Tübingen 1992, 251–267.

Recht verhelfen. Das Thema, welches 1946 erstmals von Joseph Klein in seiner Bonner Antrittsvorlesung über Grundlegung und Grenzen des kanonischen Rechts bearbeitet worden ist,[26] erscheint, auch wenn es dafür beinahe schon zu spät sein könnte, noch heute relevant, um den Zwiespalt zwischen einer Kirche, die durch ihr Recht und in ihren Strukturen die Freiheit des Glaubensaktes anerkennt, die personale Verwirklichung des Christlichen wertschätzt und schützt, und einer Kirche, die bei der Durchsetzung der objektiven Wahrheit auf die Mittel des Rechts setzt, nicht aber dem subjektiven Glaubensvollzug Rechtsschutz gewährt, nicht weiter zu vertiefen.

Das Papsttum selbst steckt in einer Zwickmühle. Die Zustimmung der Mehrheit der Gläubigen erhält der Inhaber des Papstamtes nämlich vor allem dann, wenn er das kirchliche System einer objektiv vorgegebenen Heils-, Glaubens- und Rechtsordnung, dessen Garant und Gefangener er zugleich ist, geschichtlich und dialogisch durchbricht, Kritik vor allem dann, wenn er auf dessen objektiver Gültigkeit und Unveränderbarkeit mit sanktionsbewährter Gehorsamsforderung besteht. Freilich gibt es innerkirchlich zunehmend Gruppen, die den Papst eben darauf festlegen wollen. Sie polemisieren gegen innerkirchlichen Dialog und Religionsfreiheit. Sie locken mit Bekundungen unbedingten und vorauseilenden Gehorsams und legen ihn auf die Rolle des absoluten Monarchen, der qua Amt immer Recht hat, fest.[27] Sie diffamieren die Forderung nach rechtlich gesicherter Berücksichtigung personaler Verwirklichung des Christlichen wie des Glaubensaktes. Im Zweifelsfall unterliegt der, der den Geist ‚hat‘, sich ihm verbunden weiß, dem, der das Recht hat. Diesen kräfteraubenden Konflikt dürfte Papst Benedikt XVI. am eigenen Leib gespürt haben.

---

26 *J.Klein*, Grundlegung und Grenzen des kanonischen Rechts, Tübingen 1947.

27 Vgl. die Aussage von *Reinhard Kardinal Marx* gegenüber der dpa: „Der Nachfolger Petri kann kein Monarch sein", in: http://www.sueddeutsche.de/panorama/muenchner-kardinal-marx-der-nachfolger-petri-kann-kein-monarch-sein-1.1634452–3 (08.04.2013).

Angesichts dieses Konflikts gilt es, theoretisch und praktisch die Einheit der Kirche im Glaubens-, Heils- und Rechtssinn neu zu erweisen. Die Frage, die zu beantworten sein wird, lautet, wie diese Einheit, die Thomas von Aquin mit Bezug auf den Römerbrief[28] durch die These: „[…] *lex nova est ipsa gratia Spiritus sancti, quae datur Christi fidelibus*"[29] noch behaupten konnte, innerkirchlich heute denkbar ist und im Handeln der Kirche heute ‚geht'.

Das unbearbeitete Spannungsverhältnis von Geist und Recht wird zu diesem Zweck das zentrale Thema der folgenden – pneumatologisch akzentuierten – Skizzen zur Ekklesiologie sein, die sich dadurch auszeichnen, dass sie zugleich grundlegend für ein der Zeit angemessenes theologisches Verständnis der Kirche und des Kirchenrechts sein wollen.

Die Bearbeitung der angezeigten Problemstellung verlangt, den fächerzentrierten Ansatz theologischer Forschung zugunsten einer Denkformorientierung der Theologie aufzugeben. Ekklesiologie kann nicht als Teildisziplin im Binnenraum der Fundamentaltheologie oder Dogmatik verstanden werden, in der über das zeitlose Wesen der Kirche idealistisch nachgedacht werden sollte. Dies würde der Geschichtlichkeit der Kirche und auch ihrer rechtlichen Gestalt, die *alle* mir bekannten gegenwärtigen Ekklesiologien mehr oder weniger ausblenden, kaum gerecht.[30] Ohne einen konkreten Bezug auf die Sozialwissenschaften[31], aber auch ohne

---

28  „Denn das Gesetz des Geistes und des Lebens in Christus Jesus hat dich frei gemacht vom Gesetz der Sünde und des Todes" (Röm 8,2).

29  STh I–II, 106.1.

30  Vgl. die Überlegungen zur Sozialgestalt der Kirche von *P. Hünermann*, Volk Gottes – katholische Kirche – Gemeinde. Dreiheit und Einheit in der Ekklesiologie des Zweiten Vatikanischen Konzils, in: ThQ 175 (1995), 32–45; ferner: *B. J. Hilberath*, Forschungsbericht: Schwerpunkte und Tendenzen in der Ekklesiologie, in: ThQ 181 (2001), 238–246; *ders.*, Forschungsbericht: Schwerpunkte und Tendenzen in der Ekklesiologie (2), in: ThQ 184 (2004), 287–303; *ders., Grätz, H.*, Forschungsbericht: Schwerpunkte und Tendenzen in der Ekklesiologie (3), in: ThQ 187 (2007), 234–245 sowie aus jüngster Zeit die Ekklesiologien von G. Kraus, G. M. Hoff und R. Miggelbrink.

31  Vgl. *K. Gabriel*, Die Religion der Stunde? Anmerkungen zur Soziologie des gegenwärtigen Katholizismus, in: ThPQ 161 (2013), 12–19. Grundlegend im-

einen konkreten Bezug auf die Disziplinen, die sich mit den kirchlichen Vollzügen und Strukturen befassen, vor allem die Pastoraltheologie, die Kirchenrechts- und Liturgiewissenschaft, kann es keine Ekklesiologie geben, die den Anspruch hat, der kirchlichen Wirklichkeit gerecht werden zu wollen, sie zu begreifen. Ekklesiologische Reflexionen müssen insofern immer zunächst von der sozialen Handlungsgestalt des Glaubens, der Bekenntnis- und Feiergestalt der Liturgien sowie von den die Sozialgestalt des Glaubens normierenden Bestimmungen des Kirchenrechts ausgehen und den in ihnen zum Ausdruck kommenden Sinn erheben.[32]

Das pastorale Handeln, die liturgische Feier und das kirchliche Recht implizieren theologische, soteriologische, anthropologische und ekklesiologische Annahmen, die es von der Praxis her zu erhellen gilt.

Was die Sache nicht einfacher macht, ist die Vermutung, dass Pastoral, Liturgie und Recht von einem je unterschiedlichen Gottes-, Heils-, Menschen- und Rechtsverständnis ausgehen könnten. Jedoch werden nur durch eine differenzierte Hermeneutik der in der kirchlichen Praxis und in den sie begreifenden Disziplinen implizierten Gottes-, Heils- und Kirchenlehren die Gräben sichtbar, welche die Einheit der Kirche zunehmend von innen gefährden und ihre missionarische Strahlkraft trüben. Diese Gräben müssen freigelegt werden.

Die das bestehende System stützende idealistische Annahme, dass die Römische Kurie, welche die kirchlichen Vollzüge in Pastoral, Liturgie und Recht maßgeblich steuert und sich in ihrem Handeln auf das oberste kirchliche Lehr- und Leitungsamt beruft, mit einer Stimme spricht, überspielt das Problem. Sie wird als naiv zu entlarven sein. Diese Annahme verdeckt, dass die Entwicklungen

---

mer noch: *M. Kehl*, Kirche als Institution (FTS 22), Frankfurt a. M. 1976. Dieser Aspekt, der in keiner Ekklesiologie fehlen darf, stellt gleichwohl keinen Schwerpunkt der folgenden Untersuchung dar, die vornehmlich den Aspekt der rechtlichen Gestalt der Kirche in den Blick nimmt.

32 Vgl. exemplarisch zur entsprechenden liturgietheologischen Methodenreflexion: *H. B. Meyer*, Eucharistie, VIII. Liturgiewissenschaftlich, in: LThK[3] Bd. 3, 1995, 957–965, 963.

in der Pastoral, der Liturgie und im Kirchenrecht derzeit gegensätzlich verlaufen.

Dank der Übermacht der Strukturen ermöglicht die Unterstellung der Einheit es ‚den Stärkeren‘, beispielsweise der Schule
der korrekten Kanonistik[33], vom Kirchenbegriff des Kirchenrechts
als dem allein verbindlichen auszugehen.[34] Sie begünstigt aus gleichem Grund das Wiederaufblühen eines rubrizistischen Liturgie-
verständnisses, dem das Beten der Gläubigen nicht als integrieren-
der Bestandteil der Liturgie gilt.[35] Sie schafft ein Klima, in dem die
vermeintliche Unverbindlichkeit der Pastoral gegen die Verbindlichkeit des Dogmas und des Rechts ausgespielt werden kann. In
all dem zeigt sich die Übermacht von Strukturen gegenüber der

---

33 Die korrekte Kanonistik legt das Kirchenrecht nach den Interpretationsregeln des Codex aus, wobei der geltungstheoretische Unterschied zwischen
Lehramt / Gesetzgebung und Theologie nicht ausgeblendet werden darf. Der
korrekte Kanonist ist Rechtspositivist und verfolgt ein voluntaristisches
Rechtsverständnis. Ein Gesetz existiert, weil es vom Gesetzgeber erlassen worden ist. Dieser interpretiert das Recht zudem verbindlich. Hans Barion hat, beeinflusst von C. Schmitt, diese kanonistische Denkrichtung geprägt. Ihre gegenwärtig prominenten Vertreter sind N. Lüdecke und G. Bier. Vgl. *N.
Lüdecke, G. Bier,* Das römisch-katholische Kirchenrecht. Eine Einführung,
Stuttgart 2012, 39f.

34 Lüdecke u. Bier berücksichtigen in ihrer juridischen Konzilshermeneutik
weder die Tendenz nachkonziliarer Gesetzgebung zur Entjuridisierung der Ekklesiologie, die auch dadurch erfolgt ist, dass man zahlreiche Sachverhalte von
der rechtlichen Normierung ausgenommen und rechtliche Bestimmungen li-
beralisiert hat, noch das, was sie doch kurz zuvor selbst zutreffend festgestellt
haben, dass nämlich das kirchliche Lehramt auch in Glaubens- und Sittenfragen verbindlich verlautbart (34). Die Verbindlichkeit von Konzilsaussagen
kann deshalb nicht daran gemessen werden, ob ihre Materie in den Codex Aufnahme gefunden hat oder nicht. Wäre diese Annahme berechtigt, bedeutete
dies, dass das Recht der Theologie und dem kirchlichen Lehramt seine Denk-
struktur aufzwingt. Diese Aussagen sind auch nicht verbindlich lediglich aufgrund der Form – gemeint ist damit, ob es sich um Dogmen im engeren Sinn
handelt oder nicht –, vielmehr gewinnen sie ihre Verbindlichkeit aus der in ihnen enthaltenen Wahrheit.

35 Vgl. *J. A. Jungmann,* Gewordene Liturgie, Innsbruck 1941, 25. Die soteriologische Dimension der Liturgie wird vollkommen ausgeblendet bei *N. Lüdecke,* Feiern nach Kirchenrecht. Kanonistische Bemerkungen zum Verhältnis
von Liturgie und Ekklesiologie, in: JBTh 18 (2003), 395–456.

Macht des Geistes. Richard Potz diagnostiziert schon 1978 zutreffend eine „Hilflosigkeit der zeitgenössischen Ekklesiologie gegenüber rechtlichen Strukturen".[36]

Die Unterstellung der Einheit mündet, wenn sie unaufgeklärt und unbearbeitet bleibt, in einer Geschichte des Scheiterns ‚der Schwächeren', zum Beispiel der ökumenisch Engagierten. So droht der Geist der Ökumene an der Übermacht rechtlich gesicherter Strukturen und Glaubensprofile zu zerbrechen. Theologisch sind fast alle trennenden Differenzen zwischen den Konfessionen aufgearbeitet, lehramtlich und rechtlich wird eine dem theologischen Fortschritt entsprechende ökumenische Praxis kaum oder nur zögernd ermöglicht.

Ihre Ohnmacht haben die ökumenischen Pioniere des zwanzigsten Jahrhunderts, und dazu zähle ich auch den Päpstlichen Rat zur Förderung der Einheit der Christen, mehr als einmal schmerzlich erfahren müssen. Die epochale ‚Gemeinsame Erklärung zur Rechtfertigungslehre' wurde noch nicht einmal im Amtsblatt des Apostolischen Stuhls veröffentlicht. Sie blieb innerhalb der römisch-katholischen Kirche folgenlos.

Im Recht der römisch-katholischen Kirche sind die ökumenischen Fortschritte seit 1983 nicht rezipiert worden. Die Bestimmungen des kirchlichen Gesetzbuches gelten, auch wenn sie diese Fortschritte nicht rezipiert haben, allein schon aus formalem Grund weiter. Das begründet ihre Übermacht. Daran ändert auch die Neuausgabe des Ökumenischen Direktoriums wenig.

Die in ökumenischem Geist geführten Diskussionen um die Reform der Ausübung des Papstamtes, zu denen Papst Johannes Paul II. in seiner Enzyklika *Ut unum sint*[37] aufgerufen hat, scheitern weniger an mangelndem Fortschritt als vielmehr am lehramt-

---

36 *R. Potz*, Die Geltung kirchenrechtlicher Normen. Prolegomena zu einer kritisch-hermeneutischen Theorie des Kirchenrechts, Wien 1978, 162.
37 *P. Johannes Paul II.*, Enzyklika De oecumenico officio *Ut unum sint* vom 25. Mai 1995, in: AAS 87 (1995), 921–982, dt. VAS 121, Nr. 95. Der Papst ruft dazu auf: „[…] eine Form der Primatsausübung zu finden, die zwar keineswegs auf das Wesentliche ihrer Sendung verzichtet, sich aber einer neuen Situation öffnet".

lichen Superioritäts- und rechtlich gesicherten Immunitätsanspruch des Felsens Petri.

Was der Geist den Ökumenikern und auch dem Päpstlichen Rat zur Förderung der Einheit der Christen sagt, unterliegt den geltenden rechtlichen Bestimmungen sowie dem lehramtlich und rechtlich bindenden Urteil der in der kurialen Hierarchie höher angesiedelten Glaubenskongregation, die jenen mehr als einmal durch ihre Verlautbarungen in größte Verlegenheit gebracht haben dürfte. Prominentes Beispiel ist das Schreiben *Dominus Jesus*.[38]

Die Diskussion um die ökumenisch grundlegende Communio-Gestalt der Kirche zwischen den Kardinälen Kasper und Ratzinger hat beispielhaft gezeigt, wie solche Konflikte nicht hinter verschlossenen Türen beraten und durch autoritative Entscheidungen beendet, sondern öffentlich, auf hohem theologischem Niveau und auf Augenhöhe ausgetragen werden könnten.[39] Wenigstens das sollte die Regel sein. Freilich endete auch diese hochgelehrte Diskussion um das rechte Verständnis von Einheit und Vielfalt – eine zentrale Frage des Kirchenverständnisses – ohne einen Konsens. Dieser wäre aber für die innere Einheit der Kirche, die auch in dieser Frage nur noch durch die Übermacht zentralisierter Strukturen zusammengehalten wird, von nicht geringer Bedeutung gewesen.

Die anstehende Aufgabe lautet also, durch eine pneumatologische Reformulierung der Ekklesiologie (genetivus subiectivus et obiectivus) mögliche Verbindungslinien zwischen den auseinanderdriftenden Verständnissen der Kirche im Glaubens-, Heilssinn

---

38 *Kongregation für die Glaubenslehre*, Declaratio De Jesu Christi atque Ecclesiae unicitate et universalitate salvifica *Dominus Jesus* vom 6. August 2000, in: AAS 92 (2000), 742–765, dt. VAS 148, dt. in: http://www.vatican.va/roman_curia/congregations/cfaith/documents/rc_con_cfaith_doc_20000806_dominus-iesus_ge.html (08.04.2013).

39 Vgl. *S. Lefebvre*, Konflikt der Konzilsinterpretationen. Die Debatte zwischen Ratzinger und Kasper, in: Conc(D) 42 (2006), 86–96 sowie *M. Kehl*, Zum jüngsten Disput um das Verhältnis von Universalkirche und Ortskirche, in: Kirche in ökumenischer Perspektive (FS W. Kasper), Freiburg – Basel – Wien 2003, 81–101.

einerseits und der Kirche im Rechtssinn andererseits neu zu eröffnen. So könnte vielleicht einer fächerzentrierten Entpneumatisierung des Kirchenrechts ebenso wie einer antijuridischen Akzentuierung des Geistes in Liturgie, Pastoral und Ökumene – beides gefährdet, wenn es zugleich und mit unbedingtem Geltungsanspruch auftritt, die innere Einheit der Kirche – zumindest theoretisch wirksam begegnet werden, und zwar dadurch, dass Kirche in *all* ihren unterschiedlichen Vollzügen und Strukturen von *einem* sie tragenden theologischen Grund her verstanden wird.

Die zu konsultierende pastoraltheologische, liturgiewissenschaftliche, ökumenische und kanonistische Fachliteratur ist unüberschaubar. Die Aufgabe, sie zu sichten, ist für eine einzelne Person, die zudem Vertreter nur einer theologischen Teildisziplin sein kann, unmöglich. Deshalb kann diese Studie nicht mehr als den Status einer Skizze beanspruchen.

Unter einer Skizze verstehe ich dabei eine nicht ausformulierte Idee. In wenigen Strichen gewinnt die Idee in der Skizze Gestalt. In Bezug auf die Gestaltwerdung eines Projekts stellt die Skizze den ersten Schritt dar. Der Charme einer Skizze besteht darin, dass sie weiter durchdacht, dabei modifiziert oder auch verworfen werden kann. Sie betrifft etwas, das einmal sein könnte. Sie stellt eine diskutierbare Vorlage dar. Sie fordert zur Zukunftsgestaltung auf, ermöglicht und ermuntert zum Dialog. Eine Skizze ist noch kein Konzept, vielmehr eine Anregung, von der man sich bei der Konzepterstellung leiten lassen könnte. In der Freiheit von Alternativlosem ist sie die Alternative, die etwas über das Wesen der Zukunft als Gestaltungsraum sagt.

Die hier vorgetragenen Skizzen zur Ekklesiologie richten sich nicht in erster Linie an die Gebildeten unter den Verächtern des christlichen Glaubens. Sie wenden sich vor allem an die Glaubenden unter den Gebildeten, gleich ob sie sich selbst als Anhänger, Kritiker oder Verächter der Kirche verstehen. Sie wenden sich an die Vertreter der angesprochenen theologischen Teildisziplinen und fordern diese zum innertheologischen Dialog über die von ihnen jeweils vorausgesetzten Prinzipien der Ekklesiologie auf.

Nicht das Verhältnis von Glaube, verstanden als *fides catholica*, und intellektuellem Gesellschaftsdiskurs ist ihr Thema, vielmehr die nunmehr schon lang andauernde und den Glauben nicht weniger Christen belastende innere Zerrissenheit der Kirche, die auch durch das Zweite Vatikanische Konzil nicht befriedet werden konnte.[40] Dessen historisches Versagen scheint mir kaum zutreffend dadurch beschrieben werden zu können, dass man den Konzilsvätern unterstellt, zwei miteinander nicht kompatible Ekklesiologien[41] durch einen kontradiktorischen Kompromiss[42] zusammengeführt zu haben. Diese theologisch populär gewordene These geht fraglos davon aus, dass die grundlegenden ekklesiologischen Fragen durch das Konzil tatsächlich aufgegriffen und geklärt worden seien. Nicht alle halten diese Annahme – wie gleich zu zeigen sein wird – für zutreffend.

---

40 Der Autor dieser Skizzen hat mehr als fünfzehn Jahre als Abteilungsleiter für „Grundsatzfragen und Kirchliches Recht" im Stab des Bischöflichen Generalvikariats Aachen gearbeitet und erinnert sich gern an diese Zeit, die ihm einen Einblick in das Innenleben der Kirche ermöglichte. Es gehört für ein hermeneutisches Verständnis der Theologie zur wissenschaftlichen Redlichkeit, dies offenkundig zu machen. Als prägende Erfahrung dürfte die Einsicht nachwirken, dass die zentralen Probleme der Kirche vor allem innerkirchliche Gründe haben: auch die Glaubenskrise! Sie ist nicht in erster Linie eine Krise der gottlosen Moderne. Sie ist in erster Linie eine Krise, die durch die Reaktionen der Kirche auf Neuzeit und Moderne bedingt ist. Angesichts des gegenwärtigen Zustandes der Kirche erscheint dem Autor manche fundamentaltheologisch oder dogmatisch verfasste Ekklesiologie, die sich idealistisch an vergangenen und längst nicht mehr entscheidenden Problemstellungen der Geistesgeschichte abarbeitet, geradezu als schöngeistiges akademisches Glasperlenspiel, über das sich einige, die kirchliche Realität besser einschätzen könnende Kanonisten nicht nur heimlich amüsieren. Sie haben gut lachen, wissen sie doch um die Übermacht der Strukturen und des Rechts in der Kirche.
41 Vgl. *A. Acerbi*, Due ecclesiologie. Ecclesiologia giuridica ed ecclesiologia di communion nella ‚Lumen gentium', Bologna 1975.
42 Vgl. *M. Seckler*, Über den Kompromiß in Sachen der Lehre (1972), in: ders., Im Spannungsfeld von Wissenschaft und Kirche. Theologie als schöpferische Auslegung der Wirklichkeit, Freiburg – Basel – Wien 1980, 99–109.

# I.

# Zur Lage

1970 erschien das Buch des großen französischen Konzilstheologen Louis Bouyer ‚L'Eglise de Dieu'. Es enthält eine auf den ersten Blick verblüffend scharfsinnige Diagnose zur ekklesiologisch grundlegenden Dogmatischen Konstitution des Zweiten Vatikanischen Konzils über die Kirche. Fünf Jahre nach Abschluss des Konzils schreibt Bouyer: „Man ist überaus erstaunt, zwei durchgängige Lücken in der Lehre von *Lumen Gentium* zu entdecken, die man auch mit anderen Konzilstexten nicht füllen kann. Diese beiden Lücken mögen antithetisch erscheinen. Aber ihr gleichzeitiges Auftreten ist deswegen um so frappierender. Die Kirchenkonstitution kennt praktisch kein Kirchenrecht. Aber, wie seltsam, abgesehen von einem eher frommen als lehrhaften schönen Abschnitt, kennt sie auch kaum mehr den Heiligen Geist!"[1]

---

1 *L. Bouyer*, L'Eglise de Dieu. Corps du Christ et Temple de l'Esprit, Paris 1970, 208–209; zit. nach: *H. M. Legrand*, Die Entwicklung der Kirchen als verantwortliche Subjekte: Eine Anfrage an das II. Vatikanum, in: G. Alberigo, Y. Congar, H. J. Pottmeyer (Hg.), Kirche im Wandel. Eine kritische Zwischenbilanz nach dem Zweiten Vatikanum, Düsseldorf 1982, 141–174, 167 Anm. 50. Der Text von Bouyer lautet im französischen Original: „On est frappé cependant, par-dessus tout, de deux lacunes générales dans l'enseignement de *Lumen Gentium*, pour lesquelles on chercherait vainement dans les autres textes conciliaires quelque compensation. Ces deux manques peuvent apparaître comme antithétiques. Mais leur simultanéité n'en est que plus frappante. La Constitution sur l'Eglise ignore à peu près complètement le droit canon [...] mais, chose curieuse, à part un beau paragraphe plus pieux que doctrinal, elle n'ignore guère moins complètement le Saint-Esprit!" Legrand hat dieser Diagnose uneingeschränkt zugestimmt und sie noch einmal bekräftigend wiederholt. Vgl. *ders.*, Vierzig Jahre danach. Wie steht es mit den kirchlichen Reformen, die das II. Vaticanum beabsichtigt hatte?, in: Conc(D) 41 (2005), 397–411.

## Lumen gentium und das Kirchenrecht

Die Feststellung, dass *Lumen gentium* praktisch kein Kirchenrecht kenne, ist zutreffend, aber nicht erstaunlich. Zwar hatte Papst Johannes XXIII. mit der Ankündigung des Konzils die Forderung nach einer Aktualisierung, einem *Aggiornamento,* des Kirchenrechts, konkret des Kirchlichen Gesetzbuches von 1917, verbunden[2], doch wurde schnell klar, dass es sich um zwei unterschiedliche und sinnvollerweise nacheinander abzuarbeitende Projekte handeln sollte. Die Revision des kirchlichen Gesetzbuches wurde bekanntlich auf Beschluss der 1963 zu diesem Zweck eingesetzten Kardinalskommission erst nach der Beendigung des Konzils in Angriff genommen[3] und 1983 für die lateinische Kirche beziehungsweise 1990 für die katholischen Ostkirchen mit der Herausgabe eines jeweils neuen Gesetzbuches abgeschlossen.

Erweitert und präzisiert man jedoch Bouyers Diagnose, derzufolge *Lumen gentium* nicht nur kein Kirchenrecht kenne, sondern auch keine Prinzipien für dessen Aggiornamento und darüber hinaus auch keine theologische Grundlegung der rechtlichen Verfasstheit der Kirche beinhalte, welche die Legitimität eines eigenen Rechts in der Kirche ja allererst zu erweisen und seine Grenzen zu reflektieren hätte[4], dann tut sich in dem und

---

2  *P. Johannes XXIII.,* Sollemnis allocutio ad emos patres cardinales in urbe praesentes habita, die XXV januarii anno MCMLIX, in coenobi monarchorum Benedictinorum ad S. Pauli extra moenia, post missarum sollemnia, quibus beatissimus pater in patriarchali basilica Ostiensi interfuerat, in: AAS 51 (1959), 65–69.

3  „Nach der ersten Konzilsperiode erfolgte am 28.3.1963 die Einsetzung einer *Pontificia Commissio Codici Iuris Canonici recognoscendo* (AAS 55 [1963], 363–364), für deren Arbeit neben der Ernennung von Konsultoren aus aller Welt (AAS 56 [1964], 473–474) vor allem eine Ansprache Pauls VI. am 20.11.1965 über Prinzipien und Kriterien der Reform des kirchlichen Gesetzbuches richtungsweisend war: AAS 57 (1965), 985–989", so *W. Schulz,* Der „Geist des Konzils" als Interpretationsmaxime der Kanonischen Rechtsordnung? Zur Auslegung der kodikarischen Interpretationsregeln, in: Apoll 55 (1982), 449–460, 449 Anm. 1.

4  Nach *W. Aymans,* Die wissenschaftliche Methode der Kanonistik, „ist die

durch das Konzilsdokument in der Tat eine schmerzliche und bis heute kaum gefüllte Lücke auf.

Noch am Vorabend des Zweiten Vatikanischen Konzils hat das Rechtsdenken die Ekklesiologie dominiert, ein Rechtsdenken, welches einseitig an einem sozialphilosophischen Verständnis der Kirche als vollkommener Gesellschaft *(societas perfecta)* sowie deren Rechtsgestalt interessiert war. Diesem Denken zufolge „war die Kirche nicht nur einfach gesellschaftlich verfaßt, sondern auf eine solche souveräne Weise, daß ihr eine freie, von jeder innergeschichtlichen und innerweltlichen Instanz unabhängige rechtschaffende und rechtsetzende Macht zu eigen war."[5] Diese „Eigenrechtsmacht" (J. Listl) der Kirche wurde durch ihren gesellschaftlichen Charakter begründet, denn dort, wo eine Gesellschaft existiert, gibt es aufgrund eines allgemein anerkannten Grundsatzes auch Recht: ‚*ubi societas, ibi et ius*'.

Mit dem Verständnis der Kirche als vollkommene Gesellschaft wird deren Sichtbarkeit betont. Dass die Kirche eine sichtbare Größe sei, gehört seit alters her zum katholischen Selbstverständnis. Doch wurde dieses Selbstverständnis im Zeitalter der Reformation erschüttert. Gegen die These der Reformatoren, die wahre Kirche sei eine „*societas spiritus sancti in cordibus*" (Apol. VII, 5), hat deshalb der Jesuit Robert Bellarmin (1542–1621) auf die Betonung der Sichtbarkeit besonderen Wert gelegt. Seine Ansicht über die Kirche wurde in der katholischen Ekklesiologie zur herrschenden Meinung. Bellarmins wirkmächtig gewordene For-

---

Grundlegung des Kirchenrechts, der theologische Nachweis also, daß und inwiefern legitimerweise das Phänomen ‚Recht' zur Kirche gehört", die zentrale Aufgabe der Kirchenrechtstheorie. In: ders., Kirchenrechtliche Beiträge zur Ekklesiologie (Kanonistische Studien und Texte 42), Berlin 1995, 351–370, 362.
5 *A. M. Rouco-Varela*, Die katholische Rechtstheologie heute. Versuch eines analytischen Überblickes, in: ders., Schriften zur Theologie des Kirchenrechts und zur Kirchenverfassung, hg. v. W. Aymans, L. Gerosa, L. Müller, Paderborn u. a. 2000, 165–181, 167. Vgl. zudem die gründliche Untersuchung zum Ius Publicum Ecclesiasticum von *J. Listl*, Kirche und Staat in der neueren katholischen Kirchenrechtswissenschaft (Staatskirchenrechtliche Abhandlungen 7), Berlin 1978.

mulierung lautet: „Die Kirche ist eine Gemeinschaft von Menschen, die genauso sichtbar und mit den Händen greifbar ist wie die Gemeinschaft des römischen Volkes oder das Königreich Frankreich oder die Republik Venedig". Die Sichtbarkeit der Kirche besteht nach Bellarmin darin, dass sie bestimmt wird als „Gemeinschaft *(coetus)* von Menschen, die durch das Bekenntnis desselben christlichen Glaubens und den Empfang derselben Sakramente verbunden sind, unter der Leitung ihrer rechtmäßigen Oberhirten und des alleinigen Stellvertreters Christi auf Erden, des römischen Papstes".[6] Das juridische Kirchenverständnis hat also eine kontroverstheologisch bestimmte Wurzel.

Doch hat Bellarmin neben der These von der Sichtbarkeit der Kirche implizit noch eine zweite Voraussetzung für das Verständnis der Kirche als societas perfecta bereitgestellt, indem er sich zur Bestimmung der Kirche am Modell der *res publica* und des Staates orientierte: „Kirche ist [...] wie [...] das Königreich Frankreich oder die Republik Venedig". Damit wurde das Staatsverständnis, wie es die Staatstheorie jener Zeit entwickelt hat, für das Verständnis der Kirche leitend. Es basiert auf der aristotelischen Theorie der Polis. Das Kirchenmodell der societas perfecta wird der aristotelischen Staatstheorie entlehnt und findet darin seine zweite Wurzel.

Aristoteles „geht am Anfang der ‚Politik' von der zweifachen Voraussetzung aus, daß a) die πόλις eine κοινωνία und daß sie b) unter der Vielzahl der jeweils durch Zwecke entstehenden und bewegten κοινωνίαι diejenige sei, deren Zweck die Zwecke aller anderen überragt und in sich befaßt: κοινωνία πολιτική."[7]

Er begründet den Zusammenschluss von Menschen durch die Sozialnatur des Menschen. Der Mensch sei von Natur her ein Gemeinwesen, da er nicht für sich alleine leben könne. Grundlegend ist das Prinzip des Organischen: „Der Staat [ist] der Natur nach früher [...] als der einzelne Mensch, weil das Ganze früher

---

6  R. *Bellarmin,* Controversiae IV. De conciliis et ecclesia, III, 2: Opera omnia 2, Neapel 1857, 75.
7  M. *Riedel,* Gesellschaft, bürgerliche, in: HWP Bd. 3, 1974, 466–473, 466 (CD-ROM, 8714).

sein muß als der Teil. Hebt man das ganze menschliche Kompositum auf, so kann es keinen Fuß oder keine Hand mehr geben."[8] Diese organische Vorstellung des Gemeinwesens findet sich in der paulinischen Leib-Christi-Metapher wieder. Aristotelisch ist der Staat eine natürliche Vereinigung von Menschen zur Verfolgung des Zwecks des guten Lebens, sei es geistlich, sei es weltlich, als Zweck der Zwecke.

Neuzeitlich wird diese Lehre im Naturrecht des Rationalismus dahingehend modifiziert, dass der Staat als eine auf freiem Willen beruhende vertragliche Vereinigung der Menschen darstellt. Nach der Lehre des Ius Publicum Ecclesiasticum – das ist jene im 19. Jahrhundert aufkommende kanonistische Disziplin, durch die das Verständnis der Kirche als societas perfecta maßgeblich entwickelt worden ist – gründet die Kirche jedoch nicht in einer auf freiem Willen beruhenden vertraglichen Vereinigung der Menschen. Als theologischer Grund für die Existenz der Kirche wird vielmehr „ein nominalistisch verstandener Willensakt Christi"[9] angegeben. „Da Christus es so wollte, ist die Kirche eine rechtlich vollkommene Gesellschaft."[10]

Die katholische Ekklesiologie des 19. und der ersten Hälfte des 20. Jahrhunderts behält die aristotelisch organische Vorstellung des Gemeinwesens, die bereits von Thomas von Aquin übernommen worden war, bei und begründet die Kirche rechtlich durch einen göttlichen Stiftungsakt. Dies bleibt für die ekklesiologische Grundkonzeption leitend.

Der Sache nach wurden die eben referierten Gedanken bereits im 18. Jahrhundert durch Würzburger Theologen und Kanonisten vorgetragen, um die Unabhängigkeit der Kirche vom Staat zu betonen.[11] Und darin hat das Verständnis der Kirche als socie-

---

8  *Aristoteles*, Politik I, 1.2; 1253a, zit. nach: *P. Hünermann*, Volk Gottes – Katholische Kirche – Gemeinde, in: ThQ 175 (1995), 32–45, 34.

9  *L. Gerosa*, Einführung, in: P. Erdö, Theologie des kanonischen Rechts. Ein systematisch-historischer Versuch, hg. und mit einer Einleitung versehen von L. Gerosa (Kirchenrechtliche Bibliothek 1), Münster 1999, 7–38, 20.

10  Ebd.

11  Vgl. *S. Wiedenhofer*, Societas perfecta, in: LThK[3] Bd. 9, 2000, 681–682, 681.

tas perfecta seine dritte Wurzel. In Würzburg haben sich mehrere Theologen und Kanonisten, die im Nachhinein mit dem Begriff ‚Würzburger Schule' belegt worden sind, mit der naturrechtlich-rationalistischen Kollegialtheorie Samuel Freiherrn von Pufendorfs (1632–1694) auseinandergesetzt. Pufendorf hatte in seiner 1687 in Bremen erschienenen Schrift *„De habitu religionis christianae ad vitam civilem"* im aufklärerischen Geist eine Kollegialtheorie der Kirche vorgetragen. Ihrzufolge konstituiert sich die Kirche aufgrund eines freien Zusammenschlusses der Gläubigen, die zur Feier des Gottesdienstes zusammenkommen. Es ist eine Kirche der Gleichen. Sie ist territorial gebunden. Sie bildet keinen Herrschaftsverband und untersteht der Herrschaft des Staates. Die universale Kirche ist unsichtbar. Die lokale Kirche untersteht den jeweiligen Landesfürsten.

Dem haben die Würzburger Theologen und Kanonisten widersprochen, weil sie sich eine territoriale Begrenzung der sichtbaren Kirche ebenso wenig vorstellen konnten wie ihre Unterordnung unter weltliches Regiment. Auf die Argumente der ‚Würzburger Schule' hatte dann die im 19. Jahrhundert entstandene ‚Römische Schule' bei der Entwicklung der Disziplin des Ius Publicum Ecclesiasticum zurück greifen können. Nach der vor allem durch die Römische Schule geformten Lehre des Ius Publicum Ecclesiasticum ist die Kirche „eine ‚vollkommene Gesellschaft', sofern sie ihrem Wesen nach vollständig u. unabhängig ist u. über sämtl. Mittel verfügt, um ihr Ziel zu erreichen (v.a. Jurisdiktion u. Regierung)".[12] Eine solche Kirche genügt sich selbst. Sie ist auf die Welt und auf Weltliches nicht angewiesen. Sie stellt einen Gegenentwurf zur Welt dar.

Systematisch begründet hat die Anwendung der Lehre von der societas perfecta auf die Kirche vor allem Luigi Taparelli d'Azegoli. Er gilt als einer der führenden Vertreter der ‚Römischen Schule'.[13] Taparelli entwickelt seine Lehre von der Kirche „in

---

Vgl. *C. Schrader*, De corpore Christi mystico sive De Ecclesia Christi theses (1866), zit. nach: tzt Dogmatik 5.2, Nr. 176.

12 *S. Wiedenhofer*, Societas perfecta, 681.

13 *L. Taparelli d'Azegoli*, Saggio teoretico di diritto naturale appoggiato sul

strenger Parallelität zur societas perfecta des Staates".[14] Für ihn beruht in aristotelisch-thomanischer Tradition die Vereinigung auf der Sozialanlage und Sozialverpflichtung der Menschen, und nicht auf ihrem freien Zusammenschluss. Die Vollkommenheit einer Gesellschaft bestimmt Taparelli materialiter durch die Vollkommenheit des Zwecks und formaliter dadurch, dass sie „alle zu ihrer Zweckerreichung erforderlichen Mittel in sich selbst besitzt und deshalb ihrem Wesen (Natur) nach nicht mehr auf ein höheres Ganzes hingeordnet, sondern selbständig und unabhängig ist. Aus dem Wesen der Gesellschaft ergibt sich mit Notwendigkeit auch das Erfordernis einer Verbandsgewalt (Autorität), das heißt das Recht, die Glieder der Gesellschaft zu bestimmten Leistungen oder Unterlassungen in bezug auf die gemeinsame Zweckerreichung zu verpflichten. Die Verbandsgewalt, die einer vollkommenen Gesellschaft (societas perfecta) zukommt, wird als Souveränität, Jurisdiktion oder Jurisdiktionsgewalt bezeichnet. Sie aktualisiert sich in den drei bekannten Funktionen der Gesetzgebung, Rechtsprechung und vollziehenden Gewalt. Als wesentliches Merkmal enthält die Verbandsgewalt der ‚vollkommenen Gesellschaft' die *Unabhängigkeit* von jeder anderen Gewalt. Die ‚vollkommene Gesellschaft' kann daher nicht Teil eines anderen, übergeordneten gesellschaftlichen Verbandes sein."[15]

Die Kirche ist also eine nicht durch den Willen des Menschen, sondern durch Gottes Willen begründete notwendige Gesellschaft zur Bewahrung des Glaubens und Befolgung der Sittenlehre zum ewigen Heil. Sie ist ihrer Herrschaftsstruktur nach eine monarchische Gesellschaft. Die Kirche kann keine Demokratie sein wegen deren gesellschaftsbildenden Grundes, nämlich des freien Willens der Bürger. Dies widerspräche der Tatsache, dass sie sich einer göttlichen Autorität verdankt. Sie ist folglich auch

---

fatto, Palermo 1840–1843, 5 Bde. (4. [endgültige] Aufl. Rom 1855); dt: Versuch eines auf Erfahrung begründeten Naturrechts, übers. u. hg. v. F. Schöttl u. C. Rinecker, Regensburg 1845.
14 Ich orientiere mich im Folgenden an der ausgezeichneten Darstellung bei *J. Listl*, Kirche und Staat, 124–133, 127.
15 Ebd., 126f.

in ihrem Bestand von der Zustimmung der Gläubigen unabhängig. Nach Taparelli ist die Kirche ein „geistlich-hierarchischer Herrschaftsverband"[16], ein perfektes geistliches Staatswesen. Sie ist wesenhaft eine *societas inaequalium*, eine Gesellschaft der Ungleichen, auch wenn Taparelli diesen Begriff nicht verwendet hat.

Jedoch begründete in der herrschenden Meinung das Verständnis der Kirche als societas perfecta und societas inaequalium nicht nur die Unabhängigkeit der Kirche gegenüber dem Staat. Christologisch begründet, wurde es in der Ekklesiologie auch zur inneren Bestimmung des hierarchischen Wesens der Kirche verwendet. So wurden und werden noch heute die Unterschiede zwischen Klerikern und Laien herausgestellt und Bemühungen um die Demokratisierung der Kirche mit dem Argument zurückgewiesen, dass es sich bei der Kirche um eine Gesellschaft handele, die nicht auf dem freien und gleichen Willen der Gläubigen beruhen könne.

Weniger kritisch befragt worden ist, aber weitaus kritischer zu beurteilen wäre die der Societas-perfecta-Lehre implizite Annahme, dass die Kirche ihren Zweck – das geltende kirchliche Gesetzbuch, der CIC von 1983, gibt das „Heil der Seelen" in Kanon 1752 als höchsten Zweck des kirchlichen Rechts an – mit rechtlichen Mitteln erreichen könne.

Wenn Wilhelm Bertrams in seiner theologischen Grundlegung des Kirchenrechts 1946 die Kirche als Fortsetzung der Inkarnation und die äußeren, rechtlich bestimmten Handlungen der Kirche als Mittel bezeichnet, „um direkt die seinsmässige, übernatürliche Gnade hervorzubringen, wie in den Sakramenten, die ja die Gnade nicht nur versinnbilden, sondern auch ex opere operato hervorbringen",[17] dann geht er auf der Basis der Societas-perfecta-Lehre von der Richtigkeit dieser Annahme aus. Kirchliche Lehre und sakramentaler Gottesdienst werden damit als juridisch bestimmbare Heilshandlungen und das Kirchenregiment als un-

---

16  Ebd., 132.
17  *W. Bertrams*, Die Eigennatur des Kirchenrechts, in: Gr 27 (1946), 527–566, 547.

mittelbar heilswirksam angesehen. Eine Unterscheidung zwischen Kirche und Reich Gottes wird dadurch unterlaufen; ein geschichtliches Verständnis der Kirche unmöglich, ihr geschichtliches Versagen undenkbar.[18] Wenn Joseph Klein im selben Jahr darauf hinweist, dass das *bonum commune*, welches teleologisch den Gesetzesbegriff bei Aristoteles und Thomas[19] orientiert, in Staat und Kirche grundsätzlich verschieden seien und der letzte Zweck der Kirche den „vorausgesetzten Gesetzesbegriff sprenge", weil „das Verhältnis des Menschen zum Corpus Christi [...] nicht in die rationale Kategorie des Rechtsverhältnisses von Persönlichkeit und Gemeinschaft eingefangen werden"[20] könne, es vielmehr personal und auf Hoffnung hin verwirklicht zu werden verlange, dann weist er damit die Grenzen eines solchen Verständnisses auf. „Der rechtlich bestimmte Gesetzesbegriff vermag nur einen relativ kleinen Ausschnitt des genuin Ethischen und Religiösen zu fassen. Im Bereich der Realisierung des Christlichen wirkt er destruktiv, wenn er seinen Geltungsanspruch zu weit vorträgt",[21] eben weil er im Hinblick auf das eschatologische Ziel der Kirche nicht zweckmäßig erscheint.

Wen wundert es, dass Klein angesichts solcher Thesen, durch die das Verständnis der Kirche als societas perfecta grundsätzlich in Frage gestellt wurde, im Sanctum Officium auf Ablehnung stieß. Immerhin war dort ein Mann namens Ottaviani dafür verantwortlich, dass die 1947 erschienene Schrift Kleins 1950 auf den Index der verbotenen Bücher gesetzt und ihm die wissenschaftliche Lehre in einer Theologischen Fakultät untersagt wurde. Es war jener Kardinal Ottaviani, dessen Hauptwerk, das unmittelbar vor dem Zweiten Vatikanischen Konzil in vierter Auflage erschien, der Darstellung der Kirche als societas perfecta

---

18  Vgl. *T. Ruster*, Die verlorene Nützlichkeit der Religion, 395ff.
19  Thomas definiert das Gesetz als „quaedam rationis ordinatio ad bonum commune, et ab eo qui curam communitatis habet, promulgata" (STh II 1, 90.4).
20  *J. Klein*, Grundlegung und Grenzen des kanonischen Rechts, 12.
21  Ebd., 13.

galt und dem daran gelegen war, die herrschende Meinung zu verteidigen.[22] Viele Konzilsväter dürften der mit diesem Verständnis der Kirche verbundenen und antireformatorisch wie apologetisch gleichermaßen motivierten Betonung des Institutionellen, Hierarchischen und Juridischen in der Beschreibung des alleinigen Wesens der Kirche, das deren Geschichte seit dem ausgehenden Mittelalter und bis zum Zweiten Vatikanischen Konzil nachhaltig dominiert hat, schlicht überdrüssig gewesen sein. Als Beleg dafür wird häufig eine Aussage von Bischof Emile J. de Smedt von Brügge zitiert. Er wetterte in der 31. Generalkongregation des Zweiten Vatikanischen Konzils am 1. Dezember 1962 gegen das Schema ‚De Ecclesia‘, es sei klerikalistisch, triumphalistisch und juridisch.[23] Von einem solchen Kirchenverständnis haben sich die meisten Konzilsväter distanziert. Sie haben das unter Mitwirkung Ottavianis in der Theologischen Kommission entstandene Schema als grundlegend überarbeitungsbedürftig angesehen.[24] Das Verständnis der Kirche als vornehmlich sichtbare Größe sowie die darauf aufbauende Deutung der Institution als societas perfecta, die das Selbstbestimmungsrecht und die Unabhängigkeit der Kirche sichern sollte, griffen in ihren Augen für eine Bestimmung des Wesens der Kirche zu kurz.[25]

---

22  A. *Ottaviani,* Institutiones Iuris Publici Ecclesiastici (1926), Rom [4]1958 u. 1960.

23  Vgl. *X. Rynne,* Die zweite Reformation. Die erste Sitzungsperiode des Zweiten Vatikanischen Konzils, Entstehung und Verlauf, Köln – Berlin 1964, 244–248.

24  *P. Hünermann,* Theologischer Kommentar zur Dogmatischen Konstitution über die Kirche Lumen gentium, in: HThK Vat. II., Bd 2, Freiburg – Basel – Wien [2]2004, 263–582, 323.

25  Auch dort, wo man sich der Mühe einer theologischen Begründung der Kirche unterzogen hat, war diese überwiegend auf die Legitimation der Institution ausgerichtet. Jesus habe seine Kirche durch einen Rechtsakt als eine societas iuridice perfecta gegründet. „Die Existenz des Kirchenrechts gründet letzten Endes im Willen des Herrn." (*A. M. Rouco-Varela,* Die katholische Rechtstheologie, 167). Diesem ‚theologischen Positivismus‘ fehlte ebenso wie

Ekklesiologisch bestimmend für *Lumen gentium* wurden im Gegenzug eine theologisch-heilsgeschichtliche Sichtweise der Kirche und die in Anlehnung an die wiederentdeckte Theologie der Kirchenväter und in Anknüpfung an die Enzyklika *Mystici Corporis* von Papst Pius XII. erfolgte Wiedererinnerung an die Kirche als Mysterium.[26] Der Löwener Theologe Gerard Philips hatte in einem unter dem Patronat von Kardinal Suenens gefertigten Entwurf, der ab Ende Februar 1963 als neue Beratungsgrundlage fungierte, den Mysteriencharakter der Kirche herausgestellt.[27] So kennzeichnet die Dogmatische Konstitution über die Kirche eine gewisse Distanz zur Societas-perfecta-Lehre. Gegen deren Triumphalismus wird die Kirche als „Zeichen und Werkzeug" bezeichnet. Sie unterscheidet sich selbst von ihrem christologischen Grund, dem sie im Geist verbunden ist, ist Mittel zur Darstellung des Heilshandelns Gottes an der Menschheit und trägt ihren Zweck nicht in sich selbst. Gegen den Klerikalismus wird die Gleichheit der Würde aller, die durch die Taufe den Geist Christi empfangen haben, herausgestellt. Mit der Metapher „Volk Gottes" wird zudem die Kirche als Ganze bezeichnet. Gegen den Juridismus wird betont, dass die Kirche eine komplexe Wirklichkeit, bestehend aus unsichtbarem und sichtbarem Element, sei.

Eine theologische Grundlegung des Kirchen*rechts* geriet darüber ebenso wie die Formulierung des unter der Vorgabe des Aggiornamento (auch) rechtlich bestimmbaren und neu zu bestimmenden Charakters der Kirche weitgehend[28] in Vergessenheit.

---

der naturrechtlichen Begründung des Kirchenrechts jeder Bezug zum heilsgeschichtlichen Verständnis der Kirche als Mysterium.

26 *P. Pius XII.*, Enzyklika *Mystici Corporis* vom 29. Juni 1943, in: AAS 35 (1943), 193–248.

27 Vgl. *P. Hünermann*, Theologischer Kommentar, 323.

28 Vgl. den guten Überblick bei *S. Demel*, Wer interpretiert wen? Der Codex Iuris Canonici als „Krönung" des Konzils, in: Konzil im Konflikt – 50 Jahre Zweites Vatikanum (HerKorr Spezial 2) 2012, 13–18. Eine Ausnahme bildet *Optatam totius* 16,4. Die Textstelle bezieht sich allerdings nicht auf die Grundlegung, sondern auf die Auslegung des Rechts. In der Priesterausbildung, heißt es dort, „lenke man bei der Behandlung des kanonischen Rechtes und bei der Darlegung der Kirchengeschichte den Blick auf das Mysterium der Kirche im

Norbert Lüdecke konstatiert aus historischer Distanz eine „idealistische Unterschätzung der Bedeutung des Rechts für Reformen" und klagt über eine *ungute* Vernachlässigung rechtlicher Fragen"[29] durch das Konzil.

Es ist bezeichnend: In *Lumen gentium* wie auch den übrigen Konzilsdokumenten finden sich keinerlei Kriterien für die Überarbeitung des kirchlichen Gesetzbuches von 1917, die etwa den Aussagen vergleichbar wären, die in der Konzilskonstitution *Sacrosanctum Concilium* zur Reform der Liturgie enthalten sind.[30]

Offenbar war dies Papst Johannes Paul II. bei der Erstellung des Codex Iuris Canonici jedoch nicht bewusst. Wie sollte man sonst seine euphemistische Formulierung beim Angelusgebet vom 30. Januar 1983 deuten? Er führte fünf Tage nach der Promulgation des Codex Iuris Canonici aus: „Die Reform des Kir-

---

Sinne der Dogmatischen Konstitution ‚Über die Kirche', die von der Heiligen Synode erlassen wurde".

29 *N. Lüdecke*, Der Codex Iuris Canonici von 1983: „Krönung" des II. Vatikanischen Konzils?, in: H. Wolf, C. Arnold (Hg.), Die deutschsprachigen Länder und das II. Vatikanum (Programm und Wirkungsgeschichte des II. Vatikanums 4), Paderborn u. a. 2000, 209–237, 226.

30 *H. Legrand*, Vierzig Jahre danach, 398, zählt 49 normative Vorschriften zur Umsetzung der Liturgiereform in SC. Vgl. beispielhaft SC 14: „Die Mutter Kirche wünscht sehr, alle Gläubigen möchten zu der vollen, bewußten und tätigen Teilnahme an den liturgischen Feiern geführt werden"; SC 50: „Der Meß-Ordo soll so überarbeitet werden, daß der eigentliche Sinn der einzelnen Teile und ihr wechselseitiger Zusammenhang deutlicher hervortreten und die fromme und tätige Teilnahme der Gläubigen erleichtert werde. Deshalb sollen die Riten unter treulicher Wahrung ihrer Substanz einfacher werden. Was im Lauf der Zeit verdoppelt oder weniger glücklich eingefügt wurde, soll wegfallen. Einiges dagegen, was durch die Ungunst der Zeit verlorengegangen ist, soll, soweit es angebracht oder nötig erscheint, nach der altehrwürdigen Norm der Väter wiederhergestellt werden." Und: „Die Konzentration auf die aktive Teilnahme hat eine Liturgie im Blick, in der das Heilswerk der Erlösung nicht *an* den Menschen vollzogen wird, sondern [...] nur *mit* den Menschen [...], die in der Kraft des hlg. Geistes handeln"." (*A. Ehrensperger*, Die Liturgiereform des Zweiten Vatikanischen Konzils, in: http://www.liturgiekommission.ch/Orientierung/III_E_08_Vat2.pdf (05.10.2012), 1–21, 11. Zitat aus: *D. Güntner*, Das Prinzip der Participatio und die Strukturen der Lebenswelt, in: Archiv für Liturgiewissenschaft 38/39 [1996/1997], 25–41, 39f.)

chenrechts sollte den vom Konzil vorgezeichneten Richtlinien folgen."[31] Welchen Richtlinien, fragt man verwundert, wenn es doch keine gab?[32]

„Der neuen Theologie", so die Diagnose des evangelischen Kirchenrechtswissenschaftlers Hans Dombois, „entsprach keine neue Kanonistik".[33] Ein vergleichbares Fazit zieht Hervé Legrand: „Das II. Vaticanum hat kaum auf die kirchenrechtliche Dimension der Reformen geachtet, die es durchführen wollte."[34]

Rückblickend wird man das Ausblenden des Kirchenrechts und seiner zeitgemäßen Grundlegung durch die Konzilsväter als problematisch beurteilen müssen: „Nicht das ist der Fehler, daß in der Kirche das Recht zu sehr überwiegt, sondern daß das Recht nicht auf der Höhe moderner Rechtskultur ist. Es ist wohl ein verhängnisvoller Fehler vieler Konzilsväter des Zweiten Vatikanums, zu wenig nüchtern rechtlich gedacht zu haben. Damit wird das Recht am Ende der Ekklesiologie des Ersten Vatikanums überlassen", so die ernüchternde Bilanz des Konzils- und Kirchenhistorikers Klaus Schatz im Jahr 1991 über die Konsequenzen der entstandenen Leerstelle[35], der damit indirekt eine These von Werner

---

31 *P. Johannes Paul II.*, Dank an die „Väter" des Kodex, in: http://www.clerus.org/clerus/dati/2000–11/17–10/3011983.html (5.10.2012).

32 Denkbar ist freilich, dass der Papst sich auf die von der Bischofssynode 1967 gutgeheißenen Grundsätze der Codexreformkommission bezog. Aber dabei handelt es sich nicht um einen Konzilstext. Vgl. Principia quae Codicis Iuris Canonici recognitionem dirigant, in: Communicationes 1 (1969), 77ff, dt. in: Codex Iuris Canonici. Codex des Kanonischen Rechts. Lateinisch-deutsche Ausgabe, Kevelaer 2009, XLI–XLV. Kompakt informiert über die Geschichte der Codexreform: *K.-T. Geringer*, Die Entstehung des neuen Gesetzbuches der Lateinischen Kirche, in: Universität Passau, Nachrichten und Berichte, 29 (November 1983), 8–9.

33 Zit. nach *N. Lüdecke*, „Krönung", 232.

34 *H. Legrand*, Vierzig Jahre danach, 398.

35 *K. Schatz*, Päpstlicher Primat und politische Verfassungsgeschichte – Spiegel oder Kontrast?, in: StZ 209 (1991), 435–451, 448; vgl. auch *F. Ochmann*, Kirchliches Recht in und aus dem Leben der Communio – Zur „Rezeption" aus kanonistischer Sicht, in: W. Beinert (Hg.), Glaube als Zustimmung. Zur Interpretation kirchlicher Rezeptionsvorgänge (QD 131), Freiburg 1991, 123–163, zit. nach *M. Kehl*, Kirche 109. Kontext für das kritische Urteil von

Böckenförde bestätigt hat.[36] Dieser hatte geurteilt: „*Der Geist des Codex Iuris Canonici von 1983 ist der Geist des Codex Iuris Canonici von 1917* […]".[37] Fragt man nach der Ekklesiologie des Codex von 1983, so wird man ihn mit Remigiusz Sobanski als den zwiespältigen Versuch charakterisieren können, „im Gerüst einer societas das Recht einer communio unterzubringen"[38].

Lücken sind gefährlich.[39] Sie lassen sich, je nach Interessenlage, unterschiedlich füllen. So hat der Kanonist Norbert Lüdecke, in der gleichen kanonistischen Schule wie Böckenförde stehend, die durch das Konzil gelassene Lücke noch mehr als sein Mentor für die Fortschreibung des juridischen Kirchenverständnisses instrumentalisiert. Mit einiger Chuzpe hat er die Behauptung aufgestellt, der Codex Iuris Canonici von 1983 sei als die authentische Interpretation des Zweiten Vatikanischen Konzils anzusehen. Er stelle die „Krönung des Konzils" dar.[40] Der Codex sei das „letzte

---

Schatz ist die mangelnde positiv-rechtliche Begrenzung der päpstlichen Gewalt, die verfassungsrechtlich nach dem Muster der absoluten Monarchie gestaltet ist. Es verrät nach Schatz kein mangelndes Vertrauen in den Heiligen Geist, für die Ausübung geistlicher Vollmacht rechtliche Schranken zu fordern.
36 Vgl. *P. Krämer*, Theologische Grundlagen des kirchlichen Rechts nach dem CIC/1983, in: AkathKR 153 (1984), 384–398, 397.
37 *W. Böckenförde*, Der neue Codex Iuris Canonici, in: NJW 36 (1983), 2532–2540, 2538.
38 *R. Sobanski*, Rechtstheologische Vorüberlegungen zum neuen kirchlichen Gesetzbuch, in: ThQ 163 (1983), 178–188, 188.
39 Vgl. *K. Walf*, Lakunen und Zweideutigkeiten in der Ekklesiologie des II. Vatikanums, in: G. Alberigo, Y. Congar, H. J. Pottmeyer Hg.), Kirche im Wandel. Eine kritische Zwischenbilanz nach dem Zweiten Vatikanum, Düsseldorf 1982, 195–207. Walf bilanziert: „[…] wenn die […] Ergebnisse des II. Vatikanums in der neueren kirchlichen Gesetzgebung kaum noch erkennbar sind, so liegt das eben zum großen Teil an den Lakunen und Zweideutigkeiten der ekklesiologischen Aussagen des II. Vatikanums" (207).
40 Vgl. *N. Lüdecke*, „Krönung". Gegen die Thesen Lüdeckes haben sich ausgesprochen: *B. J. Hilberath*, Der CIC als authentische Rezeption des Zweiten Vatikanums? in: ThQ 186 (2006), 40–49 und *P. Hünermann*, Ist der CIC revisionsbedürftig? Dogmatische Anfragen an die Kanonistik zur Interpretation des CIC/1983, zum bischöflichen Amt, zur Ortskirche und zu den Laien, in: ThG 50 (2007), 15–30, sowie *S. Demel, L. Müller (Hg.)*, Krönung oder Entwertung des Konzils? Das Verfassungsrecht der katholischen Kirche im Spiegel der

Konzilsdokument". Durch ihn werde die Lehre des Konzils vervollständigt. Gleichzeitig stellt Lüdecke jedoch exemplarisch fest: „In den zentralen Bereichen des Verständnisses der Offenbarung und des kirchlichen Lehramtes transformiert der Codex in differenzierter Weise jene Lehren des II. Vatikanums, die das I. Vatikanum bestätigt haben"[41] und zieht damit die gleiche Bilanz wie Schatz, allerdings mit dem Unterschied, dass er diese Entwicklung als durch päpstliche Aussagen und päpstliches Handeln legitimiert ansieht. Ebenso wie Böckenförde geht Lüdecke davon aus, dass „in der Rechtsgestalt der Kirche das Kirchenverständnis des Gesetzgebers zu erkennen"[42] sei. Für den Skatfreund Lüdecke ‚sticht' der Codex das Konzil. „Der CIC steht auf dem Boden des II. Vatikanischen Konzils unabhängig von seiner Übereinstimmung mit dessen Lehren. Der Papst ist an die Lehren des II. Vatikanums nicht gebunden. Er legt sie verbindlich aus."[43] Formal ist all dies kanonistisch korrekt. Ekklesiologisch ist dieser der Alleinherrschaft des Papstes huldigende Rechtspositivismus, durch den nicht nur der Geist, sondern auch die verabschiedeten Texte des Konzils ausgehebelt werden können, einseitig, verkürzend und deshalb inakzeptabel.

---

Ekklesiologie des Zweiten Vatikanischen Konzils, Trier 2007. Lüdecke interpretiert positivistisch den Codex als „Krönung" des Konzils, während Papst Johannes XXIII. 1959 in seiner Rede das Aggiornamento des Kirchenrechts als Krönung der durch die römische Diözesansynode und das Konzil zu verwirklichenden Erneuerung der Kirche ansah.
41 *N. Lüdecke,* Der Codex Iuris Canonici als authentische Rezeption des Zweiten Vatikanums. Statement aus kanonistischer Sicht, in: Rottenburger Jahrbuch für Kirchengeschichte 26 (2007), 47–69, 59.
42 *W. Böckenförde,* Zur gegenwärtigen Lage in der römisch-katholischen Kirche, in: Orientierung 62 (1998), 228–234, 232.
43 *N. Lüdecke, G. Bier,* Das römisch-katholische Kirchenrecht, 40. Lüdecke u. Bier übersehen, dass es auch andere strukturell authentische Interpretationen des II. Vatikanums neben dem Codex Iuris Canonici von 1983 gibt. Zu nennen wären beispielsweise die approbierten liturgischen Texte, Katechismen etc. Lüdecke und Bier unterstellen, es gebe nur eine authentische Interpretation des II. Vatikanums. Dies ist unzutreffend. Es gibt mehrere, die zudem keineswegs als konfliktfrei angesehen werden können.

Die durch das Konzil gelassene Lücke hinsichtlich einer Grundlegung des Kirchenrechts zeitigt also gravierende Konsequenzen. Auf die sich daraus ergebenden Desiderate für ein inzwischen auch theologisch notwendig gewordenes Aggiornamento des kirchlichen Rechts haben Bernd Jochen Hilberath und Guido Bausenhart 2006 hingewiesen, ohne jedoch auf die Frage der Legitimierung des Rechts in der Kirche eingegangen zu sein.[44]

## Lumen gentium und die Pneumatologie

Die Feststellung zum Heiligen Geist, die Bouyer im eingangs erwähnten Zitat trifft, verwundert schon eher. Haben nicht vor allem orthodoxe Theologen die These von der Geistvergessenheit in der westlichen Ekklesiologie *vor* dem Zweite Vatikanum vertreten[45], und haben nicht Theologen der westlichen Hemisphäre nachkonziliar darauf hingewiesen, dass durch das Zweite Vatikanische Konzil dieses Defizit behoben worden sei?

Begründen konnten sie ihre Position vor allem mit Hinweisen auf *Lumen gentium* 4 und 7, 14 und 48. *Lumen gentium* 4 thematisiert die konstitutive Bedeutung des Heiligen Geistes für das Mys-

---

44  B. J. *Hilberath*, „Nur der Geist macht lebendig". Zur Rezeption von Lumen gentium, in: P. Hünermann (Hg.), Das Zweite Vatikanische Konzil und die Zeichen der Zeit heute, Freiburg – Basel – Wien 2006, 253–269, bes. 265–269. Hilberath bezieht sich vor allem auf H. *Legrand*, Vierzig Jahre danach; G. *Bausenhart*, Zentrale theologische Desiderate für die kirchliche Gesetzgebung, in: P. Hünermann (Hg.), Das Zweite Vatikanische Konzil, 362–381.
45  Die These stammt von N. Nissiotis, der als Beobachter des ÖRK beim Zweiten Vatikanischen Konzil anwesend war. „Er war zutiefst überzeugt, daß das Zeugnis der Heiligen Schrift über das Wirken des Heiligen Geistes sowohl in seiner eigenen Tradition als vor allem in den westlichen Traditionen nicht ausreichend verstanden und entfaltet worden sei", so Lukas Vischer in seinem 1986 veröffentlichten Nachruf. (*L. Vischer*, Nikos Nissiotis 1925–1986, in: ÖR 35 [1986], 369–372, 370). Einen umfassenden Überblick vermittelt D. *Sattler*, Erinnerung an den göttlichen Erinnerer. Römisch-katholische Überlegungen zur Pneumatologie in ökumenischer Perspektive, in: JBTh 24 (2009), 401–428, bes. 404–406.

terium der Kirche im Rahmen ihrer trinitarischen Grundlegung und *Lumen gentium* 7 im Rahmen ihrer christologischen Gründung, *Lumen gentium* 14 benennt das „Haben des Geistes" als Kriterium der Zugehörigkeit zur Kirche, *Lumen gentium* 48 schließlich charakterisiert die Kirche als Ganze in eschatologischem Kontext mit der Formulierung „Christus hat, von der Erde erhöht, alle an sich gezogen (vgl. Joh 12,32 griech.). Auferstanden von den Toten (vgl. Röm 6,6), hat er seinen lebendigmachenden Geist den Jüngern mitgeteilt und durch ihn seinen Leib, die Kirche, zum allumfassenden Heilssakrament gemacht" (LG 48), als „Sakrament des Geistes" (W. Kasper). Von Geistvergessenheit bräuchte deshalb in Bezug auf *Lumen gentium* eigentlich keine Rede zu sein.[46]

Doch Bouyer beklagt, dass in *Lumen gentium* vom Heiligen Geist nur in „einem eher frommen als lehrhaften schönen Abschnitt" die Rede sei, mit anderen Worten, der Heilige Geist nicht als konstitutiv für die Strukturen der Kirche und ihre institutionelle Gestalt angesehen werde.

Diesem Urteil könnte und müsste man vielleicht vom Wortlaut des verabschiedeten Konzilstextes her widersprechen. So haben es vor allem Yves Congar, Libero Gerosa und Heribert Mühlen getan. Yves Congar hat die These von der Geistvergessenheit der Ekklesiologie des Zweiten Vatikanischen Konzils umfassend zu entschärfen versucht.[47] Libero Gerosa hat Bouyer ebenso entschieden widersprochen. Er legt unter Bezugnahme auf die Charismen-

---

46 Allenfalls könnte von einem Vergessen des Geistes im Sinn einer Vernachlässigung der mystischen Tradition des christlichen Glaubens oder des ‚Auszugs des Geistes aus der Kirche' gesprochen werden. Damit gemeint wäre einerseits die Säkularisierung des Geistes in der Geistesgeschichte der Neuzeit und andererseits die sich quer zu den Kirchen seit der Wende zum 20. Jahrhundert bildenden Geistbewegungen. Aber all dies hat Bouyer wohl kaum ansprechen wollen. Vgl. *G. Fuchs*, Gottes Welt-Innen-Raum. Zur gegenwärtigen Theologie des Heiligen Geistes, in: Diakonia 21 (1990), 158–169; *E. Dirscherl*, Der Heilige Geist und das menschliche Bewußtsein. Eine theologiegeschichtlich-systematische Untersuchung (BDS 4), Würzburg 1989.

47 Vgl. *Y. Congar*, Die christologischen und pneumatologischen Implikationen der Ekklesiologie des II. Vatikanums, in: G. Alberigo, Y. Congar, H. J. Pottmeyer (Hg.), Kirche im Wandel, 111–123.

lehre in *Lumen gentium* 12,2 dar, dass das Konzil „in voller Über-einstimmung mit der Lehre des Neuen Testaments den gemein-samen Ursprung der charismatischen und der hierarchischen Ga-ben"[48] bekräftigt habe, dass Charismen gemäß *Apostolicam Actuositatem* als Quelle von Rechten und Pflichten anzusehen seien und sie dazu gegeben werden, die Gemeinschaft der Gläubi-gen aufzubauen.

Auch ich möchte Widerspruch anmelden. Ich meine, das von Bouyer benannte Defizit im weiteren Verlauf der Arbeit durch eine konsequent pneumatologische Interpretation von *Lumen genti-um* 8 beheben zu zu können. Eine solch pneumatologische Inter-pretation von *Lumen gentium* 8 hat bisher nur Heribert Mühlen, und zwar bereits unmittelbar im Anschluss an das Konzil, vor-gelegt.[49] Sie hat sich allerdings nicht durchsetzen können. Mühlen hat vielleicht zu emphatisch davon gesprochen, dass in den Aus-sagen des Zweiten Vatikanischen Konzils die Ekklesiologie in eine „pneumatologische Phase" eingetreten sei.[50] Wirkungsgeschicht-lich trifft diese Aussage nicht zu. Die gängige Interpretation von *Lumen gentium* 8 marginalisiert den pneumatologischen Aspekt und scheint damit, ebenso wie so manche nachkonziliare Entwick-lung, Bouyer recht zu geben.

Die Enzyklika Papst Leo XIII. *Divinum illud* vom 9. Mai 1897 gilt als das erste lehramtliche Dokument,[51] in welcher der Heilige Geist in seiner Bedeutung für die Kirche nach jahrhundertelangem Schweigen wieder erwähnt worden ist. Er ist also keineswegs völlig vergessen worden. Freilich findet er seinen Platz (nur) als Assis-

---

48 *L. Gerosa,* Charisma und Recht. Kirchenrechtliche Überlegungen zum „Urcharisma" der neuen Vereinigungsformen in der Kirche, Einsiedeln – Trier 1989, 71.

49 Vgl. *H. Mühlen,* Una mystica persona. Die Kirche als das Mysterium der heilsgeschichtlichen Identität des Heiligen Geistes in Christus und den Chris-ten. Eine Person in vielen Personen, München – Paderborn – Wien ²1966, ³1968, Kap. IV, 359–598, bes. 385–391.

50 Ebd., Kap. VII.

51 *P. Leo XIII.,* Enzyklika *Divinum illud* vom 9. Mai 1897, in: ASS 29 (1896/97), 644–658.

tenz in einer hierarchisch verfassten Kirche, die, sofern sie theologisch reflektiert, christozentrisch begründet wird. Theologisch
wird diese Kirche als Institution – als von Christus durch einen
Rechtsakt eingesetzte menschliche Gesellschaft oder als Fortsetzung der Inkarnation – verstanden. Zwar beseele der Geist diese
hierarchisch verfasste Kirche, gleichwohl gilt er für sie nicht als
konstitutiv. In diesem Sinn zitiert Pius XII. die Enzyklika *Divinum
illud* seines Amtsvorgängers Leo XIII: „Es genüge der eine Satz:
Christus ist das Haupt der Kirche, der Heilige Geist ihre Seele".[52]
Die Formulierung geht auf Augustinus zurück, der allerdings formuliert hatte, dass der Heilige Geist gleichsam die Seele der Kirche
sei (Augustinus, serm. 267,4). Gegen genau diese Art der Christozentrik in der Ekklesiologie, die Haupt und Seele und nicht Leib
und Seele einander gegenüberstellt, richtete sich die These von
der Geistvergessenheit der orthodoxen Theologen, prominent vorgetragen durch den Konzilsbeobachter Nikos Nissiotis.

Als Beispiel für diese Art der Geistvergessenheit kann die
Lehre über die Einheit als Wesenseigenschaft der Kirche angeführt
werden. In der lehramtlichen Ekklesiologie der römisch-katholischen Kirche gilt das Papstamt als deren sichtbares Prinzip.[53]
Die Kirche und ihre Einheit werden durch das Erste Vatikanische
Konzil von ihrem Oberhaupt her definiert.[54] Für eine Ekklesiologie jedoch, deren Gegenstand die Kirche als Mysterium ist, kann
Medard Kehl formulieren: „Diese Einheit hat ihren Grund [...]
weder im Willen des Volkes Gottes, noch im Willen des Papstes;
beide sind nicht die ‚Souveräne' [...] der Kirche [...]. Die Einheit
der Kirche gründet vielmehr restlos in der Liebe Jesu Christi, die
im Hl. Geist der ganzen Kirche zugeeignet wird".[55]

---

52 Vgl. *P. Pius XII.*, Enzyklika *Mystici Corporis* vom 29. Juni 1943, in: AAS 35
(1943), 193–248.
53 Vgl. *P. Pius XI.*, Enzyklika *Mortalium animos* vom 6. Januar 1928, in: AAS
XX (1928), 5–16; ferner LG 23.
54 Vgl. *M. Kehl*, Die Kirche. Eine katholische Ekklesiologie, Würzburg ³1994,
348.
55 *M. Kehl*, Die Kirche, 358. Kehl stellt sich damit in die Tradition von J. A.
Möhler, der 1825 die Ekklesiologie pneumatologisch erneuert hatte. Vgl. *J. A.*

Die durch das Verständnis der Kirche als Mysterium vorgenommene Veränderung der Perspektive tritt in diesem Beispiel deutlich hervor. Die Kirche wird nicht länger als nur sichtbare Größe verstanden, deren Einheit in einem sichtbaren Prinzip gründet und die dann noch durch den Heiligen Geist beseelt werden müsste. Vielmehr orientiert sich das Verständnis ihrer Einheit daran, dass sie das in der trinitarischen Liebe geeinte Volk Gottes ist.

Durch das und seit dem Zweiten Vatikanischen Konzil werden nun aber beide Aussagen oft undifferenziert und deshalb mit konkurrierendem Geltungsanspruch vorgetragen.[56] So bezeichnet *Lumen gentium* 4 „die ganze Kirche als ‚das von der Einheit des Vaters und des Sohnes und des Heiligen Geistes her geeinte Volk'". Hingegen heißt es in *Lumen gentium* 18, dass Christus „den heiligen Petrus an die Spitze der übrigen Apostel gestellt und in ihm ein immerwährendes und sichtbares Prinzip und Fundament der Glaubenseinheit und der Gemeinschaft eingesetzt" hat. Aufgrund dieses später noch zu diskutierenden Befundes müsste man in Bezug auf *Lumen gentium* zutreffend wohl eher von einer parataktischen Erweiterung der Lehre des Ersten Vatikanischen Konzils als von einer Veränderung der Perspektive sprechen.[57]

Die Aufgabe des Konzils hätte der These von Medard Kehl zufolge in der Klärung und Sicherung der Prinzipialität des Hei-

---

*Möhler*, Die Einheit der Kirche oder das Prinzip des Katholizismus. Dargestellt im Geiste der Kirchenväter der ersten drei Jahrhunderte, hg. v. J. R. Geiselmann, Köln – Olten 1956.

56 Eine gewisse eindeutige Akzentuierung ergibt sich erst aus den Formulierungen der Enzyklika von *P. Johannes Paul II.*, *Ut unum sint* vom 25. Mai 1995, in: AAS 87 (1995), 921–982, dt. VAS 121, Nr. 94: „Dieser im Werk der göttlichen Barmherzigkeit verwurzelte Dienst an der Einheit wird innerhalb des Bischofskollegiums einem von denen anvertraut, die vom Heiligen Geist den Auftrag erhalten haben, nicht die Macht über das Volk auszuüben – wie das die Führer der Nationen und die Mächtigen tun (vgl. Mt 20, 25; Mk 10, 42) –, sondern es zu leiten, damit es sich ruhigen Weiden zuwenden kann."
57 Dieser Befund ist Sachgrund für die These von den zwei Ekklesiologien des Zweiten Vatikanischen Konzils. Vgl. *A. Acerbi*, Due ecclesiologie.

ligen Geistes auch für die institutionelle Gestalt der Kirche bestehen müssen.[58] Dies gilt freilich nicht nur in Bezug auf das theologische, innere Einheitsprinzip der Kirche, sondern auch etwa in Bezug auf die Frage der Zugehörigkeit zu einer Kirche, die sich als Gemeinschaft der Gläubigen versteht und für deren Konstitution diese Frage deshalb von eminenter Bedeutung ist. Bedenkt man, dass das Kriterium von *Lumen gentium* 14[59] „Spiritum Christi habentes" (Röm 8,9) keinen Eingang in das Gesetzbuch der lateinischen Kirche, den CIC von 1983[60], gefunden hat und dieses sich zur Be-

---

58 Vgl. *M. Kehl*, Die Kirche, 393. Kehl sperrt sich damit zugleich gegen eine verfassungsrechtliche Domestizierung des Pneumatischen. Pneumatologie versteht er christozentrisch als ‚Gesinnung' Christi, die es zielursächlich in der Kirche zu verwirklichen gelte als Antrieb zur dauernden Reform (419). Kehl nennt Beispiele einer Rezeption des pneumatologischen Ansatzes in konkreten kirchlichen Strukturfragen: Die Gleichgewichtung von Universal- und Ortskirche, das Verhältnis von Kollegialität der Bischöfe und Primat des Papstes, das Verhältnis von Gemeinde und Amt und die Wiederentdeckung der Charismen (76–78). Vgl. *H. Mühlen*, Die Kirche als geschichtliche Erscheinung des übergeschichtlichen Geistes Christi. Zur Ekklesiologie des Vaticanum II, in: ThGl 55 (1965), 270–289, 273, Anm. 7. Vgl. *ders.,* Das Verhältnis zwischen Inkarnation und Kirche in den Aussagen des Vaticanum II, in: ThGl 55 (1965), 171–190, 188–190.

59 Vgl. LG 49,1.

60 Can. 205 CIC/1983: „Voll in der Gemeinschaft der katholischen Kirche in dieser Welt stehen jene Getauften, die in ihrem sichtbaren Verband mit Christus verbunden sind, und zwar durch die Bande des Glaubensbekenntnisses, der Sakramente und der kirchlichen Leitung". H. Müller hat die Problematik präzise benannt: „Wenn nun im Codex Iuris Canonici 1983 für die volle Kirchenzugehörigkeit nicht mehr die Einwohnung des Geistes Christi im Sinne der Rechtfertigungsgnade gefordert wird, sondern in can. 205 auf ausschließlich institutionelle Kriterien der Zugehörigkeit zur Kirche abgestellt ist, läuft dies auf einen Rückfall in eine einseitig juristisch geprägte Ekklesiologie hinaus. Denn der Kirchenbegriff wird auf seine institutionelle Komponente reduziert". (*H. Müller*, Communio als kirchenrechtliches Prinzip im CIC von 1983?, in: M. Böhnke, H.-P. Heinz [Hg.], Im Gespräch mit dem dreieinen Gott [FS W. Breuning], Düsseldorf 1985, 481–498, 496). Vgl. *W. Aymans*, Die kanonistische Lehre von der Kirchengliedschaft im Lichte des II. Vatikanischen Konzils, in: AkathKR 42 (1973), 397–417, 409; *F. Coccopalmerio*, Die kirchliche communio. Was das Konzil sagt und worüber die Codices schweigen, in: E. Gütt-

schreibung der Kirchenzugehörigkeit wieder an den unter der Voraussetzung der Sichtbarkeit der Kirche formulierten Bellarminschen Kriterien orientiert – wenn auch unter anderen Vorzeichen[61] –, scheinen auch an dieser Stelle aufgrund der nachkonziliaren Entwicklung berechtigte Zweifel an einer nachhaltigen Herausstellung der konstitutiven Bedeutung des Heiligen Geistes für die Kirche angebracht.

Dieses Urteil scheint trotz der wiederholten lehramtlichen Bezugnahme auf den Geist in nachkonziliarer Zeit, vor allem durch die Päpste Paul VI. und Johannes Paul II. vertretbar. Man muss nämlich nüchtern feststellen, dass die Bezugnahme auf den Geist im CIC von 1983 nicht rezipiert worden ist, ja sogar bewusst vermieden worden zu sein scheint. Der Begriff ‚Charisma‘ kommt im Codex ebenso wenig vor, wie auf das ‚Spiritum Christi habere‘ und den ‚sensus fidei‘ Bezug genommen wird. Dem Wirken des Geistes wird keine Rechtsrelevanz zuerkannt. Dies gilt auch für die pneumatologische Dimension von Wort und Sakrament.[62]

Nach Medard Kehl bleibt die Pneumatologie ekklesiologisch harmlos, „wenn sie sich nicht auch strukturell auswirkt".[63] Einen möglichen Grund für diesen Mangel benennt Bernd Jochen Hilberath. Er urteilt, dass es in den Texten des Zweiten Vatikanischen Konzils „zu einer vielfältigen Thematisierung der pneumatischen Dimension der Kirche" gekommen sei, „wenn auch von einer

---

hoff, S. Haering, H. Pree (Hg.), Der Kirchenaustritt im staatlichen und kirchlichen Recht (QD 243), Freiburg – Basel – Wien 2011, 90–123; *ders.*, Quid significent verba „Spiritum Christi habentes" Lumen gentium 14,2, in: PRMCL 68 (1979), 253–276; *G. Gänswein*, „Spiritum Christi habentes". Zur Frage von Kirchenzugehörigkeit und Heil, in: PRMCL 86 (1997), 275–319; 397–418; *H. Müller*, Zugehörigkeit zur Kirche als Problem der Neukodifikation des kanonischen Rechts, in: ÖAKR 28 (1977), 81–98.
61 Vgl. *H. J. F. Reinhardt*, in: MKCIC zu can. 204 CIC/1983.
62 Vgl. *L. Gerosa*, Charisma, 185–201; ferner die gründliche Untersuchung von *D. Burghardt*, Institution Glaubenssinn. Die Bedeutung des *sensus fidei* im kirchlichen Verfassungsrecht und für die Interpretation kanonischer Gesetze, Paderborn 2002.
63 *M. Kehl*, Die Kirche, 110.

durchgehenden Systematik nicht die Rede sein kann".[64] Und eben
das dürfte Bouyer mit seiner Formulierung gemeint haben.

Walter Kasper hat bereits 1976[65] – ohne Anspruch auf Vollständigkeit – zwei wesentliche Gründe für die Geistvergessenheit
in Theologie und Kirche der westlichen Welt benannt: erstens
„die schon früh einsetzende Auseinandersetzung mit dem
Schwärmertum" (16), die dazu führte, dass „die charismatische
Dimension der Kirche […] weithin verdeckt [wurde; MB] durch
die übermächtigen hierarchischen Strukturen" (17) und kompen-
siert wurde im Verständnis des Heiligen Geistes „als […] Seele
der hierarchisch verfaßten Kirche" (17) und zweitens die von Augustinus ausgehende Entwicklung der Trinitätslehre in der West-
kirche, die den Heiligen Geist geschichtlich funktionslos werden
ließ. Sie bildete ihre Charakteristika vor allem im Ausgang vom
„einen göttlichen Wesen [aus; MB], das […] in sich dreifaltig begriffen wurde" (18), sowie durch das Axiom, „daß alles Wirken
Gottes nach außen allen drei göttlichen Personen gemeinsam zugesprochen und ihre besondere heilsgeschichtliche Funktion außer acht gelassen wurde" (18). Der Verlust der heilsgeschichtlichen Perspektive findet nach Kasper ihren Ausdruck darin, dass
die „ursprüngliche heilsgeschichtliche Doxologie ‚Ehre sei dem
Vater durch den Sohn im Heiligen Geist' […] durch die mehr
dogmatische ‚Ehre sei dem Vater und dem Sohne und dem Heiligen Geist'" (18) ersetzt worden sei und endet damit, dass die
Lehre vom Heiligen Geist „praktisch in die allgemeine Trinitätslehre aufgesogen" (19) wurde und „damit ohne Funktion für das
christliche Bewußtsein" (19) war. Die filioquistische Ausformulie-
rung der Trinitätslehre[66] im Westen dürfte diese Entwicklung,

---

64  B. J. Hilberath, Pneumatologie (Leitfaden Theologie 23), Düsseldorf 1994,
157.
65  W. Kasper, Die Kirche als Sakrament des Geistes, in: ders., G. Sauter,
Kirche – Ort des Geistes, Freiburg – Basel – Wien 1976, 13–55, bes. 14–25.
Die Seitenangaben im folgenden Abschnitt beziehen sich auf diesen Beitrag.
66  Vgl. M. Böhnke, A. Kattan, B. Oberdorfer (Hg.), Die Filioque-Kontroverse.
Historische, ökumenische und dogmatische Perspektiven 1200 Jahre nach der
Aachener Synode (809), (QD 245), Freiburg – Basel – Wien 2011; ferner: M.

wenn auch nicht alleine bewirkt, so doch zumindest maßgeblich befördert und begünstigt haben.

Wie dem auch sei: „Beide Gründe führten dazu, daß die Kirche einseitig christologisch als Institution (Stiftung) und Repräsentation Jesu Christi verstanden wurde." (19) Umgekehrt kam es, so Kasper, aus beiden Gründen zum Auszug des Geistes aus der Kirche, „zu einer folgenschweren Säkularisierung des Geistes" (19).

Zu ergänzen ist die Diagnose Kaspers durch den doppelten Hinweis auf die ‚Geringschätzung' des Geistes im sakramentalen Geschehen sowie in der Erlösungslehre.

Mit Ambrosius von Mailand, dies sei hier nur als gewichtiges Beispiel für den ersten Fall angeführt, jenem Ambrosius, über den das an Willensmacht und Dienstpflicht orientierte römische Rechtsdenken in die Kirche Einzug hielt, setzt sich im Westen die These durch, dass es die Worte und der Befehl Christi seien, welche die Wandlung von Brot und Wein bewirken.[67] Diese These von der konstitutiven Bedeutung der vollmächtig gesprochenen Einsetzungsworte hat die Eucharistielehre in der westlichen Kirche bis in die jüngste Zeit hinein geprägt. „Der Canon Romanus, das in der Zeit zwischen dem 4. und 7. Jahrhundert entstandene Eucharistiegebet der römischen Liturgie, hat zwar auch eine anamnetisch-epikletische Grundstruktur, wurde aber redaktionell so bearbeitet, dass die verschiedenen Gebetsvollzüge symmetrisch um die Einsetzungsworte gruppiert sind".[68] Anamnese und Epiklese bilden den Rahmen für das konsekratorische Handeln. Die Konsekration selbst wird nicht als Werk des Heiligen Geistes verstanden. Die Einsetzungsworte werden vom Priester in persona Christi gesprochen. Ihm kommt

---

*Böhnke*, Kein anderer Glaube? Das Veränderungsverbot des nizänischen Glaubens in Spätantike und Frühmittelalter, in: G. Essen, N. Jansen (Hg.), Dogmatik und Dogmatisierung, Tübingen 2011, 39–53.
67 Vgl. *Ambrosius von Mailand,* De sacramentis. De mysteriis. Über die Sakramente. Über die Mysterien, übers. u. eingel. v. J. Schmitz CSSR (FC 3), Freiburg – Basel – Wien 1990, 57, 142–145, 150–153, 248–251.
68 *A. Gerhards, B. Kranemann,* Einführung in die Liturgiewissenschaft, Darmstadt 2006, 175.

die *potestas consecrandi* zu.[69] Diese Sichtweise ist wegen einer doppelten Engführung in die Kritik geraten: erstens wegen der mit ihr verbundenen Isolierung und Konzentration auf den Moment der Wandlung und zweitens wegen der mit ihr verbundenen Konzentration auf eine Formel, mit der zugleich vom Gebetscharakter der Eucharistiefeier abstrahiert wurde. Zudem stellt ein von Wort und Befehl Christi einseitig ausgehendes Eucharistieverständnis eine christozentrische Sichtweise dar, die heute allgemein als trinitätstheologisch überholt gilt. Sie ist durch die Liturgiereformen nach dem Zweiten Vatikanischen Konzil pneumatologisch korrigiert worden. Das allerdings dürfte noch kaum in das allgemeine theologische Bewusstsein vorgedrungen sein. Sehr schön jedoch hat dies jedoch der katholische Erwachsenenkatechismus formuliert: „Die Vergegenwärtigung Jesu Christi in der Eucharistie ist keine magische oder mechanische Handlung. Sie geschieht vielmehr durch ein im Namen Jesu Christi an Gott den Vater gerichtetes *Gebet um die Gabe des Heiligen Geistes* (Epiklese).“[70]

In Bezug auf die Erlösungslehre ist Anselm von Canterburys Satisfaktionstheorie zu erwähnen. Er hat im 11. Jahrhundert in seiner Schrift *Cur deus homo* [71] ein christozentrisches und zugleich juridisches Verständnis der Erlösung entfaltet, welches zwar in der jüngsten Vergangenheit eine tiefgreifende theologische Kritik erfahren hat[72], aber einer pneumatologischen Korrektur erst noch unterzogen werden müsste.

---

69  Vgl. *T. van Eijk*, Die Epiklese in den neuen Eucharistiegebeten der christlichen Traditionen, in: IKaZ Communio 96 (2006), 89–110, 94f.

70  *Deutsche Bischofskonferenz (Hg.)*, Katholischer Erwachsenen-Katechismus. Das Glaubensbekenntnis der Kirche, Kevelaer u. a. 1985, 349.

71  *A. v. Canterbury*, Cur deus homo. Warum Gott Mensch geworden, Darmstadt ⁵1993.

72  Vgl. zu den wesentlichen Gehalten der Lehre sowie zu den Kriterien einer sachgerechten und zeitgemäßen Hermeneutik der Satisfaktionstheorie den ausgezeichneten Artikel von *J. Knop*, Satisfaktionstheorie, in: W. Beinert, B. Stubenrauch (Hg.), Neues Lexikon der katholischen Dogmatik, Freiburg – Basel – Wien 2012, 576–578.

Da für die Grundlegung sowie für die Zwecksetzung der Kirche sowohl die Sakramentenlehre als auch die Soteriologie von eminenter Bedeutung sind, müssen beide Bereiche der Geistvergessenheit in diesem Zusammenhang über die von Kasper getroffene Diagnose hinaus in Erinnerung gerufen werden.

## Das Fehlen des Geistes und das Fehlen des Rechts

Nach diesem kurzen Blick auf die von Kasper benannten und zu ergänzenden Gründe für die Geistvergessenheit in Theologie und Kirche verdient nun der dritte Aspekt im Zitat von Bouyer Beachtung, nämlich jener, dass es ihm frappierend erscheine, dass beide Lücken – das Fehlen des Geistes und das Fehlen des Rechts – in *Lumen gentium zugleich* aufträten.

Die von Bouyer mit der Formulierung „Diese beiden Lücken mögen antithetisch erscheinen. Aber ihr gleichzeitiges Auftreten ist deswegen umso frappierender" angesprochene und bleibend ungelöste Spannung zwischen Geist und Recht lässt sich möglicherweise damit erklären, dass die Konzilsväter die Dominanz des Juridischen in der Ekklesiologie, die ja noch den ersten Entwurf zum Kirchenschema bestimmt hatte[73], durch dessen Streichung von der Agenda und eine bewusst andere Akzentsetzung überwinden wollten und eben deshalb beides nicht miteinander vermitteln konnten. Der konkret greifbare Effekt ist, dass die Spannung unbearbeitet bleibt; der weitergehende, dass diese Spannung sich dadurch nicht von selbst erledigt hat und unterschwellig weiter wirkt.

Der Befund kann in zwei Richtungen aufbereitet werden. Einerseits ist die Bedeutung der ungelösten Spannung zwischen

---

73 Vgl. *Ch. Moeller*, Die Entstehung der Konstitution, ideengeschichtlich betrachtet, in: G. Baraúna (Hg.), De Ecclesia. Beiträge zur Konstitution über die Kirche des Zweiten Vatikanischen Konzils, Freiburg – Basel – Wien 1966 Bd. 1, 71–105; *P. Hünermann*, Theologischer Kommentar, bes. 291–319; ferner *M. Graulich*, Unterwegs zu einer Theologie des Kirchenrechts. Die Grundlegung des Rechts bei Gottlieb Söhngen (1892–1971) und die Konzepte der neueren Kirchenrechtswissenschaft, Paderborn u. a. 2006, 327–334.

Geist und Recht für die Ekklesiologie zu thematisieren, andererseits sind die sich aus dieser Spannung ergebenden Konsequenzen für die Pneumatologie und die Kanonistik darzulegen. Beginnen wir mit dem ersten Punkt. Die Konzilsteilnehmer dürften nicht nur des Institutionellen, Hierarchischen und Juridischen überdrüssig gewesen sein, vielen von ihnen dürfte auch die Spannung zwischen Geist und Recht bewusst gewesen sein, die der Jurist und Rechtshistoriker Rudolph Sohm 1892 ebenso präzise wie provokativ auf den Begriff gebracht hatte: „Das Kirchenrecht", so Sohm, „steht mit dem Wesen der Kirche im Widerspruch […]. Das Wesen der Kirche ist geistlich; das Wesen des Rechts ist weltlich. Die Kirche will durch das Walten des göttlichen Geistes geführt, regiert werden; das Recht vermag immer nur menschliche Herrschaft irdischer, fehlbarer, der Zeitströmung unterworfener Natur hervorzubringen".[74]

Nach Sohm ist die ursprünglich rein charismatische Ordnung der Kirche an der Wende zum zweiten Jahrhundert verrechtlicht worden. Bezeugt werde der Paradigmenwechsel im ersten Clemensbrief (96/97). Im Namen der Gemeinde von Rom richtet sich das Schreiben eines anonymen Autors an die Gemeinde in Korinth. Der Autor, den die spätere Tradition Clemens genannt und als römischen Bischof bezeichnet hat, nimmt zu einem Führungsstreit Stellung, der in der korinthischen Gemeinde entbrannt ist. Einige Gemeindemitglieder hatten sich gegen die Gemeindevorsteher aufgelehnt und sie abgesetzt. Damit ist man in der römischen Gemeinde nicht einverstanden: „[…] daß diese vom Dienst abgesetzt werden, halten wir nicht für recht", weil ein solches Vorgehen im Widerspruch zur göttlichen Ordnung stehe. „Die Apostel empfingen die frohe Botschaft für uns vom Herrn Jesus Christus; Jesus, der Christus, wurde von Gott gesandt. Christus kommt also von Gott, und die Apostel kommen von Christus her; beides geschah demnach in schöner Ordnung nach Gottes Willen. Sie

---

74  R. *Sohm*, Kirchenrecht I: Die geschichtlichen Grundlagen 1892 (²1923), Neudruck Berlin 1970 (Bd. 2), Katholisches Kirchenrecht (Systematisches Handbuch der dt. Rechtswissenschaft 8,1), 1.

[…] setzten ihre Erstlinge nach vorhergegangener Prüfung im Geiste zu Bischöfen und Diakonen für die künftigen Gläubigen ein […] und gaben dabei Anweisung, es sollten, wenn sie stürben, andere erprobte Männer deren Dienst übernehmen. […] Selig sind die vorangegangenen Presbyter, die reich an Ertrag und vollkommen hinschieden; denn sie müssen nicht Angst haben, es könnte sie jemand von dem für sie errichteten Platz entfernen."[75] In der Argumentation des Briefes tritt an die Stelle der charismatischen Legitimation des Gemeindevorstehers die rechtliche. Für Bischöfe wird reklamiert, dass sie, weil sie Nachfolger der Apostel seien, eingesetzt durch diese selbst oder deren Nachfolger, nicht abgesetzt werden können, auch wenn ihre charismatische Führungskraft nachgelassen habe oder erloschen sei. Durch Mitglieder der korinthischen Gemeinde wird das anders gesehen. In ihren Augen haben ja die Gemeindevorsteher nicht mehr die Gabe gehabt, charismatisch die Einheit der korinthischen Gemeinde bewahren zu können. Deshalb könnten sie durch andere Personen, besser: von der Gemeinde anerkannte charismatische Persönlichkeiten, ersetzt werden.

Sohm interpretiert den Konflikt idealtypisch. An ihm entscheide sich, ob die Kirche durch das Walten des göttlichen Geistes *oder* durch rechtliche Ermächtigung geführt werde. Er bewertet den Übergang von einer charismatisch bestimmten zu einer rechtlich bestimmten Kirchenordnung ekklesiologisch als äußerst problematisch, weil – so interpretiert Hans Barion Sohms These zutreffend – „religiöse Wahrheiten rechtliche Struktur nicht annehmen können, ohne ihr innerstes Wesen aufzugeben".[76]

Sohm stellt damit das Recht als etwas dar, das dem Wesen der Kirche widerspricht, die Rechtsgeschichte der Kirche als Geschichte des Verrats an ihrer ursprünglich charismatischen Ord-

---

75 Zit. nach *P. Neuner (Bearb.)*, Ekklesiologie I. Von den Anfängen zum Mittelalter (tzt Dogmatik 5.1), Graz – Wien – Köln 1994, 43f.
76 *H. Barion*, Rudolph Sohm und die Grundlegung des Kirchenrechts, Tübingen 1931, wiederabgedruckt in: ders., Kirche und Kirchenrecht. Gesammelte Aufsätze, hg. v. W. Böckenförde, Paderborn 1984, 79–104, 89.

nung. Das von ihm aufgeworfene Problem lässt sich nicht einfach beiseite schieben. Es lässt sich nicht ohne gründliche Bearbeitung aus der Welt schaffen. Man kann es nicht einfach von der Tagesordnung nehmen und zu den Akten legen. Doch das dürfte den Konzilsvätern zu wenig bewusst gewesen sein.

Den Kontext für die These Sohms bildet die protestantische Theologie des ausgehenden 19. Jahrhunderts und ihr Interesse an der historischen Erschließung des Urchristentums.[77] Ihre Schärfe gewinnt sie durch ihre „katholische Problemstellung"[78] sowie eine Kontroverse mit Adolf von Harnack über die ekklesiologische Rolle des Charismas in den Urgemeinden. Von Harnack verteidigte das Kirchenrecht, sah es aber als rein soziologische Notwendigkeit an.[79] Er kritisierte, dass im Katholizismus daraus göttliches Recht geworden war.[80]

Beide Positionen, sowohl die von Sohm als auch die von von Harnack, sind nicht ohne Widerspruch durch die historisch-kritische Forschung geblieben.[81] Seit Heinrich Schlier, für den der Aufbau der Kirche, zu dem das Charisma ebenso wie das Amt bestimmt sind, mit dem Kerygma, dem Evangelium Christi, beginnt, hat sich unter den Exegeten die Erkenntnis durchgesetzt, dass die paulinische Charismenlehre „jenseits und oberhalb der Unterschiede, Kontraste und Entgegensetzungen anzusiedeln ist, die im Lauf der Kirchengeschichte in bezug auf die ekklesiologi-

---

77 Vgl. *A. M. Rouco-Varela,* Die katholische Reaktion auf das „Kirchenrecht I" Rudolf Sohms, in: Ius Sacrum (FS K. Mörsdorf), hg. v. A. Scheuermann u. G. May, Paderborn 1969, 15–52, 15f.
78 Ebd., 17.
79 Vgl. *A. v. Harnack,* Das Wesen des Christentums (1900), Gütersloh 1977, 124f.
80 Vgl. *U. Brockhaus,* Charisma und Amt. Die paulinische Charismenlehre auf dem Hintergrund der frühchristlichen Gemeindefunktionen, Wuppertal 1972. An dieser Darstellung orientiert sich *L. Gerosa,* Charisma und Recht, 26–44.
81 Vgl. *W. Maurer,* Vom Ursprung und Wesen des kirchlichen Rechts, in: ZEvKR 5 (1956), 1ff.; ferner: *H. v. Campenhausen,* Die Begründung kirchlicher Entscheidungen beim Apostel Paulus. Zur Grundlegung des Kirchenrechts, Heidelberg 1957, bes. 31.

sche Rolle der Charismen in Erscheinung getreten sind".[82] Sohms und von Harnacks Thesen dürften deshalb dem gegenwärtigen Stand der historisch-kritischen Forschung zu den Organisationsformen der Urgemeinden kaum standhalten. Auch nach Walter Kasper steht heiliges Recht nicht im Gegensatz zu einer charismatischen Ordnung.[83] Kasper stützt seine These erstens auf ein sakramentales Kirchenverständnis, in dem es seiner Meinung nach keinen Gegensatz zwischen Institution und Charisma im Kirchen- und Amtsverständnis gebe, und zweitens auf die Erkenntnis der kanonischen Exegese, „dass es in den neutestamentlichen Gemeinden von Anfang an Gemeindeämter gab und dass sich im Neuen Testament schon früh alle wesentlichen Elemente eines sogenannten heiligen Rechts herausbildeten".[84]

Unter systematischem Aspekt stehen gleichwohl die ekklesiologische Annahme Sohms von der reinen Geistlichkeit der Kirche als auch die rechtstheoretische von der Weltlichkeit des Rechts zur Debatte. Beide Positionen sind zu überprüfen, zumindest wenn man das Recht als der Kirche nicht prinzipiell wesensfremd ansehen will und es ekklesiologisch und theologisch für legitimierbar hält.[85] Eben das hat Kasper getan, indem er im Gegensatz zu Sohm das Wesen der Kirche als sakramental und das des Rechts als ‚heilig' charakterisiert hat.

---

82 *L. Gerosa*, Charisma und Recht, 46 (mit entsprechenden Nachweisen).
83 Vgl. *W. Kasper*, Katholische Kirche. Wesen – Wirklichkeit – Sendung, Freiburg – Basel – Wien 2011, 276.
84 Ebd., 275f.
85 Die Notwendigkeit einer theologischen Legitimierung des Kirchenrechts ergibt sich nach Sohm eher aus ekklesiologischen als aus rechtstheoretischen Gründen. Doch auch aus rechtstheoretischen Gründen kann kaum auf eine solche Legitimation verzichtet werden. Vgl. *S. Demel*, Zwischen Rechtspositivismus und Kirchenspiritismus. Eine theologische Grundlegung und Theologie des Kirchenrechts, in: dies., L. Müller (Hg.), Krönung oder Entwertung des Konzils? Das Verfassungsrecht der katholischen Kirche im Spiegel der Ekklesiologie des Zweiten Vatikanischen Konzils, Trier 2007, 17–38. Vgl. ferner den Übersichtsartikel: *A. M. Rouco-Varela*, Rechtstheologie, 173–181; *ders.*, Theologische Grundlegung des Kirchenrechts – Neue Perspektiven, in: AkathKR 172 (2003), 23–37.

Die von Sohm aufgeworfene Problemstellung verlangt nicht nur eine historische, sie verlangt – das zeigt der Beitrag Kaspers – auch eine systematisch-theologische Antwort. Der Kanonist Hans Barion hat bereits 1931 nachgewiesen, dass die These Sohms in sich schlüssig ist. Jedoch sei der Widerspruch zwischen dem Wesen der Kirche und dem Wesen des Rechts durch den zugrundeliegenden Glaubensbegriff bedingt. Es handele sich deshalb nicht um einen notwendigen Widerspruch.[86] Ob eine theologische Grundlegung des Kirchenrechts möglich ist, hängt am vorausgesetzten Kirchenbegriff, der seinerseits als durch den Glaubensbegriff begründet angesehen werden muss. Joseph Klein hat 1946 die Überlegungen von Hans Barion dahingehend ergänzt, dass mit einer theologischen Grundlegung des Rechts die Reflexion auf seine Grenzen einhergehen müsse und eine ‚Entweltlichung‘ des zugrundeliegenden Gesetzesbegriffes gefordert.[87]

Durch das Zweite Vatikanische Konzil sind jedoch weder die Sohmsche Problemstellung noch die Ansätze zu ihrer Lösung aufgegriffen und bearbeitet worden. Dieses Defizit, auf dessen gravierende praktische Konsequenzen ich bereits hingewiesen habe, besteht trotz des weiterführenden, aber noch kaum rezipierten und im Blick auf die kirchliche Realität wohl auch etwas euphemistischen Ansatzes von Kasper meines Erachtens bis heute.

Und wie sieht es mit dem zweiten Punkt aus? Welche Konsequenzen zeitigt die ungelöste Spannung für das Verhältnis von Pneumatologie und Kirchenrecht? Das Fehlen einer für die Strukturen der Kirche relevanten Pneumatologie bedingt, dass das Wirken des Geistes keine kanonistischen Konsequenzen zeitigen konnte und kann. Weder begrenzt es in der Lehre des Konzils die Geltung des Rechts, noch wird ihm eine Bedeutung für die konkrete Rechtsgestalt der Kirche und Rechtsgestaltung in der Kirche zuerkannt. Dabei verträgt sich die Forderung Kleins an das kanonische Recht, dass dort, wo es „der personalen und wahrhaftigen

---

86 Vgl. *H. Barion*, Rudolph Sohm und die Grundlegung des Kirchenrechts, 102.
87 Vgl. *J. Klein*, Grundlegung und Grenzen des kanonischen Rechts, 26.

Verwirklichung [des Christlichen; MB] im Wege steht, [...] in pneumatischer Umwandlung der Rückgang auf die vorrechtliche Gestalt gefordert" ist[88], durchaus mit der herrschenden Meinung während des Konzils. Formulierungen, welche dies zum Ausdruck bringen könnten, finden sich in *Lumen gentium* aber nicht. Dieser Sachverhalt ermöglicht es der nachkonziliaren Kanonistik, pneumatologische Aussagen zu ignorieren und gleichzeitig, so die vor allem von Norbert Lüdecke und Georg Bier vertretenen These, den CIC rechtspositivistisch als Krönung und Abschluss des Konzils anzusehen. Dessen einzige letztverbindliche Interpretation, so wird man ihnen entgegen halten müssen, ist er jedenfalls nicht. Denn die durch das Konzilsdokument *Sacrosanctum Concilium* initiierten nachkonziliaren Liturgiereformen sind, wie noch en detail zu zeigen sein wird, von einer Wiederentdeckung des Geistes geprägt. Das rubrizistische Verständnis der Liturgie ist durch ein anamnetisch-epikletisches Verständnis liturgischer Vollzüge abgelöst worden.

Das Fehlen der Pneumatologie im CIC und deren gleichzeitige Restitution durch die nachkonziliaren Liturgiereformen deuten darauf hin, dass die Gleichzeitigkeit der von Bouyer beklagten Lücken in *Lumen gentium* dazu geführt haben könnte, dass die durch das Zweite Vatikanum angestoßenen Reformen keineswegs einheitlich verlaufen sind. Sie divergieren und bringen mit sich, dass über Jahre hinweg der kirchenoffizielle Reformprozess parallel in unterschiedliche und miteinander konkurrierende oder gar einander widersprechende Richtungen verlaufen ist, die sich gegenseitig immunisiert haben.

Es scheint deshalb unangemessen, in Bezug auf das Zweite Vatikanische Konzil im Singular von einer ‚Hermeneutik der Reform' zu sprechen. Den Phänomenen wäre es aus wirkungsgeschichtlicher Perspektive eher angemessen, die nachkonziliaren Entwicklungen durch eine ‚Hermeneutik konfligierender Reformen' zu erschließen. Und eben darin dürfte das von Sohm benannte und vom Konzil nicht bearbeitete Problem noch heute

---

88  Ebd., 27.

nachwirken. Und eben deshalb scheint mir die harmonische Versöhnung von Charisma und Institution im Kirchenverständnis von Walter Kasper der gegenwärtigen kirchlichen Realität nicht standhalten zu können.

Vielleicht rächt sich, dass bisher kaum diskutiert worden ist, dass sich Sohm bei der Wesensbestimmung der Kirche und des Rechts vom Herrschaftsparadigma hat leiten lassen. Sohm nämlich hat die Spannung zwischen Geist und Recht als Konflikt zwischen charismatisch und rechtlich begründeter Herrschaft angesehen.[89] Seine vielzitierte These ist von der bereits vorgestellten Erläuterung her zu verstehen, die er ihr selber gibt: „Die Kirche will durch das Walten des göttlichen Geistes *geführt, regiert* [kursiv; MB] werden; das Recht vermag immer nur menschliche *Herrschaft* [kursiv; MB] irdischer, fehlbarer, der Zeitströmung unterworfener Natur hervorzubringen".[90]

In dieser Herrschaftslogik konkurrieren Geist und Recht zwangsläufig. In ihr fungiert der Geist im allgemeinen Bewusstsein heute als Legitimationsinstanz für Institutions- und Amtskritik,[91] unterliegt die Macht des Geistes jedoch regelmäßig auch der Übermacht des Rechts. Walter Kasper spricht wohl in diesem Sinn von einer „weit verbreitete[n] Phobie gegen Recht in der Kirche".[92] In der gleichen Logik wird andererseits das Kirchenrecht für die mangelnde Integrationsfähigkeit der Kirche, etwa in Bezug auf die charismatischen Bewegungen verantwortlich gemacht, die ihrerseits eine Spiritualisierung des Charismas befördern.

Das Herrschaftsparadigma, welches dadurch gekennzeichnet werden kann, dass es Recht als formalisierte und Geist als nicht

---

89 Thomas Kroll hat die Abhängigkeit von Max Webers Idealtypen der Herrschaft von Sohm überzeugend nachgewiesen. Vgl. *T. Kroll,* Max Webers Idealtypus der charismatischen Herrschaft und die zeitgenössische Charisma-Debatte, in: E. Hanke, W. J. Mommsen, Max Webers Herrschaftssoziologie. Studien zur Entstehung und Wirkung, Tübingen 2001, 47–72.
90 *R. Sohm,* Kirchenrecht I, XI. [Hervorhebungen; MB].
91 *H. Meyer,* Amt und Geist: Protestantische Stellungnahme, in: Conc(D) 15 (1979), 539–544, 541.
92 *W. Kasper,* Katholische Kirche, 284.

formalisierbare Macht[93] versteht, liegt offensichtlich beiden Perspektiven, der charismatischen, wie der rechtlichen, zugrunde. Es bestimmt zudem die Transformationen des Rechtssystems im Laufe der Geschichte der Kirche, die von Sohm durch die Kategorien ‚altkatholisches' und ‚neukatholisches' Recht schematisiert worden sind.[94] Das Herrschaftsparadigma müsste sich überwinden lassen, soll die Verhältnisbestimmung von Geist und Recht nicht im faktischen Widerspruch scheitern. Dies scheint nur auf der Basis eines Aggiornamento des Kirchenrechts möglich, das heißt, wenn es der römisch-katholischen Kirche gelänge, „die Forderungen beziehungsweise Resultate des Prozesses neuzeitlicher Freiheitsgeschichte in ihr Autoritäts- und Rechtskonzept aufzunehmen und in einer eigenständigen Form zu verarbeiten".[95]

Das Herrschaftsparadigma[96] wäre also zugunsten einer widerspruchsfreien und gegenwartsadäquaten Verhältnisbestimmung von Geist und Recht zu überwinden. Das jedenfalls ist die im Folgenden vertretene Strategie, deren Angemessenheit ich

---

93  Vgl. *T. Steinfeld*, Die Verfeinerung des Faustkeils. Zur Lage der Gewalt 1: Schwedische Tagung widerspricht dem Optimismus, in: SZ Nr. 92, 20. April 2012, 11. Steinfeld schreibt in Anknüpfung an Robert Jay Lifton: „Denn was ist Macht, wenn nicht geronnene Gewalt, und was ist Recht, wenn nicht formalisierte Macht?" Demgegenüber kommt es darauf an, eine geistliche Form des Rechts zu suchen. Vgl. *A. M. Rouco-Varela*, Sohm, 50, Anm. 128.

94  „Das Neue, was der Neukatholizismus in bezug auf die Form der Rechtsentwicklung brachte, war die *Gesetzgebungsgewalt* der Kirche als Körperschaft. Im Altkatholizismus erzeugte die Christenheit das kanonische Recht (an urchristliche Gedanken anschließend) in der Form der *Lehre* vom *Worte Gottes."* *R. Sohm*, Kirchenrecht Bd. II, Katholisches Kirchenrecht, München – Leipzig 1923 (Nachdruck Berlin 1970), 109.

95  Vgl. *G. Luf*, Neuzeitliche Freiheitsgeschichte und Kirchenrecht, in: ÖAKR 30 (1979), 550–571, 551.

96  Vgl. *T. Ruster*, Die verlorenen Nützlichkeit der Religion, 395f. Ruster zeigt die herrschaftspolitischen Implikationen der inkarnatorischen Ekklesiologie detailliert auf und vermag einsichtig zu machen, dass der Herrschaftspositivismus durch den antimodernistischen Gottesbegriff bedingt ist. Nach P. Hünermann hatte das verworfene Schema der Vorbereitungskommission zur späteren Konstitution Lumen gentium Kirche als „sakralen Herrschaftsverband" verstanden (*P. Hünermann*, Theologischer Kommentar, 330 u.ö.).

vorab durch drei später noch umfänglich zu entfaltende Hinweise ausweisen will:

Erstens dürfte eine durch das Erste Vatikanische Konzil implizit geförderte einseitige Orientierung der Ekklesiologie am monarchischen Prinzip der Souveränität innerkirchlich eine offene und weiterführende Auseinandersetzung mit dem Herrschaftsprinzip bislang weitgehend verhindert haben. Sie ist für ein ekklesiologisches Aggiornamento längst überfällig.

Zweitens scheint der fordernde Anspruch der Macht, auch wenn diese als nicht formalisierbar angesehen wird, keine angemessene Kategorie zur Darstellung des unbedingt zuvorkommenden Gnadenhandelns Gottes zu sein[97], welches seinerseits für ein theologisches Verständnis der biblisch bezeugten Vollmacht Jesu entscheidend ist. Ein auf Herrschaft und nicht auf Sendung (Lk 10,16) und Proexistenz (Lk 22,24–27) ausgerichtetes Verständnis von *exousia* vereinseitigt und verkürzt deren Bedeutung. Wilhelm Breuning hat bereits 1968 freimütig die entscheidende Frage gestellt: „Hat das hierarchische Denken nicht auch wesensfremde Züge in die Theologie des Apostolats hineingetragen?"[98] Er hat diese Frage mit einem Hinweis auf die Eigenart der von Christus verliehenen Vollmacht beantwortet, wobei diese in Bezug auf ihn selbst als Vollmacht zur Selbstmitteilung verstanden werden muss. „Kirchliche Vollmachtsträger können nur Christus tradieren – und sie können für sich dabei nicht mehr von Christus und seiner Herrschaft reservieren, als sie allen mitteilen."[99]

---

97 Vgl. *L. Gerosa*, Charisma und Recht, 49. Gerosa referiert die Positionen von Schlier und Schürmann; ferner: *H.-J. Klauck*, Die Autorität des Charismas, in: E. Klinger, R. Zerfaß (Hg.), Die Kirche der Laien, Würzburg 1987, 25–37, der herausstellt, dass paulinisch eine andere Herrschaft als die Christi, d. h. eine charismatisch oder amtlich legitimierte Herrschaft über Menschen, undenkbar sei.

98 *W. Breuning*, Zur Frage nach dem Sinn des priesterlichen Dienstes, in: ders., Communio Christi. Zur Einheit von Christologie und Ekklesiologie, hg. v. J. Herberg, Düsseldorf 1980, 237–250, 244.

99 Ebd.

Schließlich scheint drittens der sich auf die Formulierung „*auctoritas, non veritas facit legem*" von Hobbes[100] berufende und kanonistisch in Anspruch genommene Gedanke „*auctoritas, non veritas facit dogma*" zur Begründung des Dogmas wie des Rechts in der Kirche denkbar ungeeignet. Er unterstellt die christliche Botschaft positivistisch der Verfügungsgewalt der Kirche, unterläuft die Unterscheidung von Gesetz *(lex)* und Recht *(ius)*, ignoriert den *sensus fidelium* als Quelle kirchlicher Lehre und die Gewohnheit als Rechtsquelle, unterminiert die theologische Begründung der (auch) rechtlichen Verfasstheit der Kirche und verkennt die theologische Bedeutung gelebten Glaubens.

Erst wenn man die Verhältnisbestimmung von Geist und Recht vom Paradigma der Herrschaft befreit, kann die zum theoretischen Widerspruch stilisierte Konkurrenz zwischen beiden – und damit auch die zwischen Charisma und Institution – überwunden werden. Diese Aufgabe soll nun zunächst beschrieben und dann in Angriff genommen werden.

---

100 *T. Hobbes,* Leviathan. Materie, Form und Macht eines kirchlichen und staatlichen Gemeinwesens (PhB 491), Hamburg 2004, Kap. 26.

# II.

## Zu den Aufgaben

Den Beobachtungen von Bouyer kann, so ließe sich das bisher Gesagte zusammenfassen, die Zustimmung kaum verweigert werden. Es gilt also, Bouyers Feststellungen ernstzunehmen und die von ihm benannten Leerstellen von *Lumen gentium* gleichermaßen und im Verbund zu füllen. Daraus ergeben sich erstens die Aufgabe einer pneumatologischen Reformulierung der Ekklesiologie, zweitens die Aufgabe eines Aggiornamento des kirchlichen Rechts, die dessen zeitgemäße rechtstheoretische und theologische Begründung einschließt, und drittens die Aufgabe, Geist und Recht theologisch aus gleichem Bestimmungsgrund zu verstehen.

Das Vorhaben unterscheidet sich von den bisherigen pneumatologisch geprägten Ekklesiologien – zu nennen wären vor allem Congar, Kasper, Kehl und Mühlen – dadurch, dass es zugleich eine theologische Grundlegung des Kirchenrechts anzielt und zudem die bisher nicht konsequent in Angriff genommene Aufgabe eines Aggiornamento des kanonischen Rechts vorantreibt. Dabei wird die Christozentrik in der bisherigen theologischen Grundlegung des Kirchenrechts ‚aufgebrochen‘ werden müssen. Zugleich gilt es, die Kanonistik, zu deren Aufgabe die theologische Grundlegung des Kirchenrechts gehört, methodologisch als autonome Disziplin zu respektieren und sie nicht dogmatisch oder fundamentaltheologisch zu vereinnahmen. Die theologische Grundlegung des Kirchenrechts muss aus gleichem Bestimmungsgrund wie die Ekklesiologie erfolgen, kann jedoch nicht aus der Ekklesiologie abgeleitet werden.[1]

---

1 Vgl. zur methodologischen Frage: *A. M. Rouco-Varela*, Grundfragen einer katholischen Theologie des Kirchenrechts. Überlegungen zum Aufbau einer

## Das bestimmende Paradigma

Zwar stellen die folgenden Überlegungen nicht den ersten Versuch dar, diese komplexen Aufgaben zu bewältigen. Doch blieben alle bisherigen Versuche, zumindest jene, mit denen auch eine theologische Grundlegung des Kirchenrechts beabsichtigt worden ist, in unterschiedlicher Weise dem Herrschaftsparadigma verpflichtet und vermochten deshalb vor allem der dritten Aufgabe nicht gerecht zu werden.

Dies gilt für alle mir bekannten ekklesiologischen und fundamentalkanonistischen Ansätze nach dem Konzil, sieht man einmal von einer Ausnahme, nämlich den Gedankenskizzen von Papst Paul VI.[2], von denen noch ausführlich zu sprechen sein wird, ab. Sie bleiben im Grunde einer vom Prinzip der Repräsentanz und Souveränität her konzipierten Herrschaftsekklesiologie verpflichtet, auch wenn sie sich mehrheitlich darum bemüht haben, Herrschaft mit *Lumen gentium* 18[3] als Dienst an der Kirche und ihrer Zwecksetzung zu verstehen und einem weiteren Kreis von Christen und Christinnen Teilhabe an der Herrschaft in der Kirche zu ermöglichen, wie dies mal unter Berufung auf das Charisma, mal unter Berufung auf das Recht in den letzten Jahrzehnten durchgehend geschehen ist.

Es würde zu weit führen, all diese Ansätze im Einzelnen zu benennen.[4] Deshalb will ich mich auf drei beschränken. Dass da-

---

katholischen Theologie des Kirchenrechts, in: AkathKR 148 (1979), 341–352, bes. 344–347.

2  *P. Paul VI.*, Ansprache vom 17. September 1973 an die Teilnehmer des II. Kongresses für Kanonisches Recht in Mailand (OR Nr. 213 vom 17./18. September 1973), dt. in: AkathKR 142 (1973), 463–471.

3  „Um Gottes Volk zu weiden und immerfort zu mehren, hat Christus der Herr in seiner Kirche verschiedene Dienstämter eingesetzt, die auf das Wohl des ganzen Leibes ausgerichtet sind. Denn die Amtsträger, die mit heiliger Vollmacht ausgestattet sind, stehen im Dienste ihrer Brüder, damit alle, die zum Volke Gottes gehören und sich daher der wahren Würde eines Christen erfreuen, in freier und geordneter Weise sich auf das nämliche Ziel hin ausstrecken und so zum Heile gelangen." (LG 18).

4  Vgl. *L. Müller*, Das kanonische Recht zu Beginn des dritten Jahrtausends, in:

bei nur solche Ansätze berücksichtigt werden können, welche die rechtliche Verfasstheit der Kirche überhaupt thematisieren, versteht sich von selbst. Der erste dieser Ansätze geht von der Praxis der Kirche aus, der zweite von ihrem Begriff, der dritte von ihren Aufbauelementen Wort und Sakrament. So hat Papst Johannes Paul II. den institutionellen und den charismatischen Aspekt als co-essentiell für die Konstitution der Kirche bezeichnet.[5] Die Spannung zwischen Geist und Recht hat er durch eine solch einfache Parataxe allerdings nicht lösen können; denn diese stellt keineswegs eine zureichende Bestimmung des Verhältnisses dar, was durch die charismatische Kirchenherrschaft des sie formulierenden Papstes verdeckt worden sein mag.

Um das Mysterium der Kirche und ihre rechtlich verfasste Gestalt aus dem Gegensatz von Geist und Recht zu befreien, haben zweitens Hubert Müller und andere Kanonisten das Projekt einer communio-theologischen Begründung des Kirchenrechts[6] in Angriff genommen, wobei sie Communio als *den* ekklesiologischen Leitbegriff für das Kirchenverständnis des Zweiten Vatikanischen

---

AkathKR 170 (2001), 353–382. Müller thematisiert die Schule der italienischen Laienkanonisten sowie die Schule von Navarra. Beide blieben im Grunde dem Societas-perfecta-Denken verpflichtet. Die „Münchener Schule" vertrete hingegen die Notwendigkeit einer theologischen Grundlegung wie auch einer theologischen Hermeneutik des Kirchenrechts. Vgl. ferner den Überblick bei *P. Erdö*, Theologie des kanonischen Rechts.
5 Vgl. *W. Kasper*, Katholische Kirche, 211. Systematisch entfaltet hat diese Parataxe *L. Gerosa*, Charisma und Recht. Gerosa differenziert ekklesiologisch zwischen Institution und Konstitution, sieht die Kirche als Institution durch Wort und Sakrament konstituiert und kennt daneben ein nicht institutionelles Kirchenverständnis, welches durch das Charisma „als nicht institutionelles Element der Konstitution der Kirche" (134) konstituiert wird. Im Blick dabei sind Orden, Bewegungen und Gemeinschaften, die als durch die Institution Kirche anerkannte, „nicht ausgelöschte" Gaben des Geistes die Kirche geistlich erneuern.
6 Vgl. *H. Müller*, Communio als kirchenrechtliches Prinzip. Darüber hinaus haben R. Sobanski und andere den Communiobegriff für eine theologische Grundlegung des Kirchenrechts fruchtbar zu machen versucht, indem sie Communio als das „principium formale-canonicum" (Gerosa, 224 u.ö.) bestimmt haben. Vgl. *R. Sobanski*, Rechtstheologische Vorüberlegungen, 178–188.

Konzils und zugleich als Formalprinzip des Kirchenrechts verstanden haben. Auf der begrifflichen Ebene ließen sich von ihm her Geist und Recht als einander nicht ausschließend verstehen, weil der Communio-Begriff die unsichtbare Dimension der Kirche einbezieht. Mit der exemplarisch am Beispiel der Bischofskonferenzen[7] vorgenommenen Durchführung des Communioprinzips in seiner vierten Dimension, nämlich der *communio hierarchica*, die neben der *communio fidelium*, der *communio ecclesiarum* und der *communio cum Deo* zu bedenken ist, sind die Kanonisten jedoch schlicht am Widerstand bestehender und rechtlich sanktionierter Herrschaftsstrukturen gescheitert, möglicherweise, weil sie sich über die prinzipiierende Funktion der Hierarchie begründenden Souveränität zu wenig Rechenschaft abgelegt haben: Die *communio hierarchica* wird nämlich in der Praxis eher durch das hierarchische als durch das communiale Moment formal bestimmt und bringt damit auch die *communio ecclesiarum* in eine Schieflage. Das von Papst Johannes Paul II. erlassene Motu proprio *Apostolos suos* vom 21. Mai 1998, mit dem die Diskussion über den Status der Bischofskonferenzen zu einem vorläufigen Ende geführt wurde, negierte die Lehrautorität derselben und behandelte ihre Gesetzgebungskompetenz restriktiv. Es stufe „die Bischofskonferenz faktisch zu einer reinen Arbeitsebene für den pastoralen Austausch der Bischöfe eines Konferenzgebietes"[8] herab, so lautet das enttäuschte Fazit des Müller-Schülers Thomas Schüller.

---

7 Vgl. *M. Kehl*, Die Kirche, 379. Vgl. *H. Müller, H. J. Pottmeyer (Hg.)*, Die Bischofskonferenz – theologischer und juridischer Status, Düsseldorf 1989. Zu den im Hintergrund wirkenden kanonistischen Positionen vgl. *H. J. Pottmeyer*, Konzil oder CIC/1917?, in: A. Gabriels, H. J. F. Reinhardt (Hg.), Ministerium Iustitiae (FS H. Heinemann), Essen 1985, 51–63, 60; zu den im Hintergrund wirkenden theologischen Positionen vgl. *W. Kasper*, Der theologische Status der Bischofskonferenzen, in: ders., Die Kirche und ihre Ämter. Schriften zur Ekklesiologie II (WKGS 12), Freiburg – Basel – Wien 2009, 438–450, hier: 445–450.

8 *T. Schüller*, Die aktuelle Situation der Kirche aus kirchenrechtlicher Perspektive, in: LS 63 (2012), 388–392, 390.

Fast 30 Jahre vor Müller hatte Klaus Mörsdorf[9] das Kirchenrecht auf die Aufbauelemente der Kirche, Wort und Sakrament in ihrer christologischen Dimension, bezogen und sich damit zwar von einer rein soziologischen und naturrechtlichen Betrachtung der Kirche als societas perfecta zur Begründung des Kirchenrechts verabschiedet, gleichwohl aber das Paradigma der Herrschaft nicht verlassen; diese vielmehr als den Aufbauelementen der Kirche in Wort und Sakrament inhärent und damit kirchliche Autorität als *iure divino* angesehen, „weil es der Herr selbst ist, der in beiden Weisen sein Heilswirken fortsetzt".[10]

Zum Rechtsgehorsam verpflichtet das verkündete, glaubensbegründende und gemeinschaftsstiftende Wort nach Mörsdorf nämlich „aus dem formalen Grunde, daß der Künder des Wortes der Sohn Gottes ist"[11], das Sakrament, in dem das, was im Wort gehört wird, sinnbildlich sichtbar und greifbar wird, weil „der Herr den von ihm auserwählten Zeichen ihre sakramentale Sinnbildlichkeit und Wirkmächtigkeit eingestiftet hat".[12] Als „sakramental geprägte Gemeinschaft" wird die Kirche nach Mörsdorf „zum Zeichen des Gottmenschen, der in und mit ihr sein Heilswirken in greifbarer und sichtbarer Weise fortsetzt".[13] Wort und Sakrament erhalten nach Mörsdorf ihre rechtlich bindende Kraft aufgrund der Tatsache, dass der, der handelt und spricht, der Sohn Gottes selbst ist, mithin Wortverkündigung und Sakramentenspendung in der Kirche in der Vollmacht des Herrn geschehen

---

9 „*Klaus Mörsdorf* sieht in der dem Wort und dem Sakrament als Bauelementen der Kirchenverfassung innewohnenden rechtlichen Dimension die theologische Grundlage, aus der heraus sich Existenz und Natur des ‚Ius Ecclesiae' rechtfertigen und erklären läßt", A. M. *Rouco-Varela*, Rechtstheologie, 171. Vgl. K. *Mörsdorf*, Schriften zum kanonischen Recht, hg. v. W. Aymans, Paderborn u. a. 1989. Rouco-Varela thematisiert darüber hinaus die auf Mörsdorf aufbauende Münchener Schule: *ders.*, Theologische Grundlegung des Kirchenrechts – Neue Perspektiven, 32–36.

10 K. *Mörsdorf*, Zur Grundlegung des Rechtes der Kirche, in: MThZ 3 (1952), 329–348, wiederabgedruckt in: ders., Schriften, 21–45, 21.

11 Ebd., 24.

12 Ebd., 26.

13 Ebd., 26.

und folglich göttlichen Rechts sind. Christozentrisch versteht Mörsdorf damit die Kirche als zeichenhafte Fortsetzung der Inkarnation. Die Menschwerdung des Sohnes Gottes begründet die Sichtbarkeit der Kirche. Die Sichtbarkeit bedingt deren rechtliche Gestalt, die darin ihren Ausdruck findet, dass die Kirche „mit verbindlichem Geltungsanspruch auftritt, der sich von einem in der Vergangenheit liegenden, sichtbar gewordenen Vorgang herleitet."[14] Dieser Geltungsanspruch ist formal. Seine Durchsetzung ist nicht abhängig von innerer Einsicht und Überzeugung auf Seiten der Rechtsgemeinschaft Kirche.

In der von Mörsdorf begründeten Münchener Schule ist dieser Ansatz vor allem durch Winfried Aymans[15], Oskar Saier[16] und Eugenio Corecco[17] nach dem Zweiten Vatikanischen Konzil communiotheologisch weiter entwickelt worden. Dabei erfüllt der Communio-Begriff die Funktion, für die auch der Societas-Begriff stand: „Diese [...] ist ein rechtlich relevanter Begriff [...], der, unterschieden v. jeder menschl. Gemeinschaft, das sakr. Eigenwesen der K. auch als Rechtsgemeinschaft erfaßt."[18] Die kirchliche Gemeinschaftsordnung gründet demzufolge „in ihren Grundzügen auf dem Willen Jesu Christi".[19] Sie wird in ihrem Kernbestand als göttlich gesetztes Recht, das auf der im Licht des Glaubens erkannten Autorität Gottes basiert, angesehen.

In eine etwas andere Richtung hat Libero Gerosa einen Schritt über Mörsdorf hinaus getan. Er hat die Christozentrik bei Mörsdorf kritisiert, nach der pneumatologischen Dimension der Einheit von Wort und Sakrament gefragt und neben diesen beiden Aufbau-

---

14 Ebd., 23.
15 Vgl. *W. Aymans,* „Volk Gottes" und „Leib Christi" in der Communio-Struktur der Kirche. Ein kanonistischer Beitrag zur Ekklesiologie, in: ders., Kirchenrechtliche Beiträge, 1–15, 11.
16 Vgl. *O. Saier,* „Communio" in der Lehre des Zweiten Vatikanischen Konzils. Eine rechtsbegriffliche Untersuchung, München 1973.
17 Vgl. *E. Corecco,* Theologie des Kirchenrechts. Methodologische Ansätze, Trier 1980.
18 *W. Aymans,* Kirche VI, Kirchenrechtlich, in: LThK³ Bd. 5, 1996, 1478–1479, 1479.
19 *W. Aymans,* Die wissenschaftliche Methode der Kanonistik, 357.

elementen der Kirche das Charisma als weiteres ekklesiologisches Konstitutivum aufgewiesen. Weil er dabei mit Gottlieb Söhngen bei der „mächtige[n] Geistigkeit des Wortes" und der „geistliche[n] Wirksamkeit" des Sakraments ansetzt, dupliziert allerdings auch er lediglich das zugrundeliegende Herrschaftsparadigma mit der Konsequenz zwingenden Gehorsams auch den zahlenmäßig von ihm begrenzten Charismenträgern gegenüber.[20]

Das Paradigma der Herrschaft, welches die Ekklesiologie von ihrem Beginn an bestimmte[21], in den vorgestellten Entwürfen dominiert und sie nicht selten korrumpiert hat[22], soll im Folgenden durch das Paradigma geistbestimmter Freiheit ersetzt werden. Dies ist zur Bestimmung des Verhältnisses von Geist und Recht in der Kirche aus pneumatologischen, anthropologischen und aus rechtstheoretischen Gründen angezeigt.

Herrschaft instrumentalisiert sowohl das Recht als auch den Geist, indem sie diese als Prinzipien ihrer Begründung anführt

---

20  *L. Gerosa,* Charisma und Recht, 181. Gegen Gerosa ist die Epiklese als Form der pneumatologischen Einheit herauszustellen und von daher die Aussage zur Legalität im kanonischen Recht neu zu bewerten, dass es „außerhalb der theologischen Gewißheit keine letzte, auf der Ebene des Heils bindende rechtliche Gewißheit geben kann". *E. Corecco,* Valore dell'atto „contra legem", in: La norma en el derecho canónico, Pamplona 1979 Bd. I, 839–959, ohne genaue Seitenangabe zitiert bei L. Gerosa, Charisma und Recht, 200.
21  Vgl. *J. de Viterbo,* De regimine christiano. A Critical Edition and Translation by R. W. Dyson, Leiden 2009. Die 1301/2 verfasste Abhandlung gilt als älteste Ekklesiologie. Sie wurde im Zusammenhang des Konflikts zwischen Papst Bonifaz VIII. und Philipp IV. von Frankreich verfasst. Sie handelt im zweiten Teil nur von der Hierarchie, stellt m.a.W. nur eine Potestaslehre dar. Vgl. die Ausführungen von *P. Hünermann* im Theologischen Kommentar über das Verständnis der Kirche als sakralem Herrschaftsverband, 291–319.
22  *L. Bouyer,* Die Kirche I. Ihre Selbstdeutung in der Geschichte, Einsiedeln 1977, spricht von einer „Ekklesiologie der ‚Macht'" (105) und kritisiert eine im Mittelalter anhebende und bis heute andauernde Entwicklung, in der die Potestaslehre zunehmend von der Herrschaftsvorstellung der christlichen Fürsten, des dominium, „eines Eigentumsrechtes über ihre Untertanen und deren sämtliche kulturellen wie materiellen Güter" (73), bestimmt wird (vgl. 62). Die Geltung der Lehre, dass die geistliche Autorität ein ministerium sei, werde damit auf die Art der Autoritätsausübung beschränkt.

und damit kaschiert, was sie doch grundlegend bestimmt: den Gedanken des politisch verstandenen Willens zur Macht. Niemand hat das so deutlich gesehen wie Hans Barion, der unter dem Einfluss der politischen Theologie seines Freundes Carl Schmitt in seiner dezisionistisch orientierten Fundamentaltheorie des Kirchenrechts den unbedingten Autoritätsgehorsam gegenüber dem souveränen Führer der Kirche forderte.[23]

Thomas Ruster hat den Zusammenhang zwischen Herrschaftsparadigma, Gottesrede und Kirchenverständnis durch eine detaillierte theologiegeschichtliche Analyse für die Zeit der Weimarer Republik mit unüberbietbarer Brillanz herausgestellt. Zusammenfassend schreibt er im Kapitel ‚Gottesbild und inkarnatorische Ekklesiologie‘, das ich wegen seiner Prägnanz und seiner analytischen Schärfe als ganzes zitieren möchte:

„Theologische Erkenntnisinteressen und kirchliche Selbsterhaltungsinteressen waren in der römisch-katholischen Theologie der Weimarer Zeit unentwirrbar miteinander vermengt. Das zeigt sich gerade am theologischsten aller Themen, der Rede von Gott. Einer Theologie, die sich mit dem Bedeutungsverlust der Kirche konfrontiert sah und zugleich die Absolutheit der christlichen Wahrheit zu verteidigen hatte, mußte Gott als ein trefflicher Bundesgenosse zur Aufrechterhaltung und Durchsetzung kirchlicher Monopolansprüche erscheinen. Der Begriff eines souveränen, universalen, absoluten, übergeschichtlichen und irrtumslosen Gottes wurde in den Dienst einer Kirche gestellt, die ebendiese Attribute für sich in Anspruch nahm. Danach gestaltete sich das Gottesbild, das überall in der Theologie jener Zeit durchscheint. Es läßt sich – wieder nehme ich Carl Schmitt als den ‚Repräsentanten‘ der Weimarer katholischen Theologie – auf das Bild des höchsten Souveräns zusammenziehen, des ‚législateur‘, der aus unbegrenzter Machtvollkommenheit seine Entscheidungen trifft und diese in der Offenbarung unmißverständlich mitteilt. In diesem ‚juridischen

---

23 Vgl. *H. Barion*, Kirche und Kirchenrecht. Gesammelte Aufsätze, hg. v. W. Böckenförde, Paderborn u. a. 1984; ferner: *W. Böckenförde*, Der korrekte Kanonist. Einführung in das kanonistische Denken Barions, in: ebd., 1–23.

Paradigma', das meines Erachtens Schmitt als die eigentliche Grundstruktur des offenbarungstheologischen Denkens der Zeit herausgearbeitet hat, bleibt nur, die von Gott gesetzten Fakten und Wahrheiten anzuerkennen und nachzuvollziehen. Dazu bedarf es allerdings einer Institution – der Kirche –, die den ‚heiligen' Willen Gottes autoritativ verkündet und für seine Geltung einsteht. Dem Offenbarungspositivismus entspricht der Lehramtspositivismus.

Das ganze Ausmaß dieser Instrumentalisierung Gottes für die Zwecke der kirchlichen Selbsterhaltung wurde aber erst durch die Verbindung mit der inkarnatorischen Ekklesiologie erreicht. Daß die Kirche der fortlebende Leib Christi in seinen zwei Naturen, die ‚Elongatur der hypostatischen Union' auf Erden sei, stand wenigstens für Adam, Przywara, Eschweiler, Krebs, Guardini, Heinen und Rademacher fest. Die inkarnatorische Ekklesiologie, die einst Möhler entworfen hatte und die das christologische Modell der perichoretischen Durchdringung der göttlichen und menschlichen Natur in Christus bis hin zur Idiomenkommunikation auf die Kirche übertrug, bildete die stärkste theologische Bastion gegen die Infragestellung sowohl der kirchlichen Struktur und Gestalt wie gegen die Bestreitung ihres Wahrheitsanspruchs. Ihre apologetische Verwendbarkeit leuchtet unmittelbar ein. Erst von diesem Konzept aus war der Begriff der Kirche als autoritativer Offenbarungsgröße zu Ende zu denken und auf die Legitimation irdischer Herrschaft hin anzuwenden.

Die Ekklesiologie der ‚Zwei Naturen' implizierte folgende Dimensionen, die in der Weimarer Theologie sämtlich anzutreffen sind:

– Die Unterscheidung zwischen Gott und Kirche wird undeutlich. Die Kirche versteht sich nicht als eine Gemeinschaft, die Gott zu bezeugen hat, sondern als ‚Repräsentantin' seiner Macht.

– Es gibt nur eine wahre und katholische Kirche, wie auch Gott nur in dem einen Menschen Jesus von Nazareth Fleisch angenommen hat. Inkarnation ist zu verstehen als die Verbindung der göttlichen mit einer konkreten menschlichen Natur, sei es die Jesu, sei es die der römischen Kirche.

– Menschliches und Göttliches lassen sich innerhalb der Kirche nicht genau trennen. Das ‚unvermischt und ungetrennt‘ der chalkedonensischen Formel gilt auch für sie. Die historisch gewordenen Strukturen der Kirche, speziell die der römischen, zentralisierten Papstkirche des 19. Jahrhunderts, konnten so sakralisiert und der Kritik prinzipiell entzogen werden. Ausweis des Göttlichen in der Kirche ist vor allem ihr Priester-, Hirten- und Lehramt, das nicht nur an der inkarnatorischen Struktur teilhat, sondern sich darüber hinaus noch auf besondere Akte der Einsetzung durch Christus beruft. Die göttliche Natur der Kirche manifestiert sich in der ‚Repräsentation‘ ihres Amtes; das Amt verhält sich zu den Gläubigen wie das Göttliche zum Menschlichen.

– Die Kirche wird Hauptgegenstand ihrer eigenen Verkündigung. Das traditionell-apologetische ‚credere Deo Deum‘ wandelt sich zum ‚credere Deo ecclesiam‘, wenn das, was geglaubt werden soll, zuerst die göttliche Autorität der Kirche ist, und sowohl das Heil wie die Offenbarung Gottes nur über sie angeeignet werden können. Das inkarnatorisch-ekklesiologische Modell schließt Unmittelbarkeit zu Gott aus. Gott hat seine Macht, sein Heilswerk und seine Offenbarungsautorität gleichsam an die Kirche delegiert.

– An die gott-menschliche Natur der Kirche glauben, heißt, an ihre göttliche Autorität zu glauben. Ihre Entscheidungen in Glaubens- und Sittenfragen sind ebenso definitiv wie Gottes Wille selbst. Ihr gegenüber ist dieselbe Demut und derselbe Gehorsam aufzubringen wie gegenüber Gott. Ein Verstoß gegen die kirchliche Gehorsamsforderung ist identisch mit der Auflehnung gegen Gott.

– Die Kirche, als Gegenwart des Göttlichen in der Welt, ist der Anbruch des neuen Äon, des Gottesreiches. Ihre Beziehung zur fortschreitenden Geschichte ist dialektisch wie das Verhältnis der beiden Naturen selbst. Die Eschatologie des Verhältnisses ‚Verheißung-Erfüllung‘ ist in ihr aufgehoben und wird zum Verhältnis ‚Erfüllung-Enthüllung‘. Der Jüngste Tag wird nur offenbaren, was die Kirche immer schon ist und in ihrer Liturgie jetzt schon feiert. Die Zwei-Naturen-Ekklesiologie ist eine enteschatologisierte Ekklesiologie.

– Die ‚fundamentalistische' Behauptung unangreifbarer Offenbarungswahrheit weitet sich auf die ganze Kirche aus. Sie selbst stellt sich gegenüber jedweder Kritik als das ‚Heilige' dar, das dem vernünftigen Zweifel entzogen bleiben muß.

– Das kirchliche Denken und Handeln erhält einen ‚ethnozentrischen' Zug. Die inkarnatorische Ekklesiologie gibt die Möglichkeit, die Höherwertigkeit der kirchlichen Gemeinschaft prinzipiell und gegen alle Empirie zu behaupten. Daraus erwächst dann ein Denken in den Kategorien ‚höherwertige Eigengruppe' und ‚minderwertige Fremdgruppe' [...]."[24]

So weit die instruktive Zusammenschau von Herrschaftsprinzip, Gottesrede und christozentrischem Kirchenverständnis bei Ruster, deren Erkenntnisgewinn darin zu sehen ist, die Zeitbedingtheit und Interdependenz von Herrschaftsprinzip, Gottesrede und Kirchenverständnis ausgewiesen und dadurch problematisiert zu haben.

Nun ist es auch heute noch geradezu selbstverständlich, dass die Kirche zur Begründung ihrer Existenz, ihrer Handlungen und Strukturen und auch zur Legitimation ihres Rechts die Autorität Gottes in Anspruch nimmt. Darauf wird sie auch nur um den Preis der Aufgabe ihrer Identität verzichten können. Eine Kirche, die sich nur auf menschliche Autorität gründet, ist nicht denkbar. Kirche beruft sich notwendigerweise auf den göttlichen Geist, den göttlichen Willen, das göttliche Gesetz oder auch die Vollmacht Jesu. Unproblematisch ist das trotzdem nicht.

*Deus vult!* Mit diesem Satz ist in der Geschichte der Kirche immer wieder herrschaftslegitimatorischer Machtmissbrauch betrieben worden. Der gegenwärtige Konflikt zwischen Geist und Recht zeigt zudem, dass unterschiedliche Formen der Inanspruchnahme göttlicher Autorität miteinander konkurrieren und zu einer ernsten Zerreißprobe für die Kirche werden können, jedenfalls

---

24 T. *Ruster*, Die verlorene Nützlichkeit der Religion, 395–396.

dann, wenn sie mit Herrschaftsansprüchen einhergehen. Offensichtlich ist es nicht unproblematisch, die Autorität Gottes unmittelbar zur Begründung von Herrschaft in Anspruch zu nehmen. Deshalb stellt sich die grundsätzliche Frage: In welcher Form und wozu kann die Autorität Gottes legitimerweise ekklesiologisch in Anspruch genommen werden? In welcher Form kann man sich für kirchliches Handeln auf den Geist Gottes berufen, in welcher Form auf göttliches Recht? Wie geht man mit dem Fall um, in dem beide Instanzen in Konflikt miteinander stehen? Ließe sich die Autorität Gottes nicht auch anders als unter dem Herrschaftsparadigma beanspruchen, ekklesiologisch grundlegender und der Menschenfreundlichkeit Gottes vielleicht eher entsprechend?

Solange Geist und Recht unter dem Paradigma der Herrschaft verstanden werden, kann – soviel steht fest – nicht ernsthaft von einer personalen Dignität des göttlichen Geistes, zudem kaum von einem Aggiornamento des Kirchenrechts gesprochen werden, das sich in seinem Rechtscharakter auf der Höhe der gegenwärtigen Rechtskultur begreift, der es im Grundsatz um Anerkennung von Freiheit durch Freiheit und der sich daraus ergebenden Forderung nach Gerechtigkeit geht.

## Ein päpstlicher Impuls

Einen wertvollen Impuls, in welche Richtung jenseits des Herrschaftsparadigmas zu denken sei, hat Papst Paul VI. gegeben. In einer bemerkenswerten Ansprache an die Teilnehmer des II. Kongresses für Kanonisches Recht hat er am 17. September 1973 Grundlinien für eine pneumatologische Reformulierung der Ekklesiologie und zugleich eine theologische Grundlegung des Kirchenrechts skizziert. In der Programmatik seines Ansatzes stimmt der Papst indirekt der Diagnose Bouyers zu, indem er postuliert: „[...] müssen der Christologie und der Ekklesiologie des Konzils als unabdingbare Ergänzung zur Lehre des Konzils ein neues Studium und eine erneuerte Verehrung des Hl. Geistes folgen. Wir möchten auch die Kanonisten einladen, sich an dieser Anstrengung zu beteiligen."[25] Papst Paul VI. schwebt eine Ordnung vor, in der das Wirken des Geistes „auch im Recht der Kirche seinen Ausdruck" (471) findet und fordert eine solche. In diesem Sinne gelte es, die Lehre des Konzils zu vervollkommnen.

In seiner Argumentation geht Paul VI. vom Schema Natur-Übernatur aus, welches er jedoch nicht metaphysisch konstruiert. Erkenntnisquelle ist für ihn vielmehr das biblische Offenbarungszeugnis, das heißt das schriftgemäße Verhältnis von Schöpfungs- und Erlösungsordnung. Der Bestimmung dieses Verhältnisses legt er implizit das scholastische Axiom zugrunde, dass die Gnade die Natur nicht zerstöre, sondern auf dieser aufbaue und sie vollende.

Er beginnt seinen in fünf Schritten vorgetragenen Gedankengang mit Überlegungen zur menschlichen Person. In ihnen rezipiert er die Konzilslehre von *Gaudium et spes* sowie *Dignitatis humanae* über die Würde und Freiheit der menschlichen Person. Diese komme dem Menschen gemäß der Schrift als Geschöpf und als Ebenbild Gottes zu. Durch seine Personalität sei der Mensch Zweck an sich selbst.

Die soziale und gesellschaftliche Ordnung habe „die Ausübung der Freiheit und die friedliche Entfaltung der Person" (465) zu gewährleisten. „Der Mensch ist nicht Person durch die Tatsache, daß er sozial ist, sondern er ist sozial, weil er Person ist", schreibt der Papst (465). Jedwede soziale Ordnung und Autorität, „die dazu bestimmt ist, diese Ordnung zu gewährleisten" (465), steht unter dieser Selbstzwecksetzung der Person.

Jede gesellschaftliche Ordnung und Autorität habe also die Freiheit und Personwürde des Menschen zu achten, zu schützen und zu gewährleisten. Dies gelte wegen des Grundsatzes, dass die übernatürliche Ordnung die natürliche Ordnung nicht zerstöre, sondern vollende, auch für die der übernatürlichen Ordnung zugehörige Institution der Kirche.

---

25  *P. Paul VI.*, Ansprache vom 17. September 1973 an die Teilnehmer des II. Kongresses für Kanonisches Recht in Mailand, dt. in: AkathKR 142 (1973), 463–471, 470. Die Seitenzahlen im folgenden Abschnitt des Textes beziehen sich auf diese Ansprache.

Papst Paul VI. stellt ebenso wie die Personalität des Menschen den übernatürlichen Charakter der Kirche heraus. Dabei bezieht er sich auf die Enzyklika *Mystici Corporis* seines Vorgängers Papst Pius XII. Dieser hatte bereits 1943 festgestellt, dass die Kirche nicht allein aus einer äußeren Organisation bestehe, sondern sich des Lebens Christi als ihres eigenen inneren Lebens erfreue, sie mit anderen Worten ein „internum principium" besitze (465). Dieses Prinzip gehöre nicht der natürlichen, sondern der übernatürlichen Ordnung an. Es sei, so liest Paul VI. *Mystici Corporis*, der Geist Gottes. Deshalb ist die Kirche nicht einfach eine naturrechtlich begründbare perfekte Gesellschaft wie der Staat. Auch das Recht ist ihr nicht aufgrund ihres gesellschaftlichen Charakters eigen. In der komplexen Wirklichkeit der Kirche komme vielmehr in ihrem sozialen Leben das innere Leben, das heißt der Geist, zur Darstellung. *Lumen gentium* habe diese „großen Ideen weiterentwickelt" (466). Papst Paul VI. stellt auf der Basis dieser lehramtlichen Entscheidungen fest, die Kirche sei „zugleich pneumatisch und institutionell" (466) verfasst. In der Sozialgestalt der Kirche werde das innere Leben der Kirche, welches sie aus dem Heiligen Geist habe, dargestellt. Diesem inneren Prinzip sei ebenso wie der Personwürde des Menschen jede Ordnung und Autorität in der Kirche, welche die Einhaltung dieser Ordnung zu gewährleisten habe, verpflichtet. Rechte und Pflichten in der Kirche haben „einen übernatürlichen Charakter" (466).

Eingegliedert werde der Mensch als Person in die Kirche durch den Geistempfang in der Taufe (1 Kor 12,13). Sie vervollkommne die menschliche Freiheit, indem sie von der Sorge um die Vergänglichkeit zur Freiheit der Herrlichkeit der Kinder Gottes befreie. Deshalb könne „die menschliche Person gerade in der Kirche ihre volle Würde" (467) erreichen. Das entspreche der Tauftheologie, wie Paulus sie im Römerbrief entfaltet habe. Durch die Taufe gehöre der Mensch der übernatürlichen Ordnung an, „weil der Getaufte in wirksamer Weise nach dem dreifaltigen Gott streben kann, der ja sein letztes Ziel ist, auf den er hingeordnet ist, zu dem Zweck, an seinem Leben und an seiner unendlichen Liebe teilzuhaben" (467). Die Freiheit der Getauften konkretisiere sich in „fundamentalen Rechten [...] mit Bezug auf die übernatürlichen Güter" (467). Die durch das Geistgeschehen in der Taufe begründete Gemeinschaft mit Gott sei aber nicht nur innerlich. Sie finde in der sozialen Gemeinschaft der Christen ihre sichtbare Darstellung. „Die ‚Communio' ist als Vereinigung der Getauften eine geistliche Wirklichkeit, die sich aber auf soziale Weise darstellt; die Getauften bilden in Christus eine Einheit, weil sie mit Ihm durch den Hl. Geist verbunden sind, der ihnen auf sakramentale Weise mitgeteilt wurde. Aktionsprinzip dieser geistlich-sozialen Verbundenheit ist der Geist, der alles zur Auferbauung des Leibes Christi wirkt" (467).

Im vierten Gedankenschritt legt Paul VI. dar, dass auch die Hierarchie in der Kirche, durch welche Ordnung und Friede in der sozialen Gemeinschaft der Getauften gewährleistet werden soll, durch die Gabe des Heiligen Geistes konstituiert sei. Es fällt auf, dass er den „hierarchischen Dienst des Wortes, der Gnade und der pastoralen Führung" (468) nicht christologisch begründet, sondern pneumatologisch. Er führt damit auch das Recht in der Kirche nicht auf einen christologischen Gründungs- oder Bevollmächtigungsakt zurück, sondern darauf, dass der Geist in der Kirche wirkt. „Deshalb geht auch alles, was um der Sicherung von Ordnung und Frieden in der Gemeinschaft der Christen willen angeordnet wird – wie das kanonische Recht im äußeren Bereich –, letztlich aus vom Geiste und schafft deshalb keinen Nachteil für die Freiheit und die Würde der menschlichen Person, vielmehr stärkt und verteidigt es diese." (468) Damit wird der Gedanke der Vollmacht für die Begründung des Rechts nicht mehr in Anspruch genommen. Er wird durch den der Ordnung ersetzt. Diese Ordnung und die zur ihrer Durchsetzung notwendige Autorität haben das übernatürliche Leben aus dem Geist und im Geist darzustellen, indem sie die Freiheit und Würde der menschlichen Person wirkungsvoll schützen.

Im fünften und letzten Gedankenschritt bemüht sich der Papst dann noch darum, aufzuweisen, dass das amtliche und charismatische Wirken des Geistes keinen Widerspruch bilden. Dieser Gedankenschritt scheint nach dem bisher Gesagten nur konsequent.

83

Der Papst drückt abschließend die Hoffnung aus, dass die pneumatologische Begründung des Kirchenrechts die Revision des kirchlichen Gesetzbuches gemäß den 1967 durch die Generalversammlung der Bischofssynode festgelegten Prinzipien befruchten möge.[26] Da er das Recht in der Kirche als äußeres Zeichen ihres inneren Lebens ansieht, komme ihm die Aufgabe zu, die Kirche der Liebe im Recht darzustellen. In diesem Sinne bildeten Geist und Recht eine Einheit, „in der das geistliche Element bestimmend ist" (469).

Der Gesamtduktus der Argumentation des Montinipapstes kann als prinzipientheoretische Reflexion auf das Offenbarungszeugnis und die kirchliche Lehre angesehen werden, eine Reflexion, durch welche die pneumatologische Konstitution der Kirche und des Rechts aufgewiesen werden sollen.

Es ist bemerkenswert, dass dabei auf den Begriff der Herrschaft und der Vollmacht gänzlich verzichtet wird. Papst Paul VI. bestimmt das äußere und innere Element der Kirche in Analogie zur Leib-Seele-Einheit, wobei er die Kirche als vom Geist belebten Leib Christi versteht. Auf das deuteropaulinische Verständnis von Christus als dem Haupt der Kirche beruft sich der Papst nicht. Dementsprechend wird das Recht in der Kirche nicht christologisch begründet. Es wird auch nicht dezisionistisch als durch einen Willensakt Jesu Christi konstituiert angesehen. Vielmehr spielt die tauftheologisch begründete Personwürde der Christen, der in der Societas-perfecta-Lehre keine Bedeutung beigemessen wurde, für die Begründung des Rechts in der Kirche eine entscheidende Rolle.

Durchgängig leitend ist die sakramentale Struktur der Kirche, in welcher das innere und das äußere Element eine komplexe Wirklichkeit bilden, und in welcher die übernatürliche Zielsetzung die Ausrichtung der kirchlichen Ordnung bestimmt. Institutionelle Gestalt, Ordnung und Autorität in der Kirche werden konsequent

---

26  Vgl. Vorrede, in: Codex Iuris Canonici. Codex des Kanonischen Rechts. Lateinisch-deutsche Ausgabe, Kevelaer 2009, XLI–XLV, besonders Nr. 5, 6 und 7.

vom sakramentalen Charakter der Kirche her als ‚Zeichen und
Werkzeug' des Heils wie der Einheit der Menschheit her gesehen.

Programmatisch fordert der Papst in seiner Rede die versammelten Kanonisten auf, das Wirken des Geistes zu ergründen, so
dass es auch im Recht seinen Ausdruck finden könne. Er sieht es
als eine unabdingbare Ergänzung zur Lehre des Konzils an, dass
der Christologie und Ekklesiologie des Konzils ein neues Studium
und eine erneute Verehrung des Heiligen Geistes folgen müssen,
und ersucht die Kanonisten, sich an dieser Anstrengung zu beteiligen. Seine Hauptforderung lautet, dass das Recht der Kirche das
innere Wirken des Geistes zeichenhaft zum Ausdruck bringen
müsse und fördern solle.

Wir haben es in der Ansprache von Papst Paul VI. mit einer
Skizze zu einer umfassenden pneumatologischen Begründung des
Kirchenrechts zu tun. Die zur Ausrichtung der Codexreform be-
stimmten Worte des Papstes sind jedoch bisher unerhört verhallt.
Sie vermochten nicht, die Konturen des neuen Gesetzbuches zu
bestimmen.

So lange die Pneumatologie ekklesiologisch nur als Präambel
fungiert, so lange die Strukturen der Kirche von ihr unberührt
bleiben, kann man nicht wirklich von einer pneumatologischen
Reformulierung der Ekklesiologie sprechen. Für eine solche
müsste der Geist als strukturbildend ausgewiesen werden. Dazu
gehört, dass die Pneumatologie in ihrem kritischen und konstruk-
tiven Potential kirchlichen Normen gegenüber wahr- und ernstgenommen wird.

## Herabrufung des Geistes

Eben deshalb hat sich das Anliegen von Papst Paul VI. noch nicht
erledigt. Es reicht nicht, an seine Ansprache zu erinnern, man
muss sie sich zu Eigen machen. Ich möchte seine Gedankenskizzen
aufgreifen, und – um ihnen in der Durchführung zu entsprechen –
vorschlagen, die Lehre von der Kirche und auch die theologische
Grundlegung ihrer rechtlichen Verfasstheit ausgehend von der He-

rabrufung des Geistes, oder genauer gesagt: vom epikletischen Charakter des Selbstvollzugs der Kirche her, zu entfalten.

Auf der Basis der biblischen Aussagen in Mt 18,19: „Alles, was zwei von euch auf Erden gemeinsam erbitten, werden sie von meinem himmlischen Vater erhalten", und Lk 11,13: „Wenn nun schon ihr, die ihr böse seid, euren Kindern gebt, was gut ist, wieviel mehr wird der Vater im Himmel den Heiligen Geist denen geben, die ihn bitten", sowie Joh 15,7: „Wenn ihr in mir bleibt und wenn meine Worte in euch bleiben, dann bittet um alles, was ihr wollt: Ihr werdet es erhalten", ist unter Epiklese „das stets erhörte Gebet"[27] zu verstehen. Die theozentrische beziehungsweise pneumatozentrische Fokussierung der Epiklese hat Heribert Frohnhofen herausgestellt. „Das also ist der eigentliche ‚Nutzen' des Bittgebetes, nicht daß Gott seine eigenen Pläne durchbreche, um den Bittenden die Taschen zu füllen, sondern *daß die Betenden sich selbst zu Gott erheben und ihr gesamtes Heil von ihm erwarten.*"[28] Die Bitte Gottes um seinen Geist impliziert die Ausrichtung des Beters auf den Geist Gottes. Aufgrund der biblischen Verheißung impliziert die Epiklese darin die Glaubensgewissheit der zuvorkommenden und unbedingten Zuwendung Gottes zum Beter. Deswegen scheint sie mir die geeignete und einzig mögliche Weise zu sein, in der ekklesiologisch und kanonistisch die Autorität Gottes in Anspruch genommen werden kann.

Wenn nun die These aufgestellt wird, dass der epikletischen Form der Gottesgewissheit beziehungsweise der Inanspruchnahme göttlicher Autorität eine grundlegende Bedeutung für die Selbstvollzüge, die Strukturen und das institutionelle Selbstverständnis der Kirche, ja selbst für ihr Recht beigemessen werden müsse, gilt es zunächst, diese kühne Behauptung, die allenfalls Außenseiterstatus hat, als nicht völlig abwegig zu erweisen.

---

27 M. *Schneider,* Die Wandlung der eucharistischen Gaben nach orthodoxer Theologie, Köln 2004, 32f.
28 *H. Frohnhofen,* Heiliger Geist – Quelle, Ziel und Frucht unseres Gebetes, in: GuL 71 (1998), 1–10, 3; vgl. M. *Schneider,* Die Wandlung der eucharistischen Gaben, 32f.

Eine Formulierung im Dokument der Gemischten Internationalen Kommission für den theologischen Dialog zwischen der Römisch-Katholischen Kirche und der Orthodoxen Kirche aus dem Jahr 1982 über „Das Geheimnis der Kirche und der Eucharistie im Licht des Geheimnisses der Heiligen Dreifaltigkeit" deutet darauf hin, dass der Ansatz bei der Epiklese ekklesiologisch nicht ganz abwegig sein könnte. In dem Dokument wird ausgehend von der eucharistischen Epiklese auf den epikletischen Charakter der Kirche aufmerksam gemacht: „Der Geist verwandelt die geheiligten Gaben in den Leib und das Blut Christi (metabolé), damit sich das Wachsen des Leibes, der die Kirche ist, vollendet. In diesem Sinn ist die ganze Feier eine Epiklese, die sich aber in bestimmten Augenblicken deutlicher ausdrückt. Die Kirche ist unablässig im Zustand der Epiklese, der Herabrufung des Heiligen Geistes."[29] Der Charakter der Kirche wird in diesem Text von der Eucharistiefeier her bestimmt. „Die Kirche lebt von der Eucharistie."[30] Sie ist Handlung und Darstellung der Kirche zugleich. Der Begriff ‚Zustand' scheint mir allerdings nicht besonders geeignet, diesen Zusammenhang auszudrücken. Er ist unglücklich gewählt. Worum es geht, ist, die Epiklese als Handlungs- und Autoritätsform der Kirche zu verstehen. Sie kennzeichnet die Haltung der Gläubigen, bestimmt das Handeln der Kirche und bezeichnet die Form, in der die Kirche die Autorität Gottes für ihr Handeln in Anspruch nehmen kann.

---

29  Das Geheimnis der Kirche und der Eucharistie im Licht des Geheimnisses der Heiligen Dreifaltigkeit. Dokument der Gemischten Internationalen Kommission für den theologischen Dialog zwischen der Römisch-Katholischen Kirche und der Orthodoxen Kirche, in: DwÜ 2, Paderborn – Frankfurt a. M. 1992, 531–541, 533. Bereits die Jerusalemer Synode von 1672 hat nachhaltig für die orthodoxen Kirchen die epikletische Struktur der Kirche und der Sakramente thematisiert. Vgl. W. *Hryniewicz*, Epiklese IV. In der Theologie der Ostkirche, in: LThK³ Bd. 4, 1995, 1312–1313, 1313.

30  *P. Johannes Paul II.*, Enzyklika De eucharistia eiusque necessitudine cum ecclesia *Ecclesia de Eucharistia* vom 17. April 2003, in: AAS 95 (2003), 433–475, dt. VAS 159, Nr. 1.

John Meyendorff hat den für die orthodoxe Theologie bedeutsamen Zusammenhang zwischen Eucharistie, Epiklese und Ekklesiologie in einem kleinen, aber bemerkenswert scharfsinnigen Artikel aus dem Jahr 1967 skizziert. Zugleich hat er die seinerzeit und
zum Teil heute noch bestehenden Differenzen im Heils- und Kirchenverständnis zwischen orthodoxer und römisch-katholischer
Theologie markiert. Meyendorff versteht die abendländische Eu-
charistieform als „Ausdruck der anselmianischen Erlösungslehre",
die er als „juridische Soteriologie" qualifiziert. In der Liturgie des
Abendlandes fehle die Anrufung des Heiligen Geistes, die in den
östlichen Liturgieformen auf die Anamnese folge. „Die Anrufung
des Heiligen Geistes bei der Eucharistiefeier ist nicht einfach eine
andere sakramentale ‚Formel‘: sie schließt eine Heilslehre und
eine Ekklesiologie in sich"[31], so Meyendorff, der damit auf den Gebetscharakter der Epiklese ebenso aufmerksam macht wie auf den
Sachverhalt, dass das eucharistische Geheimnis nur anamnetisch-
epikletisch in Fülle vollzogen werden könne. Das Heil wird darin
als Beziehungsgeschehen ausgesagt. „Die Kirche hat zur Aufgabe,
die Erlösungstat Christi *für uns* zu aktualisieren, das heißt uns Heiligung anzubieten, deren Bewirker der Geist ist, den der Sohn vom
Vater her sendet."[32] Die Heiligung, verstanden als „trinitarische
Handlung", muss vom Menschen freiwillig entgegengenommen
werden. Das epikletische Gebet ist Ausdruck der Rückkehr und Zuwendung des Menschen zu Gott: „Die Gnade Gottes und die Teilhabe am göttlichen Leben werden dem Menschen wiederum zuteil,
wenn er freiwillig zu Gott zurückkehrt. Darum schließen ‚Gnade‘
und ‚naturgegebene Freiheit‘ einander nicht aus, sondern setzen einander voraus."[33] Meyendorff lehnt deshalb die Lehre von einer
abstrakten Gültigkeit der Sakramente ab. Weil Anrufung und Gebet für den sakramentalen Vollzug grundlegend sind, gibt es für
ihn „keine äußere Garantie dafür, daß eine gegebene Ortsgemeinde

---

31 *J. Meyendorff*, Zum Eucharistieverständnis der orthodoxen Kirche, in:
Conc(D) 3 (1967), 291–294, 291f.
32 Ebd., 292.
33 Ebd.

wirklich ‚die Kirche' ist, bevor sie sich der Führung durch den Geist der Wahrheit erschließt. Die Epiklese proklamiert diese Erschließung, und die Gegenwart Christi im Sakrament ist die Antwort Gottes, die die Kirche wirklich zur Kirche macht."[34] Meyendorff konzipiert eine eucharistische Ekklesiologie[35], er bestimmt das Kirchesein der Kirche vom eucharistischen Vollzug her und charakterisiert diesen als anamnetisch-epikletisches Gebet. Deshalb scheint es ihm auch nicht möglich zu sein, die Jurisdiktionsgewalt von der eucharistischen Vollmacht zu trennen. Dies ist eine direkte Kritik „gegenüber dem Papsttum, das heißt gegenüber der Auffassung, einer der Bischöfe habe *iure divino* [darauf kommt es hier an; MB] eine Macht, die sich über seine eigene Ortskirche (Diözese) hinaus auf andere Bischöfe erstrecke".[36] *Iure humano* kann Meyendorff den Primat des Papstes durchaus als für die Sendung der Kirche notwendig und sinnvoll ansehen. Ausschließen möchte er den Gedanken, dass vom Primat des Papstes her das Wesen der Kirche bestimmt werde. „Die Einheit der Bischöfe untereinander basiert auf der gegenseitigen Anerkennung der Identität ihres Episkopates – *Episcopatus unus est*, schrieb der hl. Cyprian – und die Einheit aller Ortskirchen auf der Identität ihres Glaubens und nicht auf ihrem gemeinsamen Gehorsam gegenüber einem ‚außereucharistischen' Zentrum."[37]

Trotz der von Meyendorff markierten Differenzen in der Ekklesiologie – den derzeitigen Stand der ökumenischen Gespräche dokumentiert das ökumenische Ravenna-Dokument über Communio, Konziliarität und Autorität vom 13. Oktober 2007[38] –

---

34  Ebd.
35  Vgl. zur ökumenischen Problematik sowie zur katholischen Rezeption: *W. Kasper*, Der Weg der eucharistischen Ekklesiologie in der katholischen Kirche, in: ders., Die Liturgie der Kirche (WKGS 10), Freiburg – Basel – Wien 2010, 10, 314–333.
36  *J. Meyendorff,* Zum Eucharistieverständnis, 293.
37  Ebd., 293.
38  Dort heißt es in Nr. 43: „Während die Tatsache des Primats auf der universalen Ebene von beiden, Ost und West, akzeptiert wird, gibt es Unterschiede des Verständnisses in Bezug auf die Weise, in der er ausgeübt werden soll und auch

hat für die katholische Theologie Walter Kasper auf die epikletische Struktur der Kirche aufmerksam gemacht, ohne dies jedoch
detailliert zu durchdenken. Es bleibt bei der bloßen Behauptung:
„Die Kirche insgesamt hat letztlich eine epikletische Struktur."[39]
Auch Bertram Stubenrauch hat jüngst den Gedanken aufgegriffen,
die Kirche vom epikletischen Vollzug her zu begründen. Er
schreibt, stellt fest und fordert zugleich: „Das Leben der Kirche
ist insgesamt epikletisch zu verstehen [...]."[40] Und zum Leben
der Kirche gehört, wenn man konsequent sein will, für die römisch-katholische Kirche zunächst einmal auch de facto das
kirchliche Recht.[41] Auch es wäre epikletisch zu verstehen.

Pneumatologisch könnte sich der Ansatz als sinnvoll erweisen, weil in der Epiklese zum Ausdruck kommt, dass das Handeln
des Geistes über die Kirche hinausweist und es zudem, wenn es
ekklesiologisch ernst genommen wird, die Kirche über sich selbst

---

in Bezug auf seine biblische und theologische Begründung." (Kirchliche und
kanonistische Konsequenzen der sakramentalen Natur der Kirche. Kirchliche
Communio, Konziliarität und Autorität, Ravenna 13. Oktober 2007, in: http://
www.vatican.va/roman_curia/pontifical_councils/chrstuni/ch_orthodox_docs/
rc_pc_chrstuni_doc_20071013_documento-ravenna_ge.html [31.03.2013]).
39 *W. Kasper,* Die Kirche Jesu Christi – Auf dem Weg zu einer Communio-
Ekklesiologie, in: ders., Die Kirche Jesu Christi. Schriften zur Ekklesiologie I
(WKGS 11), Freiburg – Basel – Wien 2008, 15–120, 77.
40 *B. Stubenrauch,* Anrufung des Geistes/Epiklese, in: W. Beinert, ders. (Hg.),
Neues Lexikon der katholischen Dogmatik, Freiburg – Basel – Wien 2012,
62–65, 64.
41 *H. Dombois,* Das Recht der Gnade. Ökumenisches Kirchenrecht. Grundlagen und Grundfragen der Kirchenverfassung in ihrer Geschichte, Bielefeld
1974, hat im zweiten Band seiner Trilogie das Kirchenrecht des ersten Jahrtausends als epikletisches bezeichnet. Er hat diesen „Arbeitsbegriff" (108) aufgrund der von ihm herausgestellten Bindung des Kirchenrechts an liturgische
Vollzüge gewählt. *P. Landau,* Epikletisches und transzendentales Kirchenrecht
bei Hans Dombois? Kritische Anmerkungen zu seiner Sicht der Kirchenrechtsgeschichte, in: ZSRG Kan. Abt. 104 (1987), 131–154, hat sich kritisch dazu geäußert. Er kommt zu dem Ergebnis, „daß der Terminus ‚epikletisches Kirchenrecht' jedenfalls als rechtshistorischer Arbeitsbegriff nicht übernommen
werden kann" (140). Dombois hat jedoch auch in systematischer Absicht die
These vertreten, dass ein künftiges ökumenisches Kirchenrecht sich am Kirchenrecht des ersten Jahrtausends orientieren müsse.

hinausweist. Zudem wird durch den Ansatz beim sakramentalen Vollzug der Streit zwischen einer eucharistischen Ekklesiologie und einer Ekklesiologie, die bei Taufe und Firmung beziehungsweise einer Ekklesiologie, die beim Wortgeschehen ansetzt, vermieden, da in all diesen einzelnen Vollzügen, wie noch zu zeigen sein wird, die epikletische Form für den Aufbau der Kirche höchst bedeutsam ist.

Der in der Epiklese herabgerufene Geist stellt die Kirche in die je größere Wahrheit Gottes. Von ihm her ist auch ihre institutionelle Gestalt auf die je größere Wahrheit Gottes auszurichten, des transzendenten Gottes, den die Kanonisten, die das Recht gemäß der Logik der Herrschaft als äußeren Rahmen zur Durchsetzung des Dogmas ansehen und sich deshalb allzu leicht zur Begründung positiver Gesetze auf göttliches Recht berufen, ausblenden. Papst Benedikt XVI. hat in seiner am 27. Oktober 2011 in Assisi gehaltenen Rede Bemerkenswertes dazu gesagt: Menschen, die in einer Zeit der Gottesferne Gott vermissen und suchen, erinnerten die Menschen in den Religionen daran, „Gott nicht als ihr Besitztum anzusehen, das ihnen gehört, so daß sie sich damit zur Gewalt über andere legitimiert fühlen."[42] Zumindest in der Funktion des Korrektivs könnte sich daher der Ansatz bei der Epiklese auch für das Kirchenrecht als sinnvoll erweisen. Doch bereits das hätte weitreichende Konsequenzen, weil es den im *ius divinum* in Anspruch genommenen Gottesbegriff und zudem das Offenbarungsverständnis betrifft.

Zwar wird man nicht leugnen können, dass für die Kirche und das kanonische Recht eine Bezugnahme auf das *ius divinum* grundlegend ist; als vornehmlich die kirchliche Ordnung prägendes Recht vor allem auf das *ius divinum*, insofern es geoffenbart worden ist. Als Kennzeichen des göttlichen Rechts gilt der unbedingte Geltungsanspruch einer Norm. Sie gilt als unveränderlich

---

42 Die Aussage scheint mir auch für eine theologische Begründung des Kirchenrechts in nachmetaphysischer Zeit von Relevanz zu sein. http://www.vatican.va/holy_father/benedict_xvi/ speeches/2011/october/documents/hf_ben-xvi_spe_20111027_assisi_ge.html (28.10.2011).

und ausnahmslos. Zurückgeführt wird sie auf eine bezeugte göttliche Weisung, die als Gesetzgebungsakt ausgelegt wird.

Es würde nun einem exegetisch und theologisch überholten – von vielen Kanonisten und Bischöfen aber nach wie vor implizit gepflegten – instruktionstheoretischen Modell des Offenbarungsverständnisses entsprechen, einzelne Gehalte und Normen des kanonischen Rechts als göttliches Recht zu qualifizieren.[43] Das dem zu Grunde liegende instruktionstheoretische Modell des Offenbarungsverständnisses ist, wie Max Seckler zeigen konnte, in der Dogmatischen Konstitution des Zweiten Vatikanischen Konzils über die göttliche Offenbarung *Dei Verbum* durch ein kommunikationstheoretisches Modell ersetzt worden. Gott hat in seiner Offenbarung nicht etwas über sich, sondern in Jesus Christus sich selbst mitgeteilt. Einem solchen Offenbarungsverständnis entspräche es, mit Gerhard Luf die Normen des kirchlichen Rechts als geschichtliche „Konkretisierung des göttlichen Rechts" zu verstehen.[44] Ein solches Verständnis, durch das die Differenz zwischen dem je größeren Gott und der Kirche gewahrt werden könnte, würde zudem der ekklesiologischen Einsicht aus *Lumen gentium* 8 gerecht, dass die Kirche Jesu Christi nicht mit der katholischen Kirche identisch ist, vielmehr in ihr ihre *„konkrete Wirklichkeit"*[45] findet.

Die Bezugnahme des kanonischen Rechts auf das *ius divinum* verweist im Übrigen unmittelbar auf die Notwendigkeit seiner theologischen Grundlegung. Kirchliches Recht lässt sich nicht positivistisch oder allein durch das Legalitätsprinzip begründen. Im

---

43 Vgl. zum hier angesprochenen Problemkomplex die ausführliche Diskussion bei *G. Bausenhart*, Das Amt in der Kirche. Eine not-wendende Neubestimmung, Freiburg – Basel – Wien 1999, 27–41.
44 *G. Luf*, Grundrechte und kirchlicher Rechtsschutz. Erwägungen zu einer hermeneutischen Rechtstheologie, in: ÖAKR 26 (1975), 25–54, 40. „Dem heutigen Verständnis nach meint ‚k[onkret]' den anschaul., in Raum u. Zeit gegebenen Gegenstand [...]. Dieses Verständnis kündigt sich in I. Kants Lehre an, für den Konkretheit nicht mehr eine Eigenschaft der Begriffe selbst, sondern ihres Gebrauchs darstellt (Logik, § 16)." *G. Krieger*, Konkret, in: LThK³ Bd. 6, 1997, 270–271, 270.
45 *M. Kehl*, Die eine Kirche und die vielen Kirchen, in: StZ 219 (2001), 1–16, 10.

Rahmen seiner theologischen Grundlegung ist jedoch unabdingbar, die Freiheit Gottes gegenüber dem Gesetz zu wahren. Eben diese Freiheit hätte aber auch die Kirchenrechtswissenschaft zu respektieren und zu schützen: die Freiheit des transzendenten Gottes, wie sie in der Epiklese als der seiner Gegebenheitsweise entsprechenden Handlungs- und Autoritätsform zum Ausdruck kommt.

Mit der Forderung, die Freiheit Gottes gegenüber dem Gesetz zu wahren, ist zugleich der *theologische* Grund für ein Aggiornamento des Kirchenrechts benannt. Eine theologische Grundlegung des Kirchenrechts müsste ebenso wie die pneumatologische Reformulierung der Ekklesiologie um der Freiheit Gottes willen rechtstheoretisch vom Paradigma der Freiheit her erfolgen,[46] oder, um es mit den Worten von Walter Kasper zu sagen: „Die Aufgabe ist vielmehr, dafür zu sorgen, daß das Recht der Kirche rechtes Recht, d. h. Recht der christlichen Freiheit im Geist sei."[47]

Die so durch den Ansatz bei der Epiklese in den Blick genommene und zu entfaltende These lautet: Die Kirche und ihr

---

46 *J. Werbick*, Grundfragen der Ekklesiologie, Freiburg – Basel – Wien 2009, 220 hat der Logik der Herrschaft eine Logik des Dienens entgegengestellt: „Die Strukturen der Kirche(n) müssen als dienende Strukturen erkennbar sein, nicht nur als die hierarchisch richtigen, weil mit der Successio apostolica vorgegebenen. *Dienende Strukturen*: sie sollen dazu dienen, dass Menschen ihr Leben aus dem Glauben an das Evangelium in liebender Solidarität mit den Nächsten und mit den notleidenden Fernen auf Gottes gute Herrschaft hin leben können [...]". Dem ist die Zustimmung kaum zu verweigern. Allerdings bezieht sich Werbick nur auf die eschatologisch gebotene Ausrichtung der Strukturen. Sie sollen eher ermöglichen als gebieten und verbieten. Für eine Grundlegung des Rechts in der Kirche scheint das unzureichend. Die Logik des Dienens vermag nicht einsichtig zu machen, dass und wie Recht und Anerkennung der Subjektivität des Menschen zusammengehören. Gleichwohl setzt sie die Anerkennung von Freiheit durch Freiheit und damit den Einzelnen als Rechtssubjekt voraus.

47 *W. Kasper*, Die Kirche als Sakrament des Geistes, 38. Die Durchführung der Aufgabe steht bis heute aus, so dass sich auch der Nachsatz von Kasper nach wie vor als zutreffend erweist: „Dies ist zunächst eine Art Hypothese [...]", die u. a. bei H. Müller ihren kanonistischen Wiederhall gefunden hat. Vgl. Kirchliches Recht als Freiheitsordnung. Gedenkschrift für Hubert Müller (fzk 27), Würzburg 1997.

Recht gründen in göttlicher Autorität. Ekklesiologisch und kanonistisch kann die Autorität Gottes weder unmittelbar noch apologetisch in Anspruch genommen werden. Ihre Inanspruchnahme ist an ihre epikletische Gegebenheitsweise gebunden.

Vor ihrer Entfaltung ist nun zunächst die Möglichkeit dieser These gegen die von Sohm vertretene Antithese der Antinomie von Geist und Recht zu erweisen.

# III.

## Zur Möglichkeit ihrer Bewältigung

In der Auseinandersetzung mit Adolph von Harnack hat Rudolph Sohm die These von der rein charismatischen Organisation der Urgemeinde verteidigt. *„Es kann keine rechtliche Verfassung und keine rechtliche Gesetzgebungsgewalt in der Ekklesia geben.* Die aus dem göttlichen Wort geschöpfte, in Wahrheit apostolische Lehre von der Verfassung der Ekklesia ist die, daß die Organisation der Christenheit *nicht rechtliche, sondern charismatische Organisation ist."*[1]

Die These von Sohm impliziert die „Behauptung, daß sich Charisma und Recht antinomisch ausschließen".[2] Gleichwohl bedeute charismatische Herrschaft nicht, dass das Urchristentum keine Verfassung gekannt hätte. Vielmehr stellt die charismatische Organisation nach Sohm eine Herrschaftsordnung sui generis dar.[3] Der charismatische Führer handelt „in Gottes Namen, kraft einer ihm von Gott gegebenen, in seinem Charisma ihm persönlich eignenden Gewalt. Die Führung der Christenheit ruht nicht in einer Gewalt, welche der Gemeinde, sondern umgekehrt in einer Gewalt, welche dem Lehrbegabten verliehen ist. Die Leitung der Ekklesia kommt von oben her, durch das Mittel der von Gott begabten Einzelpersönlichkeit. Die Regierung der Christenheit ist von vornherein autoritärer, monarchischer Natur [...]."[4]

Führende Charismatiker haben nach Sohm eine nahezu absolute Autoritätsstellung. Ihre Autorität beruhe auf freiem Glaubensgehorsam „als Ausdruck und Folge einer streng persönlichen Ergriffenheit des einzelnen Gläubigen, durch die ‚begeisterte, von

---

1 *R. Sohm*, Kirchenrecht, 26.
2 *T. Kroll*, Max Webers Idealtypus, 56.
3 Vgl. ebd., 57.
4 *R. Sohm*, Kirchenrecht, 54.

Herzen kommende, aus innerer Gottesoffenbarung geschöpfte Rede' des Charismatikers".[5] Gleichwohl sei die Autorität des Charismatikers durch Labilität gekennzeichnet. Er müsse sich ständig neu bewähren. Eine charismatische Organisation ist nach Sohm ein formloses Gebilde. Eben diese „Labilität der charismatischen Organisation habe erst die Bedingungen für die Entstehung des Katholizismus geschaffen und eine geradezu zentrale Voraussetzung für die Einführung des Kirchenrechts dargestellt."[6] Folglich stellte sich „für Sohm eine Transformation und Wesensverwandlung der charismatischen Organisation" als historisch unausweichlich „dar, welche die ursprünglich rein geistlichen Glaubensbestände an äußere, durch göttliches Recht verbürgte Formen gebunden habe".[7]

Diese Transformation der charismatischen in eine rechtliche Ordnung der Kirche versteht Sohm durch die Kategorien der Formalisierung und Veräußerlichung des charismatischen Autoritätsprinzips. Diese Formalisierung des Charismas habe das Charisma nicht aufgehoben; es sei jedoch „an bestimmte, äußerlich wahrnehmbare Vorgänge geknüpft und mit Rechtswirkung ausgerüstet"[8] worden.

Aufgrund der Verrechtlichung der charismatischen Organisation habe sich das Verhältnis von Amt und Charisma umgekehrt. Das Charisma sei an das Amt gebunden worden. „Mithilfe der Idee der Apostolischen Sukzession" sei den katholischen Bischöfen gelungen, „ihrem amtlichen Charisma ‚die volle Herrschaft' in der Kirche zu sichern."[9] Wenn der Inhaber eines Bischofsamtes zum legitimen Nachfolger der Apostel und damit von Jesus Christus erklärt werden konnte, sind ihm „prinzipiell ohne Rücksicht auf seine persönlichen Qualitäten – allein qua Amt – lebenslänglich die autoritäre Wortverwaltung und damit rechtliche, von fremder

---

5  *T. Kroll*, Max Webers Idealtypus, 63.
6  Ebd., 65.
7  Ebd., 66.
8  *R. Sohm*, Wesen und Ursprung des Katholizismus, Tübingen [5]1912, 66.
9  *T. Kroll*, Max Webers Idealtypus, 69.

Gestattung unabhängige Regierungsgewalt in der Kirche übertragen worden".[10]
Für Sohm bedeutete die Transformation der charismatischen Organisation in eine rechtliche Organisationsform zugleich eine Wesensverwandlung der Kirche. „An Stelle des Glaubensgehorsams, welcher kraft innerer Überzeugung der göttlichen Wahrheit folgt, ist auf allen Stufen der kirchlichen Organisation der kraft äußerlicher Gründe geförderte Rechtsgehorsam getreten. Aus einer geistlichen Gemeinschaft ist unter den Händen des Katholizismus eine Rechtsgemeinschaft, aus dem Leibe Christi ein mit irdischer Gewalt regierter Rechts- und Verfassungskörper geworden."[11]

Gegenstand der Sohmschen Analyse, die auf eine genetische Erklärung des Katholizismus zielte, war – und dies mag durch die Unterscheidung von ‚sichtbar' und ‚geistlich' verdeckt worden sein – die geschichtliche Gestalt der Kirche. Deren Leitungsgestalt hat ihn interessiert. In Bezug auf die geschichtlich erfahrbare Kirche unterscheidet Sohm zwar nun zwischen der Formlosigkeit charismatischer Organisationen, in denen dem charismatischen Führer absolute Autorität zukomme, und der Form rechtlicher Organisationen, in denen Autorität als amtliche an das Recht zurückgebunden bleibe. Zwei Sachverhalte hat er allerdings dabei nicht bedacht: Erstens ist er nicht der Frage nachgegangen, ob das Charismatische die einzig mögliche Ausdrucksgestalt des Geistes in der Kirche sei, zweitens hat er es versäumt, die Frage zu stellen, ob die Instanz der Leitung die heilsökonomisch und ekklesiologisch entscheidende Autorität darstelle, oder anders gefragt, welche Autorität dem Subjekt Kirche, das heißt in seiner Perspektive – der Organisation selbst – zukomme.

Beide Aspekte hängen miteinander zusammen. Der Formlosigkeit der charismatischen Autorität könnte, wenn man die Kirche als eine Wirklichkeit betrachtet, die aus sichtbarem und unsichtbarem Element besteht, eine andere Weise der Bezugnahme auf den Geist beigeordnet werden, nämlich die der *Epiklese*, durch die

---

10 Ebd.
11 *R. Sohm*, Kirchenrecht, 456.

Gott um seinen Geist gebeten und dieser herabgerufen wird. Sie ist pneumatologisch und ekklesiologisch grundlegender als das Charisma und zeichnet sich zudem nicht durch Formlosigkeit aus.

Ein Geistverständnis, das vom Charisma als individueller Geistesgabe ausgeht, ist unidirektional und monologisch. Ein dialogisches (und trinitarisches) Geistverständnis findet in der Handlungsform der Epiklese einen angemesseneren Ausdruck. In ihr erscheint der Geist heilsökonomisch als der von Freiheiten zugleich empfangene wie gesetzte Sinn, der beschreibbar ist als ein Geschehen, in dem die Gläubigen sich als vom erkannten und bejahten Geist selbst bejaht und erkannt einander erkennend bejahen.[12]

Menschliches Subjekt der Epiklese ist nicht der charismatisch oder rechtlich legitimierte Führer. Subjekt der Epiklese ist vielmehr – wie noch zu zeigen sein wird – die Kirche als Ganze.[13] Inhalt der Epiklese ist die Selbstmitteilung Gottes in seinem Geist, nicht nur eine Gabe des Geistes.

Aus diesen beiden Gründen ist das Charismatische pneumatologisch und ekklesiologisch dem Epikletischen gegenüber sekundär.

Nun ist das epikletische Gebet im Unterschied zum Charisma auch nicht formlos. Es ist eine Form des gläubigen Handelns der Kirche, ein „äußeres Kennzeichen dafür [...], daß eine konkrete Handlung ein Handeln der Kirche"[14] ist, konkreter: dass die Epiklese Ausdruck der Freiheit der Kirche ist, die sich dem in die Herzen der Menschen sich einlassenden Geist Gottes nicht verweigert.[15]

Wenn aber die Epiklese als Autoritäts*form* des gläubigen Handelns der Kirche, die der Gegebenheitsweise Gottes in seinem Geist entspricht, anstelle der formlosen Autorität des charismatischen Führers und auch anstelle der formalen Autorität des Amtes

---

12 Die Formlulierung erfolgt in Anlehnung an *J. Heinrichs*, Sinn und Intersubjektivität, in: ThPh 45 (1970), 161–191, 176f. Im epikletischen Vollzug kann zudem von einem Wachsen der wirklichen Freiheit ausgegangen werden. Vgl. ebd., 178.
13 Vgl. LG 26,1.
14 *K. Mörsdorf*, Grundlegung, 334.
15 Vgl. *H. Mühlen*, Una mystica persona, 416.

tritt, ist damit zugleich die Antinomie zwischen Geist (als form-
loser Autorität) und Recht (als formaler Autorität) in der Kirche
überwunden, da diese lediglich Konsequenz eines theologisch un-
angemessenen Verständnisses der Gegenwart des Geistes wie auch
des Herrschaftsparadigmas in einer ebenso unangemessen nur als
sichtbar vorgestellten Organisation Kirche ist.

Es gilt also die Epiklese als *die* Form zu erweisen, in der allein
die Autorität Gottes durch die Kirche in Anspruch genommen
werden kann. Das betrifft das Handeln der Kirche, das betrifft
aber auch ihr Recht.

# IV.
## Zur Komplexität der Wirklichkeit Kirche

### Lumen gentium 8

Wer vom epikletischen Gebet als Form des gläubigen Handelns
der Kirche ausgeht, versteht die Kirche nicht nur als sichtbare,
aber auch nicht nur als unsichtbare Größe. Er korrigiert damit
den der Societas-perfecta-Lehre zugrunde liegenden Kirchenbegriff Bellarmins wie auch den Sohms und kann sich dabei auf
*Lumen gentium* 8 – ein Text, in dem die Kirche sagt, was sie von
sich selber denkt – berufen.

In *Lumen gentium* 8 wird die geschichtliche Gestalt der Kirche als komplexe Wirklichkeit, ursprünglich zusammengesetzt aus
sichtbarem und unsichtbarem Element, wie folgt beschrieben:

„Der einzige Mittler Christus hat seine heilige Kirche, die Gemeinschaft des Glaubens, der Hoffnung und der Liebe, hier auf
Erden als sichtbares Gefüge verfaßt und trägt sie als solches unablässig; so gießt er durch sie Wahrheit und Gnade auf alle aus. Die
mit hierarchischen Organen ausgestattete Gesellschaft und der geheimnisvolle Leib Christi, die sichtbare Versammlung und die
geistliche Gemeinschaft, die irdische Kirche und die mit himmlischen Gaben beschenkte Kirche sind nicht als zwei verschiedene
Größen zu betrachten, sondern bilden eine einzige komplexe
Wirklichkeit, die aus menschlichem und göttlichem Element zusammenwächst. Deshalb ist sie in einer nicht unbedeutenden Analogie dem Mysterium des fleischgewordenen Wortes ähnlich. Wie
nämlich die angenommene Natur dem göttlichen Wort als lebendiges, ihm unlöslich geeintes Heilsorgan dient, so dient auf eine
ganz ähnliche Weise das gesellschaftliche Gefüge der Kirche dem
Geist Christi, der es belebt, zum Wachstum seines Leibes (vgl.
Eph 4,16).

Dies ist die einzige Kirche Christi, die wir im Glaubensbekenntnis als die eine, heilige, katholische und apostolische bekennen. Sie zu weiden, hat unser Erlöser nach seiner Auferstehung dem Petrus übertragen (Joh 21,17), ihm und den übrigen Aposteln hat er ihre Ausbreitung und Leitung anvertraut (vgl. Mt 28,18ff), für immer hat er sie als ‚Säule und Feste der Wahrheit' errichtet (1 Tim 3,15). Diese Kirche, in dieser Welt als Gesellschaft verfaßt und geordnet, ist verwirklicht in der katholischen Kirche, die vom Nachfolger Petri und von den Bischöfen in Gemeinschaft mit ihm geleitet wird [...]."

Der dichte Text von *Lumen gentium* 8 kann als *die* theologische Grundkonzeption der katholischen Ekklesiologie angesehen werden. In ihm werden die Aussagen des ersten Kapitels von *Lumen gentium* über das Mysterium der Kirche mit denen aus den folgenden Kapiteln verbunden, in denen unter anderem über das „Volk Gottes" (Kap. II), über die „hierarchische Verfassung der Kirche, insbesondere das Bischofsamt" (Kap. III) sowie über den „endzeitlichen Charakter der pilgernden Kirche und ihre Einheit mit der himmlischen Kirche" (Kap. VII) gehandelt wird. Er ist zudem bisher konsenshaft als Anknüpfungspunkt für eine theologische Grundlegung des Kirchenrechts angesehen worden.[1] Freilich spielte dabei eine andere Akzentsetzung als die hier avisierte eine Rolle.

---

1  Vgl. *A. M. Rouco-Varela*, Theologische Grundlegung, 30. Rouco-Varela und mit ihm alle mir bekannten kanonistischen Entwürfe zur theologischen Grundlegung des Kirchenrechts beziehen sich auf die Gründung der sichtbaren Kirche durch Jesus Christus, von der unmittelbar zuvor in *Lumen gentium* 8 die Rede ist, und ignorieren die pneumatologische Pointe der Analogie, so etwa: *Chr. Ohly*, Inkarnation und Kirche – Eine Analogie und ihre Konsequenzen, in: Kriterien der Wahrheit christlicher Glaubenserfahrung, hg. v. Katholischen Säkularinstitut Cruzadas de Santa María (Pasinger Philothea 1), St. Ottilien 2006, 77–104. Eine Ausnahme bildet *H. Müller*, De Analogia Verbum incarnatum inter et Ecclesiam (LG 8a), in: PRMCL 66 (1977), 499–512, der minutiös und präzise die Textgeschichte rekonstruiert, die Intention der Konzilsväter, sofern sie sich aus den Diskussionen der Textentwürfe ergibt, herausgearbeitet und eine sich am Endtext orientierende Interpretation der Analogien in *Lumen gentium* 8 vorgelegt hat.

Die Kanonisten konzentrieren sich, wenn sie sich nicht nur in apologetischem Eifer auf den in *Lumen gentium* 8 vorkommenden Begriff *societas* stürzen, in der Auslegung dieser Textstelle vor allem auf drei Punkte: erstens darauf, dass die Kirche von Christus gegründet worden sei. „Der einzige Mittler Christus hat seine heilige Kirche, die Gemeinschaft des Glaubens, der Hoffnung und der Liebe, hier auf Erden als sichtbares Gefüge verfaßt und trägt sie als solches unablässig"; zweitens darauf, dass die Kirche aufgrund der Inkarnation sakramentalen Charakter[2] habe, sie „eine einzige komplexe Wirklichkeit, die aus menschlichem und göttlichem Element zusammenwächst" sei, und drittens darauf, dass man diese komplexe Wirklichkeit zutreffend durch „den Begriff der Communio"[3] zum Ausdruck bringen könne.

Sie überlesen die von *Lumen gentium* vorgenommene pneumatologische Reformulierung der Ekklesiologie ebenso, wie es die meisten Dogmatiker tun. In der dogmatischen Interpretation dieses wichtigen Konzilstextes hat sich die Aufmerksamkeit vor allem auf das Wörtchen „*subsistit*" in *Lumen gentium* 8,2 konzentriert. Dort heißt es: „Diese Kirche, in dieser Welt als Gesellschaft verfaßt und geordnet, ist verwirklicht [subsistit] in der katholischen Kirche, die vom Nachfolger Petri und von den Bischöfen in Gemeinschaft mit ihm geleitet wird." In *Lumen gentium* 8,1 wird aber allererst geklärt, von welcher Kirche in *Lumen gentium* 8,2 in der Formulierung „diese Kirche" die Rede ist. Die Aussage, „Diese Kirche, in dieser Welt als Gesellschaft verfaßt und geordnet, ist verwirklicht in der katholischen Kirche, die vom Nachfolger Petri

---

2 Vgl. *P. Erdö*, der in seiner Theologie des kanonischen Rechts die These vertritt, „daß die letzte Grundlage des kanonischen Rechts das Mysterium der Inkarnation ist" (123) und die Sakramentalität der Kirche inkarnationslogisch begründet sei. „Das Prinzip, das in der Kirche das Sichtbare und das Unsichtbare miteinander verbindet, ist somit die Inkarnation" (126).

3 „Man kann die Frage stellen, warum das Konzil an der für die Wesensbeschreibung der Kirche zentralen Stelle (LG 8,1) nicht Gelegenheit genommen hat, positiv jenen Begriff einzuführen, der die besondere Eigenart der kirchlichen Körperschaft und ihrer Komplexität zum Ausdruck bringt, den Begriff der Communio." *W. Aymans*, „Volk Gottes" und „Leib Christi", 11.

und von den Bischöfen in Gemeinschaft mit ihm geleitet wird", lässt sich nämlich ohne Beachtung des pneumatologischen Perspektivwechsels kaum verstehen. Gleiches gilt für die zweite, in *Lumen gentium* 8,2 benannte und dogmatisch viel diskutierte Konsequenz, nämlich das geschichtliche Verständnis der Kirche und ihre ständige Reformbedürftigkeit: „Während aber Christus heilig, schuldlos, unbefleckt war (Hebr 7,26) und Sünde nicht kannte (2 Kor 5,21), sondern allein die Sünden des Volkes zu sühnen gekommen ist (vgl. Hebr 2,17), umfaßt die Kirche Sünder in ihrem eigenen Schoße. Sie ist zugleich heilig und stets der Reinigung bedürftig, sie geht immerfort den Weg der Buße und Erneuerung." Deshalb ist mit einer Interpretation von *Lumen gentium* 8,1 zu beginnen und auf die darin vorgenommene pneumatologische Akzentsetzung zu achten.[4]

In *Lumen gentium* 8,1 wird die geschichtliche Gestalt der Kirche als eine einzige komplexe Wirklichkeit, zusammengesetzt aus sichtbarem und unsichtbarem Element, beschrieben. Damit wird die Auffassung zurückgewiesen, dass es sich bei der sichtbaren und bei der unsichtbaren Kirche um zwei Wirklichkeiten handele. Zugleich wird mit der Einheit der Wirklichkeit Kirche konstatiert, dass diese Wirklichkeit keine einfache, sondern eine komplexe sei. Komplex nennt man eine Wirklichkeit, die aus zwei oder mehreren Elementen besteht, die nicht aufeinander reduziert oder auseinander abgeleitet werden können. *Lumen gentium* 8 hat diese Komplexität durch eine Analogie bestimmt.

„Die mit hierarchischen Organen ausgestattete Gesellschaft und der geheimnisvolle Leib Christi, die sichtbare Versammlung und die geistliche Gemeinschaft, die irdische Kirche und die mit himmlischen Gaben beschenkte Kirche sind nicht als zwei verschiedene Größen zu betrachten, sondern bilden eine einzige komplexe Wirklichkeit, die aus menschlichem und göttlichem Element zusammenwächst. Deshalb ist sie in einer nicht unbedeutenden Analogie dem Mysterium des fleischgewordenen Wortes ähnlich."

---

4 Vgl. zum Folgenden: M. *Böhnke*, Die komplexe Wirklichkeit der Kirche als pneumatologisches Problem, in: Cath 61 (2007), 264–278.

Die dann folgende Analogie lautet:

„Wie nämlich die angenommene Natur dem göttlichen Wort als lebendiges, ihm unlöslich geeintes Heilsorgan dient, so dient auf eine ganz ähnliche Weise das gesellschaftliche Gefüge der Kirche dem Geist Christi, der es belebt, zum Wachstum seines Leibes (vgl. Eph 4,16)."

Genau genommen beinhaltet diese Aussage zwei Analogien: Mit der ersten Analogie wird das Verhältnis vom gesellschaftlichen Gefüge der Kirche (A) zum Geist Christi (B) analog dem Verhältnis von der angenommenen menschlichen Natur (C) zum göttlichen Wort (D) vorgestellt. A: B $\stackrel{\wedge}{=}$ C: D. Dieses Verhältnis ist als *analogia proportionalis* zu bestimmen. „Die Vergleichsbasis besteht darin, daß beide Male ein göttliches und ein menschliches Element verbunden sind."[5]

Erhellt werden soll also mit dieser Analogie das Verhältnis zwischen dem gesellschaftlichen Gefüge der Kirche und dem Geist Christi durch das Verhältnis zwischen der angenommenen menschlichen Natur und dem göttlichen Wort. Über die Zwecksetzung dieses Verhältnisses wird ausgesagt, dass die angenommene menschliche Natur dem göttlichen Wort als Heilsorgan dient. Und in vergleichbarer Weise soll auch das gesellschaftliche Gefüge der Kirche dem Geist zum Aufbau seines Leibes dienen, womit die zweite Analogie als *analogia attributionis* bestimmt werden kann: Ebenso wie die menschliche Natur dem göttlichen Wort als Heilsorgan dient, so soll auch das gesellschaftliche Gefüge der Kirche dem Heiligen Geist zum Aufbau seines Leibes dienen. Darin liege, so Grillmeier in seinem Kommentar, die Sinnspitze des Textes. Dem Konzilstext gehe es nicht um die Bestimmung der Spannungseinheit ‚Logos – angenommene Menschennatur' durch die Lehre von der hypostatischen Einheit zwischen beiden und ebensowenig um die Bestimmung der Spannungseinheit ‚Geist – gesellschaftliches Gefüge der Kirche' durch die Lehre von der Ein-

---

5 A. *Grillmeier*, Kommentar zur Dogmatischen Konstitution über die Kirche, in: Das Zweite Vatikanische Konzil. Konstitutionen, Dekrete und Erklärungen (LThK² Erg. Bd. I), 1966, 170–175, 173.

wohnung oder Wirksamkeit des Geistes in ihr. Beide Spannungseinheiten würden vielmehr soteriozentrisch „von der patristischen Idee des Heilsorgans (organum salutis) her bestimmt".[6] Ziel sei es gewesen, den sakramentalen Charakter der Kirche in klarer Weise zur Sprache zu bringen.

Mit dem Bezug auf den Heiligen Geist haben die Konzilsväter nach Grillmeier dabei von der missverständlichen Vorstellung, die Kirche als ‚Fortsetzung der Inkarnation' zu verstehen, abgesehen und diese doch in ihrem theologisch fruchtbaren Gehalt, die bleibende Gegenwart Christi in der Kirche auszusagen, gerettet. Dieser Gehalt wird in *Lumen gentium* 8 pneumatologisch reformuliert.

Das hat vor allem Heribert Mühlen herausgestellt. Ihm zufolge besteht die Neuheit des Textes gegenüber der lehramtlichen Tradition darin, dass die Analogie zwischen Inkarnation und Kirche „in einer weittragenden Weise pneumatologisch erweitert und vervollständigt"[7] worden sei; denn es sei ja der Geist Christi, der „in ein Verhältnis zur [sichtbaren; MB] Kirche tritt, das dem des Logos zu seiner menschlichen Natur nicht unähnlich [ist]".[8]

Allein das bloße Faktum der Zuordnung von Heiligem Geist und sichtbarer Gestalt der Kirche ist schon in mehrfacher Hinsicht erstaunlich: Erstens wird das unsichtbare Element der Kirche in *Lumen gentium* 8 erstmals mit dem Geist Christi identifiziert und zweitens wird durch die Analogie auf „die Konkretheit und Sichtbarkeit der Sendung des Geistes"[9] in der gesellschaftlichen Gestalt der Kirche abgestellt. Drittens wird bestimmt, dass das gesellschaftliche Gefüge der Kirche einem eschatologischen Zweck dient, den man als Aufbau des Leibes Christi bezeichnen könnte. All diese Punkte müssen in einem *ersten* Schritt wahr- und ernstgenommen werden.

---

6  A. *Grillmeier,* Kommentar, 173. Freilich ist dabei zu beachten, dass ‚Heilsorgan' und ‚Aufbau seines Leibes' nicht das gleiche bedeuten.
7  So H. *Mühlen,* Das Verhältnis zwischen Inkarnation und Kirche, 178.
8  Ebd., 178.
9  Ebd., 188.

Will man dann *zweitens* über das bloße Faktum hinaus Einsicht in die Art des Verhältnisses zwischen dem gesellschaftlichen Gefüge der Kirche und dem Geist Christi erlangen, will man also genauer erfahren, wie sich das gesellschaftliche Gefüge der Kirche zum Geist Christi verhält beziehungsweise umgekehrt, wie der Geist Christi sich zum gesellschaftlichen Gefüge der Kirche verhält, muss in einem zweiten Schritt geklärt werden, wie sich die angenommene menschliche Natur zum göttlichen Wort beziehungsweise wie sich der göttliche Logos zum konkreten Menschen Jesus von Nazareth verhält. Die *analogia proportionalis* muss also aus der Perspektive der Interpretation der christologischen Lehrentwicklung von Chalkedon bis zum III. Konzil von Konstantinopel erläutert werden.

Wie also bestimmt die neuchalkedonensische Enhypostasielehre per analogiam das Verhältnis von Geist Christi und dem gesellschaftlichen Gefüge der Kirche? Das, was von den Konzilsvätern fraglos als bekannt vorausgesetzt wurde, die Lehre von der hypostatischen Einigung, muss dazu eigens thematisiert werden. Geschehen soll dies im Folgenden in Anlehnung an von Georg Essen vorgetragenen Überlegungen, der in seinem Buch „Die Freiheit Jesu"[10] den neuchalkedonischen Enhypostasiebegriff, dem es um die Bestimmung des Wie der hypostatischen Einigung geht, im Horizont neuzeitlicher Subjekt- und Personphilosophie einer Relecture unterzogen und dadurch wieder verstehbar gemacht hat. Erst auf dieser Basis kann das Verhältnis von Geist Christi und dem gesellschaftlichen Gefüge der Kirche wirklich bestimmt und heutigem Verstehen erschlossen werden.

*Drittens* erfordert die Analogie von *Lumen gentium* 8 eine systematisch-theologische Verhältnisbestimmung von Christologie und Pneumatologie in Bezug auf die Ekklesiologie. Diese hätte wegen des Aussagesinns in *Lumen gentium* 8 soteriozentrisch, das heißt aus gnadentheologischer Perspektive zu erfolgen. Auch diese Aufgabe muss in Angriff genommen werden.

---

10  *G. Essen*, Die Freiheit Jesu. Der neuchalkedonische Enhypostasiebegriff im Horizont neuzeitlicher Subjekt- und Personphilosophie (ratio fidei 5), Regensburg 2001.

# Hermeneutische Vorbemerkung

Weil jede Interpretation – auch die dieses kurzen Konzilstextes – verantwortet werden muss, ist zunächst eine hermeneutische Vorbemerkung zum im Folgenden vorausgesetzten Verständnis der Beschlüsse des Zweiten Vatikanischen Konzils erforderlich. Um dieses Verständnis ist in jüngster Zeit mit äußerst harten Bandagen gekämpft worden. Weder kann hier die Fülle der Beiträge referiert, noch die Vielzahl der vorgetragenen Argumente gewürdigt werden.[11] Dennoch sind einige Ansätze vorzustellen. Immer wieder wird die These, es sei vom „Geist des Konzils" auszugehen, vorgetragen. Damit wird nach Otto Hermann Pesch die Intention der Mehrheit der Konzilsteilnehmer zum hermeneutischen Kriterium. *„Der ‚Geist des Konzils' ist der aus den Akten und im Blick auf die Vorgeschichte des Konzils hervortretende Wille der überwältigenden Mehrheit der Konzilsväter, auch dort, wo er durch Einsprüche und manchmal auch unfaire Tricks einer kleinen Minderheit im einzelnen verwässert und abgeschwächt wurde – und als solcher ist er eine gültige Auslegungsregel für die Konzilstexte."*[12] Diese Position wird hier nicht geteilt. Sie spielt unter dem Anspruch, den Geist des Konzils verstanden zu haben, die verabschiedeten Texte im Konfliktfall gegen mutmaßliche Intentionen der Mehrheit, die sich, warum auch immer, nicht habe durchsetzen können, aus.

Stattdessen sollten für die Interpretation des Konzils die verabschiedeten Dokumente, deren Sinn gegenüber der Intention ihrer Autoren nach Paul Ricœur autonom ist, leitend sein. Ricœur hat die semantische Autonomie eines Textes damit begründet, dass der Text *als Schriftstück* gegenüber der Intention des Autors, „von der Psychologie des Menschen hinter dem Werk, von dem Verständnis, das dieser Mensch von sich selbst und von seiner Si-

---

11 Vgl. *M. Böhnke*, Wider die falschen Alternativen. Zur Hermeneutik des Zweiten Vatikanischen Konzils, in: Cath 65 (2011), 169–183.
12 *O. H. Pesch*, Das Zweite Vatikanische Konzil. Vorgeschichte, Verlauf – Ergebnisse, Nachgeschichte, Würzburg ³1994, 160.

tuation hat, von seiner Beziehung als Autor zu seinem ersten Publikum, dem ursprünglichen Empfänger des Textes",[13] unabhängig ist. „Entscheidend für die Genese von Texten", so referiert Jan Assmann eine in diesen Kontext gehörende Einsicht des Linguisten Konrad Ehlich, „ist die Ablösung von der unmittelbaren Sprechsituation."[14]

Dem Text lässt sich als Intention also lediglich das für eine Texthermeneutik wesentliche Motiv der Überlieferung unterstellen. „Text ist nicht jede, sondern nur diejenige sprachliche Äußerung, mit der sich auf Seiten des Sprechers ein Bedürfnis nach Überlieferung und auf Seiten des Hörers ein Bedürfnis nach Wiederaufnahme verbindet, also Äußerung, die auf eine Art von räumlicher und/oder zeitlicher Fernwirkung hin angelegt ist und auf die man über die Distanz hinweg zurückgreift."[15] Hermeneutisch betrachtet, wäre die Refiguration des Sinns die Aufgabe, die dem Ausleger in der Überlieferung der Botschaft des Textes zukommt. Dabei wird impliziert, dass der Text als Sinneinheit zu verstehen ist, der auf Auslegung hin offen ist. Durch den Akt der Refiguration entsteht neue Sicht der Welt des Textes, das ist jene Welt, die der Text entfaltet.

Nun haben Norbert Lüdecke und andere Kanonisten mit der These, dass der Codex Iuris Canonici von 1983 die authentische und letztgültige Interpretation der Konzilsbeschlüsse sei, implizit die Behauptung aufgestellt, dass es sich bei den Texten des Konzils um normative Rechtstexte handelt, sie also wie Normen zu interpretieren seien und durch Normen authentisch interpretiert werden könnten. Auch diese Position vermag ich nicht zu teilen. Vielmehr schlage ich vor, die Texte des Zweiten Vatikanischen Konzils – wiederum mit Jan Assmann – als formative Texte zu verstehen. „*Formative* Texte", so Assmann, „formulieren

---

13  P. *Ricœur,* Nommer Dieu, in: Études théologiques et religieuses 52 (1977), 489–508; dt.: Gott nennen, in: ders., Hermeneutische Aufsätze (1970–1999). Übers. u. hg. v. P. Welsen, Hamburg 2005, 153–182, 156.
14  J. *Assmann,* Religion und kulturelles Gedächtnis, München 2000, 126.
15  Ebd., 127.

das Selbstbild der Gruppe und ihr identitätssicherndes Wissen."[16] „Sie kodifizieren nicht lediglich Normen sozialen [und gläubigen; MB] Verhaltens."[17] Jene bekommen vielmehr von diesen her ihren Sinn.

Für eine Inanspruchnahme der Kategorie „formativ" zur Kennzeichnung des Textcorpus spricht, dass es sich bei den Konzilsbeschlüssen – mit den Worten des Montini-Papstes – um Dokumente handelt, „durch die die Kirche [...] erläutert, was sie von sich selbst denkt".[18] Formative Texte haben die Kraft zu verbinden. Diese Kraft fehlt normativen Texten, die ihrem Anspruch nach nicht primär verbinden, sondern verpflichten wollen.[19]

Mit Jan Assmann könnte man also eher von einem formativen und deshalb konstitutionellen, von einem das Selbstbild der Kirche und ihr identitätssicherndes Wissen prägenden als von einem normativen Textcorpus ausgehen. Das nimmt den Texten nicht ihre Verbindlichkeit. Assmann geht es um kulturelle Texte, die über die Distanz hinweg formative Verbindlichkeit einfordern. Unter formativer Verbindlichkeit wäre dabei die Aufforderung und Einladung zu verstehen, sich das Selbstbild und das identitätssichernde Wissen der Kirche kreativ zu eigen zu machen, das heißt die Distanz zwischen Autor und Leser zu überwinden, den Text neu zum Sprechen zu bringen. In diesem Sinn verstehe ich die Texte des Konzils als ‚formative Texte'.

In diesem Sinn werde ich auch in der Interpretation von den durch das Konzil verabschiedeten, das heißt den nach dem Willen

---

16 Ebd.

17 *G. Essen,* Spätantike Dogmatisierungsprozesse zwischen kirchlicher Traditionsbildung, hellenistischer Wissenskultur und römischer Verfahrensordnung, in: ders., G. Jansen (Hg.), Dogmatisierungsprozesse in Recht und Religion, Tübingen 2011, 23–37, 36.

18 Zit. nach *P. Hünermann,* Der Text: Werden – Gestalt – Bedeutung. Eine hermeneutische Reflexion, in: HThK Vat. II. Bd. 5, Freiburg – Basel – Wien 2006, 5–101, 44, 49.

19 Es müsste von dieser Unterscheidung her problematisiert werden, die Hl. Schrift als normativ, genauer als ‚norma normans non normata' zu bezeichnen. Mit dem Begriff der Norm wird man jedenfalls kaum der identitätsstiftenden Funktion der biblischen Botschaft gerecht.

der Konzilsväter zu überliefernden Texten ausgehen. Auf dieser Basis müsste sich das Selbstbild der Kirche und ihr identitätssicherndes Wissen erheben lassen.

Auch die Interpretation von *Lumen gentium* 8 muss deshalb von der konkreten Endgestalt des Textes ausgehen. In der Interpretation ist von besonderem Interesse, *wie* die Komplexität der Wirklichkeit Kirche durch den Text von *Lumen gentium* 8 formativ bestimmt wird.

Erwartet werden kann, dass die Interpretation des Textes das Verhältnis von Kirche und Geist aufzuklären vermag. Gleichzeitig sollte sich das Verhältnis von Kirche und Heil erhellen lassen. Ganz einfach ist beides jedoch nicht. Zahlreiche und detaillierte Interpretationsschritte sind vonnöten.

## Geschichtlich konkrete Wirklichkeit

Der Begriff ‚gesellschaftliches Gefüge' beschreibt die Kirche in ihrer sichtbaren geschichtlichen Konkretheit. Ihr wird im Gegensatz zu einer theologischen Auffassung, derzufolge die wahre Kirche unsichtbar sei, durch das Lehramt der römisch-katholischen Kirche theologische Dignität dadurch zugesprochen, dass es als sichtbares Element untrennbar mit dem unsichtbaren Element der Kirche verbunden ist. Die wahre Kirche ist keine platonische Idee. Sie besteht auch nicht aus zwei Wirklichkeiten. Sie wird als eine komplexe Wirklichkeit beschrieben. Deshalb kann ekklesiologisch kaum sinnvoll von einer ‚Entweltlichung' der Kirche gesprochen werden. Die Kirche ist als komplexe Wirklichkeit notwendigerweise Teil der kulturellen Welt. Sie geht aber wegen ihrer Komplexität nicht darin auf, Teil der Welt zu sein. Kirche meint eine geschichtlich konkrete Wirklichkeit, die von Jesus Christus gegründet und deren Struktur trinitätstheologisch grundgelegt ist. Unter Bezugnahme auf die Vater-Unser-Erklärung Cyprians bezeichnet *Lumen gentium* 4 „die ganze Kirche als ‚das von der Einheit des Vaters und des Sohnes und des Heiligen Geistes her geeinte Volk'", und *Lumen gentium* 8 thematisiert die christologische Gründung der Kirche: „Der einzige Mittler Christus hat seine heilige Kirche, die Gemeinschaft des Glaubens, der Hoffnung und der Liebe, hier auf Erden als sichtbares Gefüge verfaßt und trägt sie als solches unablässig [...]".

Weil die Kirche als geschichtlich konkrete Wirklichkeit deshalb ursprünglich und wesentlich aus sichtbarem und unsichtbarem Element bestehe, sei sie als komplexe Wirklichkeit zu bezeichnen und weder auf ihre Sichtbarkeit, noch auf ihre Unsichtbarkeit reduzierbar.

Heribert Mühlen hat das Schema ‚sichtbar – unsichtbar' kritisiert. Es sei „nicht umfassend genug und entspricht außerdem zu sehr der Anthropologie der Griechen".[20] Er schlägt vor, von der Kirche in ihrer geschichtlichen Dimension zu sprechen und diese als Erscheinungsform des übergeschichtlichen Geistes Christi zu verstehen. Die Überhangfrage nach der Zeitwerdung des Pneumas in der Geschichte hat er in diesem Zusammenhang gestellt, aber nicht gelöst. Ihre Beantwortung scheint mir ein schwieriges, wenn nicht gar unlösbares Unterfangen zu sein, welches nicht einfach dadurch aus der Welt geschafft werden kann, dass man sich die Zeitwerdung des Pneumas wie eine zweite Inkarnation vorstellt. Zudem scheint mir die im Schema ‚geschichtlich – übergeschichtlich' implizierte Stockwerktheorie und der mit ihr einhergehende Extrinsizismus nicht adäquat zu sein für die Bestimmung dessen, was biblisch mit der Kategorie des ‚In-Seins' ausgesagt wird (Röm 5,5 u. a.) Deshalb scheint es besser, textnah von menschlichem und göttlichem Element in Bezug auf die geschichtliche Gestalt der Kirche zu sprechen, wobei mit dieser die eine komplexe Wirklichkeit der Kirche in ihrer geschichtlichen Konkretion gemeint ist.

Die Kirche als geschichtlich konkrete Wirklichkeit wird in *Lumen gentium* mit unterschiedlichen biblischen Metaphern bezeichnet: Volk Gottes, Leib Christi und Tempel des Heiligen Geistes sind nicht die einzigen, aber die bekanntesten. Sie werden in *Lumen gentium* 5–7 entfaltet. Diese Metaphern haben eine we-

---

20  *H. Mühlen,* Die Kirche als geschichtliche Erscheinung, 271.

111

sentliche Funktion darin, dass sie die Wirklichkeit der Kirche mit biblischen Kategorien ausdrücken und es damit ermöglichen, sozialphilosophische und juridische Kategorien zu vermeiden. Bevorzugt wird die Kirche in ihrer geschichtlichen Konkretheit vom Zweiten Vatikanischen Konzil mit dem Begriff ‚Volk Gottes‘, zu dem alle Getauften gehören, belegt. Mit diesem Begriff sollten erkannte Schwächen und Einseitigkeiten der Leib-Christi-Ekklesiologie überwunden werden, durch die vor allem nicht immer die Differenz zwischen Christus und der Kirche gewahrt wurde. *Lumen gentium* hat die Leib-Christi-Ekklesiologie jedoch nicht einfach fallen lassen. So ist im Kirchenverständnis Joseph Ratzingers, der als theologischer Berater von Joseph Kardinal Frings in die Diskussionen um *Lumen gentium* involviert war, die Kirche „Volk Gottes vom Leib Christi her"[21]. Das damit von ihm verbundene Postulat lautet: „Auch wenn man vom Volk Gottes spricht, muss die Christologie die Mitte der Lehre von der Kirche bleiben."[22] Die pneumatologische Akzentsetzung von *Lumen gentium* 8 wird von Ratzinger dabei durchaus mitgesehen. So hat er im Kontext seiner ekklesiologisch zentralen These bereits 1961 ausgeführt: „Eine solche Einbeziehung des pneumatologischen Elements wird zugleich vor einer einseitigen Inkarnationschristologie bewahren [...]."[23] Dies scheint von den Herausgebern seiner Gesammelten Schriften bedauerlicherweise schon nicht mehr rezipiert worden zu sein. Sonst hätten sie kaum das Zitat „Kirche ist Volk Gottes vom Leib Christi her" unkommentiert und aus dem Kontext gelöst auf die Rückseite des Covers zu Band 8/1 der Gesammelten Schriften Joseph Ratzingers gesetzt.

---

21 *J. Ratzinger*, Kirche – systematisch, in: ders., Kirche – Zeichen unter den Völkern. Schriften zur Ekklesiologie und Ökumene. Erster Teilband (JRGS 8/1), Freiburg – Basel – Wien 2010, 205–219, 210f.; vgl. *ders.*, Die Ekklesiologie der Konstitution Lumen gentium, in: JRGS 8/1, 573–598; *ders.*, Die Ekklesiologie des Zweiten Vatikanischen Konzils, in: JRGS 8/1, 258–283, 273f. Dort heißt es: „Wir sind Volk Gottes nicht anders als vom gekreuzigten und auferstandenen Leib Christi her."

22 Ebd., 273.

23 Ebd., 211.

Der Volk Gottes-Gedanke, dem sich *Lumen gentium* vor allem im zweiten Kapitel gewidmet hat, wird in den Konzilsbeschlüssen zwar ohne Bezugnahme auf den Leib Christi, nicht aber ohne Bezugnahme auf den Heiligen Geist ausgesprochen. *Presbyterorum Ordinis* führt etwa aus, dass „alle, die zu diesem Volk gehören, im Heiligen Geist geheiligt sind" (PO 2). In der so erfolgten Bestimmung der Zugehörigkeit zum Volk Gottes spricht sich also dieselbe Spannungseinheit von gesellschaftlichem Gefüge der Kirche und Heiligem Geist Christi aus wie in *Lumen gentium* 8, nur dass dort die Kirche als Leib Christi verstanden worden ist. Man wird deshalb konstatieren können, dass sowohl das Verständnis der Kirche als Volk Gottes als auch ihr Verständnis als Leib Christi nicht ohne Bezugnahme auf den Geist Christi ausgesagt werden, beide also pneumatologisch perspektiviert erscheinen. Man wird deshalb Ratzinger in der Sache zustimmen können, in der Terminologie jedoch, um ihn vor missverständlichen und verkürzenden Interpretationen zu schützen, vielleicht korrigieren müssen. *Die Kirche ist Volk Gottes und Leib Christi vom Geist Christi her* (vgl. LG 7,1). Wenn das Zweite Vatikanische Konzil den Hauptakzent im Verständnis der Kirche auf die Pneumatologie legt, ist auch ihr Verständnis als Leib Christi pneumatologisch zu bestimmen. Die Pneumatologie tritt nicht nur akzidentiell zur Christologie hinzu. Dieser perspektivierende Hinweis auf die biblischen Metaphern im Kirchenverständnis, die oft und ausgiebig diskutiert, aber nie pneumatologisch akzentuiert worden sind,[24] soll an dieser Stelle genügen.

## Gesellschaftliches Gefüge

In *Lumen gentium* 8 ist vom gesellschaftlichen Gefüge der Kirche die Rede. Damit ist ihre innere und äußere Struktur gemeint. Das Volk Gottes wird, so das dritte Kapitel von *Lumen gentium,* durch die Ortskirchen, in denen und aus denen die eine Kirche besteht,

---

24  Vgl. vor allem J. *Werbick*, Kirche. Ein ekklesiologischer Entwurf für Studium und Praxis, Freiburg – Basel – Wien 1994.

strukturiert. „Diese Kirche Christi ist wahrhaft in allen rechtmäßigen Ortsgemeinschaften der Gläubigen anwesend, die in der Verbundenheit mit ihren Hirten im Neuen Testament auch selbst Kirchen heißen. Sie sind nämlich je an ihrem Ort, im Heiligen Geist und mit großer Zuversicht (vgl. 1 Thess 1,5), das von Gott gerufene neue Volk", heißt es in *Lumen gentium* 26 und in Parallelität dazu wird im Dekret über die Hirtenaufgabe der Bischöfe ausgeführt: „Die Diözese ist der Teil des Gottesvolkes, der dem Bischof in Zusammenarbeit mit dem Presbyterium zu weiden anvertraut wird. Indem sie ihrem Hirten anhängt und von ihm durch das Evangelium und die Eucharistie im Heiligen Geist zusammengeführt wird, bildet sie eine Teilkirche, in der die eine, heilige, katholische und apostolische Kirche wahrhaft wirkt und gegenwärtig ist" (CD 11). Auch die Ortskirchen als konkrete Gebilde, durch die das Volk Gottes strukturiert wird, werden nicht ohne Bezugnahme auf den Heiligen Geist beschrieben. Zugleich wird mit dem Begriff „Gefüge" in *Lumen gentium* 8 ausgesagt, dass die Kirche nicht als monolithischer Block verstanden werden kann. Kirche ist Plural, ist das Gefüge von Einheit in Vielfalt und Vielfalt in Einheit.

Mit der Bezugnahme auf *Christus Dominus* 11 ist ein weiteres Strukturmerkmal des gesellschaftlichen Gefüges der Kirche bereits genannt: ihre Ausstattung mit hierarchischen Organen. Die Aussage, dass die Kirche in ihrer gesellschaftlichen Verfasstheit mit hierarchischen Organen ausgestattet ist, hat vor allem die Bischöfe und den Papst im Blick. Die Bischöfe als Vorsteher der Ortskirchen, den Papst darüber hinaus als Vorsteher der universalen Kirche, die als Einheit der Ortskirchen mit ihrer Vielzahl von Bischöfen und Gläubigen verstanden wird. In *Lumen gentium* 23 heißt es unter Bezugnahme auf Formulierungen des Ersten Vatikanischen Konzils: „Der Bischof von Rom ist als Nachfolger Petri das immerwährende, sichtbare Prinzip und Fundament für die Einheit der Vielheit von Bischöfen und Gläubigen. Die Einzelbischöfe hinwiederum sind sichtbares Prinzip und Fundament der Einheit in ihren Teilkirchen, die nach dem Bild der Gesamtkirche gestaltet sind." Papst und Bischöfe als hierarchische Organe gehören folglich konstitutiv zum gesellschaftlichen Gefüge der Kirche hinzu.

Die Bezeichnung als „sichtbares Prinzip und Fundament" bezieht sich auf die Einheit der Kirche. Ob diese Bezeichnung in ihrer Beschränkung auf die Sichtbarkeit nicht die Komplexität der Wirklichkeit der Kirche und deren Einheit unterbietet, ist bereits einleitend angefragt worden und wird später noch zu diskutieren sein.[25] An dieser Stelle ist zunächst nur von Interesse, dass der Terminus „Kirche" in *Lumen gentium* 8 die Kirche als Ganze in ihrer Differenziertheit meint. Die Aussage wäre falsch interpretiert, wenn das gesellschaftliche Gefüge der Kirche mit den hierarchischen Organen in ihr identifiziert oder auf sie reduziert oder aus ihr deduziert würde. Papst und Bischöfe sind nicht das gesellschaftliche Gefüge der Kirche. Die Kirche besteht auch nicht nur aus Papst und Bischöfen (und dann erst in einem weiteren Sinn aus den ihnen Untergebenen). Das gesellschaftliche Gefüge der Kirche besteht nicht aus Ungleichen, wie das die Charakterisierung des gesellschaftlichen Gefüges der Kirche als einer *societas inaequalium* nahelegt. Die Internationale Theologenkommission hat dazu Entscheidendes gesagt:

„Für die Entfaltung des kirchlichen Lebens, des Leibes Christi, können das gemeinsame Priestertum der Gläubigen und das Dienst- oder hierarchische Amt einander nur ergänzen und ‚einander zugeordnet' sein, jedoch so, daß vom Gesichtspunkt des Endzweckes des christlichen Lebens und seiner Erfüllung her dem gemeinsamen Priestertum der Vorrang [primauté] zukommt, wenngleich vom Gesichtspunkt […] der sichtbaren organisatorischen Ordnung der Kirche und der sakramentalen Wirksamkeit her das Dienstamt den Vorrang [priorité] hat."[26]

Der Sinn der Aussage liegt darin, die *gegenseitige* Verwiesenheit von Gläubigen und Amtsträgern festzustellen, weil die Gemeinsamkeit jedweder Verschiedenheit vorausgeht und zum zwei-

---

25 Darauf, dass diese Aussage pneumatologisch nicht unproblematisch ist, wurde bereits hingewiesen. Die in dieser Problematik zum Ausdruck kommende Spannung wird sich jedoch erst im Kapitel VIII einer Lösung zuführen lassen.
26 *Internationale Theologenkommission*, Mysterium des Gottesvolkes, Einsiedeln 1987, 60f.

ten die Verschiedenheit als *wechselseitigen Vorrang* zu definieren. Das ist deshalb möglich, weil unterschiedliche Dimensionen des Vorranges angesprochen sind – eine eschatologische, in der dem Volk Gottes prinzipiell der Vorrang gebührt und eine des Weges der Kirche, in der dem hierarchischen Amt ein relativer Vorrang zukommt.

Diese wechselseitige Vorrangeinräumung muss in der Praxis gelebt und so bewährt werden. Dies geschieht unter anderem in der Geschwisterlichkeit. Die Ansprache „Brüder und Schwestern" ist nämlich nach dem Verständnis von *Lumen gentium* 32 – „so haben sie [die Laien; MB] auch die geweihten Amtsträger zu Brüdern" – keine Einbahnstraße, worauf Gerard Philips, einer der Hauptautoren der Dogmatischen Konstitution *Lumen gentium* hingewiesen hat. Er schreibt: „Wenn sie (die Hirten) uns in ihren Pastoralschreiben anreden, nennen sie uns ihre ‚geliebten Brüder'. In diesem Konzilstext aber gehen sie weiter: Sie akzeptieren, daß die Gläubigen sich ihrerseits an sie als ihre Brüder wenden. In der Praxis allerdings verfahren wir im Allgemeinen noch nicht so."[27]

Weil der Vorrang des hierarchischen Amtes demnach auf Gegenseitigkeit angewiesen und zudem ein relativer ist, kann das gesellschaftliche Gefüge der Kirche auch nicht durch hierarchische Organe konstituiert worden sein. Die Apostel haben nicht die Kirche gegründet. Nach *Lumen gentium* 8 hat „[d]er einzige Mittler Christus [...] seine heilige Kirche, die Gemeinschaft des Glaubens, der Hoffnung und der Liebe, hier auf Erden als sichtbares Gefüge verfaßt und trägt sie als solches unablässig." Die Apostel als die um Jesus Versammelten sind selbst Kirche und haben diese apostolisch geprägt. Die Kirche ist nicht hierarchisch, sondern von ihrem geschichtlichen Grund her christologisch verfasst. Sie leitet

---

27  *G. Philips*, L'Église et son mystère au IIe Concile du Vatican. Histoire, texte et commentaire de la Constitution Lumen Gentium, Tome I, Paris 1967 – Tome II, Paris 1968, hier: Tome II, 24. „En s'adressant à nous dans leurs letters pastorales ils nous apostrophent comme leurs ‚bien cheres Frères'; mais dans ce texte conciliaire, ils vont plue loin: ils acceptent que les fidèles à leur tour s'adressant à eux comme à des frères. Dans la pratique générale, nous n'en somme pas encore là."

sich nicht von den Aposteln ab, bezieht sich aber auf diese. Apostolizität ist eine ihrer originären Bestimmungen.

Der Begriff der Hierarchie wird durch das Zweite Vatikanische Konzil folglich nicht als Strukturbegriff für die Kirche verwendet.[28] Vielmehr werden die hierarchischen Organe als zur gesellschaftlichen Gestalt der Kirche notwendig hinzugehörend dargestellt.[29] Papst und Bischöfe üben darin in apostolischer Sukzession und Vollmacht den Dienst an der Einheit aus, und dies, indem sie durch die Verkündigung des Evangeliums und die Feier der Eucharistie im Heiligen Geist das Volk Gottes zusammenführen. Auch für ihr Handeln wird auf den Heiligen Geist Bezug genommen. Ohne diese Bezugnahme wäre ihr Dienst an der Einheit nicht möglich.

Das so mit hierarchischen Organen ausgestattete Volk Gottes, die Kirche als konkrete gesellschaftliche Größe, wird in Kanon 113 § 1 des Kirchlichen Gesetzbuches von 1983 „aufgrund göttlicher Anordnung" als „moralische Person" bezeichnet. Mit moralischer Person ist dabei im Unterschied zur Privatperson eine öffentliche Person gemeint, die eigenständig handelt und innerhalb derer es natürliche und juristische Personen als Handlungsträger geben kann (can. 113 § 2 CIC/1983).[30] Damit wird der institutionelle Aspekt als Wesensmerkmal der Kirche behauptet. Das ist für ein Verständnis der Kirche als Gemeinschaft keineswegs selbstverständlich, ja der Gemeinschaftscharakter der Kirche mag diesen institutionellen Aspekt sogar eher marginalisieren. Er reduziert

---

28  Vgl. *B. J. Hilberath,* Das Verhältnis von gemeinsamem und amtlichem Priestertum in der Perspektive von Lumen gentium 10, in: TThZ 94 (1985), 311–326.

29  Diese Sichtweise eröffnet den Raum für eine mögliche Demokratisierung der Kirche, wobei vorausgesetzt wird, dass es auch in einer demokratischen Gesellschaftsform autoritativ durch freie Wahl ermächtigte Organe geben muss.

30  Dass in can. 113 § 1 CIC/1983 zudem der Apostolische Stuhl als moralische Person bezeichnet wird, kann hier außer Acht gelassen werden. Der Normtext lautet: „Catholica Ecclesia et Apostolica Sedes, moralia personae rationem habent ex ipsa ordinatione divina".

das Verständnis der Kirche jedoch keineswegs auf das konkrete Geschehen der eucharistischen Versammlung. Deshalb muss man nicht in konservativ motivierten Jubel einstimmen, weil in *Lumen gentium* 8 nicht von der Kirche als *communio*, sondern als *societas* die Rede ist. Ein gemeinschaftliches und ein institutionelles Verständnis von Kirche schließen einander nicht aus. Die Bestimmung der Kirche als moralischer Person steht nicht notwendig im Widerspruch zur Bestimmung der Kirche als communio, da sich durch sie die communio als Ganze als Handlungsträgerin bezeichnen lässt. Auch scheint mir die Dialektik von Gesellschaft (societas) und Gemeinschaft (communio), deren Unvereinbarkeit Ferdinand Tönnies (1855–1936)[31] angenommen hat, auflösbar, wenn man der Gemeinschaft der Getauften, dem Volk Gottes, den Subjektcharakter nicht abspricht und dies dadurch zum Ausdruck bringt, dass man die Kirche in ihrer Gesamtheit als moralische Person bezeichnet.

Und darum, dass Kirche als Subjekt gesehen wird, als Handlungsträgerin, geht es hier vor allem. Denn darin dürfte der entscheidende Aspekt des Verständnisses der Kirche als communio liegen, dass es in ihr auf die Teilhabe der Gläubigen ankommt, dass ihre Glaubenszustimmung, aber auch ihre Glaubenszweifel nicht übergangen werden können, dass sie nicht allein aus formalem Grund der Hierarchie in der Kirche Gehorsam schulden. Kirche bezeichnet eine Wirklichkeit, „die der Sphäre jener Interaktion von Gott und Mensch angehört, die von der Wirklichkeit Gottes selber getragen, ermöglicht und so in einer Weise transformiert wird, dass sie nur *in der aktiven Partizipation an diesem Prozess* verstehbar wird."[32]

Deshalb und nur unter diesem Aspekt halte ich es heuristisch für legitim, an dieser Stelle die Konzilskonstitution *Lumen gentium* durch einen Begriff des Codex Iuris Canonici von 1983 zu inter-

---

31 Vgl. *F. Tönnies*, Gemeinschaft und Gesellschaft. Abhandlung des Communismus und des Socialismus als empirischer Culturformen, Berlin 1887.
32 *R. Miggelbrink*, Einführung in die Lehre von der Kirche, Darmstadt 2003, 81.

pretieren. Damit ist noch nichts zu den Bedingungen gesagt, die erfüllt sein müssen, damit eine Handlung der Kirche als kirchliche Handlung qualifiziert werden kann.

Zur konkreten Verfasstheit der Kirche als moralischer Person gehört ihre Geschichtlichkeit, die ebenfalls in Spannungseinheit zum Heiligen Geist steht: „Es ist jedoch Aufgabe des ganzen Gottesvolkes, vor allem auch der Seelsorger und Theologen," heißt es in *Gaudium et spes* 44, „unter dem Beistand des Heiligen Geistes auf die verschiedenen Sprachen unserer Zeit zu hören, sie zu unterscheiden, zu deuten und im Licht des Gotteswortes zu beurteilen, damit die geoffenbarte Wahrheit immer tiefer erfaßt, besser verstanden und passender verkündet werden kann." *Gaudium et spes* 44 konkretisiert, dass die Kirche als geschichtliche Wirklichkeit von den Menschen in der Welt lernen kann, wie sie ihre Botschaft so verkündet, feiert und lebt, dass diese von den Menschen in der Welt von heute verstanden werden kann. Korrigiert wird damit eine Auffassung, derzufolge die konkrete Gestalt der christlichen Botschaft zeitunabhängig vorgegeben sei. Vielmehr können die Denk-, Erfahrungs- und Handlungsweisen der Zeit selbst zu einem tieferen Erfassen und besseren Verständnis der Offenbarung führen.

Schließlich unterstellt sich die Kirche in ihrer gesellschaftlichen Gestalt – und hierin kann sie sich nicht von irgendeinem anderen gesellschaftlichen Gebilde, von innen und außen unterscheiden – selbst dem Anspruch des Geistes: „Die gesellschaftliche Ordnung muß sich ständig weiterentwickeln, muß in Wahrheit gegründet, in Gerechtigkeit aufgebaut und von Liebe beseelt werden und muß in Freiheit ein immer humaneres Gleichgewicht finden. Um dies zu verwirklichen, sind Gesinnungswandel und weitreichende Änderungen in der Gesellschaft selbst notwendig. Der Geist Gottes, dessen wunderbare Vorsehung den Lauf der Zeiten leitet und das Antlitz der Erde erneuert, steht dieser Entwicklung bei." (GS 26) Gerade vom zuletzt genannten Aspekt her gilt es zu realisieren, dass – nach *Lumen gentium* 8 – nicht der Geist dem gesellschaftlichen Gefüge der Kirche als Medium oder Mittel oder Seele dient, sondern umgekehrt das konkrete gesellschaftliche Gefüge der Kirche dem Heiligen Geist Christi zur Auferbauung seines Leibes.

Die sich in der Formulierung „Auferbauung seines Leibes" ausdrückende Zwecksetzung der Kirche weist diese als geschichtliche Größe aus, ausgestreckt zwischen der Endgültigkeit des Heils, das sich in Jesus Christus ereignet hat und der Vollendung seines Reiches als Ende der Geschichte. Diese heilsgeschichtliche Perspektive ist hier zunächst nur zu konstatieren. Ihre theologische Begründung erhält sie durch die Bestimmung des Verhältnisses von Logos und Pneuma im Offenbarungsgeschehen. Dieses Verhältnis wird weiter unten entfaltet werden.

Im Zusammenhang damit ist dann auch zu begründen, warum *Lumen gentium* 8 es vermeidet, von der Kirche in gleicher Weise wie von Jesus von Nazareth als Heilsorgan zu sprechen. Das Heil ist endgültig geworden durch die Selbstoffenbarung Gottes in Jesus Christus. Die Redeweise von der „Auferbauung seines Leibes" fügt dieser Endgültigkeit inhaltlich nichts Neues hinzu, vergegenwärtigt sie und führt die Menschen der erhofften Vollendung entgegen. Die Kirche kann sich wegen dieser Dialektik von Endgültigkeit und Vollendung nicht des zeitlosen Besitzes der Heilswahrheit rühmen, die dann nur noch im blinden Gehorsam geglaubt werden müsste. Vielmehr ist sie auch immer auf dem Weg zur Heilswahrheit, der sie sich zugehörig weiß und deren Vollendung sie hoffend für die Menschen erwartet.

An dieser Stelle ist kurz auf die Metapher „seines Leibes" und ihre Bezugsgröße einzugehen. Hierzu wäre nun eigentlich die Leib-Christi-Ekklesiologie umfänglich zu entfalten. Heribert Mühlen hat stattdessen implizit auf den Volk-Gottes-Gedanken Bezug genommen, wenn er von der Identität des einen Geistes Christi in den Christen, von der einen Person in vielen Personen spricht. *Lumen gentium* kennt, wie wir bereits sahen, weitere Metaphern, zum Beispiel die ‚Tempel des Heiligen Geistes'. Wie dem auch sei: Sowohl der Leib Christi als auch das Volk Gottes und auch der Tempel des Heiligen Geistes können auferbaut werden. In dem eschatologischen Kontext, in dem die Formel hier steht, sollte es meines Erachtens jedoch angemessener sein, diese Metaphern auf das Reich Gottes zu beziehen. Alfred Loisy hat die Differenz mit seiner berühmt gewordenen und oft missverstandenen Formel: „Jesus verkündete das Reich Gottes, aber was kam, war die Kirche"[33] zu einem Gegensatz verfestigt. Dieser wird durch *Lumen gentium* 8 dann relativiert werden können, wenn das gesellschaftliche Gefüge der Kirche dem Aufbau des Reiches Gottes und seiner Gerechtigkeit dient und nicht als Zweck an sich selbst angesehen wird.

Um diesem Anspruch gerecht werden zu können, hat die Kirche in all ihren gesellschaftlichen Dimensionen – und das schließt das Recht in der Kirche mit ein – die unbedingt zuvorkommende Freundschaft und Treue Gottes zu den Menschen, wie sie sich in Leben, Tod und Auferstehung Jesu Christi unüberbietbar gezeigt hat, in ihrem eigenen Handeln darzustellen.

Soweit zum Vorverständnis der Kirche sowie zum Verständnis ihrer Wirklichkeit als gesellschaftliches Gefüge, welches nun, um die Komplexität der Wirklichkeit Kirche verstehen zu können, in seinem Verhältnis zum Geist Christi zu betrachten sein wird.

## Kommerzium – der wunderbare Tausch

Theologiegeschichtlich greift *Lumen gentium* zur Beschreibung der Komplexität der Wirklichkeit Kirche auf die vätertheologische Kategorie des Kommerziums, des wunderbaren Tauschs, zurück, in dem christologische und soteriologische Motive miteinander verknüpft werden.

Jedes Jahr zu Weihnachten – die Tagesschau titelte 2012 zutreffend „Weihnachten bewegt die Welt" – wird er in der Präfation thematisiert: „Denn einen wunderbaren Tausch hast du vollzogen: dein göttliches Wort wurde ein sterblicher Mensch, und wir sterbliche Menschen empfangen in Christus dein göttliches Leben. Darum preisen wir dich [...]."[34]

---

33 A. *Loisy*, L'Évangile et L'Église, Paris 1902, 111: „Jésus annonçait le royaume et c'et l'église qui est venue."
34 *Die Feier der Heiligen Messe.* Messbuch für die Bistümer des deutschen

121

Die klassisch gewordene Formulierung zur Bestimmung dieses christologischen Kommerziums stammt von Athanasius von Alexandrien (um 298–373). Sie ist wegen ihrer hohen Prägnanz berühmt geworden: „Der Logos ist Mensch geworden, damit wir vergöttlicht werden".[35] In ihrer substanzontologischen Denkweise und wegen ihrer metaphysischen Voraussetzungen kann diese Formel heute jedoch kaum noch nachvollzogen werden. Sie wirkt allein durch ihre sprachliche Einprägsamkeit und Brillanz. Eva-Maria Faber hat den Sinn der Formel folgendermaßen umschrieben: „In Christus verbindet sich Gott mit dem Menschen u. stiftet so eine neue, heilvolle Beziehung des Menschen zu Gott."[36] Aber auch mit dieser Umschreibung in Kategorien der Beziehung ist zunächst einmal nur das angezeigt, was zu denken geben sollte und theologisch verantwortbar reformuliert werden muss: die Gemeinschaft mit und das Leben in Gott.

Die altkirchliche Figur des Kommerziums wird in *Lumen gentium* 8 pneumatologisch in Anspruch genommen, um die kirchliche Prägung der Gemeinschaft zwischen Gott und Mensch beziehungsweise Mensch und Gott auszusagen. *Deshalb* ist dessen pneumatologische Reformulierung für die Ekklesiologie des Zweiten Vatikanischen Konzils von entscheidender Bedeutung.

Will man nun aber verstehen, worauf die Bestimmung des Verhältnisses zwischen Pneuma und Kirche Bezug nimmt, muss zunächst das christologische Kommerzium verstanden und theologisch reformuliert werden. So einfach lässt sich nämlich gar

---

Sprachgebietes. Authentische Ausgabe für den liturgischen Gebrauch, hg. im Auftr. d. Bischofskonferenzen Deutschlands, Österreichs u. d. Schweiz sowie d. Bischöfe von Luxemburg, Bozen-Brixen u. Lüttich, Einsiedeln u. a. [2]1988, Präfation von Weihnachten III. Vgl. *M. Sellmann*, Zuhören, Austauschen, Vorschlagen. Entdeckungen pastoraltheologischer Milieuforschung, Würzburg 2012, 50. Sellmann stellt die Kategorie des *commercium* in das Zentrum seiner sich vor allem auf Gaudium et spes 44 berufenden pastoraltheologischen Überlegungen, die um die Frage kreisen, wie die Kirche sich zur Welt öffnen und mit ihr in einen fruchtbaren Austausch treten könne.

35 *Athan.* Incarn. 54.

36 *E.-M. Faber*, Commercium, in: LThK[3] Bd. 2, 1994, 1274–1275, 1274.

nicht bestimmen, wie sich göttlicher Logos und menschliche Natur in Jesus Christus zueinander verhalten und warum darin das Geheimnis unseres Heils enthalten sein soll. Erst im Anschluss daran kann die Bestimmung des Moments der Ähnlichkeit wie auch der Unähnlichkeit der Analogie, sowie die Verhältnisbestimmung von Christologie und Pneumatologie in Bezug auf die Ekklesiologie erfolgen, wobei letztere aus gnadentheologischer Perspektive zu erfolgen hätte.[37] Und erst wenn alle drei Schritte getan sind, lässt sich der volle Sinn der Aussage, dass es in *Lumen gentium* 8 der Geist Christi ist, der „in ein Verhältnis zur [sichtbaren; MB] Kirche tritt, das dem des Logos zu seiner menschlichen Natur nicht unähnlich [ist]" erschließen.[38]

Alois Grillmeier hat in seinem Kommentar zu *Lumen gentium* 8 festgestellt: „Je enger die Verbindung von Logos und Menschheit in Christus gesehen werden darf – in letzter Ausdeutung dessen, was hypostatische Einigung besagt –, je voller andererseits die Menschennatur Christi, ihre Freiheit, ihre Erkenntnis, ihre echte Menschlichkeit einfachhin genommen wird, um so spannungsgeladener gibt sich die Idee des Heilsorgans, um so richtiger wird sie theologisch ausgewertet."[39] Das Verständnis der soteriologischen Aussageabsicht der Analogie(n) wird damit durch Grillmeier als vom Verständnis der Spannungseinheit zwischen Göttlichem und Menschlichen her zu bestimmendes angesehen. Das macht es erforderlich, die Verbindung von Göttlichem und Menschlichem in der geschichtlichen Gestalt Jesu Christi unter soteriologischem Aspekt zur Bestimmung des Verhältnisses von gesellschaftlichem Gefüge und Heiligem Geist in der konkreten geschichtlichen Gestalt der Kirche heranzuziehen.

---

37  Vgl. *T. Pröpper*, Theologische Anthropologie, 2 Bde., Freiburg – Basel – Wien 2011, 1344–1345. Vgl. ferner: *J. Zizioulas*, Christologie, Pneumatologie und kirchliche Institutionen aus orthodoxer Sicht, in: G. Alberigo, Y. Congar, H. J. Pottmeyer (Hg.), Kirche im Wandel. Eine kritische Zwischenbilanz nach dem Zweiten Vatikanum, Düsseldorf 1982, 124–140, 130 und: *ders.*, Die pneumatologische Dimension der Kirche, in: IKaZ Communio 2 (1973), 133–147, 138.
38  *H. Mühlen*, Das Verhältnis, 178.
39  *A. Grillmeier*, Kommentar, 173.

Georg Essen[40] hat die neuchalkedonische Enhypostasielehre, der es um die Bestimmung des Verhältnisses von göttlicher und menschlicher Natur in der geschichtlichen Gestalt Jesu Christi ging, in ihrer ursprünglichen Aussageabsicht durch Kategorien des neuzeitlichen Freiheits- und Subjektdenkens zugleich bewahren und in eine heute angemessene Denkform transformieren können. Dabei ist er davon ausgegangen, dass der Mensch als sich selbst bestimmendes Freiheitswesen und damit als Person verstanden werden muss. Die metaphysische Kategorie der menschlichen Natur verstellt diese fundamentale neuzeitliche Einsicht eher, als dass sie sie zu erhellen vermag. In Bezug auf das Verhältnis von Göttlichem und Menschlichem in der geschichtlichen Gestalt Jesu Christi behauptet und begründet Essen „die formelle Identifizierung der menschlichen Freiheit [Jesu; MB] mit der des Gottessohnes: der göttliche Sohn ist die menschliche Freiheit, und die Freiheit des Gottessohnes ist eine echt menschliche" (310).

Essen spricht der einen Person Jesus Christus deshalb nur eine Freiheit zu. Jedoch kann er einsichtig machen, „daß diese eine Freiheit als eine echt menschliche die des göttlichen Sohnes ist" (299). Dabei orientiert er sich an dem von Pannenberg aufgestellten Axiom: „Als dieser Mensch ist Jesus Gottes Sohn" und reformuliert es freiheits- respektive persontheoretisch. „Gnoseologisch vermittelt ist diese Identität durch ‚Jesu Gottvertrauen und Gottverbundenheit als Mitte seines Lebens‘." (295) Dabei geht Essen von der Vollmacht der Freiheit Jesu aus, „sein eigenes Dasein als den verwirklichenden Ausdruck der liebenden Zuwendung Gottes für uns zu behaupten" (291). Da er in diesem Anspruch von Gott – so bezeugt es die Botschaft von der Auferweckung des toten Jesus – bestätigt wurde, kann er als Realsymbol der Liebe Gottes bezeichnet werden. Als inneren Grund für die Identifizie-

---

40 Vgl. *G. Essen*, Die Freiheit Jesu. Die Seitenangaben in diesem Kapitel beziehen sich auf dieses Werk; ferner: *ders.*, Die Personidentität Jesu Christi mit dem ewigen Sohn Gottes. Dogmenhermeneutische Überlegungen zur bleibenden Geltung der altkirchlichen Konzilienchristologie, in: IKaZ Communio 41 (2012), 80–103.

rung der Freiheit Jesu mit der des Gottessohnes gibt Essen an, dass „Jesus der Unmittelbarkeit der Liebe des Vaters ursprünglich gewiß war." (296) Es ist diese ursprüngliche Gewissheit, in der Jesus sich bestimmt wusste durch die unvermittelte Unmittelbarkeit der Liebe des Vaters, welche die These, dass die Freiheit des Menschen Jesu keine andere sei als die des göttlichen Sohnes selbst (vgl. 291), begründet erscheinen lässt. Dann aber gilt nach Essen auch: „Der göttliche Sohn ist die menschliche Person Jesu und die Person des Gottessohnes ist eine echt menschliche." (297) Mit dieser Aussage hat Essen die vätertheologische Kategorie des Kommerziums, die durch *Lumen gentium* 8 auch zur Bestimmung der Komplexität der Wirklichkeit der Kirche in Anspruch genommen worden ist, von einer neuzeitlicher Denkform her eingeholt.

Diese Kategorie des Kommerziums ist jedoch nicht ohne weiteres auf das Verhältnis von Geist und Kirche übertragbar, denn: „Zwischen Geist und Kirche besteht kein hypostatisches Verhältnis [...]."[41] Alois Grillmeier macht mit dieser Feststellung auf das Moment der Unähnlichkeit in der Analogie zwischen Göttlichem und Menschlichem in der Person Jesu Christi und der geschichtlichen Gestalt der Kirche aufmerksam. Der Wille der Kirche kann, anders als der Wille Jesu, der – nach Georg Essen – kein anderer als der des göttlichen Logos *ist* und deshalb mit dem göttlichen Willen identifiziert werden kann, nicht in der gleichen Weise mit dem Willen Gottes identifiziert werden. Wie aber könnte das Verhältnis zwischen Geist und Kirche dann bestimmt werden? Dazu liefert Grillmeier in seinem Kommentar zu *Lumen gentium* 8 keinen Beitrag. Ich will versuchen, die Frage hier zu beantworten.

In christologischem Zusammenhang hatte Essen die Kategorien *Anspruch* und *Bestätigung* verwendet, um die formelle Identifizierung der menschlichen Freiheit mit der Freiheit des Gottessohnes bestimmen zu können. Identifikationsgrund war die ursprüngliche *Gewissheit*, in der Jesus sich durch die unvermittelte Unmittelbarkeit der Liebe des Vaters im ontologischen Sinn bestimmt wusste. Von diesen Begriffen kann auch im Folgenden zur

---

41  A. *Grillmeier*, Kommentar, 174.

Bestimmung der die Analogie prägenden Ähnlichkeit und Unähnlichkeit ausgegangen werden.

Auch die Kirche erhebt, davon waren wir bisher ausgegangen, den *Anspruch*, in ihrem Handeln als moralische Person den Willen Gottes zu tun. Anders als durch diese ‚formelle Identifikation' könnte sie dem Heiligen Geist Christi nicht zum Aufbau seines Leibes dienen. Wie also kann sich die Kirche in ihrer sichtbaren geschichtlichen Gestalt, in ihrem Handeln als moralische Person, des Geistes Christi gewiss sein? Denn dass sie sich des Geistes Christi gewiss sein können muss, dies ist unabdingbar, wenn ihr Anspruch, den Willen Gottes zu tun, begründet sein soll. Wie kann Kirche in ihrem Anspruch *Bestätigung* erfahren? Was kann die Gewissheit, den Willen Gottes zu tun, begründen, wenn nicht der Heilige Geist selbst? Wie aber kann dieser als Gewissheit begründend vorgestellt werden?

Zur Klärung dieser komplexen Fragen sind einige Zwischenüberlegungen erforderlich, die im Folgenden in der gebotenen Kürze vorgestellt werden sollen. Zu beginnen ist mit einigen Bemerkungen zum philosophischen Verständnis von Gewissheit. Sie sind notwendig, um die Bestimmung der Weise, in der sich die Kirche des Geistes Gottes gewiss sein kann, auch vor dem Forum der Vernunft verantworten und als philosophisch anschlussfähig erweisen zu können.

## Gewissheit als Gegenwärtigung

*Gewissheit* meint im subjektiven Sinn ein „unerschütterliches Überzeugtsein" und im objektiven Sinn die „erkenntnistheoretische Legitimation eines Erkenntnisinhaltes"[42]. Von der erkenntnistheoretischen ist die moralische Gewissheit zu unterscheiden. Als moralische Gewissheit bezeichnet man die auf vernünftige Gründe gestützte Überzeugung. Moralische Gewissheit legitimiert Handeln. Sie setzt sowohl Gewissheit im subjektiven Sinn als

---

42  W. *Halbfaß*, Gewißheit, in: HWP Bd. 3, 1974, 592–594, 592.

auch Gewissheit im objektiven Sinn voraus. Insofern es um das Handeln der Kirche geht, zielen die folgenden Überlegungen auf die moralische Gewissheit. Zur Beantwortung der Frage, wie sich die Kirche als moralische Person in ihrem Anspruch, den Willen Gottes zu tun, dieses Willens gewiss sein *kann*, ist jedoch zunächst die erkenntnistheoretische Gewissheitsproblematik in den Blick zu nehmen.[43]

In der neuzeitlichen Erkenntnistheorie wird die „Frage nach der G.[ewissheit; MB] […] zur Frage nach den Möglichkeiten und Grenzen menschlicher Erkenntnis zugespitzt und der Frage nach der Wahrheit vorangestellt".[44] Bei René Descartes gründet alle Wahrheit in der metaphysischen Selbst-Gewissheit des zweifelnden Ich. Mit dieser Wende zum Subjekt beginnt die neuzeitliche Erkenntnistheorie, für welche die Frage nach der Gewissheit konstitutiv ist. Als Frage nach den Möglichkeiten und Grenzen der menschlichen Erkenntnis und des menschlichen Tuns ist sie von Immanuel Kant, Johann Gottlieb Fichte und anderen Philosophen des Deutschen Idealismus transzendentalphilosophisch traktiert worden.

Mehr als einhundert Jahre später hat auch Edmund Husserl die epochale Einsicht des René Descartes: „Cogito, ergo sum" in seinen Pariser Vorlesungen zum Descartesjubiläum 1929 aufgegriffen und im Rahmen seines transzendentalphänomenologischen Ansatzes kritisch – unter Vermeidung der bei Descartes virulenten solipsistischen Tendenz – weiterentwickelt. Dabei hat er die Gewissheitsproblematik eigens thematisiert. Im § 6 seiner Cartesianischen Meditationen bezeichnet er „die Selbsterfassung eines Seienden […] in dem Modus ‚es selbst' in völliger Gewißheit dieses Seins, die also jeden Zweifel ausschließt", als Evidenz. Er differenziert im Folgenden: „Eine apodiktische Evidenz aber hat die ausgezeichnete Eigenheit, daß sie nicht bloß überhaupt Seinsgewißheit der in ihr evidenten Sachen oder Sachverhalte ist, sondern sich

---

43 Dass dies in dieser Studie nur fragmentarisch erfolgen kann, sollte sich von selbst verstehen.

44 *W. Halbfaß*, Gewißheit, 593.

durch eine kritische Reflexion zugleich als schlechthinnige Unaus-
denkbarkeit des Nichtseins derselben enthüllt; daß sie also im voraus jeden vorstellbaren Zweifel als gegenstandslos ausschließt".[45]
Eine solch „apodiktische Gewißheit", die Husserl von der nur adä-
quaten eines im Modus der Zweifellosigkeit Präsenten, welches
zeitlicher Veränderung unterliegt, unterscheidet, stellt die transzendentale Erfahrung des ‚Ich bin' dar, und zwar nur in ihrer For-
malität. Dazu gehört „nicht aber ohne weiteres das, was sein Sein
näher bestimmt; und was während der lebendigen Evidenz des
‚Ich bin' noch nicht selbst erschlossen, sondern nur präsumiert
ist"[46], also das durch die noetisch-noematische Relation bestimmte
strömende Bewusstseinsleben, welches Husserl aufgrund der Tatsache entdeckt hat, dass jeder Denkakt ein Gemeintes in sich trägt,
auf das er zielt, sei dies nun adäquat oder nur präsumtiv gegeben.

Bewusstsein ist aber immer Bewusstsein von etwas, Gegenstände sind intentionale Korrelate ihrer Bewusstseinsweisen. Folglich stellt Husserl sich „die universale Aufgabe der Enthüllung
meiner selbst als transzendentales Ego in meiner vollen Konkretion, also mit allen darin beschlossenen intentionalen Korrela-
ten"[47]. Die Synthesis des inneren Zeitbewusstseins hat dabei die
Funktion, Mannigfaltiges als Eines zu identifizieren: „Gegenwärtigung überhaupt als genetische Ursprungsdimension alles welt-
erfahrenden Lebens".[48] In der Gegenwärtigung konstituiert sich
ebenfalls ursprünglich die Identität und Individualität, das heißt
etwas als „eines und selbes" und als „dieses und kein anderes."[49]
„Der Verschiedenheit der Stellenjetzte verdankt sich die zeitliche
Individualität, der bleibenden Jetztform und der darin waltenden
Übergangskontinuität die Identität des gezeitigten Gegenstan-

---

45  E. Husserl, Cartesianische Meditationen. Eine Einleitung in die Phänomenologie (PhB 291), Hamburg 1977, 17.
46  Ebd., 24.
47  Ebd., 40.
48  K. Held, Lebendige Gegenwart. Die Frage nach der Seinsweise des transzendentalen Ich bei Edmund Husserl, entwickelt am Leitfaden der Zeitproblematik (Phaenomenologica 23), Den Haag 1966, 16.
49  Ebd., 32.

des."⁵⁰ Man kann nach Husserl also *Gegenwärtigung* als den actus bezeichnen, in dem das Ich sich seines Bewusstseinslebens und damit aller Gegenstände in ihm, also der Welt, apodiktisch und adäquat gewiss ist. Die Gegenwärtigung wird methodisch durch die phänomenologische Reduktion erreicht, durch die jedwedes Gegebene als es selbst gegeben ist. Auch wenn bei Husserl die Grade der Gegebenheit verschieden sein können, kennt er nichts jenseits des Gegebenen. Darauf hat vor allem Jean-Luc Marion aufmerksam gemacht. Für ihn „bringt das gegebene Phänomen zugleich mit der Erfahrung seiner Gegebenheit die Erfahrung seiner Gewißheit mit sich".⁵¹

Mir kommt es nun nicht auf die Diskussion der transzendentalen Begründungsfigur bei Husserl an, deren reduktive Einseitigkeit Marion durch den Grundsatz ‚soviel Reduktion, soviel Gegebenheit' korrigiert hat. Dazu kann und soll an dieser Stelle kein weiterer Beitrag geliefert werden. Es geht mir vielmehr um das philosophisch *Gewissheit begründende Ereignis der Gegenwärtigung*, die nach Husserl das transzendentale Ich und nach Marion Gegebenheit voraussetzt.

Als Aufgabe hat Marion die Frage an die Theologie gerichtet: „Wenn nach dem Prinzip ‚Soviel Reduktion, soviel Gegebenheit' das Erscheinen sich immer nach der Gegebenheit richtet, wenn sich nichts zeigt, was sich nicht gibt, und wenn sich nichts gibt, was sich nicht zeigt: Was bedeutet dann letztlich *sich geben?* Warum hat die Phänomenologie immer die Gegebenheit als selbstver-

50 Ebd., 83.
51 *J.-L. Marion,* Eine andere „Erste Philosophie" und die Frage der Gegebenheit, in: ders., J. Wohlmuth (Hg.), Ruf und Gabe. Zum Verhältnis von Phänomenologie und Theologie, Bonn 2000, 13–34, 25f. Marion hat als phänomenologisches Prinzip „Wieviel Reduktion, soviel Gegebenheit" eingeführt und von diesem Prinzip her eine Neubestimmung der „Ersten Philosophie" vorgenommen (31). Die Gegebenheit ist von prinzipieller Allgemeinheit, und in der Reduktion bringt die Erfahrung der Gegebenheit die Erfahrung seiner Gewissheit mit sich (26). Weil es in der phänomenologischen Reduktion um den Vorrang des Phänomens, dessen Erscheinen Marion als Gegebenheit versteht, geht, bezeichnet Marion Gegebenheit als „letztes Prinzip" (28).

ständlich angenommen und unablässig die Reduktion als problematisch behandelt, während es möglich wäre, dass die wesentlichere Gegebenheit auch die rätselhafteste bleibt?"[52] Marion hat durch seine Phänomenologie der Gabe die Frage der Gewissheit an ihre möglicherweise theologische Grenze geführt. Jedenfalls begegnet er hier seinen theologischen Gesprächspartnern. Dass die Gegebenheit Gottes ein göttliches Sich-Geben vorausgeht, hat, das sei hier nur angemerkt, Klaus Hemmerle unabhängig von Marion phänomenologisch vom Offenbarungsgeschehen in Jesus Christus her entdeckt und ontologisch entfaltet.[53]

Erkenntnistheoretisch wird für jedwede Gottesgewissheit die Selbstoffenbarung Gottes, sein heilsökonomisches Sich-Geben, vorausgesetzt werden müssen und nach dem eben Ausgeführten auch philosophisch verantwortet werden können. Doch lassen sich die Entsprechungen zwischen philosophischem und theologischem Gewissheitsdiskurs noch weiter führen, wenn man nur zur Kenntnis nimmt, dass nach dem Zeugnis der Schrift in diesem Offenbarungsgeschehen die Gegenwärtigung dem Heiligen Geist zugeschrieben wird[54], sei es nun als Selbstvergegenwärtigung Gottes in Jesus als Entfaltung von dessen Messianität und Gottessohnschaft, in der Vergegenwärtigung seines Kreuzestodes, in der Geistesgegenwart des Auferstandenen, oder in der Gegenwart der Liebe, die ausgegossen ist in unsere Herzen (Röm 5,5).

---

52  Ebd., 34.
53  Vgl. *K. Hemmerle,* Thesen zu einer trinitarischen Ontologie, Einsiedeln 1976; vgl. dazu: *M. Böhnke,* Einheit in Mehrursprünglichkeit, Eine kritische Analyse des trinitarischen Ansatzes im Werk von Klaus Hemmerle, Würzburg 2000, 125–135; vgl. die theologische Rezeption des Ansatzes von Marion bei *T. Specker,* Einen anderen Gott denken? Zum Verständnis der Alterität Gottes bei Jean-Luc Marion (FTS 64), Frankfurt a. M. 2002, 403–405.
54  Vgl. *E. Jüngel,* Gottesgewißheit, in: ders., Entsprechungen. Gott – Wahrheit – Mensch, München 1980, 252–264, 259: „Die theologische Tradition hat die Begründung der Gottesgewißheit in Gottes eigenem Kommen mit ihrer Lehre vom Heiligen Geist zum Ausdruck gebracht. Mit dem Kommen des Geistes wird die Gottes-Erkenntnis, die die Heilige Schrift vermittelt, zur Gottesgewißheit."

Dem Zeugnis des Paulus zufolge lässt sich die Gewissheit, dass die Wirklichkeit Gottes, wie sie sich in Jesu Leben, Tod und Auferstehung gezeigt hat, wahr und verlässlich ist, nur im Geist erlangen: „Niemand kann sagen ‚Herr ist Jesus Christus' außer im Geist", heißt es im ersten Korintherbrief (1 Kor 12,3). Offenbarungstheologisch gewendet besagt der Vers des Korintherbriefes, dass nur der Geist als Gegebenheitsweise Gottes Menschen die göttliche Wahrheit Jesu in der Zeit vergegenwärtigen kann, in der Jesus selbst nicht mehr physisch gegenwärtig ist. „Der Kyrios ist der auferstandene und erhöhte Jesus, dessen Wiederkunft die Gemeinde erwartet; der Geist ist die Form und die Kraft seiner Gegenwart und der Verbindung der Glaubenden mit ihm."[55] Allein der Geist vermag so, das heißt als „eschatologische Gabe der realen Verbundenheit mit Gott (2 Kor 3,3)"[56], die Wahrheit Jesu zu verbürgen. *Inkarnation* und *Vergegenwärtigung* wären folglich offenbarungstheologisch voneinander zu unterscheiden und aufeinander zu beziehen.

Systematisch-theologisch hat Thomas Pröpper eine dem biblischen Befund entsprechende Bestimmung der wesentlichen Momente im Geschehen der Selbstoffenbarung Gottes durchgeführt.[57] „Gottes geschichtliche Selbstmitteilung [...] umfaßt sowohl die Sendung des Sohnes als auch das Geschenk seines Geistes – und zwar so, daß sie tatsächlich erst durch beide vollständig ist und ihr Ziel, die geschichtlich existierenden Menschen, Gottes ebenbildliche Geschöpfe und seit jeher Erwählten, erkennbar und wirksam erreicht. Denn in Jesu Geschichte gewinnt sie ihre reale, endgültige Bestimmtheit, durch den Geist ihre bleibende Gegenwart. [...] Dieselbe Liebe, die er [der Mensch; MB] aufgrund ihrer realen Äußerung in Jesu Geschichte als bestimmte und für ihn gültige Wahrheit erkennt, wird durch ihre Zueignung im Geist zum tragenden Grund seiner Vollzüge und aufgrund ih-

---

55  *T. Pröpper*, Theologische Anthropologie II, 1323.
56  Ebd., 1324.
57  Vgl. ebd., 1344f.

rer aktuellen Präsenz zum eigentlichen Gehalt des Zeugnisses in seinem sie darstellenden Handeln".[58]

Pröpper identifiziert das eschatologische Gnadenhandeln im engeren Sinn mit der Selbstoffenbarung Gottes durch den Sohn im Geist. Zugleich plädiert er für eine Differenzierung und Erweiterung des Gnadenbegriffs. Ihm zufolge „umfaßt er nicht nur das Gnadengeschehen im engeren Sinn, also nicht nur das offenbarende Geschehen der Liebe Gottes in Jesus Christus und ihre Mitteilung durch den Geist, sondern auch noch – um der Vergegenwärtigung ihrer eschatologischen Bestimmtheit willen – das Wirken der im Glauben beauftragten menschlichen Zeugen".[59]

Wie unschwer zu erkennen ist, geht es Pröpper um eine „*Integration des Glaubenszeugnisses in das Geschehen der Gnade*".[60] Begründet wird diese einerseits damit, dass die „reale Universalität des eschatologischen Gnadenangebots" keine „fertige Gegebenheit" ist, „sondern ein durch Zeugnis, ‚Sendung und Präsenz [der Gläubigen] allüberall auf der Welt zu realisierender Auftrag'"[61], zudem „Gott für die Verwirklichung seines von Ewigkeit her zubereiteten Heilsmysteriums mit uns Menschen gerechnet, ja auf uns gesetzt hat".[62]

Nach Pröpper entspricht dieser Weg zur Realisierung der Gnade ihrem Inhalt: „Gerade weil Gottes Liebe nur durch die sie realisierende Gestalt eines Menschen als endgültige offenbar werden konnte, bedarf sie auch im weiteren der treuen Zeugnisbereitschaft von Menschen, um in dieser Bestimmtheit ihrer äußersten Tat nicht vergessen, sondern Angebot für die Menschen jeder Gegenwart zu werden".[63] Damit wird durch Pröpper, der selbst keine Ekklesiologie verfasst hat, implizit für eine pneumatologische Reformulierung der Ekklesiologie der Grund gelegt. In der Unterscheidung von äußerer und innerer Gnade, in dem den

---

58  Ebd.
59  Ebd., 1200.
60  Ebd.
61  Ebd., 1199 unter Verweis auf E. Schillebeeckx.
62  Ebd.
63  Ebd., 1199f.

Menschen die Selbstgegenwart Gottes begegnet, sowie in der Unterscheidung zwischen Endgültigkeit und Vollendung des Gnadengeschehens, die mit seiner wesenhaften Symbolizität einhergeht[64], werden die christologische und pneumatologische Dimension des Gnadenhandelns Gottes einander so zugeordnet, dass die Pneumatologie nicht als Anhängsel der Christologie erscheint.[65] Zweitens wird mit der aus der Differenz zwischen Endgültigkeit und Vollendung des Gnadengeschehens implizierten Aussage, dass die Universalität des Gnadengeschehens keine fertige Gegebenheit sei, sondern eine bleibende Aufgabe, zu deren Realisierung Gott auf die Menschen gesetzt habe, die Heilsnotwendigkeit der Kirche begründbar.

## Gegenwärtigung als Ökonomie des Geistes

Wie aber ist die Gegenwärtigung des Geistes auf dieser offenbarungstheologischen Grundlage, die sich dadurch auszeichnet, dass sie den Begriff der trinitarischen Selbstoffenbarung Gottes mit dem der Gnade identifiziert, pneumatologisch zu bestimmen?

Hierzu scheinen mir systematische Überlegungen von Ingolf U. Dalferth weiterführend zu sein. In seiner kombinatorischen

---

64  Vgl. ebd., 1350.

65  Die darüber hinausgehende Frage nach einer pneumatologischen Christologie kann hier nicht weiter verfolgt werden. Vgl. *G. Fuchs*, Geist-Vergessen – Geist-Erinnern, in: GuL 70 (1997), 69–71. Ferner: *W. Kasper*, Gottes Gegenwart in Jesus Christus, in: Weisheit Gottes – Weisheit der Welt (FS Joseph Ratzinger), St. Ottilien 1987, 311–341; sowie *W. Müller*, „Keiner kann sagen: Jesus ist der Herr! – wenn er nicht aus dem Hl. Geist redet" (1 Kor 12,3). Dogmatische Anmerkungen zur Verhältnisbestimmung von Christologie und Pneumatologie, in: MThZ 44 (1993), 325–335. *K.-H. Menke*, Identifikation von Amt und Charisma? in: ThGl 92 (2002), 263–276 arbeitet die Unterschiede zwischen einer trinitätsvergessenen ‚Geist-Christologie' und einer das wechselseitige In-Sein von Vater und Sohn erklärenden ‚Geistchristologie', präzise heraus, vor allem 267. Pröpper umgeht das Problem, indem er das Verhältnis von Christologie und Pneumatologie vom Begriff der Selbstoffenbarung Gottes her bestimmt.

Theologie hat er[66] die Lehre von der wirkenden Gegenwart Gottes im Geist für die Erkenntnis- und Gewissheitsproblematik erschlossen. Er knüpft sachlich an die bereits 1980 durch Eberhard Jüngel formulierte Einsicht an, dass seit Descartes durch Denken allein die Gottesgewissheit nicht mehr erlangt werden könne. Gottesgewissheit ist für Jüngel offenbarungstheologisch „in Gottes eigenem Kommen begründet". Und er fügt hinzu: „Die theologische Tradition hat die Begründung der Gottesgewißheit in Gottes eigenem Kommen mit ihrer Lehre vom Heiligen Geist zum Ausdruck gebracht"[67].

Dalferth unterscheidet drei Problembereiche: „(1) die Frage nach der Erkenntnis, die der Geist besitzt, (2) die Frage nach der Erkennbarkeit des Geistes selbst und (3) die Frage nach der Erkenntnis, die der Geist in uns wirkt."[68]

Hinsichtlich der Erkennbarkeit des Geistes (2) differenziert er in einem zweiten Schritt zwischen einer anthropologischen und pneumatologischen Komponente: „(1) Sind wir fähig, den Geist zu erkennen, also gewisses Wissen darüber zu erlangen, daß, was und wie der Geist ist? (2) Ist dieser überhaupt von der Art, daß er erkannt werden kann?" (127) und arbeitet als Strukturmoment des Geistes heraus, dass *„er nur Gegenstand unserer Erkenntnis sein kann, sofern er zugleich Grund dieser Erkenntnis ist und daß er deshalb nur dann wahrhaft erkannt ist, wenn er als Grund dieser Erkenntnis erkannt ist"* (127). Dabei nennt er dasjenige „Grund von Erkenntnis, was uns Gewißheit über die Wahrheit eines (doxastischen) Glaubens verschafft" (127). Den Geist als

---

66 Nach I. U. Dalferth ist Erkenntnis Wissen, das gewiss ist. Gewissheit ist also ein Modus des Wissens. „Wer die Wahrheit dessen erkennt, was er zuvor schon wusste, glaubt nichts anderes, sondern glaubt dasselbe anders, nämlich mit Gewissheit. Erkenntnis ist so gesehen verifiziertes und damit gewisses Wissen; und sein Wissen zu verifizieren, heißt, es sich als Erkenntnis anzueignen." *I. U. Dalferth,* Kombinatorische Theologie. Probleme theologischer Rationalität (QD 130), Freiburg – Basel – Wien 1991, 106.

67 *E. Jüngel,* Gottesgewißheit, 259.

68 *I. U. Dalferth,* Kombinatorische Theologie, 126. Die Seitenangaben in diesem Kapitel beziehen sich auf dieses Werk.

Grund von Erkenntnis zu erkennen, ist deshalb nur aufgrund der Selbstvergegenwärtigung des Geistes, verstanden als Selbstidentifikation und Selbstinterpretation, deren wesentliche Momente die „wesentliche *Bezogenheit auf Jesus Christus*" (128), die Heiligkeit oder konstitutive und wirkmächtige Gottzugehörigkeit und die charismatische Ergriffenheit sind, möglich.

Der Charakter des Geistes lässt sich nach Dalferth folgendermaßen beschreiben: „Er ist der *Geist Christi*, der *Geist der Wahrheit Gottes* und der *Geist der Freiheit der Menschen*" (130). Als solcher lässt er sich als Vollzugsform des trinitarischen Lebens Gottes (132) begreifen, in welchem sich Gott in einem selbstbezüglichen Differenzierungsprozess selber setzt (Wirklichkeit Vater), sich selbst bestimmt (Wahrheit Sohn) und sich selbst erkennt (Gewissheit über die Wahrheit seiner Wirklichkeit Geist). Nach Dalferth muss der Heilige Geist also als „die *Vollzugsform einer bestimmten, sich in der selbstbezüglichen Differenziertheit seiner Momente selbst epistemisch durchsichtigen Aktivitätssphäre*" begriffen werden. Deshalb ist er innerhalb der trinitarischen Relationen die „Totalität möglicher Erkenntnisperspektiven integrierende Selbstdurchsichtigkeit und damit absolute Gewißheit über die Wahrheit [...] [der göttlichen] Wirklichkeit".[69]

Dies lasse sich, so Dalferth am Feldmodell zeigen, das er in Parallelität zu Wolfart Pannenberg entwickelt und detailliert beschrieben hat.[70] In ihm herrsche eine Strukturidentität von Konstitution, Bestimmtheit und Vollzug.

Für uns erkennbar werde das „Gottfeld" – so Dalferth –, wenn der Geist es für uns erkennbar mache, es uns im Sinne einer steigenden epistemischen Selbstverdeutlichung zuwende: „Genau

---

69  O. *Meuffels*, Theologie der Liebe in postmoderner Zeit, Würzburg 2001, 125, nimmt diesen Gedanken von *I. U. Dalferth*, Kombinatorische Theologie, 132, zustimmend auf. Er selbst versucht angesichts der Herausforderungen der Postmoderne, ein Apriori zu denken, „dessen Einheitsnatur sich gerade aus der Relationalität differenter Momente ergibt, die in ihrer Eigenheit gewahrt bleiben, aber nur in ihrer gegenseitigen Bezogenheit gedacht werden können" (31).

70  *I. U. Dalferth*, Kombinatorische Theologie, 133f.

das geschieht im *Glauben*, in dem wir uns durch den Geist in bezug auf die Evangeliumsverkündigung gewiß werden, daß Christi Deutung der Wirklichkeit Gottes wahr ist. Der Glaube als (pneumatologische) Gewißheit der Wahrheit der (christologischen) Deutung des göttlichen Lebens ist deshalb in ganz besonderer Weise als Werk des Geistes zu begreifen" (135). Zusammenfassend heißt es sodann: „Das einzig brauchbare Kriterium zur Erkenntnis des heiligen Geistes und zur Unterscheidung seiner Wirkungen von denen anderer Geister ist daher, daß er permanent von sich weg- und auf Jesus Christus hinweist. Er redet nicht von sich und sagt nichts anderes als Christus, sondern er ‚verherrlicht', was dieser gesagt und getan hat (Joh 16,13 ff), indem er uns gewiß macht, daß es wahr ist. Geist-Erkenntnis ist daher Erkenntnis der Wahrheit des Evangeliums, das uns verkündigt wird und dessen Wahrheit uns durch die Integration in die Selbstdeutung des Gott-Feldes durch den Geist gewiß wird." (145)[71]

Gewissheit begründende Gegenwärtigung ist also ein dialogisches Geschehen, in dem die Menschen sich ihrer selbst wie der Gegebenheit des die Wirklichkeit und Wahrheit Gottes durch Selbstpräsenz erschließenden Geistes bewusst werden können. Der Heilige Geist im Selbstvollzug des Menschen setzt beide als Subjekt respektive Person voraus.

Auch Thomas Pröpper kommt in seinem systematischen Beitrag „Zur vielfältigen Rede von der Gegenwart Gottes und Jesu Christi" auf „Gottes Selbstpräsenz auch im Geschenk seines Geis-

---

71 Zustimmung verdient die von der Heilsökonomie ausgehende Argumentation Dalferths hinsichtlich der Pneumatologie, insofern der Heilige Geist als Sich-Geben der göttlichen Wirklichkeit die unbezweifelbare Gewissheit der göttlichen Gegebenheit als seine wirkende Gegenwart ist. Kritik verdient sie hinsichtlich der Trinitätslehre, weil der Ansatz beim selbstbezüglichen Differenzierungsprozess die Aussage, dass Gott Liebe – und das heißt vollkommenes und reines Sich-Geben – ist, nicht einsichtig machen kann. Das Modell des Feldes zwingt zur Zusatzannahme einer als steigende epistemische Selbstverdeutlichung vorgestellten Zuwendung des göttlichen Lebens zum Menschen; eine Vorstellung, die abzulehnen ist, weil evolutive und quantitative Kategorien dem Geschehen der Liebe nicht gerecht werden können.

tes zu sprechen".[72] Er hebt in seinen Überlegungen hervor, „daß sein Wirken, so weit es für die subjektive Glaubensmöglichkeit der in ihrer Schwäche gefährdeten und faktisch sündigen Menschen auch reicht, doch keinesfalls so gedacht werden kann, als ob er als göttliches Subjekt gleichsam an unsere Stelle treten, unsere Freiheit übergehen, wenn nicht ausschalten und sogar den unvertretbar-eigenen Zustimmungsakt noch ersetzen würde, sondern präzise so, wie es nur die Selbstgegenwart von Liebenden und also auch Gottes in seiner Liebe, deren Medium der Geist ist, vermag und anders nicht will: daß sie nämlich unsere Verschlossenheit öffnet, uns für seine in Jesus begegnete Wahrheit empfänglich macht, ihre Wahrnehmung leitet, uns ihrer gewiß werden läßt und ihre Annahme trägt."[73]

Die hiermit angezeigte Dialogizität ist vor allem in der Interpretation von Röm 5,5, die den Einzelnen im Blick hat, dann aber auch hinsichtlich des gesellschaftlichen Gefüges der Kirche als moralischer Person zu beachten. Pröpper verweist auf die Gegenüberstellung des Geistes. Es kann nicht unmittelbar der Geist Gottes sein, der in uns agiert. „Wenn es der Geist Gottes selbst ist, der in uns liebt, dann sind *wir selbst* durch die Gnade Gottes nicht wirklich befreit. Denn unsere eigentliche Würde, die Freiheit, wäre von der Gnade nicht erreicht: die Liebe Gottes, der Heilige Geist, würde unsere Freiheit ‚ersetzen‘, nicht aber zur *eigenen* Liebe befreien."[74] Der Geist, der Gottes Gewissheit im Selbstvollzug des Menschen und der Kirche ist, setzt sich selbst in seinem Sich-Geben die Freiheit des Adressaten voraus, dem seine Selbstgabe gilt. Von diesem Kommerzium her ist die Personalität des Heiligen Geistes zu bestimmen.

---

72 *T. Pröpper*, Zur vielfältigen Rede von der Gegenwart Gottes und Jesu Christi. Versuch einer systematischen Erschließung, in: ders., Evangelium und freie Vernunft. Konturen einer theologischen Hermeneutik, Freiburg – Basel – Wien 2001, 245–265, 255.
73 Ebd., 255.
74 *G. Greshake*, Geschenkte Freiheit. Einführung in die Gnadenlehre, Freiburg 1977, 58, unter Bezugnahme auf *J. Heinrichs*, Ideologie oder Freiheitslehre? in: ThPh 49 (1974), 395–436, 426.

## *Personalität des Geistes*

Es kann nun in diesem Zusammenhang nicht darum gehen, eine vollständige Theorie über die Personalität des Heiligen Geistes vorzulegen. Es kommt hier vielmehr darauf an, nur auf einen, allerdings grundlegenden Aspekt aufmerksam zu machen, der eine Bestimmung der Personalität des Heiligen Geistes in Entsprechung zur Bestimmung des Geistes als Sich-Geben, „das enthält, was es gibt" (K. Hemmerle), ermöglicht. Er lautet: Aussagen zur Personalität des Heiligen Geistes lassen sich nur indirekt treffen, weil er nicht direkt als personales Gegenüber, sondern im Wirken von Menschen begegnet. Dem entspricht, dass die Aussagen über den Heiligen Geist im nicaeno-konstantinopolitanischen Glaubensbekenntnis verbal sind. Ja, man kann sagen, dass die Personalität des Geistes in seiner Ek-zentrizität besteht. Er hat als Beziehungsstiftender und Raumgebender sein Selbst außer sich. Michael Welker hat deshalb in seiner Pneumatologie den Heiligen Geist als *„öffentliche Person"* bezeichnet.[75]

Nach Welker gilt es, „den Geist, der *nicht* von sich selbst Zeugnis gibt, sondern den sich selbst zurücknehmenden und sich hingebenden Gekreuzigten vergegenwärtigt, zu unterscheiden von dem [...] Geist, der individuelle und gemeinschaftliche Selbstverhältnisse im Sinne der Selbstgewißheit, der Selbsthabe und der stetigen Steigerung dieser der Selbsthervorbringung dienenden

---

75 *M. Welker,* Gottes Geist. Theologie des Heiligen Geistes, Neukirchen-Vluyn ²1993, 287. Im Kontext der Ekklesiologie handelt es sich um eine geglückte Beschreibung der Personalität des Heiligen Geistes. Ich ziehe sie deshalb anderen, vor allem trinitätstheologisch ausgerichteten Beschreibungen seiner Personalität in der Theologie des 20. Jahrhunderts, vor. Besondere Erwähnung verdienen das Verständnis der Personalität des Geistes als „Wir in Person" durch Heribert Mühlen, sowie das Verständnis der Personalität des Geistes als „Unbekannter jenseits des Wortes" durch Hans Urs von Balthasar. Vgl. *H. Mühlen,* Der Heilige Geist als Person. In der Trinität, bei der Inkarnation und im Gnadenbund: Ich-Du-Wir, Münster 1969; *H. U. von Balthasar,* Der Unbekannte jenseits des Wortes, in: ders., Spiritus Creator, Einsiedeln 1967, 95–105.

Selbstbeziehung kultiviert und ausbreitet".[76] Diesen selbstlosen und durch seine Selbstzurücknahme Anteil und Gemeinschaft gebenden Geist bezeichnet Welker als *„öffentliche Person"*,[77] die er nicht individualistisch als selbstbezügliches Aktionszentrum, sondern als emergenten Wechselzusammenhang[78] mit anderem Leben in der Einheit von Zentrum und Resonanzbereich[79] verstanden wissen will. Er ist als personale Instanz verstanden der „Resonanzbereich Christi. Er ist die öffentliche Person, die dem Individuum Jesus Christus entspricht"[80], der seinerseits als das „individuell-menschliche Aktionszentrum des Geistes"[81] vorgestellt wird. Unter Resonanzbereich versteht Welker dabei die Einheit der „vielfältige[n] Vergegenwärtigung" Jesu Christi in den konkreten und unter den Bedingungen irdischen Lebens stehenden Zeugnissen der Ge-

---

76  M. *Welker,* Gottes Geist, 260; vgl. *ders.,* Der Heilige Geist, in: EvTh 49 (1989), 126–141.

77  M. *Welker,* Gottes Geist, 286 u.ö.; vgl. *ders.,* Der Heilige Geist, 138ff.

78  Als „emergent" bezeichnet Welker im Anschluss an Alfred North Whitehead „Konstellationen, Zustände und Strukturen, deren Auftreten nicht aus vorausgehenden Konstellationen, Zuständen und Strukturen abgeleitet werden kann, obwohl sich mannigfaltige, beide Zustände bestimmende Elemente in ihnen durchhalten. Von emergenten Ebenen der Realität aus ‚wird die Welt neu gesehen". M. *Welker,* Gottes Geist, 38, Anm. 1.

79  Erst durch einen Resonanzbereich werde, so Welker, ein Aktionszentrum zur Person. In Anlehnung an Niklas Luhmann versteht Welker „unter Resonanz*bereich* eine zentrierte Vielzahl von Resonanzverhältnissen, die über die gemeinsame Zentrierung hinaus voneinander unabhängig sein können und nicht notwendig miteinander abgestimmt, auch nicht mit ihrem ‚Resonanzzentrum' unbedingt abgestimmt sind". M. *Welker,* Der Heilige Geist, 139, Anm. 20.

80  Ebd., 140. Hingewiesen sei in diesem Zusammenhang auf die Pneumatologie des Basilius von Caesarea, wie jener sie im berühmten 9. Kapitel seiner Schrift „Über den Heiligen Geist" entfaltet hat. „Basilius' Pneumatologie betont die Gnade Gottes und die Tätigkeit des Menschen gleichermaßen." Nach Basilius von Caesarea ist der Mensch in seiner vorfindlichen Natur ein unvollkommenes Wesen. „Deshalb bedarf er des göttlichen Geistes, dessen Spezifikum es ist, daß er die Geschöpfe vollkommen macht und mit solcher ‚teleiosis' dem Menschen zur Erreichung des seiner Natur gemäßen ‚telos' verhilft." Vgl. *W.-D. Hauschild,* Gottes Geist und der Mensch. Studien zur frühchristlichen Pneumatologie, München 1972, 286f.

81  M. *Welker,* Der Heilige Geist, 139.

meinschaft der Glaubenden: „Der Heilige Geist ist zunächst zu verstehen als die vielgestaltige Einheit der Perspektiven auf Jesus Christus, an der wir teilhaben und die wir mitkonstituieren können",[82] also als die Identität Jesu, wie sie in der Außenperspektive ist.[83]

## Die pneumatologische Wahrheit der Kirche

Die bisher angestellten Überlegungen zum Kirchenbegriff, zum Verständnis der Enhypostasielehre, zur Gewissheitsproblematik, zum trinitarischen Offenbarungsbegriff sowie zur pneumatologischen Bestimmung des Geistes ermöglichen nunmehr folgende Reformulierung der Analogie von *Lumen gentium* 8:

Wenn sich die Kirche als gesellschaftliches Gefüge dem Selbstverständnis des Zweiten Vatikanischen Konzils gemäß nur definieren kann, wenn sie darin das Sich-Beziehen und die Bezogenheit auf den Geist Gottes einschließt[84] und wenn der Heilige Geist als Person mit Welker zu verstehen ist als die vielgestaltige Einheit der Perspektiven auf Jesus Christus hin, er als Resonanzbereich, als öffentliche Person durch die Vergegenwärtigung der Wahrheit Jesu deren Gewissheit ist, dann verhält sich die Kirche als gesellschaftliche Größe – als solche kann sie ebenfalls als öffentliche Person bezeichnet werden, wie es in der Bezeichnung der katholischen Kirche als „moralische Person" in Kanon 113 § 1 des Kirchlichen Gesetzbuches zum Ausdruck gebracht wird – zum

---

82  Ebd., 140.

83  Vgl. zum vorangegangenen Absatz insgesamt: *M. Böhnke*, „... und kannst zu Gott dein Angesicht erheben". Theologische Anmerkungen zur Bedeutung der freimütigen Rede (παρρησία) und ihrer Bestimmung als Gabe des Geistes, in: ders., E. Dirscherl, H. Gasper (Hg.), „... damit auch ihr Gemeinschaft habt" (1 Joh 1,3). Wider die Privatisierung des Glaubens (ODS 2), Osnabrück 2000, 131–150, 147.

84  Vgl. *Y. Congar*, Die christologischen und die pneumatologischen Implikationen der Ekklesiologie des II. Vatikanums, in: G. Alberigo, Y. Congar, H. J. Pottmeyer (Hg.), Kirche im Wandel. Eine kritische Zwischenbilanz nach dem Zweiten Vatikanum, Düsseldorf 1982, 111–123, 116, mit Bezug auf LG 14.

Heiligen Geist Christi als öffentliche Person so, wie sich die Menschheit Jesu zum göttlichen Logos verhält. Umgekehrt formuliert: Nur wenn der Heilige Geist als Vergegenwärtigung der göttlichen Wahrheit Jesu deren Gewissheit *ist*, nur dann kann sich die Kirche als gesellschaftliche Größe zum Heiligen Geist Christi so verhalten, wie sich die Menschheit Jesu zum göttlichen Logos verhält. Die Kirche wird in ihrem Anspruch folglich vom Heiligen Geist Christi getragen ebenso wie Jesus vom Logos getragen wurde.[85] Mit anderen Worten: So wie der göttliche Logos diesen konkreten Menschen Jesus von Nazareth angenommen hat, so nimmt der Geist Christi dieses konkrete gesellschaftliche Gefüge der Kirche an. So wie dieser konkrete Mensch Jesus von Nazareth dadurch, dass Gott ihn annimmt, ja sich mit ihm und seinem Schicksal identifiziert, vom Wort Gottes als Heilsorgan in Dienst genommen wird, so wird das konkrete gesellschaftliche Gefüge der Kirche als auf dieses Heil hin wachsende Organ vom Heiligen Geist in Dienst genommen.

Zwar kann man nicht von einer hypostatischen Union sprechen, um die Spannungseinheit des gesellschaftlichen Gefüges der Kirche zum Heiligen Geist zu charakterisieren, aber doch von einer *epikletischen Union*, die zwischen dem gesellschaftlichen Gefüge der Kirche als moralischer, das heißt öffentlicher Person und dem Heiligen Geist Christi als öffentlicher Person besteht. Gemeinsam ist beiden Uniones, dass sie sich als Kommerzium aussagen lassen.

In Anlehnung an die Reformulierung der christologischen Enhypostasielehre durch Georg Essen ließe sich nunmehr die als Kommerzium verstandene Komplexität der Wirklichkeit Kirche so weiter bestimmen, dass die formelle und freie Identifizierung der moralischen Person Kirche mit der Exzentrizität des göttlichen

---

85 Tragen ist hier zu verstehen in dem Sinn, dass der Geist Christi als Hypostase der Kirche bezeichnet werden kann, wobei er allerdings mit der Kirche keine hypostatische, sondern eine epikletische Union eingeht. Damit ist impliziert, dass die Selbstmitteilung des Geistes Christi an die Kirche als eine eigentümliche, hypostatische Funktion des Geistes verstanden werden müsste. Vgl. *H. Mühlen*, Una mystica persona, 378.

Geistes die Kirche um die Gewissheit der Wahrheit Jesu Christi willen konstitutiv über sich selbst hinaus verweist. Die Freiheit des Heiligen Geistes Christi ist andererseits eine echt gesellschaftliche, weil er als öffentliche Person der ‚Resonanzbereich Jesu Christi' dessen Gegebenheit ist. Eine Kirche, die in ihrem gesellschaftlichen Selbstvollzug über sich selbst hinaus verweist und so – im Geist der Wahrheit Jesu gewiss – sich zum Heilsdienst für die Menschen bestimmt, darf sich in ihrer konkreten geschichtlichen Existenz als vom Heiligen Geist Christi getragen, das heißt im Kommerzium geheiligt wissen. Die adäquate Vollzugsform der Kirche ist dementsprechend die Bewegung des Transzendierens, wie sie in der Epiklese, der Anrufung und Bitte um das Kommen des Geistes, der „geradezu als Prinzip des gläubigen Lebens erscheint"[86], aber auch, wie sie in der von anamnetisch begründeter Heilshoffnung getragenen Hinwendung zu allen Menschen, zum Ausdruck kommt.

Als eine solche, sich überschreitende Gesellschaft beansprucht die Kirche die Bestätigung durch Gottes Geist und identifiziert sich in diesem dialogischen Geschehen formell von ihm her als heilig. Die Freiheit der Kirche von der Sorge um sich selbst ist die Freiheit des göttlichen Geistes. *Extra Spiritum sanctum nulla salus!* Außerhalb des Heiligen Geistes gibt es für die Kirche kein Heilswirken und keine Heilsgewissheit. Die Epiklese ist die der Gegebenheitsweise des Heils entsprechende Vollzugsform des Glaubens, in der die Kirche sich mit Jesus Christus und den Menschen solidarisiert.

Nur als Kommerzium kann die Kirche als moralische Person ihr „eigenes Dasein als den verwirklichenden Ausdruck der liebenden Zuwendung Gottes für uns […] behaupten".[87] Da sie in diesem Anspruch durch Gottes Geist als das die Gegenwart Jesu Christi verbürgende Sich-Geben bestätigt wird, kann die geschichtliche Gestalt einer sich selbst überschreitenden Kirche als die Liebe Got-

---

86   *T. Pröpper*, Theologische Anthropologie II, 1324.
87   *G. Essen*, Die Freiheit Jesu, 291. Die folgenden Passagen lehnen sich eng an die Formulierungen bei Essen an.

tes symbolisch darstellendes Handeln bezeichnet werden. Allerdings kann sie sich nur in der Autoritätsform der Bitte um den Beistand des Geistes durch diesen der Wahrheit Jesu gewiss sein. Als Resonanzbereich Jesu Christi ist die Freiheit des als epikletisch zu charakterisierenden gesellschaftlichen Gefüges der Kirche dann keine andere als die des göttlichen Geistes selbst.

Theologisches Kennzeichen der pneumatologisch verbürgten Wahrheit dieser Kirche ist, dass sie sich nicht ohne Bezugnahme auf Jesus Christus und auf die Welt verstehen kann. Sie hat die Freundschaft und Treue Gottes zu den Menschen darzustellen und so dem Heiligen Geist Christi im Dienst an den Menschen zur Auferbauung seines Leibes, das heißt seines Daseins in der Welt, zu dienen. Dann braucht sie sich nicht um sich selbst zu sorgen. Aber auch erst dann, und nicht im die Integrität anderer abqualifizierenden Blick auf sich selbst, wird sie ihrer Identität theologisch gewiss.

## Selbstüberschreitung im Symbol

Zum Abschluss dieser Überlegungen soll ein letztes geleistet werden, nämlich die strukturelle Bestimmung des Selbstvollzugs der Kirche, mit dem sie der Komplexität ihrer Wirklichkeit entspricht. Eine Kirche, in der die im Geist gewisse Gegenwart Gottes auch erfahrbar sein soll, muss in ihrem Selbstvollzug ihrem Wesen, das heißt der Komplexität ihrer Wirklichkeit, entsprechen. Insofern dient die Komplexität der Kirche als Kriterium für ihren Selbstvollzug. Formal findet die Entsprechung darin ihren Ausdruck, dass sich die Kirche in ihrem Selbstvollzug von der Annahme einer verheißenen Wahrheit leiten lässt, die sie über sich selbst hinaus verweist, das heißt umgekehrt, die sie niemals als ihren Besitz behaupten kann. Gnoseologisch ermöglicht wird der Zugang zu dieser Wahrheit durch ein Verständnis des symbolischen Charakters ihrer Realisierung. Die Kirche realisiert sich und ihre Wahrheit *symbolisch*, oder theologisch ausgedrückt: Die Wahrheit der Kirche realisiert sich symbolisch.

Thomas Pröpper hat den Symbolbegriff, der zur Kennzeichnung der Realisierung des komplexen Charakters der Wirklichkeit Kirche deshalb herangezogen werden kann, weil sie nur als ungetrennte Wirklichkeit von Bedingtem und Unbedingtem Bedeutung erlangt, freiheitstheoretisch reformuliert und damit einerseits den Symbolbegriff von den Denkvoraussetzungen der Neuzeit her rekonstruiert und andererseits auf das dem Symbolverständnis zugrunde liegende Freiheitsparadigma hingewiesen.

Er versteht Symbol formal als Verweis des Bedingten auf das Unbedingte, das in jeder nur bedingt möglichen Verwirklichung von Freiheit ange*zielt* wird und in ihr zur Darstellung kommt – ekklesiologisch konkretisiert: „der sichtbaren Versammlung auf die geistliche Gemeinschaft" (LG 8), das heißt, der Kirche auf den Geist.

Dabei gilt nach Pröpper zweierlei: Erstens nämlich, dass das Unbedingte nur als Bedeutung eines realen Geschehens erwiesen werden kann, die sich an diesem Geschehen selbst zu bewähren hat, und zweitens, „daß nämlich das Unbedingte nur auf bedingte Weise real werden kann".[88] Freiheitstheoretisch bezeichnet der Begriff des Symbols die intersubjektive und stets nur bedingt mögliche Realisierung von Freiheit durch *Anerkennung* anderer Freiheit. Dabei zielt die sich realisierende Freiheit implizit und notwendigerweise auf das unbedingte Seinsollen von Freiheit und antizipiert diese.

Das Symbol ist deshalb „Medium miteinander kommunizierender Subjekte (Freiheiten), indem es Mitteilung ermöglicht, ohne die sich in ihm mitteilenden Freiheit einzuholen od. v. seinem Interpreten eingeholt zu werden"[89], mit anderen Worten: Es entspricht als Kommerzium von Freiheiten der Komplexität der Kirche.

„Entscheidend für den hier zum Zuge kommenden Symbolbegriff ist, daß in ihm die Präsenz des frei sich Mitteilenden und die Unbedingtheit der Anerkennung mit der Endlichkeit ihrer

---

88  *T. Pröpper*, Theologische Anthropologie II, 1311.
89  *K.-H. Menke*, Symbol V. Theologiegeschichtlich u. systematisch-theologisch, in: LThK³ Bd. 9, 2000, 1158–1160, 1159.

Realisierung zusammengedacht sind: die symbolische Wirklichkeit ist die reale Gestalt der unbedingt für den anderen entschiedenen Freiheit selbst,"[90] so Pröpper, der durch diese Bestimmung die Differenz zwischen göttlicher und menschlicher Freiheit im Kommerzium wahrt.

„Soweit eine Wirklichkeit Anerkennung (oder Nichtanerkennung) vermittelt, kommt ihr *symbolische* Dignität zu, denn dann ist sie als Realität der einen Freiheit zugleich die der anderen, die sich durch sie ihr mitteilen will (oder auch ihre Anerkennung verweigert)."[91] Es geht um die gegenseitige Affirmation von Freiheiten durch einen erfüllenden Gehalt, der es erlaubt, die Wirklichkeit als Wirklichkeit von unbedingter Freiheit zu denken.[92] *Kirche vollzieht sich als Kommerzium der Freiheit!*[93]

In dieser Linie ließ sich der Selbstvollzug der Kirche, mit der sie der kommerzialen Komplexität ihrer Wirklichkeit nach *Lumen gentium* 8 entspricht, unter dem Paradigma der Freiheit als ‚Freiheit im Geist', welche die unbedingte Freiheit des Geistes, des symbolisch-interaktiven Geschehens und der Menschen als Geistträger voraussetzt, verstehen. Thetisch formuliert: Jede intersubjektive und nur bedingt mögliche Realisierung des christlichen Geistes im gläubigen Handeln verweist auf das unbedingte Seinsollen des jede Hoffnung auf Heil durch die Vergegenwärtigung der Wahrheit Jesu tragenden Heiligen Geistes.

Das Argument ist, in diese Form gebracht, ein Teleologisches. Die pneumatologische Bestimmung der komplexen Wirklichkeit der Kirche richtet diese auf den Heiligen Geist aus. Darin unterscheidet sie sich von einem den Geist ausblendenden christozentrischen Verständnis der Kirche, das diese in ihrem Selbstvollzug einseitig von ihrer christologischen Gründung her versteht, ihre

---

90  *T. Pröpper,* Zur vielfältigen Rede, 259.
91  *T. Pröpper,* Erlösungsglaube und Freiheitsgeschichte. Eine Skizze zur Soteriologie, München ²1988, 188.
92  Vgl. *M. Tomberg,* Glaubensgewißheit als Freiheitsgeschehen. Eine Relecture des Traktats „De analysi fidei" (ratio fidei 8), Regensburg 2002, 233.
93  „Kirche als Kommerzium der Freiheit", so lautete der Arbeitstitel, unter dem der Plan zu dieser Studie bei der DFG als Antrag eingereicht wurde.

eschatologische Differenz zum Reich Gottes nur schwerlich zu wahren und die geschichtliche Erstreckung ihrer Existenz kaum zu denken vermag. Pneumatologische und christologische Bestimmung der Kirche bezeichnen zwei unterschiedliche Aspekte: Der Ursprung der Kirche muss christologisch bestimmt werden, ihr Zweck pneumatologisch. Trinitätstheologisch gehören beide Aspekte zusammen. ‚*Ecclesia de Trinitate*‘ und ‚*Ecclesia in Trinitate*‘ (Papst Paul VI.).

Auch für eine teleologische Bestimmung der Kirche gilt, und dies ist stets zu beachten: „Es gibt keine Enklaven des Heils und darf sie nicht geben (schon wegen des Unrechts, das zum Himmel schreit, darf es sie nicht geben), es gibt nur Zeichen, symbolische Anfänge des Heils […]“.[94] Der Geist ist nur als Angeld verheißen. Trotzdem stellt sich die Frage, wie die Kirche in ihren Vollzügen, in ihrem Selbstverständnis und in ihren Strukturen die geschichtliche – sichtbare und hörbare – Erscheinung des übergeschichtlichen Geistes Christi darstellen kann, oder anders formuliert: wie „der Geist Christi konkret sichtbar und geschichtlich in der Kirche in Erscheinung tritt“.[95]

## Konkretion

Im *Selbstvollzug* der Kirche, das heißt in ihrem Handeln, in dem sie zugleich zur Darstellung kommt, konkretisiert sich – wie bereits behauptet und noch im Einzelnen zu verifizieren sein wird – der Verweis „der sichtbaren Versammlung auf die geistliche Gemeinschaft“ (LG 8), das Kommerzium von göttlicher und menschlicher Freiheit, im Bitten um den Geist, also epikletisch. Epiklese impliziert die Ausrichtung der gemeindlichen Versammlung auf den Geist, den im Zeugnis des Johannesevangeliums Jesus für die Kirche vom Vater als Beistand erbeten und ihr verheißen hat: „Und ich werde den Vater bitten und er wird euch

---

94  *T. Pröpper*, Theologische Anthropologie II, 1314.
95  *H. Mühlen*, Una mystica persona, 420; vgl. ebd., 417.

einen anderen Beistand geben, der für immer bei euch bleiben soll. Es ist der Geist der Wahrheit, den die Welt nicht empfangen kann, weil sie ihn nicht sieht und nicht kennt. Ihr aber kennt ihn, weil er bei euch bleibt und in euch sein wird. Ich werde euch nicht als Waisen zurücklassen, sondern ich komme wieder zu euch." (Joh 14,16–18)

Will die Kirche der Komplexität ihrer Wirklichkeit entsprechen, stimmt sie in ihren Vollzügen aktiv in diese Bitte Jesu um den Geist ein. Entscheidend ist dabei der Ansatz beim *Vollzug*, mit dem ein Denken überwunden wird, das von der Substanz oder dem ontologischen Wesen ausgeht. Die Kirche beherrscht die Komplexität ihrer Wirklichkeit nicht. Der Geist ist kein Besitz der Kirche. Allenfalls orientiert er ihren Selbstvollzug. Ein zweites kommt hinzu. Kirchliche Vollzüge sind als antwortendes Handeln zu qualifizieren. Antwortend verweist die Kirche in ihren Vollzügen epikletisch auf den Herrn. Das gilt auch für das amtliche Handeln der Kirche, durch das in diesem Sinn die repraesentatio Christi verweisend geschieht: „Nicht ich bin es [...]". Als Konsequenz wäre auf das eschatologische Charakteristikum des ekklesialen Vollzugs hinzuweisen, dass in ihm die Wahrheit nur dadurch ‚gesichert' werden kann, dass man sich epikletisch je neu auf sie einlässt. ‚Geist' verweist auf jenes Moment in der Selbstbestimmung von Kirche, in dem Kirche – nie alles und ganz aus eigener Kraft – sich selbst zu entsprechen vermag.[96] In der Bitte um den Geist drückt sich das Streben nach Selbstbestimmung der Kirche aus, deren Erfüllung jenseits der eigenen Möglichkeiten liegt. Die Epiklese kann deshalb als ekklesiales Moment der Realisierung und zugleich als praktische Eröffnung von Gnadenerfahrung verstanden werden.[97] Im dritten Kapitel des Joelbuches ist dies eindrücklich beschrieben:

---

96 In Anlehnung an eine schöne Formulierung von M. Tomberg. Vgl. *M. Tomberg*, Glaubensgewißheit, 46.

97 Vgl. *M. Bongardt*, Gottes Liebe als Vorzeichen christlicher Existenz. Aspekte der Erfahrung und Bezeugung der Gnade, in: T. Pröpper, Theologische Anthropologie II, 1437–1489, 1445.

„Danach aber wird es geschehen, dass ich meinen Geist ausgieße über alles Fleisch. Eure Söhne und Töchter werden Propheten sein, eure Alten werden Träume haben und eure jungen Männer haben Visionen.

Auch über Knechte und Mägde werde ich meinen Geist ausgießen in jenen Tagen.

Ich werde wunderbare Zeichen wirken am Himmel und auf der Erde: Blut und Feuer und Rauchsäulen.

Die Sonne wird sich in Finsternis verwandeln und der Mond in Blut, ehe der Tag des Herrn kommt, der große und schreckliche Tag.

Und es wird geschehen: Wer den Namen des Herrn anruft, wird gerettet. Denn auf dem Berg Zion und in Jerusalem gibt es Rettung, wie der Herr gesagt hat, und wen der Herr ruft, der wird entrinnen." (Joel 3,1–5)

Selbstgewissheit wird der Kirche als komplexer Wirklichkeit kommerzial „in liebender Treue frei gewährt"[98]. Im Geist erfährt sich die Kirche – so das Zeugnis im Evangelium des Johannes – vom Handeln Gottes umgriffen.[99] „Der Beistand aber, der Heilige Geist, den der Vater in meinem Namen senden wird, der wird euch alles lehren und euch an alles erinnern, was ich euch gesagt habe." (Joh 14,26)

Pneumatologisch geht es um eine Kirche, die im Glauben um den Geist bittet und sich in dieser Haltung als von Gott geliebte und gewollte erfährt, wie es im zehnten Kapitel des Römerbriefes zum Ausdruck kommt: „Darin gibt es keinen Unterschied zwischen Juden und Griechen. Alle haben denselben Herrn; aus seinem Reichtum beschenkt er alle, die ihn anrufen. Denn *jeder, der den Namen des Herrn anruft, wird gerettet werden.*" (Röm 10,12–13)

Die Offenbarungskonstitution *Dei Verbum* hat den gnadenhaften Grund für diese zentrale Einsicht in bleibend gültiger Weise artikuliert: „Gott hat in seiner Güte und Weisheit beschlossen, sich selbst zu offenbaren und das Geheimnis seines Willens kundzutun

---

98  *M. Tomberg*, Glaubensgewißheit, 87f.
99  Vgl. *H. Mühlen*, Das Verhältnis zwischen Inkarnation und Kirche in den Aussagen des Vaticanum II, in: ThGl 55 (1965), 171–190, 175ff.

(vgl. Eph 1,9): daß die Menschen durch Christus, das fleisch-
gewordene Wort, im Heiligen Geist Zugang zum Vater haben
und teilhaftig werden der göttlichen Natur (vgl. Eph 2,18; 2 Petr
1,4). In dieser Offenbarung redet der unsichtbare Gott (vgl. Kol
1,15; 1 Tim 1,17) aus überströmender Liebe die Menschen an wie
Freunde (vgl. Ex 33,11; Joh 15,14–15) und verkehrt mit ihnen
(vgl. Bar 3,38), um sie in seine Gemeinschaft einzuladen und aufzunehmen." (DV 2)

Die Epiklese wurzelt in dieser universal zu verstehenden endgültigen Heilszusage Gottes. Ihr Subjekt ist die Kirche. Die Epiklese behält ihren konstitutiven Sinn für das menschliche Handeln, solange die Vollendung der endgültigen Heilszusage Gottes
noch aussteht.

# V.

## Zur Epiklese als Form des gläubigen Handelns: Wort und Sakrament

Wie selbstverständlich stellen führende Theologen der orthodoxen Kirchen den epikletischen Charakter der Kirche heraus. So versteht beispielsweise Nikos Nissiotis die Kirche in ihrer Vollzugsgestalt als wesenhaft epikletisch: „Die Kirche ist in gewisser Weise die permanente Anrufung des Vaters um den Heiligen Geist kraft des in Christus gegebenen Heils. Dies ist wohl die beste Definition der Kirche, falls wir überhaupt eine benötigen."[1]

In den Ekklesiologien des Okzidents spielt die Epiklese bislang keine vergleichbare Rolle. Nach Hans-Joachim Schulz sind „*Christusanamnese* und *Geistepiklese* als die Urvollzüge allen kirchlichen Lebens neu zu entdecken".[2] Schulz setzt voraus, dass Christusanamnese und Geistepiklese auch für die Lebensvollzüge der Kirchen des Westens von konstitutiver Bedeutung seien, dies jedoch neu entdeckt werden müsse. Dabei geht es in einem ersten Schritt um den Erweis des epikletischen Charakters der kirchlichen Grundvollzüge: Verkündigung, Liturgie und Diakonie stehen im Zentrum. Das Verständnis der Kirche müsste sich in einem zweiten Schritt vom entfalteten epikletischen Charakter der kirchlichen Grundvollzügen her bestimmen lassen. Sollte beides gelin-

---

1 Vgl. *N. Nissiotis,* Berufen zur Einheit oder Die epikletische Bedeutung der kirchlichen Gemeinschaft, in: ÖR 26 (1977), 297–313, 303. Ebenso spricht er von „einer auf epikletischer Praxis beruhenden Theologie des Heiligen Geistes" (309), entfaltet also auch die Pneumatologie von der Epiklese her. Jedoch begründet Nissiotis die Pneumatologie und Ekklesiologie nicht allein mit der liturgischen Tradition. Vielmehr weist er auf das biblische Zeugnis hin, welches die Tradition der Epiklese begründet und trägt: vor allem Johannes 14,26, Joel 3,2–5 und Röm 10,12–13.

2 *H.-J. Schulz,* Bekenntnis statt Dogma. Kriterien der Verbindlichkeit kirchlicher Lehre (QD 163), Freiburg – Basel – Wien 1996, 411.

gen, könnte der epikletische Charakter, der bisher in den Ekklesiologien des Westens wenig beachtet und weitgehend in Vergessenheit geraten ist, auch für die Kirchen des Okzidents – vor allem die römisch-katholische Kirche – als Wesensmerkmal herausgestellt werden, wie Nikos Nissiotis es für die orthodoxen Kirchen getan hat.

Will man diesen Weg einschlagen, ist bei der Praxis kirchlicher Grundvollzüge anzusetzen. Der Ansatz folgt der Einsicht, dass „die Grundzüge der Praxis [...] jeweils Grundweisen eines Verstehens der Realität"[3] sind, mit anderen Worten, in kirchlichen Vollzügen, zumal wenn sie als Grund- oder Selbstvollzüge der Kirche angesehen werden, immer auch das Selbstverständnis der Kirche zur Darstellung kommt.

Die Analyse der kirchlichen Grund- oder Selbstvollzüge wird dabei von der Hypothese geleitet, die Epiklese als konstitutive Form des gläubigen Handelns aller Christen erweisen zu können. Die Form ihrerseits wird dabei für das gläubige Handeln insgesamt als wesentlich angesehen, weil sich in ihr und durch sie das Wesen der Sache ausdrückt: „... cum forma sit de essentia rei" (Pierre d'Ailly).[4] Die Geltung dieses mittelalterlichen Grundsatzes wird zumindest für das sakramentale Handeln auch heute theologisch konsenshaft angenommen. Sie wird darüber hinaus für alle Vollzüge beansprucht werden müssen, die als *Selbst*vollzüge der Kirche gelten. Sollte der Anspruch durch eine Analyse der Selbstvollzüge der Kirche bewährt werden können, dann ließe sich die Kirchlichkeit der Kirche als epikletisch charakterisieren.

Vorausgesetzt werden muss zudem, dass dem gläubigen Handeln für das Überlieferungsgeschehen der christlichen Botschaft eine konstitutive Bedeutung beigemessen wird. Hierzu gibt *Dei Verbum* entscheidende Hinweise. In *Dei Verbum* 8 heißt es: „So

---

3  *P. Hünermann*, Ekklesiologie im Präsens. Perspektiven, Münster 1995, 52. Hünermann insistiert darauf, dass diese Praxis konstitutiv plural ist.

4  *H. Schneider*, „... cum forma sit de essentia rei". Konzilsliturgie im Konziliarismus, in: P. Erdö (Hg.), Proceedings of the Thirteenth International Congress of Mediavel Canon Law, Città del Vaticano 2010, 731–746.

führt die Kirche in Lehre, Leben und Kult durch die Zeiten weiter und übermittelt allen Geschlechtern alles, was sie selber ist, alles, was sie glaubt", und wenig später heißt es ebenda, dass die Reichtümer der Überlieferung „sich in Tun und Leben der glaubenden und betenden Kirche ergießen. [...] der Heilige Geist, durch den die lebendige Stimme des Evangeliums in der Kirche und durch sie in der Welt widerhallt, führt die Gläubigen in alle Wahrheit ein und läßt das Wort Christi in Überfülle unter ihnen wohnen (vgl. Kol 3,16)."

Dass die Liturgie ebenso wie das patristische Studium ein theologischer Erkenntnisort ist, betont dann auch *Dei Verbum* 23: „[...] die Kirche, bemüht sich, vom Heiligen Geist belehrt, zu einem immer tieferen Verständnis der Heiligen Schriften vorzudringen, um ihre Kinder unablässig mit dem Worte Gottes zu nähren; darum fördert sie auch in gebührender Weise das Studium der Väter des Ostens wie des Westens und der heiligen Liturgien."

Hermann Josef Pottmeyer bezeichnet „Lehre, Leben und Kult" als „aktive Bezeugungsinstanzen und Trägerschaften der Überlieferung"[5], versteht sie also nicht nur im Sinn einer bewahrenden *traditio passiva*, sondern auch im Sinn einer auslegenden *traditio activa*, die unterschiedliche Zeugnisformen und unterschiedliche Zeugnisträgerschaften kennt. Pragmatisch ergibt sich für ihn daraus „als erste Forderung, die *kirchliche Ordnung* so zu gestalten, daß sich die aktive Trägerschaft aller Gläubigen und die Kommunikation und die Interaktion untereinander entfalten können".[6]

„Grundakt und Grundform authentischer Überlieferung, die ,in Lehre, Leben und Kult' (DV 8) Christus vergegenwärtigt"[7], ist, so soll gezeigt werden, der durch Anamnese und Epiklese bestimmte Vollzug, in dem sich Zeugnis und Zeuge „in die Zeugengemeinschaft des ganzen Gottesvolkes" stellen, „dem allein die

---

5 *H. J. Pottmeyer,* Normen, Kriterien und Strukturen der Überlieferung, in: HFTh 4, Tübingen – Basel ²2000, 85–107, 100.
6 Ebd., 106.
7 Ebd., 107.

sichere Führung des Geistes und die Gewissheit der Wahrheit verheißen ist."[8]

## Verkündigung

Das Verkündigungshandeln der Kirche kennt zahlreiche Varianten. Es entfaltet sich synchron wie diachron – von der Katechese bis zum Ökumenischen Konzil. Die Handlungsform der Epiklese ist in den verschiedenen Ausprägungen des Verkündigungshandelns in unterschiedlicher Gestalt anzutreffen und nicht immer auf den ersten Blick auszumachen. Einige Konkretionen werden im Folgenden im Zusammenhang mit der Analyse der wichtigsten Varianten des Verkündigungshandelns exemplarisch thematisiert. Maßgebend für den Erweis der konstitutiven Bedeutung der Epiklese hinsichtlich des Verkündigungshandelns – verstanden als Inbegriff all seiner Varianten – wird die biblische Praxis der Bitte an Christi statt sein. Denn der epikletische Charakter jedweder Verkündigung kommt nirgends so deutlich zum Ausdruck wie in der geradezu werbenden Stelle des Zweiten Korintherbriefs, in der es heißt: „Ja, Gott war es, der in Christus die Welt mit sich versöhnt hat, indem er den Menschen ihre Verfehlungen nicht anrechnete und uns das Wort von der Versöhnung (zur Verkündigung) anvertraute. Wir sind also Gesandte an Christi statt, und Gott ist es, der durch uns mahnt. Wir bitten an Christi statt: Lasst euch mit Gott versöhnen!" (2 Kor 5,19 f.)

Eberhard Jüngel hat die sich an die Gemeinde von Korinth richtende paulinische Bitte als „Autoritätsform des *Evangeliums*"[9] bezeichnet, weil Versöhnung, als welche die Wahrheit des Evangeliums inhaltlich bestimmbar ist, „*nicht gewaltsam* durchgesetzt

---

8 Ebd., 107.

9 *E. Jüngel*, Die Autorität des bittenden Christus. Eine These zur materialen Begründung der Eigenart des Wortes Gottes. Erwägungen zur Infallibilität in der Theologie, in: ders., Unterwegs zur Sache. Theologische Bemerkungen, München 1972, 179–188, 187. Vgl. *T. Pröpper*, Theologische Anthropologie II, 1201.

werden kann. Die Autorität der menschlichen Rede von dieser Versöhnung kann deshalb nicht die der Anordnung, nicht die des *Gesetzes* sein. Vielmehr muß die theologische Eigenart der *Versöhnung* mit Gott auch die Eigenart der *Rede* von diesem Ereignis und ihrer Autorität konstituieren."[10] Insofern also die Form der Verkündigung auch die Weise bezeichnet, in der Versöhnung geschieht, kann die Epiklese als konstitutiv für das Rechtfertigungsgeschehen angesehen werden. Die Epiklese als Handlungsform ist damit zugleich Autoritätsform des Evangeliums von der Rechtfertigung des Menschen durch Gott.

„Die *menschliche Rede* von dem Gott, der wahr ist, indem er wahr macht",[11] relativiert nach Jüngel die Autorität dieser Wahrheit „hoffnungsvoll"[12]. Gottes wahrmachende Wahrheit wird erhofft. Dies bringt die Versöhnungsbitte des Apostels an Christi statt zum Ausdruck.

Dass es allein Gott ist, der eschatologisch versöhnt, ist ein Implikat der Bitte, das ekklesiologisch entfaltet werden muss. Gegen Michael Bongardts Aussage: „Die Fähigkeit zu vergeben liegt in den Möglichkeiten menschlicher Freiheit. Sie verlangt einen Verzicht auf die Macht, die der Geschädigte über den Schuldigen hat"[13], und gegen die These von Magnus Striet, dass es kein eschatologisches Gericht geben könne ohne die Bereitschaft der Opfer, „Vergebung zu gewähren"[14], ist zu betonen, dass die Bitte um Vergebung als *Möglichkeit* menschlicher Freiheit das Äußerste ist, was der Mensch als subjektive Bedingung der Möglichkeit zum Vergebungshandeln Gottes und diesem zustimmend beitragen kann. So ist es nicht Sache der Opfer, Vergebung zu gewähren, sondern die Bitte um Vergebung anzustimmen beziehungsweise in sie auch dann einzustimmen, wenn sie von den an ihnen schuldig Gewor-

---

10  *E. Jüngel*, Die Autorität, 187.
11  Ebd., 187.
12  Ebd., 187.
13  *M. Bongardt*, Gottes Liebe, 1461.
14  *M. Striet*, Das Versprechen der Gnade, in: T. Pröpper, Theologische Anthropologie II, 1515.

denen ausgeht. Nur damit entsprechen sie der Hoffnung als notwendiger Dimension der Vergebung.

Dass Hoffnung unverzichtbar zur Vergebung gehört, kann nur zu leicht plausibilisiert werden. Ist jemand, dessen/deren Lebenspartner/in stets Besserung gelobt, aber sein/ihr Versprechen nie gehalten hat, bereit, auch nach dem fünften oder zehnten ‚Seitensprung' noch einmal zu vergeben? Liegt es in seiner/ihrer Kompetenz, in dieser Situation wider alle Hoffnung zu vergeben? Das wird er/sie wegen der ‚Erschöpfung' der Hoffnung wohl kaum können.

Deshalb gilt der gegen Bongardt und Striet gemachte Vorbehalt auch gegen die folgende Aussage von Johannes B. Brantschen: „Verzeihen muss [...] *konkret* sein. Nur das Opfer kann seinem Peiniger verzeihen. Die beliebte Redewendung ‚Gott, der Barmherzige, verzeiht' bleibt abstrakt, solange wir nicht bereit sind zu verzeihen."[15] Diese Bereitschaft – und darauf kommt alles an – kann sich nicht anders als in der Form der Bitte an Gott artikulieren. Jesus hat dem Zeugnis des Lukas zufolge seinen Kreuzestod in einem solchen Vertrauen auf Gott durchlitten: „Jesus aber betete: Vater, vergib ihnen, denn sie wissen nicht, was sie tun" (Lk 23,34).

Eberhard Jüngel bezieht die Autorität der Bitte sodann auch auf die Kirche: „Die Autorität der *Kirche* und ihrer Entscheidungen kann der Autorität Jesu Christi nur analog sein. Sie ist es darin, daß sie bittend das Wort nimmt. Bittende sind auf Einverständnis bedacht. Einverständnis impliziert Einsicht. Erst in der Einsicht der Gebetenen bejaht sich die Wahrheit, für die gebeten wird. Und immer, wenn sich diese Wahrheit in der Einsicht von Menschen bejaht, erweist sich die Autorität dieser Wahrheit. Gerade ihre Infallibilität wird in der einsichtigen *Zustimmung* fehlbarer Menschen *konkret*."[16] Aus diesem Grund scheint die epikletische Form für das Verkündigungshandeln als Selbstvollzug der Kirche konstitutiv zu sein.

---

15  Ebd., 1519, Anm. 65.
16  *E. Jüngel,* Die Autorität, 188.

Nicht nur Eberhard Jüngel, auch die Groupe des Dombes hat auf die Epiklese als Form der Verkündigung hingewiesen. Sie legt den Akzent allerdings weniger auf das für das Verständnis des Heils wie der Kirche gleichermaßen konstitutive Rechtfertigungsgeschehen und stellt auf die Wortverkündigung in der Liturgie ab; wenn man so will, auf das Heiligungsgeschehen, wobei der Groupe des Dombes die Limaliturgie vor Augen stehen dürfte: „Der Geist ist gegenwärtig und als Gabe wirksam in der Verkündigung, im Hören und Miteinanderteilen des Wortes Gottes. Zu dieser Verkündigung gehören die öffentliche Lesung der Heiligen Schrift und die Predigt, die sich auf die Schrift gründen muss. Der Dienst am Wort muss unter Anrufung des Geistes geschehen und entgegengenommen werden. Das ist der Grund, warum vor Lesung und Predigt ein Epiklesegebet seinen Platz hat."[17] In der Lima-Liturgie lautet dieses Gebet:

> „Gnädiger und barmherziger Herr und Gott,
> Du hast Deinen geliebten Sohn mit dem Heiligen Geist gesalbt
> bei seiner Taufe am Jordan
> und ihn zum Propheten, Priester und König eingesetzt:
> Gieße von neuem Deinen Geist über uns aus,
> daß wir unserer Berufung in der Taufe treu bleiben,
> herzlich nach der Gemeinschaft
> des Leibes und Blutes Christi verlangen
> und den Armen Deines Volkes dienen
> und allen, die unserer Liebe bedürfen:
> durch Jesus Christus, Deinen Sohn, unseren Herrn,
> der mit Dir lebt und regiert
> in der Einheit des Heiligen Geistes,
> ein Gott, von Ewigkeit zu Ewigkeit."[18]

---

17 *Groupe des Dombes,* L'Esprit, L'Eglise et les sacrements, Nr. 94, in: Pour la communion des Eglises. L'apport du groupe des Dombes (1937–1987), Paris 1988, 146, zit. nach: *B. Sesboüé,* Der Geist in der Kirche, in: Conc(D) 47 (2011), 394–402, 398.

18 *Ökumenischer Rat der Kirchen (Hg.),* Die Eucharistische Liturgie von Lima, in: http://www.oikoumene.org/de/dokumentation/documents/oerk-program-

Insofern also die Form der Verkündigung auch die Weise bezeichnet, in der Heiligung geschieht, kann die Epiklese als konstitutiv auch für dieses Geschehen angesehen werden. Die Epiklese als Handlungsform ist damit zugleich Autoritätsform des Evangeliums von der Heiligung des Menschen durch Gott.

Verkündigungshandeln vollzieht sich zwar wesentlich, jedoch nicht nur als Darstellung der Gegenwart des rechtfertigenden und heiligenden Gottes im Wort. Es ist deshalb nicht nur synchron, es ist vielmehr auch diachron auf seinen epikletischen Charakter hin zu befragen.

Ein Verkündigungshandeln, das seine Grundlage nicht im überlieferten Evangelium hätte, wäre ebenso wie ein Verkündigungshandeln ohne apostolische Weitergabe unvorstellbar. So heißt es in *Lumen gentium* 20: „Denn das Evangelium, das sie [die Apostel und ihre Nachfolger; MB] zu überliefern haben, ist für alle Zeiten der Ursprung jedweden Lebens für die Kirche". Und *Dei Verbum* 9 bestimmt die Heilige Schrift als Gottes Rede, „insofern sie unter dem Anhauch des Heiligen Geistes schriftlich aufgezeichnet wurde. Die Heilige Überlieferung aber gibt das Wort Gottes, das von Christus dem Herrn und vom Heiligen Geist den Aposteln anvertraut wurde, unversehrt an deren Nachfolger weiter, damit sie es unter der erleuchtenden Führung des Geistes der Wahrheit in ihrer Verkündigung treu bewahren, erklären und ausbreiten. So ergibt sich, daß die Kirche ihre Gewißheit über alles Geoffenbarte nicht aus der Heiligen Schrift allein schöpft. Daher sollen beide mit gleicher Liebe und Achtung angenommen und verehrt werden".[19]

In diesem Text wird die „Gewißheit über alles Geoffenbarte" als Wirken des Geistes ausgewiesen. Der Grad der Gewissheit wird dialogisch bestimmt, da „Gott in der Heiligen Schrift durch Men-

---

me/unity-mission-evangelism-and-spirituality/spirituality-and-worship/die-eucharistische-liturgie-von-lima.html#c20306 (13.02.2013).
19  Vgl. zum Ganzen: *T. Söding*, Die Zeit für Gottes Wort. Die Offenbarungskonstitution des Konzils und die Hermeneutik der Reform, in: ThRv 108 (2012), 443–458, ferner DH 1501. Die ökumenische Problematik des Verhältnisses von Schrift und Überlieferung kann im Kontext dieser Studie nicht erörtert werden.

schen nach Menschenart gesprochen hat" (DV 12). Dabei verwendet *Dei Verbum* zur Bestimmung des Verhältnisses der göttlichen Offenbarung und ihrer Aufzeichnung durch die biblischen Schriftsteller eine ähnliche Analogie wie *Lumen gentium* 8 zur Bestimmung des Verhältnisses von Geist und dem gesellschaftlichen Gefüge der Kirche: „Denn Gottes Worte, durch Menschenzunge formuliert, sind menschlicher Rede ähnlich geworden, wie einst des ewigen Vaters Wort durch die Annahme menschlich-schwachen Fleisches den Menschen ähnlich geworden ist" (DV 13). *Dei Verbum* erneuert und verändert damit eine Aussage der Enzyklika Papst Pius XII. *Divino afflante Spiritu*[20], in der die Analogie mit der Zwecksetzung verbunden worden ist, die Irrtumslosigkeit der Schrift zu begründen. „Wie nämlich das wesenhafte Wort Gottes den Menschen in allem ähnlich geworden ist, die Sünde ausgenommen (Hebr 4,15), so sind auch Gottes Worte, durch menschliche Zungen ausgedrückt, in allem der menschlichen Sprache ähnlich geworden, den Irrtum ausgenommen."[21] *Dei Verbum* 13 „betont [...] nicht die Irrtumslosigkeit der Schrift, sondern die Wahrheit des in menschlicher Rede zu uns gekommenen Gotteswortes".[22] Basis ist jenes bereits thematisierte kommunikationstheoretische Offenbarungsverständnis, durch welches in *Dei Verbum* das instruktionstheoretische Verständnis der Offenbarung abgelöst worden ist. Die biblischen Schriftsteller können mit all ihren Kompetenzen, aber auch mit all ihren Schwächen „als echte Verfasser" (DV 11) der biblischen Texte gelten. Nicht von ihrem Tun wird auf die Irrtumslosigkeit der Schrift geschlossen. Die Irrtumslosigkeit der Schrift wird viel mehr einem offenbarungstheologischen Wahrheitsbegriff, der als Bedeutungszusammenhang der biblischen Schriften zu bestimmen und durch die Interpretation der Texte zu erheben ist, nachgeordnet.

---

20  P. Pius XII., Enzyklika *Divino afflante Spiritu* vom 30. September 1943, in: AAS 35 (1943), 297–326.

21  Zit. nach H. Hoping, Theologischer Kommentar zur Dogmatischen Konstitution über die göttliche Offenbarung Dei Verbum, in: HThK Vat. II. Bd. 3, Freiburg – Basel – Wien 2005, 695–831, 775.

22  Ebd., 776.

Für das Verhältnis des Gefüges der biblischen Schriften zum Geist wird deshalb das bereits zur Bestimmung des Verhältnisses zwischen dem sichtbaren Gefüge der Kirche und dem Geist Ausgeführte Geltung beanspruchen können. „Anhauch des Heiligen Geistes", Inspiration, ließe sich auf dieser Basis epikletisch als erhörtes Gebet der biblischen Schriftsteller *wie auch* der Interpreten der biblischen Schriften verstehen. Die Semantik der Texte bezeugt sowohl den Willen zur Überlieferung als auch den Willen zur Aneignung des Kommerziums zwischen Gott und Mensch, welches die Texte in unterschiedlicher Gestalt entfalten.

Der Überlieferung – als Kommunikation der biblisch bezeugten Heilswahrheit – verbürgende „Geist der Wahrheit" kann epikletisch als stets erhörtes Gebet der überliefernden wie der aneignenden Kirche verstanden werden. Insofern also die Form der Verkündigung auch die Weise bezeichnet, in der Gottes Wahrheit als Wahrheit von Gott in menschlicher Überlieferung zur Sprache kommt, kann die Epiklese als konstitutiv für die Gewissheit der Wahrheit des Evangeliums angesehen werden. Der so reformulierte pneumatologische und zugleich dialogische Charakter des Überlieferungsprozesses kommt vor allem in *Dei Verbum* 8 zur Sprache: „So ist Gott, der einst gesprochen hat, ohne Unterlaß im Gespräch mit der Braut seines geliebten Sohnes, und der Heilige Geist, durch den die lebendige Stimme des Evangeliums in der Kirche und durch sie in der Welt widerhallt, führt die Gläubigen in alle Wahrheit ein und läßt das Wort Christi in Überfülle unter ihnen wohnen (vgl. Kol 3,16)". Dass Nikos Nissiotis trotzdem von einer „schwachen Pneumatologie"[23] in *Dei Verbum* spricht, liegt an der in seinen Augen zu starken Betonung der Rolle des kirchlichen Lehramtes im kirchlichen Überlieferungsgeschehen im gleichen Dokument, das sich stärker auf die Seite der überliefernden und weniger auf die Seite der aneignenden Kirche stellt.

---

23 Vgl. *N. A. Nissiotis*, Die Einheit von Schrift und Tradition von einem östlich-orthodoxen Standpunkt aus, in: ÖR 14 (1965), 271–292, zit. nach H. Hoping, Theologischer Kommentar, 759.

Walter Kasper, der das Überlieferungsgeschehen selbst nicht konstitutiv als epikletisch bestimmt hat, sieht immerhin, dass sich die ökumenisch kontrovers diskutierten Fragen um das Verhältnis von Schrift, Tradition und apostolischer Sukzession nur „durch eine vertiefte Reflexion auf die Funktion des Heiligen Geistes bei der Vergegenwärtigung des apostolischen Ursprungszeugnisses beantworten"[24] lassen. Er schließt den ökumenischen Gedanken an, „daß die volle Einheit der getrennten Kirchen letztlich nur als ein geistliches Geschehen gedacht werden kann"[25] und setzt damit den hier vorgestellten Weg auf die ökumenische Agenda.

Über das bisher zum Verkündigungshandeln Erörterte hinaus wäre nun noch die Frage nach dem epikletischen Charakter der Unfehlbarkeit in der Kirche zu stellen. Es scheint, dass beide kaum zusammenpassen. Und wer eine umfassende Antwort erwartet, erwartet vielleicht besonders hinsichtlich des Charakters der Unfehlbarkeit zu viel. Verlangt Unfehlbarkeit nicht unumstößlich Gewissheit und relativiert die Epiklese diese Gewissheit nicht hoffnungslos ‚hoffnungsvoll'? Man sollte an dieser Stelle von mir keine umfassende und schon gar keine abschließende Antwort erwarten. Mir geht es, wie in all den anderen Dimensionen des Verkündigungshandelns, auch in dieser ausschließlich um die Skizzierung einer Antwort.

*Lumen gentium* 12 rekurriert auf den Geist und legt dar, dass Irrtumslosigkeit beziehungsweise Unfehlbarkeit der Kirche eine Eigenschaft der Gesamtheit der Gläubigen im Heiligen Geist sei: „Die Gesamtheit der Gläubigen, welche die Salbung von dem Heiligen haben (vgl. 1 Joh 2,20 u. 27), kann im Glauben nicht irren." Gregor Maria Hoff hat dazu luzide bemerkt: „Jede Definition hat ihre Voraussetzungen, Grenzen und ihre praktische Reichweite. Ein Papst, der unfehlbar die Aufhebung des Infallibilitätsdogmas dekretieren wollte, hätte sich damit exkommuniziert. Dafür sieht

---

24 *W. Kasper,* Das Zweite Vatikanum weiterdenken. Die apostolische Sukzession im Bischofsamt als ökumenisches Problem, in: KuD 44 (1998), 207–218, 217.
25 Ebd., 217f.

das 1. Vatikanische Konzil ebenso wenig eine Regelung vor wie für den Fall eines geisteskranken Papstes. Die Ausnahmesituation wird offen gehalten, und das markiert das ekklesiologisch Entscheidende: Das Vertrauen, dass Gott im Heiligen Geist der Souverän seiner Kirche ist [...]".[26]

Man wird kritisch fragen dürfen, ob es der Ausnahmesituation bedarf, um das ekklesiologisch Entscheidende, nämlich, dass Gott im Heiligen Geist der Souverän seiner Kirche ist, zu erkennen und damit anzuerkennen, dass es keine die Herabrufung des Geistes übersteigende Form der Gewissheit in der Kirche geben kann. Unfehlbarkeit bleibt mit anderen Worten an die im Kommerzium sich formgebende Wahrheit, den die Freiheit Gottes und die Freiheit der Menschen voraussetzenden und fordernden wunderbaren Tausch, gebunden. Ihre Realisierung kann nicht anders als symbolisch, also in dauernder Ausrichtung auf den Geist Gottes, gedacht werden. Wäre es nicht besser, dies an der Regel, dem Kommerzium der Freiheiten, und nicht nur an der Ausnahme abzulesen? Hier sei die Frage lediglich gestellt. Später wird noch einmal darauf zurückzukommen sein.

## Liturgie

Das römisch-katholische Bewusstsein wird vor allem durch die Liturgien des lateinischen Ritus formiert. Sie bringen den epikletischen Charakter des sakramentalen Handelns und der sakramentalen Vollzüge der Kirche einerseits und zunehmend durch die – teilweise dank der Liturgiereform wiederentdeckten und wieder eingeführten – epikletischen Gebete, andererseits aber auch durch den wieder betonten Gebetscharakter der sakramentalen Vollzüge und zudem durch den epikletischen Charakter der in deren Zen-

---

26 *G. M. Hoff*, Ekklesiologie (Gegenwärtig Glauben Denken – Systematische Theologie 6), Paderborn u. a. 2011, 123. Vgl. ferner: *S. Demel*, Dringender Handlungsbedarf. Der Glaubenssinn des Gottesvolkes und seine rechtliche Umsetzung, in: HerKorr 58 (2004), 618–623.

trum stehenden Hochgebete zum Ausdruck. Die Liturgiekonstitution des Zweiten Vatikanischen Konzils dürfte für diese epikletische Erneuerung der Liturgie mit der auf das liturgische Geschehen insgesamt bezogenen Feststellung: „All das aber geschieht in der Kraft des Heiligen Geistes" (SC 6) einen wichtigen, allerdings noch nicht vollständig realisierten Anstoß gegeben haben.[27]

Mit der eben zitierten Aussage setzt *Sacrosanctum Concilium* freilich noch einen zweiten Impuls, insofern *liturgietheologisch* die Möglichkeit in den Blick genommen wird, den epikletischen Charakter liturgischer Vollzüge als formal konstitutiv für das sakramentale Geschehen, in dem sich das Kommerzium von göttlicher und menschlicher Freiheit ereignet, zu behaupten. In dem, was den liturgischen Vollzug prägt, soll die Vergegenwärtigung Gottes im Geist einen diesem Geschehen angemessenen Ausdruck finden. Die liturgische Form soll zugleich *forma sacramenti* sein, die Weise des liturgischen Vollzugs der Gegenwart Gottes im sakramentalen Geschehen entsprechen.

Ob freilich das, was den *einzelnen* liturgischen Vollzug prägt, in jedem Fall die Epiklese ist, lässt sich nur in konkreter liturgiewissenschaftlicher Analyse erweisen. Die einzelnen liturgischen Vollzüge wären folglich in einem ersten Schritt auf die in ihnen enthaltenen epikletischen Gebete beziehungsweise die sich in den Gebeten aussprechende epikletische Form hin zu befragen. In einem zweiten Schritt wäre der liturgische Befund sodann liturgietheologisch im Hinblick auf seine Bedeutung für das sakramentale Geschehen und dessen anthropologischen, theologischen wie auch ekklesiologischen Implikationen aufzubereiten.[28]

---

27 Vgl. *M. Probst*, „All das aber geschieht in der Kraft des Heiligen Geistes" (SC 6). Wie weit hat die nachkonziliare Liturgiereform diese Aussage eingeholt? in: G. Augustin, K. Krämer (Hg.), Gott denken und bezeugen (FS W. Kasper), Freiburg – Basel – Wien 2008, 459–478.
28 Vgl. *H. Mühlen*, Die Wirksamkeit des Heiligen Geistes als Ermöglichung jeglichen liturgischen Tuns, in: P. Bormann, H. Degenhart (Hg.), Liturgie in der Gemeinde Bd. 2, Salzkotten 1965, 40–61, sowie: *T. Stubenrauch*, Wer ist Träger der Liturgie? Zur Rezeption des II. Vatikanischen Konzils im Codex Iuris Canonici von 1983 (TThSt 68), Trier 2002.

Beginnen möchte ich mit einem besonders prägnanten und hoch bedeutsamen Beispiel: der liturgischen Gestalt des Weihesakramentes.

## Die liturgische Gestalt des Weihesakramentes

Karl Lehmann hat im Zusammenhang mit der nachkonziliaren Reform der Weiheliturgie auf ein Desiderat aufmerksam gemacht, das – so die Ökumenikerin Dorothea Sattler[29] – noch heute bestehe: „Leider haben die gegenwärtige Dogmatik und auch der ökumenische Dialog um die Ämteranerkennung noch kaum Notiz davon genommen, daß die ‚Form' des Ordinationssakramentes ein epikletisches Gebet der versammelten Ekklesia ist".[30] So hatte es Papst Pius XII. am 30. November 1947 in der Apostolischen Konstitution *Sacramentum Ordinis*[31] bestimmt, die Bruno Kleinheyer im Nach-

---

29  D. *Sattler,* Der lebendige Erinnerer an das apostolische Erbe. Pneumatologische Argumentationen in den ökumenischen Gesprächen über die Ämter, in: dies., G. Wenz (Hg.), Das kirchliche Amt in apostolischer Nachfolge III. Verständigungen und Differenzen, Freiburg – Göttingen 2008, 13–39, 25. Sattler macht darauf aufmerksam, dass der Ökumenische Arbeitskreis evangelischer und katholischer Theologen diese Thematik bereits 1974 in einer Stellungnahme aufgegriffen habe: „Für die Ordinationshandlung konstitutiv ist das fürbittende Herabflehen des Geistes auf die Person des Ordinanden. Dies geschieht durch Gebet in Verbindung mit Handauflegung."

30  K. *Lehmann,* Das theologische Verständnis der Ordination nach dem liturgischen Zeugnis der Priesterweihe, in: R. Mumm, G. Krems (Hg.), Ordination und kirchliches Amt, Paderborn – Bielefeld 1976, 19–52, 41.

31  P. *Pius XII.* Const. Ap. *Sacramentum Ordinis* vom 30. November 1947, in: AAS 40 (1948), 5–7. In Nr. 5 der Konstitution wird festgelegt: „Forma autem constat verbis ‚Praefationis' quorum haec sunt essentialia ideoque ad valorem requisita: ‚*Emitte in eum, quaesumus, Domine, Spiritum Sanctum, quo in opus ministerii tui fideliter exsequendi septiformis gratiae tuae munere roboretur*'. In Ordinatione Presbyterali materia est Episcopi prima manuum impositio quae silentio fit, non autem eiusdem impositionis per manus dexterae extensionem continuatio, nec ultima cui coniunguntur verba: ‚Accipe Spiritum Sanctum: quorum remiseris peccata, etc.'. Forma autem constat verbis ‚Praefationis' quorum haec sunt essentialia ideoque ad valorem requisita: ‚*Da, quaesumus, omnipotens Pater, in hunc famulum tuum Presbyterii dignitatem; innova in vis-*

hinein als „Initialzündung"[32] für ein anamnetisch-epikletisches Verständnis des sakramentalen Handelns der Kirche verstanden hat.

„Der Rückgriff auf den epikletischen Charakter der ‚prex consecrationis' hat", so Lehmann, „den Vorzug, dass dadurch eine andere Weise der ‚Wirksamkeit' der Ordination an den Tag kommt. Eine durch die scholastische Sakramententheologie bestimmte Mentalität tat sich schwer daran, die *forma* eines Sakramentes nicht in imperativischen Vollzugs- und Verleihungsformeln, sondern in einem *Gebet der Kirche*[33] mit der Bitte um Erhörung zu finden. Es konnte manchmal so aussehen, als ob der ordinierende Bischof die Gabe des Geistes aus der ihm verfügbaren und ihm immanenten Weihevollmacht mitteile und als ob dies im Sinne einer vorwiegend horizontalen Vermittlung geschehe. [...] Der Vorgang der sakramentalen Ordination ist jedoch völlig anders. Der epikletische Charakter des Weihegebetes scheint in mehreren Hinsichten [...] bedeutsam zu sein."[34] Hervorzu-

---

*ceribus eius spiritum sanctitatis, ut acceptum a Te, Deus, secundi meriti munus obtineat censuramqne morum exemplo suae conversationis insinue* ,. Denique in Ordinatione seu Consecratione Episcopali materia est manuum impositio quae ab Episcopo consecratore fit. Forma autem constat verbis ‚Praefationis', quorum haec sunt essentialia ideoque ad valorem requisita: *‚Comple in Sacerdote tuo ministerii tui summam, et ornamentis totius glorificationis instructum coelestis unguenti rore sanctifica'.*" Zit. nach: http://www.vatican.va/holy_father/pius_xii/apost_constitutions/documents/hf_p-xii_apc_19471130_sacramentum-ordinis_lt.html (28.12.2012).

32 Vgl. *B. Kleinheyer,* Preisung und Anrufung Gottes zur Feier der Sakramente, in: LJ 42 (1992), 3–24, 13.

33 *Die Weihe des Bischofs, der Priester und der Diakone. De ordinatione episcopi, presbyterorum et diaconorum,* hg. im Auftr. d. Bischofskonferenzen Deutschlands, Österreichs u. d. Schweiz sowie der (Erz-)Bischöfe von Bozen-Brixen, Lüttich, Luxemburg u. Straßburg, Trier ²1994, 74, 125. Bei der Weihe eines residierenden Bischofs heißt es: „Hochwürdiger Vater, *die Kirche von N. bittet* [kursiv; MB] dich, den Priester N. N. [...] zu ihrem Bischof zu weihen" (25). Subjekt des in der Epiklese zur Konkretion kommenden gläubigen Handelns ist also die Kirche.

34 *K. Lehmann,* Das theologische Verständnis, 40. Lehmann verweist auf die bahnbrechende Studie von *B. Fischer,* Das Gebet der Kirche als Wesenselement des Weihesakramentes. Vergessene Dimensionen der Sakramententheologie, in: LJ 20 (1970), 166–177. Für Fischer besteht die Form des Ordinationssakra-

heben wäre unter ekklesiologischem Aspekt zuerst, dass es das Gebet der Kirche ist, welches der Bischof im Namen aller spricht; sodann, dass das bittende Erflehen des Geistes „in der Erfahrung des eigenen Ungenügens und vor allem der gelebten Überzeugung [gründet; MB], daß nur Gott allein der Urheber von Heil und Gnade sein kann"; drittens, dass der Glaube an das göttliche Heilswirken anamnetisch fundiert ist und „nicht auf dem immanenten Funktionieren eines selbstwirksamen Ritus" beruht und schließlich, dass gemäß den Formulierungen im Weihegebet ein Charisma empfangen wird, „nicht isolierte und absolute ‚potestates', sondern bevollmächtigte Aufträge und Aufgaben in der Kirche".[35]

Insofern also die Weise des liturgischen Vollzugs auch die Weise bezeichnet, in der die Ordination geschieht, mit anderen Worten die Form der liturgischen Handlung auch die *forma sacramenti* ist, kann die Epiklese als konstitutiv für das sakramentale Geschehen angesehen werden. Die Epiklese als Handlungsform ist damit zugleich Autoritätsform des Evangeliums von der Erwählung und Indienstnahme des Menschen durch Gott.

Wenn das epikletische Gebet der Kirche konstitutiv für das Weihesakrament ist, müsste auch das Verständnis des ordinierten Amtes von daher zu entwickeln sein. Ekklesiologisch bedeutsam

---

ments (und ebenso das der Krankensalbung) in einem *„epikletischen Gebet"* (174). Er bezieht sich seinerseits auf eine Untersuchung von E. Dekkers, der 1963 nachgewiesen hat, dass es sich bei der *profeteia* in 1 Tim 4,14 um ein „feierliches, vor der Versammlung der Gläubigen (und ohne Zweifel auch von ihr durch das Schluß-Amen bekräftigtes) vom Spender der Weihe vorgetragenes Weihegebet" handelt (167). Die sinnvollerweise in der Muttersprache vorzutragende *Oratio Ecclesiae* – und nicht eine juridisch klar fassbare imperativische Formel – ist als *forma* des Weihesakraments mitkonstitutiv für die Konsekration; „denn geweiht wird man durch die Handauflegung und das Gebet der um den weihenden Bischof versammelten Ekklesia" (176). Zur konstitutiven Rolle des Gebets der Ekklesia bei der Krankensalbung verweist er auf *A. Knauber*, Pastoraltheologie der Krankensalbung, in: Handbuch der Pastoraltheologie IV, Freiburg – Basel – Wien 1969, 145–178, bes. 154–156 (174, Anm. 35).

35 Alle Zitate *K. Lehmann*, Das theologische Verständnis, 41. Vgl. zum Verständnis des Priestertums in der Kirche den Gedanken der Teilhabe an der Salbung Christi in PO 2.

ist das erneuerte Formular des Ordinationssakramentes darüber hinaus, weil vom gesellschaftlichen Gefüge der Kirche ja ausgesagt wird, dass es mit hierarchischen Organen ausgestattet ist. Wenn nicht die Vollmachtsübertragung, sondern das epikletische Gebet als Handlungsform das Wesen des Weihesakramentes darstellt, dann sollte das über das Verständnis des ordinierten Amtes hinaus Konsequenzen für das Verständnis der hierarchischen Organe in der Kirche haben. Sie wären relativ als aus dem erhörten Gebet der Kirche hervorgehend und auf die Kirche hin zu bestimmen. Der Gedanke der apostolischen Sukzession wäre in seiner Absolutheit und in seiner überspitzten Konzentration auf die bischöfliche Sukzession ebenso epikletisch zu relativieren wie die Reduktion der Weihehandlung auf das Moment der vom Gemeindebezug unabhängigen Vollmachtsübertragung.

„Ein Pfarrer sollte wissen, daß er seinen Dienst als Erhörung der Gebete der Kirche zu verstehen hat", so bringt Balthasar Fischer, eine Aussage Jean Jacques von Allmen überliefernd, die epikletisch-ekklesiologische Neuorientierung im Amtsverständnis zum Ausdruck.[36]

Nun könnte für das sakramentale Handeln der Kirche insgesamt (LG 26,1), welches sich in der liturgischen Feier der Sakramente konkretisiert, das die Anamnese des Heils einschließende epikletische Gebet als sichtbare Form der unsichtbaren Gnade (DH 876) verstanden werden, in der diese ekklesial auf christologisch gegründete und kirchlich bewahrte Hoffnung hin „als das geschichtliche Versprechen [...], nichts und niemanden verloren gehen lassen zu wollen"[37] zur Darstellung kommt. Doch wird ein entsprechender Nachweis nicht für alle sakramentalen Handlungen in gleich eindeutiger Weise möglich sein. Betrachtet man nämlich die liturgische Gestalt für die einzelnen sakramentalen Feiern, so wird man davon sprechen müssen, dass nicht in allen der anhand der Weiheliturgie als liturgietheologisch idealtypisch vorgestellte epikletische Charakter die Darstellung dessen, was geschieht, bestimmt.

---

36  *B. Fischer,* Das Gebet der Kirche, 177.
37  *M. Striet,* Das Versprechen der Gnade, 1497.

## Erste Zwischenbemerkung

Bevor sich die Aufmerksamkeit den liturgischen Vollzugsformen der weiteren Sakramente zuwendet, scheint deshalb eine hermeneutische Zwischenbemerkung zum Verhältnis von Liturgie und Dogmatik oder auch von *lex orandi* und *lex credendi* angebracht. Sie orientiert sich in der Sache an der jüngst erschienenen Habilitationsschrift der Freiburger Dogmatikerin Julia Knop, ‚Ecclesia orans. Liturgie als Herausforderung für die Dogmatik‘[38] und verfolgt den Zweck, die hermeneutischen Voraussetzungen zu benennen und zu diskutieren, unter denen die liturgische Handlungsform als *forma sacramenti* und damit als konstitutiv für das sakramentale Geschehen im dogmatischen Sinn angesehen werden kann.

Vom Standpunkt des Dogmatikers, der sich den Herausforderungen durch die Liturgie stellt, sind liturgische Handlungen nicht nur nach ‚Gehalten‘ zu befragen, um daraus reduktiv dogmatische Aussagen zu generieren, vielmehr müssten diese auch in ihrer Form und in ihrem Vollzugscharakter dem Dogmatiker zu denken geben[39]. „Die liturgischen Texte haben in diesem Sinne gegenüber der dogmatischen Reflexion, die sich nur allzu leicht absolut setzt und sich damit exklusiv abschließt, eine wesentliche kritische Funktion."[40] Deshalb müsse die Theologie, so schon Lehmann, „entschiedener die Handlungen und Texte der Liturgie befragen".[41] Dies gilt hinsichtlich der Sakramententheologie und der Soteriologie, insofern liturgische Vollzüge Zeichen und Werkzeug

---

38  Vgl. *J. Knop*, Ecclesia orans. Liturgie als Herausforderung für die Dogmatik, Freiburg – Basel – Wien 2012. Bereits Lehmann hatte sich zur Hermeneutik des Verhältnisses von liturgischen Handlungen und theologischen Aussagen geäußert. Vgl. *K. Lehmann*, Das theologische Verständnis. Die Habilitationsschrift von *S. Winter*, Liturgie – Gottes Raum. Studien zu einer Theologie aus der lex orandi (Theologie der Liturgie 3), Regensburg 2013, konnte für diese Publikation nicht mehr berücksichtigt werden.

39  Vgl. *P. Ricœur*, Das Symbol gibt zu denken, in: ders., Symbolik des Bösen. Phänomenologie der Schuld II, Freiburg – München 1960, 395–406.

40  *K. Lehmann*, Das theologische Verständnis, 20.

41  Ebd.

des Heilshandelns Gottes sind. Es gilt aber auch hinsichtlich der Ekklesiologie, insofern liturgische Vollzüge als Selbstvollzüge der Kirche angesehen werden, in denen die Kirche handelt und zur Darstellung kommt. Schließlich gilt es auch hinsichtlich der Gotteslehre, insofern Gott Adressat und *auctor* im liturgischen Geschehen wie im kirchlichen Handeln ist.

Julia Knop hat dieses Postulat Lehmanns, „entschiedener die Handlungen und Texte der Liturgie zu befragen", unter Berufung auf Augustinus operationalisiert. Erstens könne demnach „der gottesdienstliche Vollzug der Kirche *indikatorisch* zur Erhärtung einer theologischen These angeführt werden".[42] Zweitens „können diese Vollzüge auch *normativ* in Anspruch genommen werden […]. Gebet und Liturgie können so zur *kritischen Instanz* werden, an der sich theologische Positionen messen lassen können und müssen"[43] und drittens ist „die *identifikatorische* Relevanz [kursiv; MB] des Betens für die theologische Erkenntnis" zu nennen.[44] Darüber hinaus verweist Knop auf die „*maieutische* Funktion"[45] der Liturgietheologie für die theologische Erkenntnis und den Glauben der Kirche.

Die Liturgie indikatorisch als Quelle, identifikatorisch als Form und kritisch als Norm theologischer Erkenntnis, für welche die Liturgietheologie, die sich mit den liturgischen Grundvollzügen der Kirche befasst, zudem eine maieutische Funktion haben kann, anzusehen, diese hermeneutische Einsicht ist keineswegs so neu, wie es scheinen könnte. Für sie gibt es nämlich auch über Augustinus hinaus zahlreiche und gut erforschte Anhaltspunkte in der patristischen Tradition, die hier nicht im Einzelnen benannt werden können. Es mag das summarische Urteil von Arno Schilson genügen: „Die Berufung auf die Liturgie als Glaubensnorm folgt altkirchlicher Überzeugung u. Übung."[46]

---

42  *J. Knop*, Ecclesia orans, 128.
43  Ebd., 129.
44  Ebd.
45  Ebd., 250.
46  *A. Schilson*, Lex orandi – lex credendi, in: LThK³ Bd. 6, 1997, 871–872, 871.

Diese ‚Funktion' der Liturgie geriet im Laufe der Theologiegeschichte des Mittelalters und der frühen Neuzeit in den Kirchen der westlichen Tradition jedoch weitgehend in Vergessenheit. Sie ist erst durch die liturgische Bewegung des zwanzigsten Jahrhunderts wiederentdeckt worden. Das Zweite Vatikanische Konzil sieht zudem die Liturgie wegen ihres pneumatologischen Charakters als eine Kraftquelle für die Kirche an (SC 10, LG 11).

Andererseits ist die Beziehung der Liturgie zur systematischen Theologie nach Lehmann keine Einbahnstraße. Liturgische Anschauungen können ja durchaus ideologisch aufgeladen sein. Dieser kritischen Perspektive muss in Bezug auf bestimmte Gehalte liturgischer Praxis hier jedoch nicht näher nachgegangen werden, da vornehmlich die epikletische Vollzugsform der Liturgie im Blick ist. Soll diese zugleich als Autoritätsform des Glaubens gelten, ist allerdings zu fordern, auch sie gegen ideologische Aufladung zu bewehren. Indem sie auf ihre biblischen Grundlagen zurückgeführt und systematisch-theologisch als notwendig und sinnvoll ausgewiesen wird, kann dies geschehen.[47]

Nach Arno Schilson entfalten *lex orandi* und *lex credendi* dialektisch die beiden gemeinsam zugrunde liegende Anamnese des Heilswerkes Jesu Christi.[48] „Getragen vom Pneuma und verstanden als Ausdruck lebendigen Glaubens der Kirche, geben die Liturgie und die darin sich bezeugende lex orandi in ihrer symbolischen Form der Theologie auf letztlich unerschöpfliche Weise zu denken; sie beanspruchen fundamentale und normative Beachtung für Bestand, Geltung und exaktere [!] Formulierung der lex credendi. Theologie ist deshalb ‚gedachte Liturgie' (Walter Kasper). Zugleich bindet die Theologie die Vielfalt der liturgischen Handlungsgestalten und die darin symbolisch, also bildhaft und unsagbar, sich bezeugende lex orandi an die rational und universal zu verantwortende, worthaft geprägte lex credendi; damit wirkt sie kritisch-regulativ und normativ auf die liturgischen Vollzugs- und Bezeugungsweisen der lex orandi ein. Sie fragt

---

47  Das wird in der zweiten Zwischenbemerkung und in Kapitel VI geschehen.
48  Vgl. ebd., 872.

nach Wahrheit und Identität des darin sich aussprechenden Glaubens und der hier vollzogenen Anamnese und wahrt so deren Einheit und Kommunikabilität."[49] Zu Recht verweist Schilson auf die Anamnese als eine die Identität von lex orandi und lex credendi gleichermaßen bestimmende Grundlage. Zu ergänzen wären seine Ausführungen jedoch um den epikletischen Aspekt, stellt die Epiklese doch als Vollzugsform des Glaubens die auch die Wahrheit der lex credendi bindende *Form der Gewissheit* dar. Eine vom konkreten, epikletischen Vollzug und vom symbolisch darin gegenwärtigen Geiste Christi absehende theologische Erkenntnis, also eine Erkenntnis, die nicht ‚vom Pneuma getragen' wird, stellt nur allzuleicht eine rationalistische Verkürzung der behaupteten Glaubenswahrheit dar. Die Epiklese als Handlungsform des (Gebets-)Lebens ist deshalb als Autoritätsform des Glaubens der Kirche, das heißt als die Form, in der zur Glaubenserkenntnis die Autorität Gottes in Anspruch genommen werden kann, zu behaupten.

Die Bewährung dieser hermeneutischen These wird in einer der liturgischen Praxis angemessenen Weise immer nur induktiv, von der konkreten liturgischen Gestalt des sakramentalen Geschehens her, erfolgen können.

Deshalb ist – nach dieser hermeneutischen Zwischenbemerkung – noch einmal bei den sakramental-liturgischen Vollzügen selbst einzusetzen; zunächst und zuerst bei dem Vollzug der Sakramente, von denen unmittelbar einsichtig ist, dass sie Kirche aufbauen: Taufe und Firmung, sodann – nach einer weiteren Zwischenbemerkung zur biblischen Grundlegung und zum systematisch-theologischen Verständnis der Epiklese – bei der Eucharistie.

In der vor allem von Theologen der Orthodoxen Kirchen angestoßenen Diskussion um den anamnetisch-epikletischen Charakter der Eucharistie zeigt sich der zur Debatte stehende und alles entscheidende Sachverhalt in all seinen Facetten. Liturgische Ge-

---

49  Ebd., 872. Die zahlreichen Abkürzungen im Text sind um der leichteren Lesbarkeit willen aufgelöst.

stalt, dogmatischer (soteriologischer und ekklesiologischer) Gehalt und kirchenrechtliche Gültigkeit beanspruchen und durchwirken das eucharistische Geschehen. Erst die differenzierte Darstellung des liturgischen Vollzugs der Eucharistie und seiner indikatorischen, identifizierenden, kritischen und maieutischen Funktion für die theologische Erkenntnis vermag Klarheit darüber zu schaffen, in welcher Form sich die eucharistische Gegenwart des Herrn konstituiert.

Schließlich soll der epikletische Charakter im Vollzug des Sakraments der Versöhnung und die Trauliturgie erörtert werden, die dabei vor allem wegen ihrer ekklesialen Bedeutung zu würdigen sind.

## Die liturgische Gestalt von Taufe und Firmung

Recht eindeutig bringt die 1973 erneuerte Fassung der Taufliturgie den anamnetisch-epikletischen Charakter des sakramentalen Geschehens zum Ausdruck, allerdings nicht, wenn man den Blick nur auf die ‚Spendeformel' richtet. Im Focus steht vielmehr die Taufwasserweihe – der Lobpreis und die Anrufung Gottes über dem Wasser –, die im erneuerten lateinischen Ritus bei jeder Tauffeier vorgenommen wird.

Lobpreis und Anrufung Gottes über dem Wasser sind der ‚eigentlichen' Taufspendung vorgeordnet. Sie gehören zur Gattung der Hochgebete. Im Hochgebet „kommt zum Ausdruck, was in dieser Liturgie von Gott her für den Menschen geschieht",[50] es deutet also die Taufhandlung, die Übergießung des Täuflings mit Wasser. In der poetisch gefassten Anamnese wird paradigmatisch an das biblisch bezeugte Heilshandeln Gottes im Zeichen des Wassers erinnert. „In der Wassertaufe wird der Mensch in die Geschichte Gottes mit den Menschen, wie sie in AT und NT offenbart

---

50 *B. Kranemann*, Die Feier der christlichen Initiation, in: Heil erfahren in den Sakramenten (Theologische Module 9), Freiburg – Basel – Wien 2009, 52–103, 69.

ist, hineingestellt. Er bekommt Anteil an einer Geschichte, die sich bei Gott vollenden wird. Die Taufe hat eine eschatologische Perspektive."[51] Epikletisch wird das Handeln Gottes im Geist erbeten:

„Wir bitten dich, allmächtiger, ewiger Gott, schau gnädig auf deine Kirche und öffne ihr den Brunnen der Taufe. Dieses Wasser empfange vom Heiligen Geist die Gnade deines eingeborenen Sohnes. Die Menschen, die du als dein Abbild geschaffen hast, reinige im Sakrament der Taufe von der alten Schuld. Aus Wasser und Heiligem Geist geboren, lass sie auferstehn zum neuen Leben." [Jetzt wird das Wasser berührt.] „Durch deinen Sohn steige herab in dieses Wasser die Kraft des Heiligen Geistes, damit alle, die durch die Taufe mit Christus begraben sind in seinen Tod, mit ihm zum Leben auferstehn. Darum bitten wir [...]".[52]

An der epikletischen Form wird ablesbar, dass die Kirche sich in ihrem Handeln auf Gott bezieht, dass die Taufe als erhörtes Gebet der Kirche Heilshandeln Gottes ist. „Die Taufe ist ein pneumatologisches Geschehen. Durch das Wirken des Heiligen Geistes wird der Getaufte mit Christus auferstehen."[53]

Das Sakrament der Firmung schließt unmittelbar an die Taufe an. Auch für sie ist das anamnetisch-epikletische Gebet, das der Bischof im Namen der Gemeinde spricht, konstitutiv.

„Lasset uns beten zu Gott, dem allmächtigen Vater, daß er den Heiligen Geist herabsende auf diese jungen Christen, die in der Taufe wiedergeboren sind zu ewigem Leben. Der Heilige Geist stärke sie durch die Fülle seiner Gaben und mache sie durch seine Salbung Christus, dem Sohn Gottes, ähnlich.

[Alle beten eine Zeitlang in Stille (womöglich knien alle zu diesem Gebet).

Ausbreitung der Hände. Der Bischof breitet die Hände über die Firmlinge aus. Dabei spricht er das folgende Gebet. Der Bischof:]

---

51  Ebd., 70.
52  Die Feier der Kindertaufe. In den Bistümern des deutschen Sprachgebietes. 2. Authentische Ausgabe auf der Grundlage der Editio typica altera 1973, Freiburg u. a. 2007, 55.
53  Ebd.

Allmächtiger Gott, Vater unseres Herrn Jesus Christus, du hast diese jungen Christen in der Taufe von der Schuld Adams befreit, du hast ihnen aus dem Wasser und dem Heiligen Geist neues Leben geschenkt. Wir bitten dich, Herr, sende ihnen den Heiligen Geist, den Beistand. Gib ihnen den Geist der Weisheit und der Einsicht, des Rates, der Erkenntnis und der Stärke, den Geist der Frömmigkeit und der Gottesfurcht. Durch Christus, unsern Herrn. [Alle:] Amen."[54]

Die erneuerte Spendeform der Firmung weist zudem mit der Formulierung „*N., sei besiegelt durch die Gabe Gottes, den Heiligen Geist*"[55] durch das *passivum divinum* eindrücklich auf das epikletisch erbetene und aufgrund der Verheißung des Heils antizipierte Handeln Gottes im sakramentalen Geschehen hin.

In den liturgischen Formularen zur Tauf- und Firmliturgie bestimmt die Epiklese als Form das liturgische Handeln. Sie stellt die für das sakramentale Geschehen konstitutive Autoritätsform dar. Daraus ergeben sich dogmatische und kirchenrechtliche Konsequenzen, die jedoch erst später erörtert werden können. Sie betreffen die durch die Taufe begründete Zugehörigkeit zu Christus, ausgedrückt mit der Formulierung ‚*Spiritum Christi habere*' sowie die ekklesiale Bedeutung des ‚*sensus fidelium*', des übernatürlichen Glaubenssinns der Gläubigen.

## Zweite Zwischenbemerkung

Bevor ich mich der liturgischen Vollzugsform der Eucharistie zuwende, möchte ich zunächst die Epiklese als Form liturgischen Handelns in grundsätzlicher Weise bewehren. Dazu sind ihre Wurzeln im biblischen Zeugnis aufzuweisen, dazu ist sie auf dieser Ba-

---

54 Die Feier der Firmung: in den katholischen Bistümern des deutschen Sprachgebietes, hg. im Auftr. d. Bischofskonferenzen Deutschlands, Österreichs u. d. Schweiz u. d. Bischöfe von Bozen-Brixen u. von Luxemburg, Freiburg – Basel – Wien 2011, 33f.
55 Ebd.

sis theologisch zu reflektieren. Zudem sind ihre Strukturmerkmale liturgietheologisch noch genauer zu bestimmen. All das ist erforderlich, weil hinsichtlich der Frage nach der das eucharistische Geschehen konstituierenden Vollzugsform die Dinge nicht so einfach wie bei Taufe, Firmung und Weihe liegen. Hinsichtlich dieser bedeutenden Frage gibt es unterschiedliche und miteinander um Vorherrschaft konkurrierende Meinungen, ein Streit, an dessen Entscheidung alles hängt. Deshalb zunächst diese zweite Zwischenbemerkung.

Die biblischen Grundlagen für den anamnetisch-epikletischen Vollzug liturgischen Handelns sind vielfältig. Alttestamentlich wird in der Epiklese der Gott Israels angerufen. Neutestamentlich wird Jesus paradigmatisch als Beter und spiritueller Lehrer Israels (Lk 3,21; 11,1–4; Joh 17,1–26) verstanden. Deshalb ruft die neutestamentliche Gemeinde zum Gott der Väter (Röm 8,15, Gal 4,6) im Namen Jesu.

Das direkte Gebet zum Heiligen Geist wird hingegen neutestamentlich nicht bezeugt. Es ergibt sich jedoch daraus, dass nach dem Zeugnis des Neuen Testaments die Glaubenden im Heiligen Geist gerettet und geheiligt sind (bes. 2 Thess 2,13), der Geist Gemeinschaft zwischen Gott und den Menschen stiftet (1 Kor 2,10f; 2 Kor 13,13), er die Kirche aufbaut (1 Kor 12,28–31a; Eph 2,20–22) und das gottesdienstliche Leben trägt (Röm 15,16; Hebr. 9,14).

Die dogmatische ‚Aufwertung‘, die der Heilige Geist durch die Formulierungen im Glaubensbekenntnis von Konstantinopel 381 erfahren hat, dass er nämlich als Hypostase anbetungswürdig sei und verherrlicht werden könne, dürfte dann spätestens ab dem 4. Jahrhundert nicht unerheblich zur Begründung der Anrufung des Geistes im Gebet beigetragen haben.[56]

Die Epiklese betont „die [für den Glauben und die Theologie Israels entscheidende; MB] dialogische Bezogenheit von Gott und Mensch (vgl. Ps 18,2f; dazu Ps 16; 23; 73; Jer 5,3ff; 32,17–25)"[57] und zudem, dass die Gnade von Gott frei geschenkt wird „eine

---

56  Vgl. *B. Stubenrauch*, Anrufung des Geistes/Epiklese, 62f.
57  Ebd., 62.

Gnade, die von den Menschen weder erzeugt noch verdient, gar durch den Ritus erzwungen werden kann."[58] In diesem Sinn hat sie der Ökumeniker Lothar Lies liturgietheologisch ausgelegt.[59] Er bezeichnet die Epiklese in biblischer Terminologie als „Flehgebet" (86) und bemerkt theologisch zutreffend, dass sie als „perichoretisches Ineinander gegenseitigen göttlichen und menschlichen Bittens und freien Gewährens" (87) zu verstehen sei.

Das von Lies hervorgehobene und zunächst überraschende Motiv der Gegenseitigkeit stellt heraus, dass die Epiklese nicht nur anthropologisch, sondern auch theologisch zu verstehen ist. Lies spricht von dem „verheißenden Bitten Gottes an die Menschen und der Menschen Bitten an den dreifaltigen Gott" (103).

Er ruft durch die Betonung dieses Motivs in Erinnerung, „daß dieses gegenseitige epikletische Verhältnis immer ein Verhältnis der Freiheit und der Befreiung ist. Gott lässt in seinem Geist den Menschen frei; und der Mensch läßt aufgrund seiner begnadeten Freiheit Gott frei und Gott sein" (92f.). Bitte und freie Gewähr bestimmen die Epiklese und bestimmen epikletisch das Verhältnis von Gott und Mensch. Gott erscheint darin als jemand, der sich in Freiheit selbst dazu bestimmt hat, sich vom Menschen bestimmen zu lassen (T. Pröpper) und sich deshalb den Menschen, die um ihn bitten, bereits zuvor frei gewährt.

Lies versteht die Epiklese des Heils als Kommerzium von göttlicher und menschlicher Freiheit, das in der Treue Gottes gründet und deshalb mit der Anamnese des Heils[60], konkret der „Preisung Gottes im Zusammenhang der Rückerinnerung an das Heilshandeln Gottes seit unvordenklicher Zeit"[61], verbunden ist.

Deswegen scheint es angemessen, kirchliche Vollzüge in Verkündigung und Liturgie, und darin vor allem sakramentale Voll-

---

58  *M. Bongardt*, Gottes Liebe, 1482. Bongardt bezeichnet das sakramentale Handeln als „symbolische Vermittlung sich begegnender Freiheiten", 1483.
59  *L. Lies,* Eucharistie in ökumenischer Verantwortung, Graz – Wien – Köln 1996. Die folgenden Seitenangaben im Text beziehen sich auf dieses Werk.
60  Vgl. Joh 14,26. Das Pneuma erweist sich dieser Perikope zufolge dadurch, „zu erinnern".
61  *B. Kleinheyer,* Preisung und Anrufung Gottes, 3.

züge, als anamnetisch-epikletisch zu charakterisieren. In ihnen bezieht sich die sichtbare Versammlung der Kirche auf den Geist und stellt ihre Zugehörigkeit zu Gott, von dem sie das Heil erwartet, dar. ‚Sachgrund' für Epiklese und Anamnese ist die verheißene Treue Gottes. ‚Erkenntnisgrund' dieser Treue ist die Anamnese des göttlichen Heilshandelns gemäß der Schrift. Die der erinnernd verheißenen Treue Gottes entsprechende ‚Handlungs- und Autoritätsform' ist die Epiklese. Sie ist die flehentlich an Gott gerichtete Bitte, „dass er das Heil, welches er in der Geschichte gewährt hat, auch weiterhin schenken möge"[62]. Das anamnetisch-epikletische Gebet ist die Form, in der sich die komplexe Wirklichkeit Kirche vollzieht. Sie ist deshalb als konstitutiv für den gläubigen Selbstvollzug der Kirche im sakramentalen Handeln zur Geltung zu bringen.

Zu widersprechen ist damit der These von Wilhelm Bertrams, dass der sakramentale Akt wesentlich ein Rechtsakt sei,[63] der quasi ‚automatisch' gültig zustande kommt, „wenn nur Intention, korrekte Formel und die Vollmacht des Spenders vorgegeben sind".[64] Bertrams hatte ausgeführt: „Der Vollzug des Sakramentes im eigentlichen Sinne (Taufe, Firmung usw.) ist ein *Rechtsakt*. Dieser Rechtsakt, das äußere Zeichen des Sakramentes, schließt das geistige Element, das ‚Geist'-Leben ein: Der Rechtsakt bewirkt [sic!] das ‚Geist'-*Leben* (das übernatürliche Leben, die ‚Gnade')."[65] Nach Bertrams ist Kirche in ihrer Rechtsgestalt Heilsorgan, was zur Folge hat, dass einerseits das Recht heilsnotwendig ist und andererseits sich „Heilsteilhabe durch Rechtsgefolgschaft"[66] verwirklicht.

---

62  *A. Gerhards, B. Kranemann*, Einführung in die Liturgiewissenschaft, 199.
63  Vgl. *W. Bertrams*, Die Bedeutung des 2. Vatikanischen Konzils für das Kirchenrecht, in: ÖAKR 23 (1972), 125–162, 129. Bertrams charakterisiert das Kirchenrecht als geistlich und übernatürlich. „So ist das *innerste Wesen des Kirchenrechts geistlich, übernatürlich* […]. Auch der Rechtsbegriff ist analog", so *ders.*, Die Eigennatur des Kirchenrechts, in: Gr 27 (1946), 527–566, 544.
64  *U. Kühn*, Abendmahl IV. Das Abendmahlsgespräch in der ökumenischen Theologie der Gegenwart, in: TRE Bd. 1, 1977, 145–212, 184; vgl. *J. Meyendorff*, Zum Eucharistieverständnis, 291–294.
65  *W. Bertrams*, Die Bedeutung, 129.
66  So *N. Lüdecke, G. Bier*, Das römisch-katholische Kirchenrecht, 16.

Mit der sakramententheologischen Ex-opere-operato-Lehre, auf die Bertrams sich berufen hat, ist nun jedoch keineswegs zwingend die Annahme verbunden, dass es sich beim vollzogenen Werk um einen Rechtsakt handeln müsse. Der Charakter der sakramentalen Handlung wird adäquat so kaum verstanden werden können. Er scheint als anamnetisch-epikletischer Vollzug (vgl. Lk 11,9–13) formal zutreffender beschrieben werden zu können. Doch gilt dies auch für die Feier der Eucharistie?

## Die liturgische Gestalt der Eucharistie

Die Theorie von Bertrams dürfte in der römisch-katholischen Kirche gerade in Bezug auf die Feier der Eucharistie durchaus auch heute noch hochgradig plausibel klingen. Diese Plausibilität – sie ist vor allem durch Kritik von Theologen der Orthodoxen Kirchen erschüttert worden – mag jedoch auch als Hinweis darauf verstanden werden können, dass der anamnetisch-epikletische Charakter der Eucharistiefeier in der Kirche des Abendlandes fast vollständig in Vergessenheit geraten und durch ein juridisches Verständnis der *forma sacramenti* ins Abseits gedrängt worden ist, und das über einen sehr langen Zeitraum hinweg.

Cyrill von Jerusalem († 387) hat in der siebten seiner Mystagogischen Katechesen an die Neugetauften den für ihn selbstverständlichen epikletischen Charakter des eucharistischen Geschehens wie folgt erklärt: „Nachdem wir uns durch diese geistigen Lobgesänge geheiligt haben, rufen wir die Barmherzigkeit Gottes an, daß er den Hl. Geist auf die Opfergaben herabsende, um das Brot zum Leibe Christi, den Wein zum Blute Christi zu machen. Denn was der Hl. Geist berührt, ist völlig geheiligt und verwandelt."[67] Die selbstverständliche Anrufung des Heiligen Geistes in der Epiklese wird in der alten Kirche jedoch nicht nur von Cyrill bezeugt. Auch Ephräm der Syrer, Basilius, Johannes Chrysostomos

---

67 *Cyrill von Jerusalem*, Mystagogische Katechesen, in: BKV, 385f., zit. nach: http://www.unifr.ch/bkv/kapitel2762–6.htm (16.12.2012).

sowie Serapion kennen sie. Selbst Augustinus hat den epikleti-schen Charakter des eucharistischen Geschehens noch betont.

Seit dem fünften Jahrhundert tritt im Westen allerdings die Bedeutung der Epiklese in den liturgischen Formularen für die Feier der Eucharistie in den Hintergrund. „Während Augustinus noch deutlich erklärt, daß das eucharistische Opfer, ‚damit es das große Mysterium wird, nur geheiligt werden kann durch das unsichtbare Wirken des Geistes Gottes' (non sanctificatur ut sit magnum sacra-mentum, nisi operante invisibiliter Spiritu Dei), hat sich im Abend-land seit dem 5. Jh. mehr und mehr die Auffassung durchgesetzt, daß das Aussprechen der ‚verba Christi' (Worte Christi) innerhalb des Einsetzungsberichts allein und nicht das Eucharistiegebet in sei-ner Gesamtheit (bzw. die ‚verba Christi' mit der nachfolgenden Epi-klese) die Konsekration bewirkt."[68] Hinzu kommt, dass „in der scholastischen Sakramentenlehre das aristotelische Schema von *hylē* und *morphē* bzw. *materia* und *forma* eingeführt wurde. In der Eucharistie waren Brot und Wein die *materia* und die vom Priester in persona Christi gesprochenen Einsetzungsworte die *forma*. Seit Papst Innozenz III. galt das Sprechen dieser Worte als der Moment der Wandlung oder Konsekration und die Worte Christi wurden daher auch Konsekrationsworte genannt."[69] Paradoxerweise finden sich gleichzeitig Hinweise darauf, dass das „Wissen um den Geist als Mitgaranten des sakramentalen Geschehens" in der theologischen Tradition des Westens „klar erhalten" geblieben sei, so Bertram Stu-benrauch. Belege hat er unter anderem in den Werken von Thomas von Aquin († 1274), Honorius von Autun († 1151) und Hildegard von Bingen († 1170) gefunden.[70]

Anders als in der westlichen ist in der östlichen Tradition die epikletische Vollzugsform der Eucharistie nie in Vergessenheit ge-

---

68  K. *Gamber*, Die Epiklese im abendländischen Eucharistiegebet, Regens-burg 1988, 57f.
69  T. *van Eijk*, Die Epiklese in den neuen Eucharistiegebeten der christlichen Traditionen, 103. Vgl. die scharfen antipneumatologischen Formulierungen von P. Pius VII. im Breve *Adorabile Eucharistiae* an den Patriarchen von Antio-chien und die Bischöfe der griechischen Melkiten vom 8. Mai 1822 [DH 2718].
70  B. *Stubenrauch*, Anrufung des Geistes/Epiklese, 63.

raten. Auch ist den Kirchen des Ostens die im Frühmittelalter im Westen aufgekommene Frage nach einem Konsekrationsmoment fremd. Als Grund wird gewöhnlich angeführt, dass die Ostkirchen den „Streit um die Wirklichkeit des eucharistischen Symbols, um die Realpräsenz also, der im Westen schon im 9. Jahrhundert entbrannt war und der zu den genannten Systematisierungen geführt hat, [...] nie gekannt" haben.[71]

In der in den Kirchen des Ostens gefeierten Chrysostomos-Liturgie galt und gilt die Epiklese also ununterbrochen als die Vollzugsform des sakramentalen Geschehens: Sie hat den folgenden Wortlaut:

„So bringen wir dir diesen geistigen und unblutigen Opferdienst dar, wir rufen dich an, bitten dich und flehen zu dir: Sende herab deinen Heiligen Geist auf uns und auf diese uns dargebrachten Gaben. Uns mache dieses Brot zum kostbaren Leib deines Christus, und was in diesem Kelch ist, zum kostbaren Blut deines Christus, sie verwandelnd durch deinen Heiligen Geist."[72]

Der liturgische Text bringt die konstitutive Bedeutung der Epiklese für die eucharistische Wandlung zweifelsfrei und klar zum Ausdruck.[73]

Bemerkenswert ist zudem, dass der Priester, der in der ersten Person Plural spricht, diese Worte für die Gläubigen vorträgt. Umgekehrt könnte man formulieren: die Gemeinschaft der Gläubigen spricht die Epiklese durch den Zelebranten. „Die Epiklese ist kein

---

71  *T. van Eijk*, Die Epiklese, 104.
72  Zitiert nach *M. Schneider*, Die Wandlung der eucharistischen Gaben, 31f.
73  Gleiches gilt für die griechische Basiliusliturgie, deren Epiklese lautet: „[...] Indem wir die Abbilder des heiligen Leibes und Blutes Deines Christus darbringen, beten und rufen wir Dich an, Allerheiligster, daß durch den Ratschluß Deiner Güte Dein Heiliger Geist auf uns und die vorliegenden Gaben komme und sie segne, heilige und dieses Brot als den wahren kostbaren Leib unseres Herrn, Gottes und Heilandes Jesus Christus, und diesen Kelch als das wahre kostbare Blut unseres Herrn, Gottes und Heilandes Jesus Christus, das vergossen wurde für das Leben und Heil der ganzen Welt, zeige." Zit. nach: Griechische Liturgien. Übers. v. R. Storf; m. Einl. vers. v. T. Schermann (BKV, 1. R., Bd. 5), München 1912, 212. „Zeigen" ist im Sinn von „Erweisen" (ànadeixai) zu verstehen.

Einzelakt des Priesters", so Schneider.[74] Er weist darauf hin, dass dies im Einklang mit dem durch die Reform des Weihesakramentes erneuerten römisch-katholischen Amtsverständnis stehe, weil im neuen Weiheritus der römischen Liturgie die erste Frage an die Weihekandidaten laute, „ob sie bereit sind, ‚das Priesteramt als getreue Mitarbeiter des Bischofs auszuüben und so unter Führung des Heiligen Geistes die Herde Christi gewissenhaft zu leiten'. Das Grundprinzip für die Ausübung des Amtes findet sich nicht in den Vollmachten, die mit dem priesterlichen Dienst verliehen sind, sondern im Handeln unter der Führung des Geistes."[75] Schneider würdigt den Verweis in *Lumen gentium* 21 auf Johannes Chrysostomos und kritisiert zugleich die Weise, wie dieser rezipiert werde. Unterschlagen werde nämlich die Aussage, dass es nicht der Priester sei, „der, was immer es auch sei, bewirkt […], *es ist die Gnade des Geistes*, […], welches dieses mystische Opfer vollzieht."[76]. Dies gelte im Übrigen auch für die weiteren Sakramente der orthodoxen Kirche, in der der Gebrauch der Ich-Form anders als im lateinischen Ritus, in der sie performativ Verwendung findet („Ich taufe dich …"), vermieden werde. Nach der Anrufung des Heiligen Geistes werde dort „das Geschehen der sakramentalen Handlung festgestellt: ‚Getauft wird der Knecht Gottes', ‚Besiegelung mit der Gabe des Heiligen Geistes' [hier hat die lateinische Liturgie die passivische Formel mit der Reform des Firmritus unter Papst Paul VI. übernommen; MB], ‚Gott vergebe es dir', ‚Heile auch Deinen Knecht', ‚Gekrönt wird der Knecht Gottes', ‚Die Gnade des Hl. Geistes erhebt dich zum Diakon (Priester oder Bischof)'."[77]

---

74  *M. Schneider,* Die Wandlung der eucharistischen Gaben, 32.

75  Ebd., 12f.

76  *Johannes Chrysostomos,* De Sancta Pentecoste, Homiliae 1,4 (PG 50,458), zit. nach: *M. Schneider,* Die Wandlung der eucharistischen Gaben, 13.

77  Vgl. ebd., 36, Anm. 63. In all diesen Formeln wird deutlich, dass es sich im orthodoxen Verständnis beim sakramentalen Handeln nicht um das Setzen von Rechtsakten handelt. Die Liturgiereform der lateinischen Kirche ist darin der Orthodoxie tendenziell gefolgt. Auch wenn sich dies nicht anhand der Spendeformeln darstellen lässt, so werden doch die sakramentalen Vollzüge liturgietheologisch als anamnetisch-epikletische Akte verstanden.

Erst durch die Liturgiereformen, die das Zweite Vatikanische Konzil angestoßen hat, wurde eine Annäherung zwischen lateinischem und östlichem Verständnis der eucharistischen Liturgie wieder möglich. Jedoch dürfen die Differenzen nicht übersehen werden. Einerseits wurde der anamnetisch-epikletische Aufbau für die Formulare der eucharistischen Hochgebete, besonders des vierten und dann auch des zweiten Hochgebets, wieder leitend. Andererseits wurde die Wandlungsepiklese anders als in der Chrysostomos-Liturgie positioniert, nämlich vor den Konsekrationsworten, so dass die Epiklese als Konsekrationsbitte verstanden werden konnte. Zudem werden in der lateinischen Liturgie Wandlungsepiklese und Kommunionepiklese voneinander getrennt. Das alles scheint nicht notwendigerweise auf die konstitutive Bedeutung der Epiklese für das eucharistische Geschehen nach römisch-katholischem Verständnis hinzuweisen.

Und doch ist unübersehbar, dass die These, die Konsekration werde substantiell durch eine Formel bewirkt und die Epiklese stelle demgegenüber nur eine akzidentielle Ergänzung dar, durch die wachsende Einsicht in den Geschehens- und Gebetscharakter der Eucharistie weicht. Wenn heute das anamnetisch-epikletisch aufgebaute Hochgebet auch der römisch-katholischen Liturgietheologie als konstitutiv für das eucharistische Geschehen gelten kann, dann deshalb, weil nicht einzelnen Gebeten, sondern dem Hochgebet als ganzem, mit den Elementen der Anamnese und Epiklese des Heils, der Danksagung und der Darbringung, konsekratorischer Charakter zugesprochen wird.[78] „Ohne diesen Ansatz wäre es schwer denkbar gewesen, dass Rom erst jüngst ein Eucharistiegebet als rechtgläubig anerkannt hat, in dem es keine Einsetzungsworte gibt, so genannte ‚Konsekrationsworte‘ also fehlen", so Klemens Richter unter Verweis auf „die Anerkennung der Anaphora von Addai und Mari".[79]

---

78 Vgl. etwa *K. Richter*, Die Konstitution über die heilige Liturgie Sacrosanctum Concilium, in: F. X. Bischof, S. Leimgruber (Hg.), Vierzig Jahre II. Vatikanum. Zur Wirkungsgeschichte der Konzilstexte, Würzburg 2004, 29–49, 38.
79 Vgl. *Päpstlicher Rat zur Förderung der Einheit der Christen*, Richtlinien für

Bruno Kleinheyer hat in seiner Regensburger Abschiedsvorlesung 1991 mit überzeugenden Argumenten dafür plädiert, das Hochgebet insgesamt als *forma sacramenti* zu verstehen.[80] Das „*Decretum pro Armenis*" des Konzils von Florenz, verabschiedet am 22. November 1439, habe mit seinen katechetisch einprägsamen Festlegungen auf Spendeformeln die sakramententheologisch bedeutsame These des Kirchenvaters Augustinus „*Accedit verbum ad elementum et fit sacramentum*" verkürzt und instrumentalisiert. Es sei nämlich keineswegs sicher und historisch eher unwahrscheinlich, dass zur Zeit Augustins durch die scholastischen Formeln, welche das Dekret zitiert, das *verbum* bestimmt worden sei. Kleinheyer lässt für das entscheidende Argument Augustinus selbst – wenn auch nur fiktiv – zu Wort kommen. In einer Abschiedsvorlesung sollte dieser rhetorische beziehungsweise didaktische Kunstgriff, so meine ich, durchaus erlaubt sein: „*Verbum* war für uns damals durchaus auch das jeweils große Gebet, Preisung und Anrufung Gottes inmitten der Kirche [...] – Gebet zugunsten derer, die des Heils in sakramentlichen Zeichen bedürftig sind".[81] Kleinheyer folgert daraus, die Aussage „*Accedit verbum ad elementum*" in einem volleren Sinn zu verstehen und „*verbum* auszulegen auch als das große Gebet, das Hochgebet zur jeweiligen sakramentlichen Feier. [...] Zum *sacramentum* wird das Zeichen, wenn Gott gepriesen wird und angerufen wird als der Heil schaffende Gott – im Hochgebet aus Glauben zu Glauben."[82]

Die Aussage bezieht sich für die Eucharistiefeier auf das eucharistische Hochgebet als Ganzes, das liturgiewissenschaftlich heute als dynamische Einheit und nicht als eine statische Ansammlung von Einzelgebeten verstanden wird.[83] Ganzheitlich ur-

---

die Zulassung der Eucharistie zwischen der Chaldäischen Kirche und der Assyrischen Kirche des Ostens vom 20.Juli 2001, in: OR v. 26.10.2001, 7f; KNA-Dokumentation Nr. 1 vom 02.01.2002.

80  *B. Kleinheyer*, Preisung und Anrufung Gottes zur Feier der Sakramente, 23f.

81  Ebd.

82  Ebd., 24.

83  *A. Gerhards*, Entstehung und Entwicklung des Eucharistischen Hoch-

teilt auch W. Kasper: „Primär ist nämlich die Eucharistie als Ganze Epiklese. Die in den verschiedenen liturgischen Traditionen unterschiedlich platzierte und interpretierte spezielle Epiklese macht den Gebetscharakter des Ganzen nur ausdrücklich. Sie macht deutlich, dass die Eucharistie nicht in die Verfügung der Kirche beziehungsweise des Klerus gestellt ist, dass es in der Eucharistie keinerlei Automatismus gibt, dass diese vielmehr demütiges wie vollmächtiges Gebet um das Wirken des Heiligen Geistes ist. Deshalb kommt der Erneuerung der Epiklese in der nachkonziliaren Messliturgie eminente grundsätzliche wie ökumenische Bedeutung zu […]".[84] So verwundert es denn auch keineswegs, dass die Limaliturgie durch und durch von epikletischem Charakter geprägt ist. „Die ganze Handlung der Eucharistie hat einen ‚epikletischen' Charakter, weil sie vom Wirken des Heiligen Geistes abhängt", heißt es in der Einführung.[85]

Man wird allerdings nicht umhin kommen, die zurückhaltendere und vorsichtigere Ausdrucksweise in lehramtlichen Dokumenten zum Thema, zuletzt in dem nachsynodalen Apostolischen Schreiben *Sacramentum Caritatis* Papst Benedikt XVI. vom 22. Februar 2007 zur Kenntnis zu nehmen: „Die eucharistische Spiritualität und die theologische Reflexion werden besonders erhellt, wenn man die tiefe Einheit in der Anaphora zwischen der Anrufung des Heiligen Geistes und dem Einsetzungsbericht betrachtet, worin „das Opfer vollzogen [wird; MB], das Christus selber beim Letzten Abendmahl eingesetzt hat". Tatsächlich „erfleht die Kirche durch besondere Anrufungen die Kraft des Heiligen Geistes, damit die von Menschen dargebrachten Gaben konsekriert, das heißt Leib und Blut Christi werden und damit die makellose Opfergabe,

---

gebets im Spiegel der neueren Forschung. Ein Beitrag der Liturgiewissenschaft zur liturgischen Erneuerung, in: A. Heinz, A. Rennings (Hg.), Gratias agamus. Studien zum Eucharistischen Hochgebet (FS B. Fischer), Freiburg – Basel – Wien 1992, 75–96, 87. Vgl. auch die differenzierten Analysen bei *T. van Eijk*, Die Epiklese in den neuen Eucharistiegebeten.

84 *W. Kasper*, Sakrament der Einheit, in: ders., Die Liturgie der Kirche (WKGS 10), Freiburg – Basel – Wien 2010, 222–313, 281.

85 Limaliturgie Nr. 16.

die in der Kommunion empfangen wird, denen zum Heil gereiche, die daran Anteil erhalten", heißt es dort unter wörtlicher Bezugnahme auf die Grundordnung des Römischen Meßbuchs.[86] Einerseits betont Papst Benedikt XVI. die anamnetisch-epikletische Einheit beim Vollzug des eucharistischen Opfers, andererseits wird hinsichtlich der Bestimmung der Konsekration Interpretationsspielraum gelassen. Deutet sich darin ein Umdenken des Lehramtes an? Man könnte es vermuten. Wie dem auch sei. Nach Lies ist als Stand der Entwicklung festzuhalten: „Die epikletische Dimension der Eucharistiefeier ist entdeckt und kann eigentlich von niemandem schlechthin geleugnet werden".[87]

Dass ein allein von der Konsekrationsvollmacht des Priesters ausgehendes juridisches Verständnis des eucharistischen Opfers dem sakramentalen Geschehen weniger entsprechen könnte als eine ganzheitliche, holistische Lesart, die von der liturgischen Vollzugsform ausgeht, wird in Verbindung mit dem erneuerten Verständnis des Ordinationssakraments zumindest indiziert. Hinzu kommt, dass die Konzentration und Verabsolutierung eines der Elemente des eucharistischen Hochgebetes sich liturgiegeschichtlich häufig als anfällig für Verkürzungen und Missverständnisse erwiesen hat.

Vom anamnetisch-epikletischen Charakter des eucharistischen Opfers her müsste dann umgekehrt die Vollmacht des Priesters als Vollmacht verstanden werden, durch das Sprechen der Konsekrationsworte die Erhörung der Anrufung Gottes im Namen Christi autoritativ feststellen und seine Gegenwart der versammelten Gemeinde zusprechen zu können.

Für eine epikletische Lesart des eucharistischen Geschehens gibt Papst Benedikt XVI. schließlich einen zweiten Hinweis, nämlich insofern er die Bedeutung der Eucharistiefeier als „Quelle und Höhepunkt von Leben und Sendung der Kirche" – so der Untertitel des Apostolischen Schreibens – mit Bezug auf die Kom-

---

86  P. Benedikt XVI., Nachsynodales Apostolisches Schreiben Sacramentum Caritatis vom 22. Februar 2007, in: AAS 99 (2007), 105–180, dt. VAS 177, 68.
87  L. Lies, Eucharistie, 102.

munionepiklese ganz dem Wirken des Geistes zurechnet. „Es ist bezeichnend, dass das zweite Eucharistische Hochgebet mit der Epiklese nach der Konsekration die Bitte um die Einheit der Kirche in folgenden Worten verbindet: ‚*Schenke uns Anteil an Christi Leib und Blut und lass uns eins werden durch den Heiligen Geist.*‘ Diese Formulierung lässt deutlich werden, dass die *res* des eucharistischen Sakramentes die Einheit der Gläubigen in der kirchlichen Gemeinschaft ist. So zeigt sich die Eucharistie an der Wurzel der Kirche als Geheimnis der *Communio.*"[88] Dass der emeritierte Papst der Epiklese für den Aufbau des Leibes Christi, für die kirchliche communio, eine konstitutive Bedeutung beimisst, zeigt sich hier überdeutlich.

Die zugrundeliegende holistische Sicht des liturgischen Vollzugs ist, wie dann wieder Kleinheyer gezeigt hat, auf die übrigen Sakramente übertragbar, deren Hochgebete teilweise offenkundig sind, teilweise jedoch wohl noch untergegangenen Traditionen entlockt werden müssten. Für das Sakrament der Taufe haben wir bereits auf das Hochgebet zur Taufwasserweihe Bezug genommen. Für das Sakrament der Versöhnung und der Eheschließung, die auf den ersten Blick keine Hochgebete enthalten, hat Kleinheyer wertvolle Hinweise gegeben; in Bezug auf das Sakrament der Versöhnung hat er die Empfehlung ausgesprochen, an den Ritus der gemeinschaftlichen Feier der Versöhnung anzuknüpfen, in Bezug auf die Eheschließung stellt er den anamnetisch-epikletischen Charakter des Segens über die Eheleute heraus.

## Die liturgische Gestalt der Feier der Versöhnung und der Ehe

Für die gemeinschaftliche Feier der Versöhnung mit allgemeinem Bekenntnis und Generalabsolution sieht das römische Rituale vor, dass der Priester die Generalabsolution nach der Bitte der Gläubigen dadurch erteilt, dass er ein Gebet spricht, „durch das er die Gnade des Heiligen Geistes zur Vergebung der Sünden erbittet

---

88  Ebd., 26.

und den Sieg über die Sünde verkündet, den Christus durch seinen Tod und seine Auferstehung errungen hat. Darauf erteilt er allen die sakramentale Lossprechung."[89]

Der Verweis auf den Segen über die Eheleute als Hinweis auf den anamnetisch-epikletischen Charakter des Ehesakraments könnte zu dem Urteil verleiten, dass das anamnetisch-epikletische Gebet für die sakramentale Eheschließung nicht konstitutiv sei. Zumindest wenn man den Akzent im Verständnis des Ehesakraments auf den Eheabschluss legt und das im Namen der Kirche erfragte und von den Brautleuten gegebene Ja-Wort als sakramentale Form herausstellt, erscheint dieses Urteil zutreffend. Wenn man sich jedoch – wiederum in holistischer Sicht – auf die durch den Eheabschluss begründete Lebensgemeinschaft von Mann und Frau als Referenz zur Bestimmung des sakramentalen Charakters der Ehe bezieht, bekommt der durch die Liturgiereform erneuerte feierliche Segen über die Brautleute eine konstitutive Bedeutung. Er ist anamnetisch-epikletisch strukturiert. In der ersten von vier möglichen Formen lautet der beachtenswerte Text:

„Laßt uns beten, Brüder und Schwestern, zu Gott, unserm Vater, daß er N. und N. (Braut und Bräutigam) mit der Fülle seines Segens beschenke. [Es folgt eine Gebetsstille. Dann breitet der Zelebrant die Hände aus und (singt) spricht:] Wir preisen dich, Gott, unser Schöpfer, denn im Anfang hast du alles ins Dasein gerufen. Den Menschen hast du erschaffen als Mann und Frau und ihre Gemeinschaft gesegnet. Einander sollen sie Partner sein und ihren Kindern Vater und Mutter. Wir preisen dich, Gott unser Herr, denn du hast dir ein Volk erwählt und bist ihm in Treue verbunden; du hast die Ehe zum Abbild deines Bundes erhoben. und bist ihm in Treue verbunden. Dein Volk hat die Treue gebrochen, doch du hast es nicht verstoßen. Den Bund hast du in Jesus Christus erneuert und in seiner Hingabe am Kreuz für immer besiegelt. Die Gemeinschaft von Mann und Frau hast du so zu einer neuen Würde erhoben und

---

89 *Die Feier der Buße:* nach dem neuen Rituale Romanum. Studienausgabe, hg. von d. Liturg. Inst. Salzburg – Trier – Zürich – Einsiedeln u. a. 1974, Nachdruck: Trier 2008, Nr. 35 c.

die Ehe als Bund der Liebe und als Quelle des Lebens vollendet. Wo Mann und Frau in Liebe zueinander stehen und füreinander sorgen, einander ertragen und verzeihen, wird deine Treue zu uns sichtbar. [Der Zelebrant streckt seine Arme über die Brautleute aus:] So bitten wir dich, menschenfreundlicher Gott, schau gütig auf N. und N., die vor die knien (stehen) und deinen Segen erhoffen. Dein Heiliger Geist schenke ihnen Einheit und heilige den Bund ihres Lebens. Er bewahre ihre Liebe in aller Bedrohung; er lasse sie wachsen und reifen und einander fördern in allem Guten. Helfe ihnen, eine christliche Ehe zu führen und Verantwortung in der Welt zu übernehmen; verleihe ihnen Offenheit für andere Menschen und die Bereitschaft, fremde Not zu lindern. (Schenke ihnen das Glück, Vater und Mutter zu werden, und helfe ihnen, ihre Kinder christlich zu erziehen.) Gewähre ihnen Gesundheit und Lebensfreude bis ins hohe Alter, schenke ihnen Kraft und Zuversicht in Not und Krankheit. Am Ende ihres Lebens führe sie in die Gemeinschaft der Heiligen, zu dem Fest ohne Ende, das du denen bereitest, die dich lieben. Darum bitten wir durch Jesus Christus, deinen Sohn, unseren Herrn und Gott, der in der Einheit des Heiligen Geistes mit dir lebt und herrscht in alle Ewigkeit. [Alle:] Amen."[90]

Das anamnetisch-epikletische Segensgebet über die Brautleute bringt das Selbstverständnis der katholischen Kirche über das Sakrament der Ehe als Lebensbund von Mann und Frau zum Ausdruck, der, ebenso wie die Kirche, in der Bundestreue Gottes gründet.

## Das Hochgebet als forma sacramenti

Die Sinnspitze der Überlegungen von Bruno Kleinheyer findet sich in der These „Zur Feier der Sakramente *betet* [kursiv; MB] die Kirche in Preisung und Anrufung zu Gott um das Heil derer, die ihr

---

90 Die Feier der Trauung: in den katholischen Bistümern des deutschen Sprachgebietes, hg. im Auftr. d. Bischofskonferenzen Deutschlands, Österreichs u. d. Schweiz sowie d. (Erz-)Bischöfe von Bozen-Brixen, Lüttich, Luxemburg und Straßburg, Zürich u. a. ²2010.

jeweils ‚in dieser Stunde des Heils' besonders anvertraut sind."[91] Somit dürfte es im sakramentalen Geschehen weniger allein auf die juridisch korrekt gesprochene Formel als vielmehr auf das (Hoch)gebet der Kirche als Ganzes ankommen, dessen anamnetisch-epikletischer Charakter allerdings in den einzelnen Gebetstexten zur Darstellung kommen sollte. Daran wird in der Reform der Liturgie seit der Reform des Ordinationssakramentes 1947 durch Papst Pius XII. gearbeitet. Hierzu kann an dieser Stelle ein kurzer Nachtrag angebracht werden, denn mit Bezug auf die Apostolische Konstitution *Sacramentum Ordinis* hatte Papst Paul VI. 1968 festgestellt, dass das ganze Ordinationsgebet jeweils *forma sacramenti* sei.[92] Die ehedem als entscheidend angesehenen juridischen Formeln sind also allenfalls als Teil der *forma sacramenti* anzusehen. Das hat auch Walter Kasper herausgestellt, der von der „epikletische[n] Struktur der Eucharistie und der Liturgie insgesamt"[93] spricht. Dabei ist sich Kasper der amtstheologischen und ekklesiologischen Implikationen seines Standpunktes bewusst. Er weiß aber auch um dessen ökumenisches Potential. „Die epikletische Struktur der Eucharistie und der Liturgie insgesamt macht deutlich, dass es zwar die Kirche ist, welche durch den Dienst des zelebrierenden Priesters die Liturgie feiert, dass die Kirche aber nicht aus eigener Kraft Jesus Christus gegenwärtig machen kann. Die Vergegenwärtigung geschieht durch die Kirche bzw. durch den in Vollmacht handelnden Priester in der Kraft des Heiligen Geistes. Gottes Geist ist es, der Jesus Christus und sein

---

91 B. *Kleinheyer,* Preisung und Anrufung Gottes zur Feier der Sakramente, 20.
92 Vgl. *P. Paul VI.,* Constitutio Apostolica *Pontificalis Romani* vom 15.08.1968, in: AAS 60 (1968), 369–373, zit. bei: *B. Kleinheyer,* Formulae sacramentales sacrorum ordinum, in: ZKTh 100 (1978), 620–626, 623. Vgl. http:// www.vatican.va/holy_father/paul_vi/apost_constitutions/documents/hf_p-vi_apc _19680618_pontificalis-romani_lt.html (28.12.2012). Die entscheidende Formulierung lautet: „forma autem constat verbis eiusdem precationis consecratoriae, quorum haec ad naturam rei pertinent [...]".
93 *W. Kasper,* Aspekte einer Theologie der Liturgie. Liturgie angesichts der Krise der Moderne – für eine neue liturgische Kultur, in: ders., Die Liturgie der Kirche (WKGS 10), 15–83, 36.

Werk gegenwärtig macht und der die Kirche durch alle Gefahren und Bedrängnisse der Zeit hindurch ihrer eschatologischen Vollendung entgegen führt."[94]

Liturgietheologisch haben Albert Gerhards und Benedikt Kranemann die konstitutive Bedeutung der Pneumatologie für die Liturgie herausgestellt, indem sie die Epiklese in holistischer Sicht als „Teil von Gebeten" bezeichnet haben, „denen konsekratorische Bedeutung zugesprochen wird".[95] Und dogmatisch hat Klaus Hemmerle eine schöne Formulierung gefunden, um die konstitutive Bedeutung der Epiklese für das konsekratorische Handeln auszuweisen: „Was not tut, ist der Geist, jener Geist, der bei der Eucharistiefeier in der Epiklese auf das Brot niedergerufen wird, um es zu verwandeln in den Leib des auferstandenen Herrn. Dieser Geist, der creator und sanctificator spiritus, muß uns erfüllen, verwandeln, verbinden zum einen lebendigen Leib des Herrn für das Leben der Welt."[96]

## Soteriologie und sakramentaler Vollzug

Fragt man neben den sich aus dem Armenierdekret ergebenden liturgie- und sakramententheologischen Gründen nach weiteren für die hohe Plausibilität der These von Wilhelm Bertrams, derzufolge der sakramentale Akt wesentlich ein Rechtsakt sei, so wird man auf die Soteriologie verwiesen. Der ‚juridischen' Soteriologie des Westens, geprägt vor allem durch Anselm von Canterburys Satisfaktionstheorie[97], entspricht nur zu leicht ein juridisch fixiertes Verständnis sakramentaler Vollzüge.

---

94 Ebd.
95 *A. Gerhards, B. Kranemann*, Einführung in die Liturgiewissenschaft, 134.
96 *K. Hemmerle*, Spiritualität und Gemeinschaft, in: J. Sauer (Hg.), Lebenswege des Glaubens, Freiburg – Basel – Wien 1978, 73–95, 95.
97 Vgl. *A. v. Canterbury*, Cur Deus homo. G. Söhngen hat Anselm zu den großen Rechtsdenkern gezählt. „Anselm verdient zu den großen Rechtsdenkern gezählt zu werden, zu den Theologen, von denen für eine Theologie des Rechts zu lernen ist." *G. Söhngen*, Grundfragen einer Rechtstheologie, München 1962, 56.

Wird nämlich Gott erst einmal unter dem Paradigma der Gerechtigkeit als jemand vorgestellt, der einen Rechtsanspruch gegenüber den Menschen hat, welche die göttliche Ordnung durch ihre Sünden verletzen oder durcheinander bringen, dann wird leicht ersichtlich, wie es zur rechtlichen und rubrizistischen Ordnung der liturgisch-sakramentalen Feiern kommen konnte. In ihnen ging es im darstellenden „Mitvollzug der Erlösung"[98] um die Wiederherstellung der verletzten göttlichen Ordnung, was ohne das Kriterium rechtlicher Gültigkeit kaum gewährleistet werden konnte. Und diese bemaß sich eben an der rechten Intention, der vorgeschriebenen Form sowie der Vollmacht des Zelebranten, der Christus repräsentiert.

Nun könnte man den Weg beschreiten, die Soteriologie des Anselm von Canterbury in eine dem heutigen Rechtsverständnis angemessene Sprache zu übersetzen, wie es der protestantische Jurist Hans Dombois unternommen hat.[99]

In der deutschsprachigen systematischen Theologie der Gegenwart hat hingegen eine auf juridische Kategorien weitgehend

---

98  Vgl. *P. Hünermann*, Ekklesiologie im Präsens, 105, 108f.

99  *H. Dombois,* Juristische Bemerkungen zur Satisfaktionslehre des Anselm von Canterbury, in: Neue Zeitschrift für Systematische Theologie und Religionsphilosophie 9 (1967), 339–355. Dombois unterscheidet zwischen geschuldeter Leistung, für die ein gerechter Lohn geschuldet wird, und ungeschuldeter Leistung – diese nennt er Verdienst –, für die in freier Anerkennung eine Erhöhung gewährt wird (vgl. 347). So wird z. B. jemand mit einem Ehrendoktor ausgezeichnet, der sich um die Wissenschaft besondere Verdienste erworben hat. Das Leben und Sterben Jesu deutet Dombois in diesem Sinn als von Gott anerkannten ‚Verdienst', der seine Erhöhung zur Folge hat. Diese sei aber nicht als Gegenleistung, sondern als Akt freier Anerkennung zu verstehen. Den Genugtuungsgedanken aktualisiert Dombois durch die Rechtsgedanken der Identifikation und der Interzession. Durch die Identifikation verschont jemand andere vor dem Zugriff der Haftbarmachung, indem er sich so mit ihnen solidarisiert, dass diese auch ihn treffen würde, indem sich z. B. mehrere Personen einer Tat bezichtigen, die nur einer begangen haben kann. Die Interzession meint ein Eintreten durch die Bitte um Freigabe (vgl. 353). Mit beiden Instituten könnte der Mensch von der Haftung für sein Verhalten befreit werden, so lässt sich die in diesem Punkt Anselm gegenüber kritische Position von Dombois zusammenfassen.

verzichtende Neubewertung des anselmischen Ansatzes stattgefunden. Die Diskussion kann hier nicht im Einzelnen nachverfolgt werden.[100] Entscheidend in unserem Zusammenhang scheint mir das wohlbegründete Urteil von Thomas Pröpper zu sein, dass sich „die Theologie der Erlösung von der Satisfaktionslehre trennen"[101] müsse, und zwar deshalb, weil Anselm „Jesu Tod [...] nicht als wirksame Gestalt der Vergebung, sondern als Genugtuung: als Bedingung des Sündennachlasses gedacht"[102] habe. Demgegenüber gelte es in einer evangeliumsgemäßen Theologie der Erlösung zu realisieren: „Gott vergibt ohne Bedingung"[103], denn Jesus Christus offenbart Gott als jemanden, der zur Vergebung jenseits der Rechtsansprüche in der Lage ist.

Noch einmal wird deutlich: Wenn Jesu Tod als Genugtuungsleistung und nicht als Endgültigkeit von „Gottes unbedingt für den Menschen entschiedene[r] Liebe"[104] verstanden wird, dann erscheint auch die Eucharistiefeier als kultischer Nachvollzug dieser Leistung; dann kommt es auf die Gültigkeit des Handelns zur Erfüllung der Bedingung für Versöhnung an. Auch in Bezug auf das Verständnis der Eucharistiefeier als Opfer kann Kasper deshalb ausführen, „dass es bei der Messe nicht um ein neues Opfer oder die Ergänzung, auch nicht um eine Wiederholung des Kreuzesopfers geht, sondern um die Vergegenwärtigung des ein für allemal dargebrachten Opfers Jesu am Kreuz. Diese Vergegenwärtigung geschieht nicht durch uns; sie ist nicht unser Werk. Sie geschieht im Heiligen Geist, den wir in der Epiklese an entscheidender Stelle der Liturgie anrufen und auf die Gaben von Brot und Wein herabrufen. Er ist es, der die Wandlung und die Vergegenwärtigung von Kreuz und Auferstehung vollzieht. Darüber besteht heute ein grundlegender Konsens."[105]

---

100  Vgl. den Überblick bei *J. Knop*, Satisfaktionstheorie, 576–578.
101  *T. Pröpper*, Erlösungsglaube und Freiheitsgeschichte, 85.
102  Ebd., 79.
103  Ebd., 85.
104  Ebd., 85.
105  *W. Kasper*, Gottesdienst nach Katholischem Verständnis, in: ders., Die Liturgie der Kirche (WKGS 10), 130–143, 135.

Das anamnetisch-epikletische Hochgebet thematisiert die Ausrichtung der feiernden Gemeinde auf Gott, die sich seines eschatologischen Heilshandelns aufgrund der Endgültigkeit der Verheißung unbedingt für den Menschen entschiedener Liebe in Jesus Christus gewiss sein darf. Damit gründet die Epiklese in der dem toten Jesus erwiesenen und allen Menschen verheißenen Treue Gottes.

Eben diese Treue Gottes bestimmt Lies als „Rechtstitel [!], mutig und ohne Scham [...] die Konkretisierung dieser Treue für hier und jetzt, aber auch für heute und morgen zu erflehen".[106]

---

106  *L. Lies*, Eucharistie, 85.

# VI.

## *Die Treue Gottes als theologischer Grund der Epiklese*

In dem, was Lies hier nur in Bezug auf die Epiklese formuliert hat, sehe ich das Potential für die pneumatologische Erneuerung der Ekklesiologie, die gleichzeitig eine theologische Grundlegung des kirchlichen Rechts ermöglicht. *Die Kirche und auch das Kirchenrecht gründen in der Treue Gottes.* Das ist die zentrale theologische These dieser Studie. Doch ist dies bisher eine immer noch weitgehend in ihren Grundlagen und Konsequenzen unausgewiesene Behauptung[1], die der weiteren Entfaltung, Erläuterung und Begründung bedarf.

Nun ist der Begriff der Treue keineswegs unproblematisch. Vielmehr ist er durch den ideologischen Missbrauch der nationalsozialistischen Propaganda so belastet, dass man ihn kaum noch theologisch Anspruch zu nehmen wagt, schon gar nicht als deutschsprachiger Theologe.

„Unsere Ehre heißt Treue!" – das war die Parole, eingraviert auf den Koppeln der SS. Dem Führer treu sein, hieß für die Männer der SS verbrecherische Befehle widerstandslos auszuführen bis zum Massenmord, hieß, widerspruchslos treu zu sein bis zum Untergang.

Und auch aus einem zweiten, mit den Gräueltaten der Vernichtungsmaschinerie der nationalsozialistischen Schreckensherrschaft zusammenhängenden Grund lässt sich der Begriff theologisch kaum noch in Anspruch nehmen. Millionen ermordeter, ihrer letzten Würde beraubter und in ihren verwertbaren Teilen industriell verarbeiteter Juden in den Gaskammern des Dritten Reiches zwingen, an Gottes Treue zu seinem Volk zu zweifeln. Wie kann Gott den Missbrauch seines Namens (Ex 34,6) und die fast

---

1  L. Lies hat diesen Gedanken nicht weiter verfolgt.

vollständige Vernichtung seines Volkes zulassen und gleichzeitig Glauben beanspruchen, der darin gründet, dass ER treu zu seinen Verheißungen steht?

Andererseits baut doch der Glaube, baut die Pragmatik des Gebets auf die Treue Gottes. Sie wären ohne kaum vorstellbar.

Eben deshalb, also aus theologisch-pragmatischen Gründen, ist der Begriff für das Kirchen-, Glaubens- und Heilsverständnis, wie auch das Gottesverständnis so lange unverzichtbar, wie Menschen sich auf diese Treue verlassen. Auf ihn – als Folge des nationalsozialistischen Missbrauchs – verzichtet zu haben, macht einen kaum zu unterschätzenden Teil der gegenwärtigen Gottes-, Glaubens- und Kirchenkrise aus.

Ein erneuter Rekurs auf den Begriff, mit dem so viel Schindluder getrieben worden ist, setzt voraus, Treue als personales Verhältnis zu verstehen, eben unter der Voraussetzung zu diskutieren, dass die Treue Gottes seine Freiheit impliziert, die sich selbst dazu bestimmt hat, sich in ihrer Geschichte von einer anderen Freiheit bestimmen zu lassen. Gott hat sich, „um der Achtung der menschlichen Freiheit willen, selbst dazu bestimmt, sich von menschlicher Freiheit bestimmen zu lassen und seinem Willen nur mit den Mitteln der Liebe Geltung zu verschaffen. Insofern haben wir die göttliche Vorsehung als einen Akt der Selbstbegrenzung der göttlichen Freiheit zugunsten der geschaffenen zu begreifen".[2] *Theologisch* wäre Treue falsch verstanden, wenn sie als Forderung, als Pflichtensoll, wie dies beispielsweise im Begriff ‚Glaubenstreue' oder ‚Papsttreue' zum Ausdruck kommt, verstanden würde. *Die Treue Gottes ist ungeschuldet.* Das ist die entscheidende Differenz.

Johann Baptist Metz hat immer wieder und eindringlich darauf hingewiesen, dass „nach Auschwitz" die Gottesrede tief erschüttert worden sei.[3] Für Metz „gibt es keinen Gott der Geschich-

---

2 Vgl. *G. Essen,* Gottes Treue zu uns. Geschichtstheologische Überlegungen zum Glauben an die göttliche Vorsehung, in: IKaZ Communio 36 (2007), 382–398, 393.
3 Vgl. *J. B. Metz,* Gotteskrise. Versuch zur „geistigen Situation der Zeit", in: Diagnosen zur Zeit, mit Beiträgen von J. B. Metz u. a., Düsseldorf 1994, 76–92.

te, den man mit dem Rücken zu Auschwitz anbeten kann".[4] Die Gotteskrise verlangt, anders von der Treue Gottes zu sprechen. Leidempfindlich! Nicht imperativisch, Treue von einem Untergebenen fordernd, sondern indikativisch, Gott als denjenigen zur Sprache bringend, der auf der Seite der Opfer steht, der den Armen, Unterdrückten, Verfolgten und Hungernden treu ist. Metz hat dies in seinen Wiener Vorlesungen mit dem Begriff der „compassion" ausgedrückt und damit auf die Autorität der Leidenden aufmerksam gemacht.[5] Eine Gottesrede, die bei der Autorität der Leidenden ansetzt, reformuliert die Gottesfrage als Theodizeefrage, als kritische Rückfrage an die Treue Gottes, als kritische Frage, „wie denn überhaupt von Gott zu reden sei angesichts der abgründigen Leidensgeschichte der Welt, ,seiner' Welt".[6]

Wenn Treue überhaupt theologisch noch adäquat verstanden werden kann, dann darf die Autorität der Leidenden dabei nicht übergangen werden. Durch die Erinnerung an die Leidenden und das unabgegoltene Leid wurde und wird die Gottesgewissheit erschüttert.

Doch auch noch die ,Hoffnung wider alle Hoffnung' gründet in der unbedingten göttlichen Heilszusage, die auch im Exil *epikletisch* erinnert werden kann: Die Treue Gottes präsentisch mit seiner Nähe gleichsetzen zu wollen, wäre naiv. Sie bestimmt im Gedächtnis Israels auch die Gottesferne und die Gottesnacht und ist deshalb nur in der Form der Epiklese, das heißt als erflehte, gewiss.

In diesem Sinn gilt die eschatologische Heilszusage Gottes, seine Treue, zunächst und bleibend dem Volk Gottes, Israel (Ex 6,6f.; 19,3–6). Die Kirche hat jüdische Wurzeln, denen sie unablösbar verbunden ist.

In der Erklärung des Zweiten Vatikanischen Konzils über die nichtchristlichen Religionen *Nostra aetate* wird daran erinnert:

---

4 *J. B. Metz,* Zum Begriff der neuen politischen Theologie. 1967–1997, Mainz 1997, 112.

5 *J. B. Metz,* Abstract, in: www.univie.ac.at/moraltheologie/pages/ …/abstract-vo-metz.rtf (16.11.2012).

6 *J. B. Metz,* Memoria passionis. Ein provozierendes Gedächtnis in pluralistischer Gesellschaft, Freiburg 2006, 4f.

„Deshalb kann die Kirche auch nicht vergessen, daß sie durch jenes Volk, mit dem Gott aus unsagbarem Erbarmen den Alten Bund geschlossen hat, die Offenbarung des Alten Testamentes empfing und genährt wird von der Wurzel des guten Ölbaums, in den die Heiden als wilde Schößlinge eingepfropft sind." (NA 4) Juden sind, wie Papst Johannes Paul II. es bei dem historischen Besuch in der Großen Synagoge in Rom am 13. April 1986 ausdrückte, die „älteren Brüder" im Glauben. Die Apostel und mit ihnen Paulus, allesamt Juden[7], haben die Reich-Gottes-Botschaft, welche Jesus verkündet hat und welche im Juden Jesus, dem Christus, nahegekommen ist, so gedeutet, dass die Heilszusage des Israel treuen Gottes allen Menschen, die darum bitten, gilt. Sie haben die Auferstehung Jesu als Grund der Hoffnung gedeutet, dass die Treue Gottes auch die Menschen im Tod und über den Tod hinaus umfängt. Deshalb gründet die Kirche als Gemeinschaft der auf Tod und Auferstehung Jesu Christi Getauften in der geschichtlich unüberbietbaren Treue Gottes. Dass diese Treue Gottes allen gilt, schildert das Wirken des Geistes am Pfingstfest (Apg 2) und begründet, dass die Kirche zu den Menschen gesandt ist, dass sie mit anderen Worten in der Solidarität mit den Menschen die Treue Gottes zu den Menschen darzustellen hat. „Solange die prophetisch-apokalyptischen Hoffnungen Israels [und der Menschheit; MB] unerfüllt sind, wird Gott in der Klage an sein Versprechen erinnert, in seinem geschichtlichen Handeln seinem Heilswillen treu bleiben zu wollen."[8]

In diesem hermeneutischen Horizont bewegt sich die Relecture des Begriffs anhand der lexikalischen Erläuterungen, die den beiden hervorragenden Artikeln ‚Treue' und ‚Treue Gottes' im Historischen Wörterbuch der Philosophie und in der dritten Auflage des Lexikons für Theologie und Kirche entlehnt sind. Sie ver-

---

7  Vgl. NA 4: „Auch hält sie [die Kirche; MB] sich gegenwärtig, daß aus dem jüdischen Volk die Apostel stammen, die Grundfesten und Säulen der Kirche, sowie die meisten jener ersten Jünger, die das Evangelium Christi der Welt verkündet haben."

8  *G. Essen*, Gottes Treue, 396.

mögen das weite theologische Bedeutungsspektrum des Begriffs Treue zu erschließen und zeigen damit an, dass auf ihn theologisch auch über die Ekklesiologie hinaus, nämlich für die Gotteslehre, die Soteriologie und auch das Verständnis der Überlieferung wie das der Ordnung kaum verzichtet werden kann.

Der griechische Begriff für Treue lautet pistis [πίστις]; der lateinische *fides*. Beide Begriffe werden ins Deutsche auch mit Glauben übersetzt. Treue thematisiert Glauben in der Bedeutung von Vertrauen beziehungsweise Zuverlässigkeit.

Im Alten Testament sind Jahwes Treue und die Treue zu ihm Grundlage vor allem der Bundesgenossenschaft. Paradigmatisch wird dies in Dtn 7,9 zum Ausdruck gebracht: „Daran sollst du erkennen: Jahwe, dein Gott, ist der Gott; er ist der treue Gott; noch nach tausend Generationen achtet er auf den Bund und erweist denen seine Huld, die ihn lieben und auf seine Gebote achten."

Das hebräische Wort für Treue, ‚ᵃmæt', das mit Wahrheit übersetzt werden kann, hat auch die Bedeutung von Zuverlässigkeit. Wahrheit und Zuverlässigkeit im Sinne des „Sich-selbst-treu-Bleibens Jahwes, sind Momente dessen, ‚was Gott zum Gott macht'."[9]

Das Sich-selbst-treu-Bleiben Jahwes, die Treue Gottes, ist dabei nicht vom Verhalten des Volkes, dem sie gilt, abhängig. Sie ist unbedingt. Gott hält dem Zeugnis des Hosea zufolge an seiner Treue fest. Selbst dann, wenn das Volk Gottes sich von Gott abwendet. Durch den Propheten spricht Gott: „Mein Volk verharrt in der Treulosigkeit; sie rufen zu Baal, doch er hilft ihnen nicht auf" (Hos 11,7). Trotz dieser Treulosigkeit verharrt der Gott Israels in Treue: „Wie könnte ich dich preisgeben, Efraim, wie dich aufgeben, Israel?" (Hos 11,8). Jahwe ist ein „unbeirrbar, treuer Gott" (Dtn 32,4).

Davon zeigt sich auch Paulus überzeugt: „Treu ist Gott" (1 Kor 1,9; 2 Kor 1,18). Auf der Treue und Zuverlässigkeit Gottes, darauf, dass er zu seinen Verheißungen steht, baut das Vertrauen der Menschen in Gott. Die Botschaft von der Treue Gottes kann des-

---

9  *T. Gloyna*, Treue, in: HWP Bd. 10, 1998, 1473–1478, 1473f.

halb als die „Grundbotschaft der gesamten Bibel"[10] verstanden werden.

Karl-Heinz Menke bemerkt zu Recht, dass „sich das israelitische vom griechischen Denken unter anderem dadurch unterscheidet, daß es die Wahrheit nicht unter oder hinter den Dingen sucht, sondern als geschichtlich bewährte Zuverlässigkeit beschreibt. Die mit der Treue identische Wahrheit Jahwes erschließt sich deshalb nicht dem bloßen Denken [, das Unveränderliches feststellt; MB], sondern erst dem vertrauenden [mitgehenden; MB] Glauben."[11]

Menke legt dar, dass die Erklärung der biblisch bezeugten Treue Jahwes durch das der griechischen Philosophie entlehnte Attribut ‚unveränderlich', welches Athanasius im vierten Jahrhundert gebraucht hat, um die Göttlichkeit des Sohnes gegen den Arianismus zu erweisen, verhängnisvolle Auswirkungen hatte. „So gerät aus dem Blick, daß der trinitarische Gott treu ist, weil er sich im Bund mit der eigenen Schöpfung und deren Geschichte selbst dazu bestimmt, sich von den Folgen der geschöpflichen Freiheit bestimmen zu lassen."[12]

Menke interpretiert also die Treue von Gott her interpersonal und rezipiert damit indirekt Thomas von Aquin, der Treue als Tugend gegen andere („ad alterum") bestimmt hatte. Für Thomas fällt die Treue als Tugend gegen andere unter die Tugend der Wahrhaftigkeit, die wiederum wesentlich zu der die Gemeinschaft regelnden Gerechtigkeit gehört.[13] Menke weist dann zustimmend auf die Paulus-Exegese von Martin Luther hin, der neu entdeckt hat, dass „die Gerechtigkeit Gottes identisch ist mit seiner unbedingten Anerkennung der Andersheit des Anderen".[14]

Das hat Konsequenzen für die Soteriologie. Wenn Gott in

---

10 Treue, in: http://www.franz-sales-verlag.de/fsvwiki/index.php/Lexikon/Treue (03.02.2012).

11 *K.-H. Menke,* Treue Gottes. II. Systematisch-Theologisch, in: LThK³ Bd. 10, 2001, 214–215, 214. Die Abkürzungen habe ich aufgelöst.

12 Ebd., 215, Abkürzungen aufgelöst.

13 STh II-II, 80; vgl. IV, sent. 31,1,2 ad 2. ad 3; 35,1,1c; quod l. I, 8,15c, zit. nach: *T. Gloyna,* Treue, 1474.

14 *K.-H. Menke,* Treue Gottes, 215.

seiner Treue dem Anderssein des Sünders „so unbedingt ‚gerecht'
wird, daß [er; MB] ihn nicht zwingt, sondern im Ereignis der Inkarnation des Sohnes selbst an die Stelle tritt, wo sich die Sünde
als kreuzigender Hass erweist", dann kann die „Gerechtigkeit des
Erlösers […] nicht als die Begleichung einer Schuld durch eine
äquivalente Buße" verstanden werden. Sie ist vielmehr als „die
‚Unterfassung' (H. U. v. Balthasar) der Untreue des Sünders durch
die Treue Gottes" zu erläutern.[15]

Damit deutet Menke an, wie auch der Gedanke der Stellver-
tretung in Neuinterpretation der Satisfaktionstheorie des Anselm
von Canterbury von der Treue Gottes her heute verstanden werden könnte.

Jedoch geht Menke noch einen Schritt weiter, wenn er die
Konsequenzen des Verständnisses der Treue Gottes in ihrer Rück-
wirkung auf den Gottesbegriff selbst diskutiert. Er führt nämlich
aus, dass „[u]nter der Voraussetzung der Untrennbarkeit der immanenten von der ökonomischen Trinität" die Treue Gottes „als
Bundestreue bestimmt" wird, „die sich von Menschen real betreffen lässt, und deshalb nicht als ‚unveränderlich' beschrieben werden darf".[16]

Die Eintragung der Betreffbarkeit Gottes durch die Geschichte in den Gottesbegriff, dass Gott, der sich selbst als Treue
den Menschen gegenüber bestimmt hat, sich von den Menschen
betreffen lässt, hat Konsequenzen auch für das Verständnis der
Kirche. „Treue im Glauben" darf sich nämlich, so Menke, „nicht
im Konservieren von Unveränderlichkeiten" erschöpfen; sie besteht vielmehr „in dem nie endenden Bemühen der Kirche insgesamt und jedes einzelnen Gläubigen, der Treue [Gottes; MB]
zu entsprechen".[17]

„Weil die Treue [Gottes; MB], biblisch betrachtet, ein personales Verhalten bezeichnet, darf auch die Treue des Bundespart-
ners, die Treue Israels beziehungsweise der Kirche, nicht mit unge-

---

15  Ebd.
16  Ebd., Abkürzungen aufgelöst.
17  Ebd., Abkürzungen aufgelöst.

schichtlichen Abstraktionen, mit Dogmen oder Institutionen identifiziert werden."[18]

Gleichzeitig ist in diesem ekklesiologischen Kontext auf die konstitutive Bedeutung der Treue Gottes für die Tradierung und Tradition hinzuweisen, denn alle lebendige und nicht bloß konservierende Überlieferung[19] beruht auf dem Vertrauen in die Treue Gottes.

Darüber hinaus deutet die Formulierung „Treu und Glauben" darauf hin, dass die Treue auch ein grundlegendes Thema der Rechtsordnung ist. Jede Rechtsordnung ist darauf angewiesen, dass als verbindlich Erkanntes oder Anerkanntes auch eingehalten wird. So hat „schon I. Kant so expliziert, dass er Treue als Pflicht auf die Seite des Versprechenden [sic!] zur Erfüllung des Gesagten und Glaube auf die Seite dessen stellte, dem etwas versprochen wird, und der an die Erfüllung zu glauben hat".[20]

Biblisch wird in Psalm 119 über die Rechtsordnung hinaus darauf abgestellt, dass die Ordnung der Natur sich der Treue Gottes als Schöpfer verdanke:

„Deine Treue währt von Geschlecht zu Geschlecht; / du hast die Erde gegründet, sie bleibt bestehen. Nach deiner Ordnung bestehen sie bis heute / und dir ist alles dienstbar. Wäre nicht dein Gesetz meine Freude / ich wäre zugrunde gegangen in meinem Elend" (Ps 119, 92b).

Schließlich scheint – und damit endet die Relecture – der Verweis im Treue-Artikel des Historischen Wörterbuchs der Philosophie auf Franz Rosenzweig geeignet, den Begriff der Treue auch im Kontext einer Liebestheologie zu verorten. Im Stern der Erlösung hat Rosenzweig „das Verhältnis der Treue Gottes zur Treue des Menschen insofern dialektisch" begriffen „als Gottes Treue nur in der ‚Gegenliebe' der Treue des Menschen bestehen

---

18  Ebd., Abkürzungen aufgelöst.

19  Zur Entfaltung des Begriffs ‚Überlieferung' in all seinen Dimensionen wäre anzuknüpfen an *H. J. Verweyen*, Gottes letztes Wort, Grundriß der Fundamentaltheologie, Düsseldorf [2]1991.

20  Vgl. *T. Gloyna*, Treue, 1475, der auf Kants Vorlesungen über die Logik verweist. Abkürzungen aufgelöst.

kann".[21] Der Sache nach knüpft Thomas Pröpper mit seiner Begriffsbestimmung von Treue hier an: Treue kann ihm zufolge bestimmt werden als die Unbedingtheit der göttlichen Liebe, die in Jesus Christus offenbar geworden ist, unter Zeitindex, wobei die Liebe das Versprechen ihrer Treue beinhaltet.[22] Sie kann somit als wirkende Gegenwart der Liebe, die Gott ist (1 Joh 4,8.16), verstanden werden. Berufen kann sich eine solche Interpretation der Treue auf Jeremia 31,3:

„Aus der Ferne ist ihm der Herr erschienen: / Mit ewiger Liebe habe ich dich geliebt, / darum habe ich dir so lange die Treue bewahrt."

Mit Thomas Pröpper möchte auch ich Treue Gottes als Verwirklichung der Unbedingtheit der göttlichen Liebe unter Zeitindex verstehen. Der Zeitindex der unbedingten Liebe begründet die Notwendigkeit der Tradition und eines temporär gültigen Rechts, welches zum Ziel hat, das auf Treue beruhende Kommerzium der Freiheiten zu schützen. Am Beispiel der Ehe ließe sich das unmittelbar einsichtig machen. Rechtlich geschützt wird die zeitliche Dimension der Liebe und darin mittelbar diese selbst. Dass damit zugleich ein Weg angedeutet wird, um dem Antagonismus von Liebe und Recht, von Beziehung und Ordnung und in einem weiteren Sinn, von Liebeskirche und Rechtskirche auflösen zu können, zeigt die mögliche Fruchtbarkeit dieses Gedankens.

Das Kapitel über die Treue Gottes kann nicht ohne den Hinweis abgeschlossen werden, dass das theologisch-pragmatische Insistieren auf dem Terminus Treue nicht vor einer Praxis des innerkirchlichen Missbrauchs gefeit ist. Denn es gibt in der römisch-katholischen Kirche Gläubige, für welche die unbedingte Treue zum Papst entscheidendes Kriterium der Rechtgläubigkeit ist. Aus diesem Bewusstsein heraus schrecken sie nicht vor Denunziation zurück, ja sehen diese vielleicht sogar als ihre Treuepflicht dem Papst gegenüber an. Fast jeder Bischof dürfte schon einmal damit konfrontiert worden sein, dass glaubenseifrige und doch

---

21  Zitiert nach *T. Gloyna*, Treue, 1475, Abkürzungen aufgelöst.
22  Vgl. *T. Pröpper*, Theologische Anthropologie II, 1309.

selbsternannte Lehramtshelfer ihn in Rom ,angeschwärzt' haben. Man wird diesen Mitchristen den guten Willen nicht absprechen können. Sie sehen Denunziation als ihre Treuepflicht an und bewerten sie als Akt der Rechtgläubigkeit. Doch wird man nicht umhinkommen, die innerkirchliche Praxis der Bespitzelung und Denunziation scharf zu verurteilen. Das sollten auch die Instanzen tun, die mit den ihnen zugetragenen Informationen umgehen müssen. Ein transparentes und den Rechtsschutz des Denunzierten sicherstellendes Verfahren wäre mehr als nur hilfreich.

Noch einmal ins Grundsätzliche gewendet: Der Treue Gottes zu den Menschen entspricht formal die anamnetisch-epikletische Hinwendung der Menschen zu Gott und material die compassion, die solidarische und leidempfindliche Hinwendung der Menschen zu den Menschen.

# VII.
## *Zur Epiklese als Form des gläubigen Handelns: Diakonie und Hierarchie*

Bisher haben wir die Epiklese als konstitutive Form des gläubigen Handelns in Wort und Sakrament thematisiert. Verkündigung und Liturgie konnten – ungeachtet manch wünschenswerter Verbesserung in der jeweiligen Vollzugsgestalt – als wesenhaft anamnetisch-epikletische Vollzüge charakterisiert werden. Als tragender Grund der anamnetisch-epikletischen Vollzüge wurde die Treue Gottes namhaft gemacht. Nun gilt es, die Bedeutung der Epiklese als Autoritätsform auch für die weiteren Selbstvollzüge der Kirche zu erweisen. Als solche gelten das diakonische und seltener genannt, aber deshalb durchaus nicht unbedeutend, das hierarchische Handeln, genauer: das Handeln der Kirche als *communio hierarchica*. In beiden Handlungsvollzügen spielt die Epiklese eine oftmals erst wieder ins theologische Bewusstsein zu rufende Rolle; ob diese konstitutiv für den diakonischen und hierarchischen Selbstvollzug der Kirche genannt werden kann, wird darüber hinaus zu diskutieren sein.

## *Diakonie*

Man wird jedoch zunächst mit einem massiven Vorbehalt zu rechnen haben, der das Vorhaben, die Epiklese als konstitutiv für das diakonische Handeln der Kirche zu erweisen, geradezu vermessen erscheinen lässt. Dieser Vorbehalt lässt sich am Streit um die orthodoxe oder orthopraktische Ausrichtung der Kirche ablesen. Er betrifft das Verhältnis von Wort und Tat, von epikletischem Gebet und diakonischer Praxis. Nicht wenige Christen, gerade unter denen, die sich kirchlich engagieren, vertreten de facto oder ausdrücklich die Meinung, „das Gebet sei ein unangemessenes Mittel zur Erreichung von Zielen, welche nur durch eigene Anstrengung und Arbeit Wirklichkeit werden könnten."[1] Das gelte auch und vor allem für das diakonische Handeln. Christen sollten sich durch konkretes Handeln für gerechte Strukturen einsetzen und solidarisch gegen Armut, Not und Leid kämpfen. Das Gebet habe Alibifunktion, sei Ersatzhandlung, „Flucht vor der Wirklichkeit", „Alibi für die eigene Trägheit".[2] Dieser prominent zuerst von Dorothee Sölle vertretenen Meinung zufolge ist für die diakonische Praxis das Gebet, erst recht das Bittgebet, wenn nicht überflüssig, so doch zweitrangig.

Soll der Epiklese eine Bedeutung, gar eine konstitutive Bedeutung für das diakonische Handeln beigemessen werden können, wird zuvor, das lehrt dieser Vorbehalt, ausgeschlossen sein müssen, das Gebet als Alibi für das Unterlassen verantwortlichen Handelns zu verstehen. Das Bittgebet kann diakonisches Handeln nicht ersetzen. Welche Bedeutung für das diakonische Handeln kann es dann noch haben?

Ein erster, vorsichtig gegebener Hinweis auf die Bedeutung der Epiklese für das diakonische Handeln findet sich in der (Geist-)Enzyklika *Dominum et Vivificantem* von Papst Johannes Paul II. aus dem Jahr 1986: „Die Kirche bittet mit ihrem Herzen, das alle menschlichen Herzen in sich faßt, den Heiligen Geist um das Glück, das allein in Gott seine volle Verwirklichung findet: die Freude, ‚die niemand nehmen kann' (vgl. Joh 16,22), die Freude, die Frucht der Liebe und somit die Frucht Gottes ist, der die Liebe ist; sie bittet um ‚Gerechtigkeit, Friede und Freude im Heiligen Geist', worin nach dem heiligen Paulus das Reich Gottes besteht (vgl. Röm 14,17; Gal 5,22)".[3] Der Papst deutet mit diesen Formulierungen zum Schluss seiner Enzyklika zumindest summarisch an, dass die Epiklese die

---

1 So diagnostisch zutreffend: *U. Lockmann*, Dialog zweier Freiheiten. Studien zur Verhältnisbestimmung von göttlichem Handeln und menschlichem Gebet (ITS 66), Innsbruck – Wien 2004, 460f.

2 Ebd., 461.

3 *P. Johannes Paul II.*, Enzyklika De Spiritu Sancto in vita ecclesiae et mundi *Dominum et Vivificantem* vom 18. Mai 1986, in: AAS 78 (1986), 809–900, dt. VAS 71, Nr. 67.

auch für den diakonischen Selbstvollzug der Kirche konstitutive
Form des Handelns sein könnte; konstitutiv deshalb, weil durch sie
„die Hoffnung auf Gottes rettendes Handeln wach [ge]halten"[4]
wird – auch in scheinbar ausweglosen Situationen.

Das weite Feld der Verhältnisbestimmung von Eschatologie
und sozialer Verantwortung tut sich hier auf. Es kann jedoch an
dieser Stelle kaum umfassend oder gar abschließend bearbeitet
werden. Im Rahmen einer Skizze zur Ekklesiologie mag der Hinweis genügen, dass vom epikletischen Charakter diakonischer
Vollzüge theologisch die von der Kirche beanspruchte Kompetenz
in sozialethischen Fragen im weitesten Sinn als eine wesentliche
Form der Realisierung der Unbedingtheit der Liebe unter Zeitindex verstanden werden könnte. Dabei geht es jedoch dem diakonischen Handeln nie nur um das Tun der eschatologisch unbedingten Liebe. Es geht vielmehr immer auch um gerechte
Strukturen und Gerechtigkeit im Hier und Heute.

Doch stehen eschatologisch verstandene Liebe und Gerechtigkeit im diakonischen Handeln nicht einfach unverbunden ne-
ben- und manchmal gar in Konkurrenz zueinander. Deshalb ist
das Verhältnis von Gerechtigkeit und Liebe – wenigstens kurz –
für dieses Handeln eigens zu bedenken. Paul Ricœur hat dazu
Grundlegendes ausgeführt.[5] Er hat die Dialektik von Gerechtigkeit
und Liebe in einer Weise bestimmt, durch die einsichtig wird, dass
Liebe und Gerechtigkeit komplementär zu verstehen sind, wobei
die Liebe, in ihrem – ihrer Unbedingtheit und ihrer Gratuität
entsprechendem – Gebotensein gedeutet als poetischer Imperativ,
Gerechtigkeit, in ihrem Gebotensein gedeutet als moralischer Imperativ, zugleich fordert und zu orientieren vermag. Sie fordert die
Gerechtigkeit als ihr praktisch notwendiges Medium, weil ihr
übernormativer Anspruch durch die Gerechtigkeit vermittelt werden muss. Sie orientiert die Gerechtigkeit, indem sie die goldene
Regel, der eine Logik der Entsprechung zugrunde liegt, im Sinne

---

4 *M. Bongardt*, Gottes Liebe, 1474.
5 Vgl. *P. Ricœur*, Liebe und Gerechtigkeit (Amour et justice), hg. von O. Bayer, Tübingen 1990.

der Großzügigkeit, der die Logik der Überfülle als Logik der Liebe zugrunde liegt, reinterpretiert.[6] Gerechtigkeit, die Ricœur mit John Rawls als Gleichheit vor dem Gesetz wie auch als Verteilungsgerechtigkeit im Sinne des Ideals einer gleichmäßigen Verteilung von Rechten und Nutzen zum Vorteil *aller,* also auf der Basis von Kommunikation und gegen die utilitaristische Position, der es um den Vorteil oder Nutzen lediglich der Mehrheit geht, versteht, ist Ricœur zufolge ein notwendiges Implikat der Unbedingtheit der Liebe unter Zeitindex. Der poetische Imperativ der Liebe korrigiert die verkehrende (pervertierte) Interpretation des Gesetzes, indem sie die Wiedereinsetzung der Gerechtigkeit zu Lasten der utilitaristischen Neigung vermag.

In Analogie zu Ricœurs Bestimmung der Dialektik von Liebe und Gerechtigkeit könnte man das Verhältnis von epikletischem Gebet und diakonischem Handeln als ein solches formulieren, in der das Flehgebet das diakonische Handeln fordert und zugleich zu orientieren vermag, damit es nicht nur zum Nutzen der Mehrheit, sondern unbedingt und hoffnungsvoll für alle erfolgt.

Will man das diakonische Handeln als *Selbstvollzug* der Kirche und nicht nur als fakultative Dimension der Pastoral verstehen – was mir nach dem bisher Ausgeführten kaum anders möglich zu sein scheint –, muss es zudem auf seine ekklesiologischen Implikationen hin bedacht werden, darauf hin, wie sich in ihm Kirche darstellt. Mit dieser Fragestellung hat sich vor allem Udo Schmälzle befasst. Ein Verzicht auf die diakonische Dimension des kirchlichen Selbstvollzugs, wie man ihn gegebenenfalls der Forderung der „Entweltlichung der Kirche"[7] hätte entnehmen können, gefährde, so Schmälzle, nicht nur die Glaubwürdigkeit der Kirche. Der sich in ihm zeigende Bruch zwischen Evangelium und Kultur sei vielmehr als gravierender Grund für die Krise der Kirche namhaft zu machen.[8]

---

6 Vgl. ebd., 55.
7 Vgl. *J. Erbacher (Hg.),* Entweltlichung der Kirche? Die Freiburger Rede des Papstes, Freiburg 2012.
8 Vgl. *U. Schmälzle,* Diakonische Pastoral. Geschichte, Dimensionen, Per-

In ihrem diakonischen Selbstvollzug überschreitet sich das Evangelium auf die Kultur, überschreitet sich die Kirche auf die Welt hin. In ihm konstituiert sich die Kirche als Kirche in der Welt. Dabei ist es ekklesiologisch von größter Bedeutung, wie sich Kirche im Verhältnis zur Welt selbst bestimmt. Der Zugang zu einer angemessenen Bestimmung dieses Verhältnisses wird verbaut, wenn man Kirche als den „v. Gott her vorgegebene[n] Raum des Heils"[9] versteht. Ort des Heilswirkens Gottes ist die Welt. Die Bezeichnung der Kirche mit einer Metapher des Ortes verdeckt den inkarnationstheologisch begründeten Sachverhalt, dass Gott das Heil aller Menschen will (1 Tim 2,14). Zugleich scheint eine solche Redeweise eine gravierende Konsequenz des säkularen Weltverständnisses kritiklos zu rezipieren, nämlich die Verbannung des Heilwirkens Gottes in die Kirche. Kirche ist kein Raum des Heils. Kirche ist eine intersubjektive Wirklichkeit. Sie ist Kommunikation des Heils. Und dazu ist sie in der Welt.

Andererseits scheint es auch nicht unproblematisch, „Geschichte als das Kommerzium zwischen der freilassenden Freiheit Gottes und der freigelassenen Freiheit des Menschen"[10] zu verstehen, wie Georg Essen es vorgeschlagen hat. Er will „Geschichte insgesamt als durch das Kommerzium von Freiheiten konstituiert begreifen"[11] und setzt dabei einen für theologische Deutungen offenen Geschichtsbegriff ebenso wie die Geschichtsmächtigkeit Gottes voraus. Das Verständnis der Kirche gerät in einem solchen Konzept in Gefahr, nur noch soteriologisch verkürzt zur Geltung zu kommen. Essen begreift die Kirche „als jene Erinnerungs- und Erzählgemeinschaft, welche die eschatologische Wahrheit der Bundesgeschichte Gottes mit den Menschen im Horizont der eigenen Geschichte anamnetisch aktualisiert, in ihrer Praxis von der

---

spektiven. Manuskript des Referats zum Tag der Räte in Würzburg 10.03.2001, in: downloads.kirchenserver.net/18/1723/1/11333436858470791.pdf, 3–10 (04.02.2013).

9  Vgl. *W. Kasper*, Kirche III. Systematisch-theologisch, in: LThK³ Bd. 5, 1996, 1465–1474, 1467.

10  *G. Essen*, Gottes Treue, 390.

11  Ebd., 391.

schon angebrochenen Verheißung Zeugnis gibt und so zum ‚Zeichen und Werkzeug für die innigste Vereinigung mit Gott wie für die Einheit der ganzen Menschheit' wird (LG 1)."[12] Insofern es doch gerade die Kirche ist, die den Geschichtsbegriff für eine theologische Deutung offen hält, indem sie von der Geschichtsmächtigkeit Gottes ausgeht, wäre eher die Kirche als die Geschichte als Kommerzium von göttlicher und menschlicher Freiheit zu verstehen. Sie wirkt in der Geschichte, indem sie die verheißene Treue Gottes als Grund der Hoffnung auf eine Vollendung der Geschichte nicht nur erinnert und erzählt, sondern auch im diakonischen Handeln in ihr und ihr gegenüber und ihren Widerfahrnissen zum Trotz darstellt.

Ihre Solidarität mit der Welt (der Geschichte, den Menschen) kann die Kirche dadurch angemessen Ausdruck verleihen, dass sie mit der Welt (der Geschichte, den Menschen) die Gegenwart Gottes im Geist erfleht. *Kirche ist nicht im Besitz des Heils, ebenso wenig wie die Welt oder die Geschichte.* Kirche als Gemeinschaft der Gott Zugehörigen vermag allerdings die geschichtliche Heilshoffnung der Menschen im Geist auf Gott zu richten. Für ihre zu Beginn der Pastoralkonstitution *Gaudium et spes* beschriebene Solidarität gibt es also einen doppelten Grund:

„Freude und Hoffnung, Trauer und Angst der Menschen von heute, besonders der Armen und Bedrängten aller Art, sind auch Freude und Hoffnung, Trauer und Angst der Jünger Christi. Und es gibt nichts wahrhaft Menschliches, das nicht in ihren Herzen seinen Widerhall fände. Ist doch ihre eigene Gemeinschaft aus Menschen gebildet, die, in Christus geeint, vom Heiligen Geist auf ihrer Pilgerschaft zum Reich des Vaters geleitet werden und eine Heilsbotschaft empfangen haben, die allen auszurichten ist. Darum erfährt diese Gemeinschaft sich mit der Menschheit und ihrer Geschichte wirklich engstens verbunden." (GS 1)

Mit Verweis auf Augustinus hat Walter Kasper die zustimmungswürdige Feststellung getroffen, dass „die Einheit [aller

---

12  Ebd., 391. Dass die anamnetische Aktualisierung der Geschichte Jesu epikletisch erfolgt, hat Essen nicht gesehen.

Menschen; MB] im Heiligen Geist sichtbares Kriterium der Heils-
wirksamkeit der Kirche" sei.[13] Papst Franziskus hat sein Pontifikat
mit einem bemerkenswerten Aufruf begonnen, in dem er mit einfachen Worten das Gebet und das diakonische Handeln aufeinander bezog: „Beten wir immer füreinander. Beten wir für die ganze
Welt, damit ein großes Miteinander herrsche." Im unmittelbaren
Anschluss daran machte er klar, dass er das Handeln des Bischofs
als das erhörte Gebet des Volkes versteht. „Und nun möchte ich
den Segen erteilen, aber zuvor bitte ich euch um einen Gefallen.
Ehe der Bischof das Volk segnet, bitte ich euch, den Herrn anzurufen, dass er mich segne: das Gebet des Volkes, das um den Segen
für seinen Bischof bittet. In Stille wollen wir euer Gebet für mich
halten."[14] Welch ein Vertrauen des Bischofs in das Volk! Was für
ein Beginn!

Der Oscar-prämierte und mehrfach ausgezeichnete Film
„Dead Man Walking" aus dem Jahr 1995 zeigt exemplarisch, dass
Solidarität nicht nur eine Frage professionalisierter Begleitung,
sondern auch eine Frage epikletischer Haltung ist. Die Pointe des
Films besteht darin, dass es dadurch zu einer Konstellation
kommt, in der die Wahrheit über das geschehene Verbrechen von
dem zum Tod Verurteilten ausgesagt werden kann. Dem Bittgebet
der den Mörder in den letzten Tagen vor seiner drohenden Hin-
richtung begleitenden Sozialarbeiterin und Ordensfrau korrespon-
diert das Einstehen des Täters für seine Tat.

Insofern also diese Form des diakonischen Handelns auch
die Weise bezeichnet, in der Umkehr und Erlösung geschehen,
kann die Epiklese als konstitutiv für die rettende und befreiende
Gegenwart Gottes im Geist angesehen werden. Die Epiklese als
Handlungsform ist damit zugleich Autoritätsform des Evangeliums von der Erlösung des Menschen durch Gott.

---

13  *W. Kasper,* Kirche II. Theologie- und dogmengeschichtlich, in: LThK[3] Bd.
5, 1996, 1458–1465, 1459.
14  Erste Grußworte von Papst Franziskus am 13. März 2013, in: http://
www.vatican.va/holy_father/francesco/speeches/2013/march/documents/papa
-francesco_20130313_benedizione-urbi-et-orbi_ge.html (06.04.2013).

Für die Praxis diakonischen Handelns könnten die eben vorgetragenen Gedanken und Beispiele leicht überzogen erscheinen. Jedoch lassen sie sich durch eine recht einfache Frage erden. Gehört, so könnte man die Träger hauptberuflich wahrgenommener diakonischer Dienste, zum Beispiel in der Krankenpflege, der Betreuung und Beratung, fragen, das gemeinsame Gebet zur Dienstzeit, also zu der Zeit, in der die Mitarbeiterinnen und Mitarbeiter im Namen der Kirche handeln? Oder müssen diejenigen, die in kirchlichen Einrichtungen daran teilnehmen wollen, vorher ‚ausstempeln‘, weil Religion Privatsache sei? Wird, mit anderen Worten, das gemeinsame Gebet anders als die arbeitsrechtlich als Dienstzeit geltende Frühstückspause behandelt? Der diakonische Selbstvollzug der Kirchen, an dem die Gesellschaft die Glaubwürdigkeit der Kirchen misst, steht in Gefahr, von den Arbeitsvertragsparteien in der Kirche nicht mehr oder nur akzidentiell als gläubiges Handeln verstanden zu werden, wenn die anamnetisch-epikletische Ausrichtung auf die das Handeln tragende Treue Gottes durch arbeitsrechtliche Bestimmungen marginalisiert wird. Wie also werden durch die kirchlichen Arbeitgeber die Dienstzeiten berechnet? Hier gäbe es bislang ungenutzte Gestaltungsräume für das Selbstbestimmungsrecht der Kirchen, für eine ‚Entweltlichung‘ durch Abkoppelung von im Sozialbereich zweifelhaften Effizienz- und Refinanzierungskriterien und für den sogenannten ‚Dritten Weg‘.

Man wird in diesem Zusammenhang zudem zumindest fragen dürfen, ob nicht die vorwiegend ethisch formulierten Anforderungen an die kirchlichen Mitarbeiterinnen und Mitarbeiter einer epikletisch orientierten Korrektur unterzogen werden müssten. Wenn die Kirche als wesenhaft epikletisch charakterisiert wird, müsste dann nicht auch das Kriterium ‚Kirchlichkeit‘ primär daran und nicht in erster Linie an der Erfüllung ethischer Vorgaben ausgerichtet werden?

Die Kirche braucht in ihren diakonischen Einrichtungen Mitarbeiterinnen und Mitarbeiter, die das Heil für andere von Gott erhoffen und dies durch ihr Tun, so weltlich ausgerichtet dies auch immer sein mag, implizit und explizit darstellen und bezeugen. Papst Benedikt XVI. hat das in seiner letzten Enzyklika präzise erfasst: „*Die Entwicklung braucht Christen, die die Arme zu Gott erheben* in der Geste des Gebets, Christen, die von dem Bewusstsein getragen sind, dass die von Wahrheit erfüllte Liebe, *Caritas in veritate*, von der die echte Entwicklung ausgeht, nicht unser Werk ist, sondern uns geschenkt wird."[15] In dieser Weise können sie „Zeuge und lebendiges Werkzeug" (LG 33,2) des universalen Heilswillens Gottes sein.

Diakonisches Handeln der Kirche, das nach den Worten der Enzyklika *Dominum et Vivificantem* „Gerechtigkeit, Friede und Freude im Heiligen Geist" anzielt, gründet ebenso wie das Verkündigungs- und das sakramental-liturgische Handeln in der Treue Gottes. Alle drei Weisen des Selbstvollzugs der Kirche sind demnach von ihrem theologischen Grund her gleichwertig. Die epikletische Ausrichtung diakonischen Handelns, die ‚Freude im Heiligen Geist' vermag der Gleichwertigkeit des diakonischen Selbstvollzugs der Kirche[16] mit denen der Verkündigung und der Sakramente in der Darstellung des Heilshandelns Gottes in der Welt und dem Aufbau der Kirche eine Form zu geben.

## Hierarchie

Insofern nun das hierarchische Handeln ebenfalls eine Ekklesiopraxis darstellt, müsste auch dessen Bezug zur Epiklese aufweisbar sein und es sich, das Gelingen dieses Aufweises vorausgesetzt, dem

---

15  *P. Benedikt XVI.*, Enzyklika De humana integra progressione in caritate veritateque *Caritas in veritate* vom 29. Juni 2009, in: AAS 101 (2009), 641–709, dt. VAS 186, dt. in: http://www.vatican.va/holy_father/benedict_xvi/encyclicals/documents/hf_ben-xvi_enc_20090629_caritas-in-veritate_ge.html (06.04.2013), Nr. 79.

16  Vgl. *P. Benedikt XVI.*, Motu proprio De caritate ministanda *Intima Ecclesiae natura* vom 11. November 2012, in: AAS 104 (2012), 996–1004, dt. in: http://www.vatican.va/holy_father/benedict_xvi/motu_proprio/documents/hf_ben-xvi_motu-proprio_20121111_caritas_ge.html (08.04.2013). In der Einleitung heißt es: „Auch der Dienst der Liebe ist ein konstitutives Element der kirchlichen Sendung und unverzichtbarer Ausdruck ihres [der Kirche; MB] eigenen Wesens."

Anspruch des epikletischen Kriteriums stellen.[17] Das ist freilich bisher, soweit ich sehe, nirgends thematisiert worden. Man betritt also Neuland. Wo soll man anfangen?

Wiederum, so lautet mein Vorschlag, bei der Praxis kirchlicher Selbstvollzüge. Forschungsgegenstand könnten beispielsweise die Konzilien mit ihren Liturgien sein, sofern kirchliche Lehrentscheidungen und Gesetzgebung unter Anrufung des Heiligen Geistes erfolgen[18], sowie die kirchliche Rechtsprechung, die im Namen des dreifaltigen Gottes und im Hinblick auf das „Heil der Seelen" (can. 1752 CIC/1983) vollzogen wird.[19] Zweifellos ist die Gefahr nicht von der Hand zu weisen, dass das zum Befund führt, das epikletische Gebet sei für diese Praxis des Leitungshandelns wenig bewusstseinsbildend. Doch zeigt die kirchlich geübte Praxis in Riten, Verfahren und vielleicht unreflektiert tradierten Formeln zumindest für die Genese von formativen und normativen Texten sowie von Urteilen die Bereitschaft der Formulierenden beziehungsweise Urteilenden an, sich für Gott in seiner Treue zu öffnen und ihn um die Gabe seiner selbst zu bitten. Dem müssten dann auch, so könnte man postulieren, verabschiedete Texte zum Selbstverständnis, Normen zur Ordnung dieses Selbstverständnisses und Urteile zur Durchsetzung dieser Normen entsprechen. In diese Richtung gäbe es allerdings – dies kann vorweg gesagt werden – viel zu tun.

---

17 Vgl. *T. Stubenrauch*, Der Heilige Geist als Träger der Liturgie im CIC/1983, in: AkathKR 171 (2002), 38–71.

18 Vgl. *L. Koep*, Die Liturgie der Sessiones generales auf dem Konstanzer Konzil, in: A. Franzen, W. Müller (Hg.), Das Konzil von Konstanz. Beiträge zu seiner Geschichte und Theologie, Freiburg – Basel – Wien 1964, 241–251. Es ist kennzeichnend und zugleich zu bedauern, dass das Bewusstsein des epikletischen Handelns in Bezug auf die primatiale Gesetzgebung nicht erkennbar ist. Vgl. *P. Johannes Paul II.*, Constitutio Apostolica *Sacrae Disciplinae Leges* vom 25. Januar 1983), dt. in: http://www.vatican.va/holy_father/john_paul_ii/apost_constitutions/docu ments%20/hf_jp-ii_apc_25011983_sacrae-disciplinae-leges_ge.html (27.06.2012).

19 Es kann nicht verschwiegen werden, dass die weitgehend säkularisierte, bürokratisch Herrschaft ausübende, kirchliche Verwaltung eigens bedacht werden müsste.

In Bezug auf den möglichen epikletischen Charakter von Konzilien als lehrentscheidenden und gesetzgebenden Instanzen scheint das Urteil von *Lumen gentium,* welches das Zweite Vatikanische Konzil als „im Heiligen Geist versammelte[n] Heilige[n] Synode" (LG 1) versteht, von höchster Relevanz. Nur darf man nicht einfach in dem Bewusstsein darüber hinweg lesen, dass es sich ja nur um eine einleitende Floskel handle, gewissermaßen eine *captatio benevolentiae,* die dem Geist Gottes, weil es stilvoll klingt, entgegengebracht würde.

Eine pneumatologisch und ekklesiologisch angemessene Interpretation des Textes wird der thematisierten Selbstunterscheidung des Konzils vom Geist Gottes besondere Aufmerksamkeit zuteil werden lassen. Sie scheint unverzichtbar zu sein, zumindest dann, wenn man die Aussage von *Lumen gentium* 1 nicht als Geistunmittelbarkeit, ausdrückt durch den Anspruch der Inspiriertheit, apologetisch überzeichnen will. Entscheidendes dazu wurde ja bereits im Abschnitt über das Verkündigungshandeln gesagt. Vernachlässigt man diese Differenz, erhielten als inspiriert bezeichnete Entscheidungen der Konzilien, des Lehramtes, der Kirchenväter, Theologen und selbst der weltlichen Herrscher statt Zeugnisqualität Offenbarungsqualität. Zu fragen wäre also: „Welcher Art ist dieser Geistesbeistand, welcher dem kirchlichen Lehramt zugesichert ist […]?"[20]

Selbst wenn man ihn ‚in sich selbst‘ beschreiben wollte, könnte dies nicht unabhängig vom epikletischen Vollzug geschehen. Die Behauptung der Inspiriertheit der Konzilsentscheidungen ist deshalb vom epikletischen Vollzug her einer kritischen Relecture zu unterziehen. Dazu dienen die folgenden Beobachtungen zur Geschichte der Konzilien, aus denen sich differenzierte Theorieelemente für eine pneumatologische Reformulierung kirchlichen Leitungshandelns insgesamt gewinnen lassen.

Für das Apostelkonzil hat Thomas Söding herausgestellt, dass die dort getroffenen Entscheidungen als geistliches Urteil (1 Kor

---

20  *H. Bacht,* Sind die Lehrentscheidungen der ökumenischen Konzilien inspiriert?, in: Cath 13 (1959), 128–139, 139.

12,3) überliefert worden seien. „Sie haben ein geistliches Urteil über das Wirken des Geistes gefällt und daraus eine theologische Konsequenz mit juristischen Folgen gezogen [...]."[21] Dabei gehe es „letztlich um die Frage, wie die Kirche dem Wirken des Heiligen Geistes Raum geben kann, der nach der Apostelgeschichte Petrus gegen dessen innerste Widerstände zur Taufe des gottesfürchtigen Heiden Cornelius geführt hat (Apg 10–11), und nach dem Galaterbrief den Heidenchristen durch den Glauben zuteil geworden ist, ohne die Beschneidung (Gal 3,1–4)."[22] Das Ergebnis, in dem die Autorität des Geistes von der der Apostel unterschieden und der letzteren vorgeordnet wird, ist bekannt: „Denn es hat *dem Heiligen Geiste und uns* gefallen, euch weiter keine Last aufzulegen außer folgenden notwendigen Stücken" (Apg 15,28).

In Bezug auf das Konzil von Chalkedon (451) stellt Alois Grillmeier fest: „Nach der Auffassung der damaligen Zeit gelten die allgemeinen Konzilien als inspiriert und die Inspiration des Geistes äußert sich nach antiker Anschauung in lautem Rufen. So bezeugt es uns auch Paulus, der von dem ‚Schreien' im Geiste (Röm 8,15) spricht. Selbst Dioskorus, die dunkle Gestalt der ‚Räubersynode' von 449, bezeugt diese Auffassung, indem er seinen Gesinnungsgenossen zuruft: ‚Das habt nicht ihr gerufen. Das hat der Heilige Geist in euch geschrieen'."[23] Wieder zeigt sich das Bewusstsein der Differenz in der Autorenschaft. Das Verb „schreien" zeigt die Unkontrollierbarkeit des Geistvollzuges durch die Konzilsväter an. Gleichzeitig findet der Aspekt der ‚epikletischen Union' hierin eine Form seiner Darstellung.

Zudem war in der Alten Kirche, auch wenn es noch keine ausgearbeitete Konzilstheorie gab, das Bewusstsein vorhanden,

---

21  *T. Söding*, Das Apostelkonzil als Paradebeispiel kirchlicher Konfliktlösung. Anspruch, Wirklichkeit und Wirkung, in: http://www.ruhr-uni-bochum.de/imperia/md/content/nt/aktuelles/tagungdialogprozessekgiibochum/das_apostelkonzil-1.pdf (18.01.2012), 1–10, 7.

22  Ebd., 6.

23  *A. Grillmeier*, Das Konzil von Chalcedon und der Geist des Christentums. Zur 1500-Jahrfeier (451–1951) einer Glaubensentscheidung, in: GuL 24 (1951), 404–414, 408.

dass ein Konzil nicht einfach eine ‚parlamentarische Versammlung‘, sondern eine liturgische Feier sei (Athanasius).[24] Als weiteres Wesensmerkmal eines Konzils in der alten Kirche hat Hermann Josef Sieben den horizontalen und den vertikalen Konsens herausgestellt, wobei der horizontale Konsens unmittelbar auf das Wirken des Geistes zurückgeführt wurde.[25]

Nach Heribert Schneider, der als ausgewiesener Kenner der Konzilien des Mittelalters gilt, hängt die Legitimität einer mittelalterlichen Synode als gesetzgebender Institution an ihrer äußeren Form. Dies ist auf die rechtliche ebenso wie die liturgische Form zu beziehen. Beide gehören wegen der *solemnitas*, der Feierlichkeit, in der ein Konzil zu vollziehen ist und die es von anderen Versammlungen unterscheidet, zusammen.[26] Schneider führt aus: „Aus dem Bewußtsein, sich im Heiligen Geist zu versammeln, speiste sich die Legitimität der Synoden" (739), die verstanden werden konnten als „im Heiligen Geist vollzogene Feiern" (741). Diese „zentrale Orientierung auf den Heiligen Geist" verband die früh- und spätmittelalterliche Konzilsliturgie miteinander (739) und dauert bis in die Gegenwart an. „Legitimierte sich die Synode durch den Heiligen Geist, konnte ihrer Liturgie konstitutive Bedeutung zugesprochen werden" (740).

Freilich müsste die Art der Zusammengehörigkeit über die Interpretation Schneiders, der sich damit begnügt, das liturgische Feiern und das Recht schaffende Handeln einer Synode als zwei Seiten einer Medaille zu bezeichnen[27], systematisch bestimmt werden. Das kann im Rahmen dieser Studie nicht mit der dafür erforderlichen historisch-kritischen Sorgfalt geleistet werden. Ein Hinweis auf die hermeneutische Problemstellung und die damit zusammenhängenden Forschungsfragen muss deshalb genügen:

---

24 Vgl. *H.-J. Sieben*, Die Konzilsidee der Alten Kirche, Paderborn 1979. Der Titel der Schrift des Athanasius, auf die Sieben sich bezieht, deutet das an. Er lautet: ‚*De synodis Arimini in Italia et Seleucia in Isauria celebrantis*‘.

25 Vgl. ebd., 220f.; 314f.

26 *H. Schneider*, „... cum forma", 734, der dieses Merkmal als zur ausdrücklichen Konzilsdefinition von Benedikt XIII. bis Torquemada gehörend ansieht.

27 Ebd., 736f.

Der an der Westfälischen Wilhelms-Universität Münster einge-
richtete Sonderforschungsbereich „Symbolische Kommunikation
und gesellschaftliche Wertesysteme vom Mittelalter bis zur Französischen Revolution" hat sich von der Annahme leiten lassen,
„dass die verschiedenen Formen symbolischer Kommunikation einen Schlüssel zum Verständnis der vormodernen Gesellschaften,
ihrer spezifischen Rationalität und ihres Wandels liefern". Dabei
teilt der Sonderforschungsbereich „die kulturwissenschaftliche
Prämisse, dass Symbolisierungen die empirische Wahrnehmung
der sozialen Welt strukturieren, das Handeln motivieren und orientieren, normative Erwartungen stabilisieren und kollektive
Werte vergegenwärtigen. Die reale Geltungskraft von Werten und
Normen in einer Gesellschaft setzt vorgeschriebene Formen und
Akte ihrer Anerkennung voraus; deshalb kommt ihrer symbolischen Vergegenwärtigung eine fundamentale Rolle zu. Jede Gesellschaft vergewissert sich fortlaufend der Gültigkeit von Werten und
der Stabilität von Normen in Vergangenheit, Gegenwart und Zukunft durch symbolisches Handeln, das die Werte und Normen in
momenthaft verdichteter und sinnlich wahrnehmbarer Form präsent macht. Die Macht des Symbolischen, mit der eine bestehende
Ordnung den Individuen immer schon gegenübertritt, schafft
oder verstärkt affektive Bindungen und Wertüberzeugungen, die
jede rational-diskursive Begründung übersteigen." Dass dies nicht
dem rationalen Selbstverständnis der Moderne entspricht, wäre
hermeneutisch eigens zu bedenken. Jedoch: „Dass auch die Moderne in diesem Sinne nicht ohne Symbolisierungen auskommt,
ist inzwischen offenkundig geworden. Im Unterschied zur Vor-
moderne widerspricht das aber ihrem Selbstverständnis, das von
der Vorstellung einer Zunahme an abstrakter Rationalität und dis-
kursiver Reflexivität, einer Entwicklung ‚vom Mythos zum Logos',
geprägt war", so heißt es dazu problemanzeigend im Forschungs-
programm des Sonderforschungsbereiches, dessen Ergebnisse
noch nicht vollständig publiziert worden sind.[28]

---

28  http://www.uni-muenster.de/SFB496/forschungsprogramm.html
(15.02.2012). Das jüngst erschienene Buch von *B. Schmidt, H. Wolf* (Hg.), Ek-

Trotz der ausstehenden Antworten auf die eben thematisierte hermeneutische Problemstellung und die damit einhergehenden noch ungelösten Forschungsfragen, soll hypothetisch die folgende Behauptung aufgestellt werden, wobei ich mir der Ungesichertheit und des Wagnisses einer solchen Hypothese bewusst bin. Sie lautet:

Wenn Recht schaffendes Handeln durch eine gesamt- oder teilkirchliche Synode als Konkretisierung des *ius divinum* verstanden werden kann, dann scheint die aufgrund der biblischen Verheißung erhörungsgewisse feierliche Anrufung Gottes um seinen Geist der einzige Weg zu sein, sich des wesentlichen Gehalts dessen, was als ius divinum[29] bezeichnet werden kann, nämlich der Treue Gottes, versichern zu können.

Um die Adäquatheit der konkreten Ausdrucksgestalt der verabschiedeten Dekrete dem ius divinum gegenüber festzustellen, dazu braucht es freilich mehr, dazu ist der im Vertikalen verankerte horizontale Konsens unverzichtbar.

Nach Nikolaus von Kues, der in seiner 1434 entstandenen Schrift ‚De concordantia catholica' eine systematische Darstellung der konziliaren Idee vorgelegt hat, ist der vertikale und horizontale Konsens das Wesensmerkmal eines Konzils, wobei der horizontale Konsens erkenntnisleitend ist: „der Konsens zeigt als solcher die Gegenwart des Heiligen Geistes an, hier im einzelnen Konzil, dort in der konziliaren Tradition: *Si ex concordantia procedit definitio, tunc ex sancto spiritu processisse creditur, quoniam ipse est auctor pacis ac concordiae.*"[30] Die Setzung von Recht geht also nach dem

---

klesiologische Alternativen? Monarchischer Papst und Formen kollegialer Kirchenleitung (15.–20. Jahrhundert), Münster 2013, konnte nicht mehr eingesehen werden.

29 Der Gehalt des *ius divinum positivum* wird dabei als dem Verständnis der göttlichen Selbstoffenbarung in *Dei Verbum* 2 (s.o.) entsprechend verstanden werden müssen: Gottes unbedingter Heilswille. Der Gehalt des *ius divinum naturale* wird als die Freiheit des Adressaten bestimmt werden müssen, dem dieser göttliche Heilswille gilt.

30 *H.-J. Sieben*, Traktate und Theorien zum Konzil, Frankfurt a. M. 1983, 109. Sieben zitiert Nicolai de Cusa, De concordantia catholica (Opera omnia Bd. 14), Hamburg 1963–1968, II 4; 78,1.

Urteil des Cusaners indirekt auf den Heiligen Geist als einendes Prinzip zurück, darauf, dass sich im *Konsens* der Konzilsväter die Gegenwart des Heiligen Geistes manifestiert. „Aus ihm besteht deswegen auch das eigentliche Wesen des Konzils."[31]

Dieser Konsens hat, so möchte man ergänzen, seine evidente Grundlage in dem die Konzilsväter miteinander ohne Ausnahme und uneingeschränkt verbindenden epikletischen Gebet. Dazu ein sprechendes Beispiel:

Während des Konzils von Trient kam es vom 7. bis zum 20. April 1562 zu einer Krise, die – indirekt – die eben vertretene Position zu erhärten vermag: der Streit um die Residenzpflicht der Bischöfe. Die Auseinandersetzung kreiste um die Frage, ob die Residenzpflicht als göttliches oder als menschliches Recht anzusehen sei. Schließlich ließen die Legaten des Papstes darüber abstimmen, ob das Konzil eine Erklärung darüber abgeben soll, ob die Residenzpflicht göttlichen Rechts sei. 67 Väter stimmten mit Ja, 35 mit Nein und 34 antworteten, ihr Votum solle der Entscheidung des Papstes anheimgestellt werden. Dass dieser mangelnde Konsens in Verbindung mit der Unselbständigkeit der Bischöfe zu einer tiefen Krise des Konzils führen musste, ist leicht ersichtlich. In beidem zeigt sich mittelbar das mangelnde Vertrauen in den Geist, der das eigene wie kollegiale Handeln der im Konzil versammelten Bischöfe trägt. Ohne dieses Vertrauen ist kein Konsens, ohne Konsens keine Gesetzgebung möglich. Hinzu kommt, dass in einer Denkschrift von reformorientierten italienischen Bischöfen, die auf Veranlassung von Kardinal Seripando, einem der päpstlichen Legaten auf dem Konzil, erstellt worden war und den Beratungen mit zugrunde lag, als entscheidendes Argument für die Klassifizierung der Residenzpflicht als göttliches Recht die Forderung zu lesen ist: „Es ist zu erklären, daß die Residenzpflicht göttlichen Rechtes ist, wenn kein anderes wirksames Mittel gefunden werden kann, sie durchzuführen."[32] Deutlicher kann man die Funktion –

---

31  Ebd., 91.
32  Vgl. *H. Jedin*, Krisis und Abschluß des Trienter Konzils 1562/63. Ein Rückblick nach vier Jahrhunderten, Freiburg – Basel – Wien 1964, 35–37, 36.

oder soll man sagen Missbrauch? – des göttlichen Rechts für den kirchlichen Machtanspruch kaum formulieren: Unveränderlichkeit als politisches Druckmittel zur Durchsetzung von Autorität! Der juristische Fehler, der dabei unterlaufen ist, liegt in der Gleichsetzung von *ius* und *lex*. Das *ius divinum*, das heißt die Treue Gottes, bedarf der jeweiligen geschichtlichen Konkretisierung in menschlichen *leges*, die zwar verantwortlich ausgestaltet werden müssen, aber allesamt veränderbar sind.[33]

Was hat der kursorische Durchgang durch die Geschichte der Konzilien erbracht? Die Unterscheidung zwischen dem Heiligen Geist und der konziliaren Versammlung, die Vorordnung des Geistes vor der Versammlung, die feierliche liturgische Ausrichtung der Versammlung auf den Geist sowie der horizontale und vertikale Konsens konnten als Kennzeichen des epikletischen Charakters des konziliaren Selbstvollzugs der Kirche herausgearbeitet werden. Unter systematischem Aspekt darf sicher keines der Kennzeichen fehlen. Die Notwendigkeit für das Vorhandensein all dieser Merkmale deutet auf die konstitutive Bedeutung des epikletischen Vollzugs für das kirchliche Leitungshandeln hin. Dies gilt für die Akte der konziliaren Lehrentscheidungen und Rechtsetzung in der Kirche. Dieser entsprechen in Grundzügen auch die ihr historisch gesehen nachfolgende päpstliche Lehrentscheidung und Rechtsetzung wie auch das in bischöflicher Autorität ergehende lehramtliche und richterliche Urteil.

---

33 Vgl. *P. Hünermann*, Ekklesiologie im Präsens, 226.

# VIII.
## Zur Epiklese als Form kirchlicher Strukturen

Bisher galt die Aufmerksamkeit den Selbstvollzügen der Kirche. Doch lässt sich Kirche nicht auf ihre Selbstvollzüge reduzieren. Neben den Selbstvollzügen sind die kirchlichen Strukturen in den Blick zu nehmen. Auch in ihnen stellt sich die formative Gestalt der Kirche dar. Werden auch sie sich als epikletisch bestimmt ausweisen lassen? Das könnte zumindest die Formulierung aus *Lumen gentium* 22 nahelegen, derzufolge die „organische Struktur und Eintracht [der ganzen Kirche; MB] der Heilige Geist immerfort stärkt". Die Frage richtet sich an das Selbstverständnis der Kirche als Volk Gottes, wobei drei Strukturmerkmale des Volkes Gottes genauer unter die Lupe genommen werden sollen.

Als erstes geht es um die Frage der Zugehörigkeit zum Volk Gottes. *Presbyterorum ordinis* führt aus, dass „alle, die zu diesem Volk gehören, im Heiligen Geist geheiligt sind" (PO 2); sodann um die innere Struktur der Kirche als Volk Gottes, so wie es *Lumen gentium* 26 ausgedrückt hat: „Diese Kirche Christi ist wahrhaft in allen rechtmäßigen Ortsgemeinschaften der Gläubigen anwesend, die in der Verbundenheit mit ihren Hirten im Neuen Testament auch selbst Kirchen heißen. Sie sind nämlich je an ihrem Ort, im Heiligen Geist und mit großer Zuversicht (vgl. 1 Thess 1,5), das von Gott gerufene neue Volk". Drittens geht es um die Ausstattung der Kirche mit hierarchischen Organen, die ihren kirchenleitenden Dienst an der Einheit als Organ des Volkes Gottes und des Heiligen Geistes ausüben, indem sie durch die Verkündigung des Evangeliums und die Feier der Eucharistie im Heiligen Geist das Volk Gottes zusammenführen.

## Zugehörigkeit zum Volk Gottes

Die Frage nach der Zugehörigkeit zum Volk Gottes ist von der Frage nach der Zugehörigkeit zur Gemeinschaft der Kirche zu unterscheiden. Der Grund für die Notwendigkeit dieser Unterscheidung liegt darin, dass die komplexe Wirklichkeit der Kirche nicht mit der römisch-katholischen Kirche identisch ist. Das Konzil führt in *Lumen gentium* 8,2 dazu aus, dass die komplexe Wirklichkeit der Kirche in der römisch-katholischen Kirche verwirklicht ist (*,subsistit'*). Es erkennt damit an, dass es auch außerhalb der römisch-katholischen Kirche Menschen gibt, die als Getaufte zum Volk Gottes gehören, ohne sie kirchlich vereinnahmen zu wollen. Auch gehören alle Juden aufgrund des nie gekündigten Bundes, und zwar unabhängig von der römisch-katholischen Kirche, zum Volk Gottes. Sie sind und bleiben die „älteren Brüder" (Papst Johannes Paul II.) der Christen. Dies gilt es umso mehr dann zu betonen, wenn die Kirche in der Treue Gottes ihren Grund findet.

*Lumen gentium* betrachtet deshalb die Frage der Zugehörigkeit zur Kirche für diejenigen, die dem Volk Gottes angehören, in differenzierter Weise. Der Text spricht in konzentrischen Kreisen von einer vollen Eingliederung in die Gemeinschaft der Kirche, dann von der Zugehörigkeit zum Volk Gottes außerhalb der katholischen Kirche und schließlich noch von der Hinordnung auf das Gottesvolk.

Zur vollen Eingliederung in die Gemeinschaft der Kirche heißt es: „Jene werden der Gemeinschaft der Kirche voll eingegliedert, die, im Besitze des Geistes Christi, ihre ganze Ordnung und alle in ihr eingerichteten Heilsmittel annehmen und in ihrem sichtbaren Verband mit Christus, der sie durch den Papst und die Bischöfe leitet, verbunden sind, und dies durch die Bande des Glaubensbekenntnisses, der Sakramente und der kirchlichen Leitung und Gemeinschaft." (LG 14,1) Über die Zugehörigkeit zum Volk Gottes steht der entscheidende, bereits zitierte Satz in *Presbyterorum ordinis*, nämlich, dass „alle, die zu diesem Volk gehören, im Heiligen Geist geheiligt sind" (PO 2). *Lumen gentium* thematisiert darüber hinaus die Verbundenheit derer, die voll in die Gemeinschaft der Kirche eingegliedert sind, mit denen, die durch die Taufe dem Volk Gottes, nicht aber der römisch-katholischen Kirche angehören. In bewundersewerter Weise stellt dieser Text die Verbundenheit her, die er beschreibt. Er sei deshalb zusammenhängend zitiert:

„Mit jenen, die durch die Taufe der Ehre des Christennamens teilhaft sind, den vollen Glauben aber nicht bekennen oder die Einheit der Gemeinschaft unter dem Nachfolger Petri nicht wahren, weiß sich die Kirche aus mehrfachem Grunde verbunden. Viele nämlich halten die Schrift als Glaubens- und Lebensnorm in Ehren, zeigen einen aufrichtigen religiösen Eifer, glauben in Liebe an Gott, den allmächtigen Vater, und an Christus, den Sohn Gottes und Erlöser, empfangen das Zeichen der Taufe, wodurch sie mit Christus verbunden werden; ja sie anerkennen und empfangen auch andere Sakramente in ihren eigenen Kirchen oder kirchlichen Gemeinschaften. Mehrere unter ihnen besitzen auch einen Episkopat, feiern die heilige Eucharistie und pflegen die Verehrung der jungfräulichen Gottesmutter. Dazu kommt die Gemeinschaft im Gebet und in anderen geistlichen Gütern; ja sogar eine wahre Verbindung im Heiligen Geiste, der in Gaben und Gnaden auch in ihnen mit seiner heiligenden Kraft wirksam ist und manche von ihnen bis zur Vergießung des Blutes gestärkt hat. So erweckt der Geist in allen Jüngern Christi Sehnsucht und Tat, daß alle in der von Christus angeordneten Weise in der einen Herde unter dem einen Hirten in Frieden geeint werden mögen. Um dies zu erlangen, betet, hofft und wirkt die Mutter Kirche unaufhörlich, ermahnt sie ihre Söhne zur Läuterung und Erneuerung, damit das Zeichen Christi auf dem Antlitz der Kirche klarer erstrahle." (LG 15)

Schließlich wird die Hinordnung auch der Nichtglaubenden auf das Volk Gottes theologisch dargestellt, indem ausgesagt wird, dass auch ihnen der unbedingte Heilswille Gottes gelte. Auch dieser Text schafft die Verbindung, die er beschreibt:

„Diejenigen endlich, die das Evangelium noch nicht empfangen haben, sind auf das Gottesvolk auf verschiedene Weise hingeordnet. In erster Linie jenes Volk, dem der Bund und die Verheißungen gegeben worden sind und aus dem Christus dem Fleische nach geboren ist (vgl. Röm 9,4–5), dieses seiner Erwählung nach um der Väter willen so teure Volk: die Gaben und Berufung Gottes nämlich sind ohne Reue (vgl. Röm 11,28–29). Der Heilswille umfaßt aber auch die, welche den Schöpfer anerkennen, unter ihnen besonders die Muslime, die sich zum Glauben Abrahams bekennen und mit uns den einen Gott anbeten, den barmherzigen, der die Menschen am Jüngsten Tag richten wird. Aber auch den anderen, die in Schatten und Bildern den unbekannten Gott suchen, auch solchen ist Gott nicht ferne, da er allen Leben und Atem und alles gibt (vgl. Apg 17,25–28) und als Erlöser will, daß alle Menschen gerettet werden (vgl. 1 Tim 2,4). Wer nämlich das Evangelium Christi und seine Kirche ohne Schuld nicht kennt, Gott aber aus ehrlichem Herzen sucht, seinen im Anruf des Gewissens erkannten Willen unter dem Einfluß der Gnade in der Tat zu erfüllen trachtet, kann das ewige Heil erlangen. Die göttliche Vorsehung verweigert auch denen das zum Heil Notwendige nicht, die ohne Schuld noch nicht zur ausdrücklichen Anerkennung Gottes gekommen sind, jedoch, nicht ohne die göttliche Gnade, ein rechtes Leben zu führen sich bemühen." (LG 16)

Der pneumatologische Bezug in allen zitierten Texten ist offenkundig. Die Übersetzung „Besitz des Geistes Christi" für die lateinische Formulierung „Spiritum Christi habere" ist gleichwohl irreführend und bedarf einer richtigstellenden Erläuterung. Denn in der Formulierung „Spiritum Christi habere" hat ‚haben' nicht die Bedeutung von Besitz (Geld haben), sondern die von Zugang und personaler Zugehörigkeit (Freunde haben). „Die Herstellung und Feststellung von ‚Zugehörigkeit' (Pertinenz) ist", so Harald Weinrich, „demnach die Grundbedeutung des Verbs ‚haben', so wie die ‚Erkennbarkeit' (Identität) die Grundbedeutung des Verbs ‚sein' ist. [...] Alle ‚Haben'-Sätze antworten demnach auf die Frage: Wer oder was gehört zu wem oder zu was? [...] Somit können alle ‚Haben'-Sätze, wenn man so will, als verkappte ‚Seins'-Sätze angesehen werden."[1] Mit dem Haben des Geistes Christi wird des-

---

1 *H. Weinrich,* Über das Haben. 33 Ansichten, München 2012, 53f.

halb die Zugehörigkeit zu Jesus Christus in seinem Geist bezeichnet.[2] Diese wird durch die Zusage der Treue Gottes in der Taufe begründet. Die diese Zugehörigkeit aktualisierende Zustimmung zu Gottes Heilshandeln durch Jesus Christus hat die Form der Bitte um seine aktive Treue, oder, was damit gleichbedeutend ist, seine wirksame Gegenwart. Freie Zustimmung in Form der Bitte ist Glaube; der Glaube der sagt: „Ich glaube, hilf meinem Unglauben" (Mk 9,24), das meint: dem Glauben aus eigenem Anspruch. Dieser Glaube im Geist eint alle Christen. Eine in der allen gemeinsam möglichen Epiklese zur Darstellung kommende Wirkung des Geistes ist deshalb die Einheit. Der Geist ist der Geist der Einheit.[3]

Weil aufgrund ihrer Komplexität die Wirklichkeit der Kirche nicht auf ihre Sichtbarkeit reduziert werden kann, erscheint es theologisch unmöglich und ekklesiologisch unsinnig, einen scharfen Trennstrich zwischen Angehörigen und Nicht-Angehörigen der Kirche im Sinne von dem Geist Christi Zugehörenden oder Nicht-Zugehörenden zu ziehen.

Umso erstaunlicher erscheint deshalb die Formulierung, mit der can. 205 CIC/1983 die volle Eingliederung in die Gemeinschaft der katholischen Kirche definiert hat: „Voll in der Gemeinschaft der katholischen Kirche in dieser Welt stehen jene Getauften", heißt es dort, „die in ihrem sichtbaren Verband mit Christus verbunden sind, und zwar durch die Bande des Glaubensbekenntnisses, der Sakramente und der kirchlichen Leitung." Das Auslassen der Formulierung „Spiritum Christi habentes" in can. 205 CIC/1983 reduziert die Kirche auf ihr sichtbares Element.

Nun stellt der Bezug auf das „Haben des Geistes" zugegebenermaßen eine gewisse Schwierigkeit für das Recht dar. Gleich-

---

2 Deshalb ist es falsch zu behaupten, die Kirche sei im Besitz der Wahrheit. Sie hat die Wahrheit wie man Freunde hat. Sie versteht sich als der Wahrheit zugehörig.

3 Vgl. *M. Böhnke*, Wie Einheit geht. Zur Phänomenologie der Gemeinschaft bei Klaus Hemmerle, in: G. Bausenhart, M. Böhnke, D. Lorenz (Hg.), Phänomenologie und Theologie im Gespräch. Impulse des Denkens von Bernhard Welte und Klaus Hemmerle, Freiburg – Basel – Wien 2013, 284–299.

wohl wäre die Aufnahme der Formulierung aus *Lumen gentium* 14 für eine adäquate Konzilshermeneutik durch den Codex von Relevanz. Das entscheidende theologische Argument hat Hubert Müller bereits 1985 genannt: „Wenn nun im Codex Iuris Canonici 1983 für die *volle* Kirchenzugehörigkeit nicht mehr die Einwohnung des Geistes Christi im Sinne der Rechtfertigungsgnade gefordert wird, sondern in can. 205 CIC/1983 auf ausschließlich institutionelle Kriterien der Zugehörigkeit zur Kirche abgestellt ist, läuft dies auf einen Rückfall in eine einseitig juristisch geprägte Ekklesiologie hinaus. Denn der Kirchenbegriff wird auf seine institutionelle Komponente reduziert. Daß in der Kirche das pneumatische und das rechtliche Element laut Lumen Gentium 8 eine untrennbare komplexe Einheit bilden, wird übersehen."[4] Müller stellt zudem die juristische Relevanz der Formulierung in Verbindung mit can. 916 CIC/1983 heraus, der unter anderem das hartnäckige Verharren in einer offenkundigen Sünde als Ausschlussgrund für die Zulassung zur heiligen Kommunion definiert. Der CIC kann schon aus Gründen der Kohärenz nicht von dem schweigen, wovon das Konzil spricht.

Der Präsident des Päpstlichen Rates für die Interpretation von Gesetzestexten, Francesco Kardinal Coccopalmerio, hat sich mit den kirchenrechtswissenschaftlich vorgetragenen Gründen für den Wegfall des „Spiritum Christi habere" in can. 205 CIC/1983 eingehend auseinandergesetzt und diese in scholastischer Strenge widerlegt.

Gegen den Einwand, das Recht könne sich nur mit äußeren Realitäten beschäftigen, hat er angeführt, dass zahlreiche Beispiele belegen, dass das (Kirchen)recht sich nicht nur mit äußeren Realitäten befasse. Vielmehr werden rechtlich Intentionen und Motive, zum Beispiel bei der Entscheidung der Frage, ob es sich bei der Tötung eines Menschen um einen Mord handelt, gewöhnlich mit berücksichtigt.

Gegen den Einwand, der Heilige Geist sei eine innerliche, für andere nicht erkennbare Realität, was zur Folge habe, dass er nicht

---

4  *H. Müller,* Communio als kirchenrechtliches Prinzip, 496.

als wesentliche Bedingung der vollen communio betrachtet werden könne, hat er angeführt, dass das ‚Haben' des Heiligen Geistes als wesentliche Bedingung der vollen communio sichtbar sei. Das erste Argument, welches für die Sichtbarkeit der Zugehörigkeit zum Heiligen Geist spricht, ist das der schweren Sünde, die den Verlust der Zugehörigkeit zum Geist bewirke, was den Verlust des Status der vollen kirchlichen communio nach sich ziehe als Verlust des Rechts auf Empfang der Eucharistie. Zu ergänzen wäre dieses Argument durch ein zweites, das der Epiklese als der sichtbaren Form, welche die Bitte um den Geist als Gottes Gnade entsprechende Zustimmung bestimmt, in der die Gläubigen allein der Zuwendung Gottes gewiss sein können: „Nicht gerettet wird aber, wer, obwohl der Kirche eingegliedert, in der Liebe nicht verharrt und im Schoße der Kirche zwar ‚dem Leibe', aber nicht ‚dem Herzen' nach verbleibt." (LG 14,2)

Gegen den Einwand, *Lumen gentium* habe zwei Ebenen miteinander vermischt – das ‚Haben' des Heiligen Geistes sei für das ewige Heil erforderlich, jedoch nicht für die volle Inkorporation in die Kirche – hat er angeführt: Wenn behauptet wird, es könne eine volle communio mit der Kirche ohne die Gemeinschaft mit Christus im Geist geben, käme das einer Trennung von Christus und der Kirche gleich, das heißt eine Auflösung der komplexen Wirklichkeit der Kirche.[5]

Hinsichtlich der Zugehörigkeit zum Volk Gottes scheint die Bezugnahme auf den Geist aus den dargelegten und diskutierten Gründen nicht nur sinnvoll, sondern unverzichtbar zu sein, will man die Komplexität der Wirklichkeit Kirche, will man das Kommerzium der Freiheiten nicht unterbieten.

---

5   Vgl. *F. Coccopalmerio*, Die kirchliche communio. Was das Konzil sagt und worüber die Codices schweigen, in: E. Gütthoff, S. Haering, H. Pree (Hg.), Der Kirchenaustritt im staatlichen und kirchlichen Recht (QD 243), Freiburg – Basel – Wien 2011, 90–123.

## Das Verhältnis von Ortskirche und Gesamtkirche

Das Verhältnis von einzelnen Kirchen und Gesamtkirche ist von der aufgrund des Rechts der Gläubigen zustande gekommenen Versammlung an vielerlei Orten zu bestimmen. Aus dieser Perspektive erschließt sich ohne weiteres, dass die Kirche, bestehend aus allen, die den Geist Christi haben, in und aus Ortskirchen besteht und in jeder ortskirchlichen Versammlung aufgrund der verheißenen Treue Gottes zu seinem Volk die Kirche wirklich ist. Konziliare Referenztexte sind *Lumen gentium* 26: „Diese Kirche Christi ist wahrhaft in allen rechtmäßigen Ortsgemeinschaften der Gläubigen anwesend, die in der Verbundenheit mit ihren Hirten im Neuen Testament auch selbst Kirchen heißen. Sie sind nämlich je an ihrem Ort, im Heiligen Geist und mit großer Zuversicht (vgl. 1 Thess 1,5), das von Gott gerufene neue Volk" und *Christus Dominus* 11: „Die Diözese ist der Teil des Gottesvolkes, der dem Bischof in Zusammenarbeit mit dem Presbyterium zu weiden anvertraut wird. Indem sie ihrem Hirten anhängt und von ihm durch das Evangelium und die Eucharistie im Heiligen Geist zusammengeführt wird, bildet sie eine Teilkirche, in der die eine, heilige, katholische und apostolische Kirche wahrhaft wirkt und gegenwärtig ist." Die Kirche ist demnach als *communio ecclesiarum*, als eine Gemeinschaft in und aus bischöflichen Ortskirchen zu verstehen.

Die Glaubenskongregation hat hierzu 1992 eine lehramtliche Interpretation vorgelegt, von der die entscheidende Passage in deutscher Übersetzung lautet: „Um den wahren Sinn des analogen Gebrauchs des Wortes *Communio* zur Bezeichnung der Gesamtheit der Teilkirchen zu verstehen, muß vor allem klar gesehen werden, daß diese als ‚*Teile der einen Kirche Christi*‘ in einer besonderen Beziehung ‚*gegenseitiger Innerlichkeit*‘ zum Ganzen, das heißt zur universalen Kirche, stehen, weil in jeder Teilkirche ‚*die eine, heilige, katholische und apostolische Kirche Christi wahrhaft gegenwärtig ist und wirkt*‘. Daher ‚*kann die Gesamtkirche nicht als die Summe der Teilkirchen aufgefaßt werden und ebensowenig als Zusammenschluß von Teilkirchen*‘. Sie ist nicht das ‚Ergebnis‘ von deren Gemeinschaft; sie ist vielmehr im Eigentlichen ihres Geheimnisses eine jeder *einzelnen* Teilkirche *ontologisch* und *zeitlich* vorausliegende Wirklichkeit.

In der Tat geht nach den Vätern der Kirche die eine und einzige Kirche in ihrem Geheimnischarakter *ontologisch* der Schöpfung voraus, und sie gebiert die Teilkirchen gleichsam als Töchter; sie bringt sich in ihnen zum Ausdruck, ist Mutter und nicht Produkt der Teilkirchen. *In der Zeit* tritt die Kirche am Pfingsttag öffentlich in Erscheinung, in der Gemeinschaft der hundertzwanzig, die um Maria und die zwölf Apostel versammelt waren. Die Apostel waren die Vertreter der einzigen Kirche und die zukünftigen Gründer der Ortskirchen, Träger einer an die Welt gerichteten Sendung. Schon damals *spricht* die Kirche *alle Sprachen*.

Aus ihr, die universal entstand und offenbar wurde, sind die verschiedenen Ortskirchen als jeweilige konkrete Verwirklichungen der einen und einzigen Kirche Jesu Christi hervorgegangen. Da sie *in* und *aus* der Universalkirche geboren werden, haben sie ihre Kirchlichkeit in ihr und aus ihr. Daher ist die Formel des Zweiten Vatikanischen Konzils: *die Kirche in und aus den Kirchen (Ecclesia in et ex Ecclesiis)* untrennbar verbunden mit dieser anderen: *die Kirchen in und aus der Kirche (Ecclesiae in et ex Ecclesia)*. Der Geheimnischarakter dieser Beziehung zwischen Gesamtkirche und Teilkirchen, die keinen Vergleich verträgt mit jener zwischen dem Ganzen und den Teilen in gleich welcher rein menschlichen Gruppe oder Gesellschaft, ist offensichtlich."[6]

Als Konsequenz dieser Einsicht erhebt die Glaubenskongregation den Anspruch der unmittelbaren Jurisdiktion des Bischofs von Rom über und in alle(n) Teilkirchen. „Daher *müssen wir* das Amt des Petrusnachfolgers nicht nur als *einen ‚globalen' Dienst ansehen, der jede Teilkirche ‚von außen' erreicht, sondern* als schon ‚von innen her' zum Wesen jeder Teilkirche gehörig'. Das Amt des Primats ist also vom Wesen her ausgestattet mit wahrer bi-

---

6 *Kongregation für die Glaubenslehre*, Litterae ad Catholicae Ecclesiae episcopos de aliquibus aspectibus Ecclesiae prout est communio *Communionis notio* vom 28. Mai 1992 in: AAS 85 (1993), 838–850, dt: VAS 107, Nr. 9.

schöflicher Gewalt – nicht nur höchster, voller und universaler, sondern auch *unmittelbarer* Gewalt – über alle, sowohl über die Hirten als [auch; MB] über die übrigen Gläubigen."[7]

Die Kongregation für die Glaubenslehre geht damit über die Aussage des Zweiten Vatikanischen Konzils in *Lumen gentium* 22 hinaus. Dort hatte es geheißen: „Der Bischof von Rom hat nämlich kraft seines Amtes als Stellvertreter Christi und Hirt der ganzen Kirche volle, höchste und universale Gewalt über die Kirche und kann sie immer frei ausüben". Von *unmittelbarer* Gewalt des Bischofs von Rom in und über alle(n) Teilkirchen ist dort – anders als in can. 333 § 1 CIC/1983 – keine Rede.

Darüber hinaus gibt allein das Faktum, dass die Kongregation für die Glaubenslehre sich 1992 zu dem Thema „Kirche als ‚Communio'" geäußert hat, Anlass zur Verwunderung. Hatte doch erst die Außerordentliche Bischofssynode von 1985 ausführlich über das Verständnis der Kirche als communio beraten und das Beratungsergebnis im Schlussdokument niedergelegt: „Die ‚Communio'-Ekklesiologie", heißt es dort, „ist die zentrale und grundlegende Idee der Konzilsdokumente"[8], die dann umfassend entfaltet wird. Warum also kurze Zeit später diese Stellungnahme? Der direkte Textvergleich legt die Vermutung nahe, dass es der Kongregation für die Glaubenslehre vor allem um die Begründung der Unmittelbarkeit der päpstlichen Jurisdiktionsgewalt in allen Ortskirchen ging. Damit hat sie implizit und wirksam die innerkirchliche Geltung des Subsidiaritätsprinzips negiert, auf das die Außerordentliche Bischofssynode mit guten Gründen verwiesen

---

7 Ebd., Nr. 13.

8 *Sekretariat der Deutschen Bischofskonferenz (Hg.)*, Schlußdokument der Außerordentlichen Bischofssynode 1985 (dt. VAS 68), Bonn 1985, Teil C. Die Publikation ist leider vergriffen und wird von der Deutschen Bischofskonferenz nach dem Schreiben der Kongregation für die Glaubenslehre zu einigen Aspekten der Communio – wie seltsam – auch im Internet nicht mehr zugänglich gemacht. Vgl. den ausgezeichneten Kommentar von *W. Kasper*, Zukunft aus der Kraft des Konzils. Kommentar von Walter Kasper zur außerordentlichen Bischofssynode von 1985, in: ders., Die Kirche Jesu Christi. Schriften zur Ekklesiologie I (WKGS 11), Freiburg – Basel – Wien 2008, 153–199.

hatte. Die Bischofssynode konnte sich dabei unter anderem auf die innerkirchliche Anerkennung des Subsidiaritätsprinzips durch Papst Pius XII. und das Zweite Vatikanische Konzil (GS 25) berufen.[9] Mit ihrem weder durch die päpstliche noch durch die konziliare Lehre gedeckten Anspruch steuert die Glaubenkongregation einen gefährlichen Kurs, weil von ihm her der lehramtlich in *Christus Dominus* 11 vertretene und durch Papst Johannes Paul II. entfaltete Ansatz einer eucharistischen Ekklesiologie[10] in eine tiefe Glaubwürdigkeitskrise gerissen werden könnte.[11]

Ökumenisch bewertet die Kongregation für die Glaubenslehre die fehlende Gemeinschaft einer Teilkirche mit dem römischen Papst als Wunde: „Da aber die Gemeinschaft mit der durch den Nachfolger Petri repräsentierten Gesamtkirche nicht eine äußere Zutat zur Teilkirche ist, sondern eines ihrer inneren Wesenselemente, so sind jene ehrwürdigen christlichen Gemeinschaften doch auch aufgrund ihrer derzeitigen Situation in ihrem Teilkirchesein *verwundet*"[12] und fordert von den ökumenischen Partnern die uneingeschränkte Anerkennung des päpstlichen Primats. „Von vorrangiger Bedeutung sind in diesem ökumenischen Einsatz das Gebet, die Buße, das Studium, der Dialog und die Zusammenarbeit, mit dem Ziel, daß es in stets neuer Bekehrung zum Herrn allen möglich werde, das Fortdauern des Petrusprimates in seinen Nachfolgern, den Bischöfen von Rom, anzuerkennen und das Petrusamt so verwirklicht zu sehen, wie es der Herr gewollt hat: als universalen apostolischen Dienst, der in allen Kirchen *von innen her* präsent ist [...]".[13]

---

9  Vgl. ebd., 184. Ferner: *W. Kasper*, Der Geheimnischarakter hebt den Sozialchrakter nicht auf, in: ebd., 445–454; *ders.*, Zum Subsidiaritätsprinzip in der Kirche, in: ebd., 455–465. Die in diesem Buch verhandelte Fragestellung impliziert die Anerkennung der Geltung des Subsidiaritätsprinzips in der Kirche. *P. Pius XII.* äußerte sich dementsprechend am 20. Februar 1946 in einer Ansprache in italienischer Sprache, dokumentiert in: AAS 38 (1946), 141–151, 144f.

10  Vgl. *P. Johannes Paul II.*, Enzyklika *Ecclesia de Eucharistia*. P. Benedikt XVI. hat diesen Ansatz weiter verfolgt.

11  Vgl. *J. Meyendorff*, Zum Eucharistieverständnis.

12  *Kongregation für die Glaubenslehre*, Litterae *Communionis notio*, Nr. 17.

13  Ebd., Nr. 18.

Um die These der ontologischen und zeitlichen Priorität der Gesamtkirche gegenüber den Teilkirchen kam es zu einer Auseinandersetzung zwischen den Kardinälen Ratzinger und Kasper[14], die mehr als ein Schulstreit gewesen ist. Kasper, der zu jener Zeit Präsident des Päpstlichen Rates zur Förderung der Einheit der Christen war, hat unter Berufung auf Beiträge von Joachim Gnilka und Michael Theobald der These von der zeitlichen Priorität der universalen Kirche mit zwingenden exegetischen Argumenten widersprochen. Die These von der ontologischen Priorität hat er durch eine Rückfrage erschüttert. Kasper zufolge kann dem Argument der Präexistenz der Kirche nämlich keinesfalls entnommen werden, dass dieses sich allein auf die Universalkirche und nicht auf die Universalkirche in und aus den Ortskirchen beziehe. Ratzinger setze zu Unrecht einen platonischen Kirchenbegriff voraus. Die Kirche sei jedoch eine geschichtliche Größe. Einig sind sich Kasper und Ratzinger darin, dass Ortskirche und Universalkirche nicht auseinander dividiert werden können. Beide betonen das wechselseitige Ineinander von Orts- und Gesamtkirche. Beide verzichten zur Beschreibung des Ineinanders auf pneumatologische Kriterien und gehen damit großzügig über die Erwähnung des Heiligen Geistes in den zitierten Passagen aus *Lumen gentium* 26 und *Christus Dominus* 11 hinweg.

Welche Bedeutung, so werden wir fragen müssen, hat die anamnetisch-epikletische Relecture der Struktur der Kirche für dieses Ineinander? Die Bedeutung kann doch nicht nur darin liegen, dass der Bischof von Rom eine unmittelbare Jurisdiktionsgewalt, ein Durchgriffsrecht auch für die Teilkirchen in Anspruch nimmt.

Grundlegend in anamnetisch-epikletischer Perspektive scheint mir der Hinweis auf die ontologische und zeitliche Priorität der Treue Gottes zu seinem Volk zu sein. Ihr verdanken sich sowohl die Universal- als auch die Ortskirche. Wenn *Lumen gentium* 26

---

14 Vgl. zum Folgenden W. *Kasper,* Das Verhältnis von Universalkirche und Ortskirche. Freundschaftliche Auseinandersetzung mit der Kritik von Joseph Kardinal Ratzinger, in: StZ 125 (2000), 795–804.

über die Ortskirchen schreibt: „Sie sind nämlich je an ihrem Ort, im Heiligen Geist und mit großer Zuversicht (vgl. 1 Thess 1,5), das von Gott gerufene neue Volk", dann setzt es an dieser Stelle die Einheit mit der universalen Kirche als eine Einheit im Heiligen Geist voraus. Diese Einheit ist verwurzelt im trinitarischen Geheimnis, ein Aspekt, den das Schreiben der Glaubenskongregation von 1992 knapp und präzise referiert hat. Sie ist im anamnetisch-epikletischen Handeln der Kirche, in ihrem Selbstvollzug sichtbar. Die Rolle des Bischofs von Rom, dessen Aufgabe es ist, seine Brüder zu stärken (Lk 22,32), ist, mit einem biblischen Bild ausgedrückt eher die, ihnen beim Gebet die Arme zu stützen, wenn diese schwer werden, wie es Aaron und Hur für Mose getan haben (Ex 17,12), als einen Bischof in seinem Bistum durch die Ausübung unmittelbarer Gewalt zu demontieren und zu desavouieren. *Lumen gentium* 27 hat mit der Festschreibung einer *letzten* Kompetenz des Papstes zur Regelung der *Ausübung* bischöflicher Vollmacht eine adäquate Form vorgegeben und zugleich festgestellt: „Dabei bewahrt der Heilige Geist die von Christus dem Herrn in seiner Kirche geschenkte Form der Leitung ohne Minderung." Eine so verstandene Interpretation der Rolle des Bischofs von Rom würde das Subsidiaritätsprinzip auch innerkirchlich zur Geltung bringen.

Eine mögliche Erklärung für den Duktus des Lehrschreibens der Glaubenskongregation könnte in dem liegen, was die Glaubenskongregation unter den sichtbaren Elementen der Kirche versteht. Genannt wird die „Gemeinschaft in der Lehre der Apostel, in den Sakramenten und in der hierarchischen Ordnung."[15] Damit wird, sollte die Aufzählung abschließend sein, noch die kontroverstheologische Definition Kardinal Bellarmins unterboten. Bellarmin hatte die Kirche in ihrem sichtbaren Element definiert als Zusammenschluss von Menschen, „die durch das *Bekenntnis* desselben christlichen Glaubens und den *Empfang* derselben Sakramente verbunden sind, unter der Leitung ihrer rechtmäßigen Oberhirten und des alleinigen Stellvertreters Christi auf Erden,

---

15 *Kongregation für die Glaubenslehre*, Litterae *Communionis notio,* Nr. 4.

des römischen Papstes" und damit auf die konstitutive Bedeutung des Handelns der Gläubigen, ihres gemeinsamen Glaubensvollzugs, für die Kirche hingewiesen. In diesem Handeln wird auch die im Schreiben der Glaubenskongregation der unsichtbaren Seite der Kirche zugerechnete „gemeinsame[n] Teilnahme [...] an demselben Geist"[16] sichtbar. Vernachlässigt man diesen Aspekt, gerät die Ekklesiologie in eine hierarchologische, den Gedanken der Subsidiarität vollkommen ausblendende, Schieflage. Das ist wahrhaft schlechte Theologie! Wenn eine Ortskirche sich in ihrem sichtbaren gläubigen Handeln nicht mehr anamnetisch-epikletisch in demselben Geist auf den dreieinen Gott bezieht, erst dann kann man von einem inneren Verwundetsein der Kirche sprechen.

Damit haben wir den ökumenisch relevanten Aspekt im Communioverständnis der Glaubenskongregation bereits gestreift. Eine Bemerkung von Papst Paul VI. aufgreifend, dass das Papstamt vielleicht das größte Hindernis der Ökumene darstellt, hat Joseph Ratzinger 1976 in einem Vortrag in Graz die These aufgestellt, „daß nicht heute christlich unmöglich sein kann, was ein Jahrtausend lang möglich war [...]. Anders gesagt: Rom muß vom Osten nicht mehr an Primatslehre fordern, als auch im ersten Jahrtausend formuliert und gelebt wurde."[17] In dieser Aussage erkennt Joseph Ratzinger die Geschichtlichkeit der Kirche ebenso an wie die Wechselseitigkeit des In-Seins von Ortskirchen und Universalkirche, die historisch in unterschiedlichen Gestalten austariert werden kann, auch ohne das die Unmittelbarkeit der päpstlichen Gewalt den Teilkirchen gegenüber als für deren Verständnis wesentlich herausgestellt werden müsste. Dies kann er deshalb, weil beides die Treue Gottes zu seinem Volk als geschichtlich darzustellende theologische Voraussetzung impliziert und durch diese Einsicht den primatialen Absolutismus relativiert.

---

16 Ebd.
17 *J. Ratzinger,* Prognosen für die Zukunft des Ökumenismus, in: ders., Theologische Prinzipienlehre. Bausteine zur Fundamentaltheologie, München 1982, 203–214, 209.

## *Die Ausstattung der Kirche mit hierarchischen Organen*

In Zusammenhang mit der Ausstattung der Kirche mit hierarchischen Organen wäre die Frage einer möglichen und notwendigen Selbstlimitierung der absoluten Hoheitsgewalt des hierarchischen Amtes durch ihr epikletisches Formalprinzip (Apg 15,28) zu bedenken, kann doch diesem Amt weder in kollegialer noch in individueller Gestalt eine höhere Autoritätsform als die in der Epiklese ausgedrückte ‚hoffnungsvolle' Selbstrelativierung der Kirche zugunsten des Geistwirkens in ihr zukommen. Die Worte Jesu an Petrus, wie sie Lukas überliefert hat, bekommen in diesem Kontext eine neue Bedeutung: „Ich aber habe für dich gebetet, dass dein Glaube nicht erlischt. Und wenn du dich wieder bekehrt hast, dann stärke deine Brüder." (Lk 22,32) Erzbischof Gerhard Ludwig Müller hat in seinem Geleitwort zur deutschsprachigen Ausgabe der Erwägungen der Kongregation für die Glaubenslehre über den „Primat des Nachfolgers Petri im Geheimnis der Kirche" (2002) vollkommen zu Recht darauf hingewiesen, dass Petrus *durch das Gebet Jesu* und die Sendung, die Brüder zu stärken (und nicht durch einen Rechtsakt), „den Auftrag und die Vollmacht [erhalten hat], eine besondere Verantwortung für die Apostel und Jünger hinsichtlich ihres Glaubens der Jüngergemeinschaft zu übernehmen"[18], mit anderen Worten: Der Ursprung des Petrusamtes ist in Jesu Gebet für Petrus zu vermuten.

Johann Adam Möhler hat mit seinem berühmt gewordenen Zitat grundlegend Richtiges zum Ausdruck gebracht. 1823 schrieb er in einer Rezension: „Gott schuf die Hierarchie, und für die Kirche ist nun bis zum Weltende mehr als genug gesorgt. Allein nach der höheren, ächt christlichen Ansicht, die besonders im Katholicismus hervortritt, ist der Geist Gottes das immerwährend in der Kirche waltende, sie ihrem Zwecke entgegenführende Princip; alles Übrige ist Organ dieses Geistes, Mittel u.s.w.; und wer eines von

---

18  *G. L. Müller,* Geleitwort des Herausgebers, in: ders. (Hg.), Der Primat des Nachfolgers Petri im Geheimnis der Kirche. Studien der Kongregation für die Glaubenslehre, Würzburg 2010, 9–14, 11.

diesen zum Mittelpunkt der Geschichte wählt, erfasst sie äußerlich."[19] Möhler setzt mit diesem Zitat einen nachhaltigen Impuls zur Bestimmung des Prinzips der Einheit in der Kirche.

In konsequenter Fortführung der Bestimmung der Kirche als komplexe Wirklichkeit kann dieses Prinzip nur als ein ihrer Komplexität entsprechendes Prinzip benannt werden, das sichtbare und unsichtbare Elemente umfasst. Ein nur sichtbares Prinzip der Einheit könnte der Komplexität der Wirklichkeit der Kirche nicht gerecht werden. Der von den deutschen Bischöfen herausgegebene Katholische Erwachsenenkatechismus, als dessen Hauptautor Walter Kasper angesehen werden kann, wählt deshalb im Vergleich zum Zweiten Vatikanischen Konzil zurückhaltende Formulierungen. Hatte das Konzil den Papst noch als sichtbares Prinzip und Fundament der Einheit der Kirche bezeichnet und diese Formulierung des Ersten Vatikanischen Konzils dadurch relativiert, dass es die Einzelbischöfe mit der gleichen Formulierung als „sichtbares Prinzip und Fundament der Einheit in ihren Teilkirchen, die nach dem Bild der Gesamtkirche gestaltet sind" (LG 23), bezeichnet hat, so spricht der Katechismus nur vom Geist als „Prinzip der Einheit der Kirche in der Vielfalt der *Geistgaben* (vgl. 1 Kor 12,4–31a; Eph 4,3 u. a.; LG 12; UR 2)."[20]

Das Petrusamt versteht der Katechismus als kirchlich gebundenen Dienst an der Einheit: „Dem Bischof von Rom als Nachfolger des Apostels Petrus kommt also ein besonderer *Dienst der Einheit* zu. Diesen Primat hat er nicht über der Kirche, sondern in der Kirche als Haupt des Bischofskollegiums. Seine Autorität ist deshalb niemals unbegrenzt und absolut; sie ist vielmehr an die Grundstruktur der Kirche gebunden, das heißt an das Evangelium und die kirchliche Überlieferung, die sakramentale und die bischöfliche Struktur der Kirche. Der Bischof von Rom soll nicht seinen persönlichen Glauben, sondern den Glauben der Kirche verbindlich vertreten; er soll mit seiner Autorität die Autorität

---

19 *J. A. Möhler*, Rez., in: ThQ 5 (1823), 497 (tzt Dogmatik 5.2, Nr. 157).
20 *Deutsche Bischofskonferenz (Hg.)*, Katholischer Erwachsenen-Katechismus. Das Glaubensbekenntnis der Kirche, Kevelaer u. a. 1985, 277.

und die Verantwortung der Bischöfe nicht verdrängen oder gar ersetzen [sic!], sondern diese vielmehr bestärken und verteidigen. Das I. Vatikanische Konzil lehrt deshalb: Das Petrusamt ist von Jesus Christus eingesetzt, damit ,der Episkopat selbst einer und ungeteilt sei', um ihm ,ein immerwährendes und sichtbares Prinzip und Fundament der Glaubenseinheit und der Gemeinschaft' zu geben (DS 3050; NR 436, vgl. LG 18). So ist das Petrusamt Dienst an der Einheit, die eine Einheit in der Vielheit der Ortskirchen ist. Durch das Petrusamt kann die universale Kirche konkret sprechen und handeln, in ihm findet sie zugleich ihre höchste personale Repräsentanz. Es würde der Kirche und wohl der Christenheit insgesamt etwas fehlen, wenn dieser Petrusdienst nicht da wäre, etwas, das für die Kirche wesentlich ist."[21] Analoge Aussagen müsste man über das Bischofsamt treffen.

Eine solche Selbstlimitierung des Petrus- und des Bischofsamtes findet ihren den Zeichen der Zeit angemessenen Ausdruck darin, dass die hierarchische Leitung der Kirche die anamnetisch-epikletische Struktur der Kirche als ihr vorgegeben und sie bindend anerkennt. Weil diese in der Treue Gottes gründet, kann sie als Ausdruck göttlichen Rechts bezeichnet werden. Sie ist der Kirche vorgegeben.

Weil andererseits die Treue Gottes den Menschen als freien Partner Gottes, dem diese Treue gilt, voraussetzt, ist auch das Recht auf religiöse Freiheit als Menschenrecht der Kirche und dem Petrus- und dem Bischofsamt vorgegeben. Darauf, nämlich auf seine Gewissensfreiheit, hat sich übrigens Joseph Ratzinger bei der Ankündigung seines Rücktritts als Papst berufen. Davon hat er Gebrauch gemacht. In *Dignitatis humanae* hat die Kirche diese Vorgegebenheit, das heißt die unbedingte Geltung des Rechts auf religiöse Freiheit mit der naturrechtlichen Formulierung anerkannt, dass „das Recht auf religiöse Freiheit nicht in einer subjektiven Verfassung der Person, sondern in ihrem Wesen selbst begründet" (DH 2) sei.

---

21 Ebd., 305.

Damit, dass die Kirche durch ihre leitenden Ämter die Treue Gottes als ius divinum *und* das Recht auf religiöse Freiheit, als deren Grundlage die Würde des Menschen gilt, als ihr vorgegeben und ihr Handeln regulierend achtet und anerkennt, entspricht sie der Komplexität ihrer Wirklichkeit. Der Kirche ist nicht nur das *ius divinum*, ihr sind das ius divinum *und* die unveräußerbaren Menschenrechte als anzuerkennende und zu achtende vorgegeben: „Grundrechte sind jene fundamentalen Rechtsgarantien, die das Subjekt in seinem Anspruch auf autonome Selbstbestimmung anerkennen, die positive Gesetzgebung auf das permanente Bemühen nach Konkretisierung dieses Postulats verpflichten und den einzelnen institutionell in die Lage versetzen, an dem das Verhältnis von Autonomie und gesellschaftlicher Allgemeinheit vermittelnden spannungsvollen Prozeß geschichtlicher Rechtsverwirklichung Anteil zu nehmen."[22] „Die rechtliche geordnete Gemeinschaft hat dann diese Freiheit eines jeden zu achten und über den bloßen Schutz gegenüber widerrechtlichen Eingriffen hinaus die entsprechenden institutionellen Gewährleistungsbedingungen zur Förderung und Entfaltung der individuellen Freiheit zu schaffen."[23]

Für die hierarchische Leitung der Orts- wie auch der Gesamtkirche bedeutet dies beispielsweise, dass sie „die *rechtsgestaltende Rolle* der Glaubensbewährung jedes einzelnen prinzipiell anzuerkennen und jene institutionellen Gewährleistungsbedingungen zu bieten [hat], die es dem einzelnen auch tatsächlich ermöglichen, seine religiöse Entfaltung in der kirchlichen Rechtsgemeinschaft schöpferisch zu setzen".[24]

---

22  G. *Luf*, Grundrechte und kirchlicher Rechtsschutz, 31.
23  Ebd., 26.
24  Ebd., 38.

## Die Leitung der Kirche

Impliziert ist damit ein Wandel im Verständnis der Kirchenleitung. Jene wird nicht mehr als Herrschaft, sondern als Führung, allerdings nicht im Sinne von Management, sondern im Sinne von *leadership*, verstanden werden müssen. Damit gerät zugleich eine Deutung von Herrschaft als Dienst unter Kritik, weil sie das Herrschaftsparadigma beibehält. Will man das, wie Ruster nachgewiesen hat, *zeitbedingte* Paradigma der Herrschaft überwinden und dabei nicht einfach eine Leerstelle hinterlassen, muss Leitung als Führung verstanden werden. Der Paradigmenwechsel von der Herrschaft zur Führung kann zugleich als überfällige Transformation im Leitungsverständnis angesehen werden, als *Aggiornamento* in der Frage der Ausübung des kirchenleitenden Amtes in der Kirche. Denn auch die Ausübung des Amtes in der Kirche unterliegt den Zeitläuften. Und als ein langfristig wirkender Trend darf der der „Minimisierung der Herrschaft' (M. Weber) in der Demokratie"[25] angesehen werden. Die Ergebnisse moderner Führungsforschung wären dementsprechend für ein gegenwartsadäquates Verständnis von Leitungshandeln in der Kirche zu rezipieren und zu berücksichtigen.

Als Pionier in dieser Richtung darf der vormalige Limburger Domkapitular Wolfgang Pax gelten[26]. Er hat die Ergebnisse der – vor allem durch die Organisationspsychologie vorangetriebenen – Führungsforschung für die in der Kirche wahrzunehmenden Führungsaufgaben rezipiert und adaptiert. Pax versteht unter Führung ganz allgemein „eine beabsichtigte, zielgerichtete Einflussnahme auf Andere"[27], die stets *situationsbedingt* ist. Diese Situations-

---

25  *E. Nolte*, Führer, in: HWP Bd. 2, 1972, 1128–1129, 1129.

26  Vgl. *W. Pax*, Führung in der Kirche. Eine Führungskonzeption für die Katholische Kirche (Benediktbeurer Studien 15), München 2007.

27  *W. Pax*, Wer will schon gerne Schaf sein? Aspekte für eine reflektierte Führung in kirchlichen Kontexten, in: M. Hilden, G. Poell (Hg.), Die Kirche im Dorf lassen. Stimmen zur Pastoral auf dem Land, gesammelt aus Anlass der Verabschiedung von Bezirksdekan Dieter Lippert, Beselich 2010, 84–87, 84. Die Seitenangaben im folgenden Absatz beziehen sich auf diesen Aufsatz.

bedingtheit von Führung gilt es als entscheidende Einsicht moderner Führungsforschung zu realisieren. Führung ist ihr zufolge nicht Resultat des Auftretens eines charismatischen oder anders sich legitimierenden Führers, Führung unterliegt situativen Faktoren, ist also als Interaktionsgeschehen zu verstehen, das durch ihre situativen Kontexte erschlossen zu werden verlangt. „[D]urch das Führungsverhalten", so Pax weiter, können „Zielerreichung und Leistungserbringung positiv oder negativ beeinflusst werden" (85). Als Ziel kirchlichen Handelns definiert Pax den Auftrag, „das Evangelium allen zu verkünden" (85). Dieses Ziel gelte es durch die Leistungserbringung der Mitarbeiterinnen und Mitarbeiter mit „qualitativ und quantitativ gute[n] und beste[n] Ergebnissen" (85) zu erreichen. Führung ist also stets Mittel zum Zweck, in kirchlicher Terminologie ausgedrückt mag man das dann ‚Dienst' nennen.

„Vier grundlegende Rahmenbedingungen sind durch Führungsverhalten zu steuern: Stabilität und Flexibilität, Zusammenhalt nach innen und Wirksamkeit nach außen." (86) Dabei komme es darauf an, nicht immer das Gleichgewicht zwischen diesen Polen zu suchen, sondern „Situationen usw. zu definieren, in denen das eine oder das andere stark ist" (86).

Die ekklesiogisch zu realisierende Einsicht ist die der Situationsbedingtheit der Führung, in der es mehr auf das Kommerzium zwischen Führendem und Geführten, auf die freie Anerkennung des Führungsverhaltens als auf das Amtscharisma des Führenden ankommt. Denn auch dieses, das lehrt eigentlich schon das im ersten Klemensbrief angesprochene Beispiel der Gemeinde in Korinth, ist von der Anerkennung durch die Autorität der Gemeinde abhängig.

Von dieser Einsicht geleitet, hat die Wirtschaftspsychologie die Idee der ‚charismatischen Herrschaft' einer Revision unterzogen, die zur Überwindung der latenten Führungskrise in der Kirche beitragen könnte. Denn diese Krise, die weniger eine Leitungs- als eine Herrschaftskrise ist, lässt sich kaum durch die geistliche Überhöhung des Amtes mit der unbeabsichtigten Folge einer strukturbedingten Überforderung der Amtsträger wie der Gläubigen bewältigen. Sie ließe sich wahrscheinlich mit größerer Effizienz durch eine konsequente Erneuerung im Verständnis des Leitungshandelns überwinden. Dazu noch einige grundsätzliche Bemerkungen:

Die Idee der ‚charismatischen Herrschaft' ist in der Wirtschaftspsychologie unter anderem durch das Konzept der ‚transformationalen Führung' wieder aufgegriffen worden. „Das Konzept nimmt an, dass eine zentrale Wirkung von Führung darin bestehen kann, dass der Mitarbeiter transformiert – verwandelt – wird und zwar in einer Weise, die ihn zum altruistischen Handeln motiviert, also zum Engagement für bestimmte Personen oder Ziele, ohne eine Gegenleistung zu erwarten."[28] Transformationale Führung zielt auf die Veränderung von Werten und Einstellungen der Mitarbeiterinnen und Mitarbeiter und unterscheidet sich dadurch von transaktionaler Führung, in der es um objektivierbare Austauschprozesse, zum Beispiel durch Zielvereinbarungen, geht.

Bernard M. Bass hat 1985 wesentliche Faktoren der transformationalen Führung durch vier ‚I' bestimmt[29]: Idealized Influence (die idealisierte Beeinflussung, das eigentliche ‚Charisma', das heißt „die [...] fachliche und moralische Vorbildfunktion von Führungskräften [...], durch die die Mitarbeiter ihren jeweiligen Vorgesetzten Respekt und Vertrauen entgegenbringen"[30]), Inspirational Motivation (Inspiration, das heißt Begeisterung der Mitarbeiter durch attraktive und überzeugende Visionen, sowie Führung durch Wecken von Hoffnung und Zuversicht auf die Erfüllung der Erwartun-

---

28  L. v. Rosenstiel, Leadership and Change, in: H. Bruch, S. Krummaker, B. Vogel (Hg.), Leadership. Best Practices and Trends, Wiesbaden 2006, 145–156, 152. Einen guten Überblick vermittelt: M. Stippler, S. Moore, S. Rosenthal, T. Dörffer, Führung. Ansätze – Entwicklungen – Trends, (Bertelsmann Stiftung Leadership Series), Gütersloh 2010, in: http://www.bertelsmann-stiftung.de/cps/rde/xbcr/SID-894DCA45–6140680C/bst/xcms_bst_dms_32939__2.pdf (11.05.2013).

29  B. M. Bass, Leadership and performance beyond expectations, New York 1985.

30  J. Felfe, Transformationale und charismatische Führung. Stand der Forschung und aktuelle Entwicklungen, in: Zeitschrift für Personalpsychologie 5 (2006), 163–176, 164.

gen), Intellectual Stimulation (Intellektuelle Stimulierung, das heißt Anregung der Mitarbeiter zu innovativem Denken und Infragestellen des Bisherigen) und Individualized Consideration (Individualisierte Berücksichtigung, das heißt Coaching der Mitarbeiter, Erkennen ihrer individuellen Bedürfnisse und systematische Förderung ihrer Entwicklung). Dabei handelt es sich um miteinander korrelierende Faktoren, die ihre Wirkung nur gemeinsam entwickeln und nicht, wenn sie nur einzeln auftreten.[31]

Zentral für das neocharismatische Modell transformationaler Führung ist die veränderte Perspektive: Charisma wird hierbei nicht mehr ausschließlich als Eigenschaft einer Person verstanden. Ob einer Führungskraft Charisma zugeschrieben wird, ist abhängig von der Disposition der Mitarbeiter/innen wie auch der Situation. Darauf hat vor allem Lutz von Rosenstiel aufmerksam gemacht.[32]

Er kommt in einer Metastudie, in welche die Ergebnisse aktueller empirischer Untersuchungen zum Thema Führung eingeflossen sind, zu dem Ergebnis, dass Charisma als *„kontextspezifisches Interaktionsphänomen"*[33] verstanden werden müsse, das durch die Eigenheiten der Führenden, die Disposition der geführten und die Situation geprägt wird. „Betrachtet man Charisma als ein (kontextspezifisches) Interaktionserlebnis, das nicht nur von den Merkmalen des Führers, sondern auch von denen der Geführten abhängt, wird verständlich, warum Vorgesetzte in derselben Situation für eine Person charismatisch wirken, für eine andere dagegen nicht."[34] Neben dem konkreten Verhalten der Führenden sind deshalb nach Rosenstiel immer die Spezifität der jeweiligen Kontexte und Situationen durch die Führungskraft mit zu beurteilen.[35] Als Aufgabe für die Führungsforschung von morgen sieht er es an, „der Wirkung

---

31 Erläuterungen nach *J. Felfe*, Transformationale und charismatische Führung, 164. Felfe bietet neben dem Überblick weiterführende Literatur, ebd., 172–176.

32 *J. Wegge, L. v. Rosenstiel*, Führung, in: H. Schuler (Hg.), Lehrbuch Organisationspsychologie, Bern [3]2004, 475–512.

33 Ebd., 482.

34 Ebd., 498.

35 Vgl. ebd., 503.

verschiedener Dispositionen der Akteure und ihrer Führungsakte mit exakteren Prozessanalysen nachzugehen, ohne dabei den kontextspezifischen Charakter der Phänomene zu übersehen".[36]

Das Modell der transformationalen Führung setzt ein Kommerzium der Freiheiten voraus. Die soziale Dimension des Charismatischen wird ebenso betont wie die Gleichheit von Führenden und Geführten. Die Kennzeichnung der Kirche als *societas inaequalium* wird dem Anspruch eines modernen Führungsverständnisses nicht gerecht.

Führungsverhalten ist, so lautet eine weitere, hier zu nennende Implikation des transformationalen Führungsverständnisses, erlernbar. Das Charismatische lässt sich deshalb kaum länger als unveränderliches Merkmal einer Führungspersönlichkeit verstehen. Einem solchen dem Geniebegriff verwandten und für eine kultische Verehrung des Führers anfälligen Charismenbegriff setzt die moderne Führungsforschung einen sozial ausgerichteten Begriff entgegen. Biblisch entspricht dem die Ausrichtung des Charismatischen auf den Aufbau der Gemeinde (1 Kor 14,12), wobei Paulus, was oft vergessen wird, das Charismatische dem reifen Urteil der Gemeinde [!] unterstellt (1 Kor 14,20).

Ein Verständnis der Ausübung von Leitung durch transformationale Führung vermag eben wegen dieses dialogischen Ansatzes dem epikletischen Charakter der Kirche zu entsprechen.

Im Selbstverständnis der Kirche bleibt auch für dieses Konzept des Leitungshandelns das *ius divinum*, das heißt die Treue Gottes, die „unbedingt *leitende Idee*, der sich das geschichtliche Handeln immerfort und im stetigen Bemühen zu stellen hat, ohne dieses Absolute allerdings vollkommen einlösen zu können. Es ist daher zu sagen", so Luf unter Berufung auf Heimerl, „das göttliche Recht werde dann zureichend erfaßt, ‚wenn es als Grundverfügung in die Zeit hinein verstanden wird, [...] die weniger eine Vor-Gegebenheit als eine Auf-Gegebenheit bezeichnet'."[37] Seine Aufgabe kann nach Miroslav Volf nicht darin bestehen, das

---

36 Ebd., 507.
37 G. *Luf*, Grundrechte, 40.

Heil zu sichern, sondern das Heilsgeschehen „in seiner Unabgeschlossenheit zu schützen".[38] Diese teleologische Bezugnahme auf das göttliche Recht durch die hierarchische Kirchenleitung ist in adäquater Weise nur epikletisch möglich. Noch einmal beeindrucken in diesem Zusammenhang die ersten Worte von Papst Franziskus, diesmal deshalb, weil er damit einen neuen Leitungsstil in der Kirche anzukündigen scheint, indem er das Handeln des Bischofs als das erhörte Gebet des Volkes versteht. „Und nun möchte ich den Segen erteilen, aber zuvor bitte ich euch um einen Gefallen. Ehe der Bischof das Volk segnet, bitte ich euch, den Herrn anzurufen, dass er mich segne: das Gebet des Volkes, das um den Segen für seinen Bischof bittet. In Stille wollen wir euer Gebet für mich halten."[39]

Mit seinen Worten erkennt Papst Franziskus an, dass Menschen im Geist einen unmittelbaren Zugang zu Gott und dem von ihm verheißenen Heil haben, dass zweitens er als Bischof sich in diese Herabrufung Gottes einschließt; ferner, dass er die Erhörung des Gebets aufgrund der verheißenen Treue Gottes für sein Handeln voraussetzt und schließlich, dass er als Bischof für die ihm anvertrauten Menschen nur so die Autorität Gottes in Anspruch nehmen und den Segen Gottes zusagen kann.

---

38 *M. Volf,* Trinität und Gemeinschaft. Eine ökumenische Ekklesiologie, Mainz, Neukirchen-Vluyn 1996, 233.
39 *P. Franziskus,* Erste Grußworte.

# IX.

## Zur Kirche als Subjekt der Epiklese

Nachdem die Epiklese als konstitutive Form der die Kirche auf-
bauenden Grund*vollzüge* und damit indirekt auch als legitimie-
rende Form der ihnen folgenden und sie prägenden *Strukturen,*
das heißt ihres gesellschaftlichen Gefüges und ihrer hierarchischen
Organe aufgewiesen, in ihren dogmatischen und ebenso in ihren
kritischen Konsequenzen durchdacht und als die der Gegebenheitsweise des Heils entsprechende Autoritätsform des gläubigen
Handelns in Anspruch genommen worden ist, hätte eine pneumatologische Reformulierung der Ekklesiologie in einem weiteren
Schritt die Epiklese als konstitutiv für das Selbstverständnis der
Kirche als Handlungs*subjekt* zu erweisen.

Dazu wäre, ausgehend vom biblischen Offenbarungszeugnis, auf das im epikletischen Handeln sich darstellende *Subjekt
der Epiklese* abzustellen und anschließend der biblische Befund
fundamentaltheologisch beziehungsweise dogmatisch zu reflektieren.

Wiederum ist in diesem Zusammenhang von der bereits zitierten Perikope aus dem Johannesevangelium auszugehen, diesmal freilich unter anderem Aspekt: „Und ich werde den Vater bitten und er wird *euch* einen anderen Beistand geben, der für immer
bei euch bleiben soll. Es ist der Geist der Wahrheit, den die Welt
nicht empfangen kann, weil sie ihn nicht sieht und nicht kennt.
Ihr aber kennt ihn, weil er *bei euch* bleibt und *in euch* sein wird.
Ich werde euch nicht als Waisen zurücklassen, sondern ich komme
wieder *zu euch*" (Joh 14,16–18). Zur Debatte steht, wem der Beistand des Geistes, um den Jesus nach dem Zeugnis des Johannesevangeliums den Vater bittet, verheißen ist. Nach übereinstim-
mender Ansicht der Exegeten ist dieser Beistand allen, die sich als
Christus zugehörig bestimmen und damit der Christenheit *als*

*Ganzer* verheißen. Das Beten der Kirche als Ganzer gründet in Jesu epikletischem Gebet für die ganze Kirche.

Auch für den Verfasser der Apostelgeschichte, den Hellenisten Lukas, ist „nicht nur der einzelne, sondern die *ganze Gemeinde* Träger des Geistes [...]."[1] Dem entspricht die Kirche dadurch, dass *sie als Ganze* in ihren Vollzügen in diese an den Vater gerichtete Bitte Jesu um den Geist einstimmt.

Als fundamentaltheologische Implikation gilt es, in diesem Zusammenhang daran zu erinnern, dass Gottes freie Selbstoffenbarung als Liebe erst in der freien Zustimmung der Menschen zum Ziel kommt[2], weil Gott sich in freiem Entschluss den Menschen als denjenigen, dem seine Liebe gilt, als freies Wesen vorausgesetzt hat. Von daher sind der *sensus fidei* und die *participatio actuosa fidelium* für Gottes Gnadenhandeln aus theologischem Grund unverzichtbar. Ihre ekklesiale Bedeutung wird auf dieser Basis zu bestimmen sein.

## Sensus fidei und participatio actuosa fidelium

Die Grundvollzüge der Kirche – Verkündigung, Liturgie, Diakonie – als die die komplexe Wirklichkeit der Kirche realisierenden Akte der ganzen Kirche ließen sich als durch das Kirchenrecht zu ordnende und in ihrer Freiheit zu schützende Akte einer den *sensus fidei* und die *participatio actuosa fidelium* nicht übergehenden Glaubenszustimmung verstehen, die darstellt, dass der Gott entsprechende Mensch (E. Jüngel) dem Gott, der sich durch Jesus Christus selbst dazu bestimmt hat, sich von den Menschen bestimmen zu lassen, die Zustimmung dadurch er-

---

1 *H. Mühlen*, Die Kirche als die geschichtliche Erscheinung des übergeschichtlichen Geistes Christi. Zur Ekklesiologie des Vaticanum II, in: ThGl 55 (1965), 270–289, 279.
2 Zustimmung ist nur einem Subjekt möglich. Wird der Mensch als Subjekt gedacht, ist er damit notwendigerweise auch als Rechtssubjekt zu denken, entspricht doch der Begriff des Rechts dem der für die Subjektivität des Menschen konstitutiven wechselseitigen Anerkennung.

weist, dass er sie in der Handlungsform der Bitte um seine aktive Treue an den Geist Gottes richtet. Deshalb hat Dominik Burghardt in seiner lesenswerten Studie zum Glaubenssinn dem *sensus fidei* zu Recht eine ekklesiologisch konstitutive Bedeutung beigemessen. Er hat das Ergebnis seiner Studien in folgender Kurzformel zusammengefasst: *„Der übernatürliche Glaubenssinn des Gottesvolkes* […] *ist ein institutionelles Strukturelement göttlichen Rechtes in der Kirche Christi, dem in seinen authentischen Äußerungen ein ‚Recht auf Beachtung' zukommt."*[3] Dieses Recht auf Beachtung, komme, so Burghardt dem *sensus fidei „wegen seines pneumatischen Ursprungs"*[4] wesenhaft zu. Deshalb ist es allerdings auch weiter zu fassen als bei Burghardt geschehen. Es richtet sich nicht nur an die Hirten, sondern auch an die Theologinnen und Theologen, die durch die ekklesiologisch konstitutive Bedeutung des *sensus fidei* herausgefordert sind, die Ekklesiologie pneumatologisch zu reformulieren und damit auch theoretisch das ‚Recht auf Beachtung' zu sichern.

Für den liturgischen Selbstvollzug der Kirche ist dieses Recht durch die Bestimmungen der Liturgiekonstitution des Zweiten Vatikanischen Konzils zur *actuosa participatio* verwirklicht worden. Gemäß *Sacrosanctum Concilium* gilt die *participatio actuosa fidelium* als Wesensmerkmal der Liturgie.[5] Kraft der Taufe haben die Gläubigen „das Recht und die Pflicht" (SC 14), den Gottesdienst der Kirche in voller, aktiver und bewusster Teilhabe und Teilnahme zu feiern. Diese *participatio* durchzieht leitmotivisch die Aussagen der Liturgiekonstitution und bestimmt die Richtung der nachkonziliaren Liturgiereformen. Mit ihr wird der Subjektcharakter des Gottesdienst feiernden Volkes Gottes betont. Deshalb heißt es tätige und bewusste Teilnahme. Ihr Subjekt sind die Gläubigen, noch vor jeder Unterscheidung zwischen Kle-

---

3 *D. Burghardt*, Institution Glaubenssinn, 207.
4 Ebd., 206.
5 Vgl. *M. Stuflesser*, Actuosa participatio – zwischen hektischem Aktionismus und neuer Innerlichkeit. Überlegungen zur „tätigen Teilnahme" am Gottesdienst der Kirche als Recht und Pflicht der Getauften, in: LJ 59 (2009), 147–186, 156f.

rikern und Laien. Als ‚voll' wird das aktive und bewusste Invol-
viertsein kennzeichnet, um anzuzeigen, dass es sich dabei nicht
um eine nur teilweise oder eingeschränkte Teilnahme handelt,
den defizienten Modus einer vollen Teilnahme, die Klerikern vorbehalten wäre. In diesem Sinn hat Kurt Koch die pastorale und
rechtliche Engführung der Liturgie im CIC 1917 auf die Vollmachten des Klerikers „als verhängnisvolle Fehlentwicklung[en]"
beurteilt.[6] Winfried Haunerland hat zusammenfassend festgestellt, dass die Teilnahme aller Getauften an der Liturgie „über
Jahrhunderte hinweg nicht handlungsleitend war und die liturgischen Bücher i. d. R. nur das Handeln der Kleriker im Blick hatten [...]."[7] Der Subjektbegriff ist durch *Sacrosanctum Concilium*
für den liturgischen Selbstvollzug der Kirche also erweitert und
auf alle Getauften bezogen worden.

Die Einführung der Muttersprache, die Zuwendung des Zelebranten zur Gemeinde, die Aufforderung zum häufigen Empfang der Kommunion, sowie – das wird oft vergessen, spielte
aber in der Umsetzung der Liturgiereform eine entscheidende
Rolle – das laute Sprechen des Hochgebets ermöglichten den
Gläubigen eine bewusste, tätige und volle Teilnahme an der Eucharistie. Das muttersprachliche, der Gemeinde zugewandte,
laute Sprechen des Hochgebets macht das Handeln des Zelebranten[8] zu einem öffentlichen Handeln, zu einem Geschehen, in das
die Gläubigen sich hörend, sehend und verstehend gemeinschaft-

---

6 *K. Koch,* Die Gemeinde und ihre gottesdienstliche Feier. Ekklesiologische
Anmerkungen zum Subjekt der Liturgie, in: StZ 214 (1996), 75–89, 76. Für
den Hinweis danke ich *J. Knop.* Vgl. dies., Participatio actuosa: Liturgie
feiern – Kirche sein, in: B. Jeggle-Merz, B. Kranemann (Hg.), Liturgie und
Ökumene. Grundfragen der Liturgiewissenschaft im interkonfessionellen Gespräch, Freiburg – Basel – Wien (erscheint 2013)
7 *W. Haunerland,* Vom „Gottesdienst" zur „Gemeindefeier"? Prinzipien und
Herausforderungen nachkonziliarer Liturgiereform, in: ThPQ 153 (2005),
67–81, 73.
8 Ich erinnere mich daran, dass es dem Pfarrer unserer damaligen Pfarr-
gemeinde überaus schwer fiel, das Hochgebet laut zu sprechen. Eine tief-
fromme Haltung der Ehrfurcht vor dem heiligen Geheimnis erlaubte ihm allenfalls den Flüsterton. Diese Erfurchtshaltung, der ich mit großem Respekt

lich einbringen können. Im alten Ritus war eine verstehende Teilnahme am ‚Arkanen' nur dem Einzelnen möglich, der seinen ‚Schott' dabei hatte. Das laute Sprechen des Hochgebets kennzeichnet das Handeln des Zelebranten zugleich als ein Handeln im Namen der Kirche. Der Plural in der epikletisch zu deutenden Wandlungsbitte „[…] bitten wir […]" und in der Kommunionepiklese „[…] schenke uns […] und lass uns […]" weisen die Gebete als Gebete der versammelten Gemeinde aus. Dementsprechend kennzeichnet die Allgemeine Einführung in das Römische Messbuch die Anrufung des Geistes mit folgenden Worten als Handeln der Kirche: „[…] erfleht *die Kirche* durch besondere Anrufungen die Kraft des Heiligen Geistes, damit die von den Menschen dargebrachten Gaben konsekriert, das heißt Leib und Blut Christi werden und damit die makellose Opfergabe, die in der Kommunion empfangen wird, denen zum Heil gereiche, die daran Anteil erhalten."[9]

Im liturgischen Vollzug der Sakramente sprechen Priester oder Bischöfe das Hochgebet im Namen der Kirche. Die versammelte Gemeinde bekräftigt und bezeugt mit ihrem ‚Amen', in der Chrysostomos- und in der Basiliusliturgie mit einem dreifachen ‚Amen', ihren Subjektcharakter; nämlich dass die Kirche als Ganze Subjekt des liturgischen Handelns ist.

Ihren theologischen Sinn findet die *actuosa participatio* darin, dass sie anamnetisch-epikletische Vergegenwärtigung des Heilshandelns Gottes durch die Kirche ist. Für die Feier der Eucharistie fasst das Nachsynodale Apostolische Schreiben *Sacramentum Caritatis* die hier relevanten wesentlichen Momente in wenigen Worten prägnant zusammen: „Von größter Wichtigkeit

---

begegne, gilt es in Zeiten der Gotteskrise durch eine ihr adäquate epikletische Haltung zu substituieren.

9   Institutio Generalis Missalis Romani 2002, Nr. 79 c. Dort heißt es: „per invocationes peculiares Ecclesia Spiritus Sancti virtutem implorat, ut dona ab hominibus oblata consecrentur, seu Corpus et Sanguis Christi fiant, et ut hostia immaculata, in Communione sumenda, sit in salutem eorum qui illam participaturi sunt"; übersetzt in: *P. Benedikt XVI.*, Nachsynodales Apostolisches Schreiben *Sacramentum Caritatis*, Nr. 48.

für das geistliche Leben der Gläubigen ist eine klarere Kenntnis des Reichtums der Anaphora: Neben den von Christus beim Letzten Abendmahl gesprochenen Worten enthält sie die Epiklese als Bitte an den Vater, die Gabe des Geistes herabzusenden, damit Brot und Wein zum Leib und zum Blut Jesu Christi werden und ‚die ganze Gemeinde immer mehr Leib Christi werde'. Der Geist, der vom Zelebranten [im Namen der versammelten Gemeinde; MB] auf die auf den Altar gelegten Gaben von Brot und Wein herabgerufen wird, ist derselbe, der die Gläubigen in ‚einem Leib' vereint und sie zu einem geistigen Opfer macht, das dem Vater wohlgefällt."[10] Hier wird die Kommunionepiklese, die von den Gläubigen ausgeht und mit der sich die Gläubigen als Gesamtheit als durch den Geist Gottes konstitutiv geeint wissen, mit der Wandlungsepiklese verknüpft: *„Schenke uns Anteil an Christi Leib und Blut und laß uns eins werden durch den Heiligen Geist."* Aus dieser Verknüpfung heraus wird verständlich, dass sich die Gläubigen epikletisch in der Anamnese des Paschamysteriums als ‚geistiges Opfer' konstituiert wissen können, als Menschen, die durch ihren von der Sorge um den eigenen Tod befreiten Lebensstil Gott als Heilshoffnung für andere darstellen können. Dazu heißt es in *Sacramentum Caritatis*: „Die große liturgische Tradition der Kirche lehrt uns, daß es für eine fruchtbare Teilnahme nötig ist, persönlich dem gefeierten Mysterium zu entsprechen, indem man das eigene Leben in Einheit mit dem Opfer Christi hingibt für das Heil der ganzen Welt."[11] Die Epiklese als Form der tätigen Teilnahme der Gläubigen am liturgischen Geschehen begründet also die Kirche als Communio und mündet in der Hingabe der Einzelnen wie der Kirche als Ganzer für andere, in der aktiven Proexistenz.

---

10  Ebd., Nr. 13.
11  Ebd., Nr. 64.

## Ordo und sensus fidelium

Bedenkt man nun vor dem Hintergrund dessen, was für das Volk Gottes ohne weitere Differenzierung gilt, die unterschiedlichen Rollen von ordinierten Amtsträgern und denen, die Christus durch die Taufe zugehören – den Begriff ‚Laien‘ sollte man zur Bezeichnung des Unterschiedes zu ‚Ordinierten‘ vermeiden, weil er in seiner ursprünglichen Bedeutung diejenigen bezeichnet, die zum Volk gehören und das sind im Volk Gottes auch die Amtsträger – so könnte man vom anamnetisch-epikletischen Vollzug her folgende Zuschreibungen vornehmen:

Die Vollmacht des Weiheamtes als Subjekt kirchlichen Handelns könnte als eine kirchliche Vollmacht reformuliert werden, an Christi statt *im Namen der ganzen Kirche* um seinen Geist, das heißt um seine wirksame Gegenwart zu bitten und diese als vom Geist getragene Wirklichkeit, zum Beispiel und vor allem in der Wandlung der eucharistischen Gaben wie auch der Versöhnung, *im Namen Christi* der versammelten Gemeinde verbindlich zuzusprechen.[12] In beiden Akten, der Bitte und der Zusage, käme autoritativ die hoffnungsvolle Zustimmung der Kirche zum Heilshandeln Gottes durch Jesus Christus im Geist zum Ausdruck. Pate stehen die Formulierung im Ravenna-Dokument „Die ganze Gemeinde und jeder Einzelne in ihr ist Träger des ‚Gewissens der Kirche‘ (*ekklesiastikè syneidesis*, wie es die griechische Theologie nennt, des *sensus fidelium* in lateinischer Terminologie). Kraft Taufe und Firmung (Salbung mit dem Chrisam) übt jedes Glied der Kirche eine Form von Autorität im Leib Christi aus. In diesem Sinn sind alle Gläubigen – und nicht nur die Bischöfe – für den Glauben verantwortlich, den sie bei ihrer Taufe bekannt haben. Unsere gemeinsame Lehre ist es, dass das Volk Gottes als Ganzes, da es ‚die Salbung, die von dem Heiligen kommt‘ (1 Joh 2,20 und 27), empfangen hat, in Gemeinschaft mit ihren Hirten, in Dingen des Glaubens nicht irren

---

12  Dabei müsste gemäß dem Zeugnis von Mk 2,5 davon ausgegangen werden, dass es der Glaube ist, der Versöhnung schafft.

kann (vgl. Joh 16,13)."[13] So könnten Ordo und *sensus fidelium* einander zugeordnet und zugleich die Autorität des Ordo im Dienst an den Gläubigen ausgesagt werden.

## Offen für die Zukunft, für die Welt, für Reformen

Eine pneumatologische Reformulierung der Ekklesiologie hätte über diesen subjekthaften Selbstvollzug der *ganzen* Kirche – und der differenzierten Rolle ihrer unterschiedlichen Handlungsträger – hinaus, aber nicht losgelöst von ihm, den Ursprung und die eschatologische Bestimmung der Kirche pneumatologisch zu reflektieren, nämlich, dass Kirche in der Treue Gottes gründet, sie deshalb ihre bleibenden Wurzeln in der Treue Gottes zu Israel findet, sie aufgrund derselben Treue das Volk Gottes nicht substituiert und vielmehr für die Universalität und Endgültigkeit der Heilszusage Gottes für alle Menschen, für Lebende und für Tote steht. Da die Vollendung des Reiches Gottes, die Realisierung der endgültigen Heilszusage Gottes noch aussteht, lebt Kirche von der Treue Gottes auf Zukunft, auf das, was von Gott her zukommt, hin. Weil, eschatologisch gesprochen, Gott sich treu erweist, indem er auf die Menschen hofft (C. Peguy), kann die Kirche dem treuen Gott nicht anders entsprechen, als auf die Menschen zu hoffen.

Der wichtige Satz von Dietrich Bonhoeffer „Die Kirche ist nur Kirche, wenn sie für andere da ist"[14] thematisiert die Kirche als „Sacramentum mundi". Karl Rahner hat festgestellt, dass die Kirche als Sakrament nicht von dem sakramentalen Handeln der Kirche her verstanden werden kann. Er hat die Sakramentalität der Kirche christologisch hergeleitet, indem er auf „die eine und bleibende, zeichenhafte, inkarnatorisch strukturierte Präsenz des

---

13 Kirchliche und kanonische Konsequenzen, Nr. 7.
14 *D. Bonhoeffer*, Widerstand und Ergebung (1944), hg. v. E. Bethge, München 1970, 415.

eschatologischen Heiles Christi"[15] hingewiesen hat. Das Zweite Vatikanische Konzil hat in der Konstitution *Lumen gentium* an verschiedenen Stellen (LG 1; 8; 9; 48 und 59) die Kirche als Sakrament bezeichnet, genauer als universales Heilssakrament. In der Deutung vor allem von *Lumen gentium* 1 hat die Theologie die christologische Grundlegung der Sakramentalität der Kirche herausgestellt: „Die Kirche ist ja in Christus gleichsam das Sakrament, das heißt Zeichen und Werkzeug für die innigste Vereinigung mit Gott wie für die Einheit der ganzen Menschheit" lautet der Referenztext, über die dann die pneumatologische Akzentsetzung von *Lumen gentium* 8 nur allzu leicht übersehen wird.[16] Jedoch wäre auch die Bestimmung der Kirche als Sakrament des Heils für die Menschen pneumatologisch im Anschluss an *Lumen gentium* 48 zu reformulieren, um einsehen zu können, wie die Kirche Heilszeichen für andere sein kann – nämlich, indem sie anamnetisch-epikletisch dazu einlädt, auf die verheißene Treue Gottes zu vertrauen und dieses Kommerzium der Freiheiten in ihrem Sein für andere darstellt.

Eine Kirche, die sich in ihrem anamnetisch-epikletischen Vollzug auf die verheißene Treue Gottes ausrichtet, auf sein eschatologisches Versprechen, nichts und niemanden verloren gehen zu lassen, ist offen für Reformen und Erneuerung, weil sie sich selbst als Subjekt geschichtlich versteht und weil sie nur so durch die Zeitläufte hindurch für alle und jeden erreichbar ist. Deshalb ist im Rahmen einer pneumatologischen Reformulierung der Ekklesiologie auch die notwendige Offenheit der Kirche für ihre Erneuerung und Reformen[17] zu thematisieren.

---

15 *K. Rahner*, Kirche und Sakramente (QD 10), Freiburg – Basel – Wien 1960, 22.

16 Vgl. etwa *G. Kraus*, Die Kirche, Gemeinschaft des Heils. Ekklesiologie im Geist des Zweiten Vatikanischen Konzils, Regensburg 2012, 192.

17 Vgl. Zum Sprachgebrauch des Konzils: *J. W. O'Malley*, „The Hermeneutic of Reform". A Historical Analysis, in: TS 73 (2012), 517–546 und die Rez. von *N. Klein*, Glaube und Geschichte. Zu drei Zeitschriftenbeiträgen über das Zweite Vatikanische Konzil, in: http://www.stimmen-der-zeit.de/zeitschrift/online_exklusiv/details_html?k_beitrag=3617760 (08.01.2013).

Dass dies für die Kirche nicht selbstverständlich ist, darauf weist eine von der Piusbruderschaft gern zitierte Passage aus der Enzyklika *Mirari vos* Papst Gregors des XVI. vom 15. August 1832 hin: „Deshalb wäre es völlig widersinnig und für die Kirche höchst beleidigend, von einer Erneuerung und Wiederbelebung zu sprechen, die notwendig wäre, um ihren Bestand und ihr Wachstum zu sichern, als ob man glauben würde, sie sei dem Untergang, der Verdunkelung oder anderen Mängeln dieser Art ausgesetzt."[18]

Dem gegenüber hat das Zweite Vatikanische Konzil betont: Auf ihrer Pilgerschaft durch die Zeit ist die Kirche „zugleich heilig und stets der Reinigung bedürftig, sie geht immerfort den Weg der Buße und Erneuerung" (LG 8). Dass diese Erneuerung Werk des Geistes ist, stellt *Lumen gentium* 4 heraus: „Durch die Kraft des Evangeliums läßt er – der Heilige Geist – die Kirche allezeit sich verjüngen, erneut sie immerfort und geleitet sie zur vollkommenen Vereinigung mit ihrem Bräutigam. Denn der Geist und die Braut sagen zum Herrn Jesus: ‚Komm' (Apk 22,17)." Unter der Führung des Heiligen Geistes muss sie sich auf ihrer Pilgerschaft „unaufhörlich erneuern und läutern" (GS 21), wird sie „von Christus zu einer dauernden Reform gerufen" (UR 6).[19]

Die wesentliche Geschichtlichkeit der Kirche, oder wenn man so will, die Pilgerschaft der Kirche durch die Zeit, gilt nicht nur für den Subjektcharakter der Kirche. Sie wird – in Orientierung an Yves Congar[20] – auch für das Verständnis der Wesenseigenschaften der Kirche geltend gemacht werden müssen. Wenn die Komplexität ihrer Wirklichkeit das Wesen der geschichtlich sich vollziehenden Kirche bestimmt, dann muss diese Geschichtlichkeit auch das Verständnis ihrer Wesenseigenschaften mitbestimmen.

---

18 http://www.piusbruderschaft.de/lehre/lehramt/300-enzyklika-qmirari-vosq-papst-gregor-xvi-1832 (20.10.2011).
19 Vgl. J. *Werbick*, Grundfragen der Ekklesiologie, Freiburg – Basel – Wien 2009, 200.
20 Vgl. Y. *Congar*, Die Wesenseigenschaften der Kirche, in: MySal IV/1, Zürich u. a. 1972, 357–599.

## Die Wesenseigenschaften der Kirche

Die im Glaubensbekenntnis von Nizäa-Konstantinopel (381) fest-gehaltenen Wesenseigenschaften der Kirche – Einheit, Heiligkeit, Katholizität und Apostolizität – sind also von der geschichtlich sich vollziehenden Kirche als Ganzer in ihrer Ausrichtung auf den Heiligen Geist auszusagen. So lässt sich Apostolizität nicht auf apostolische Sukzession reduzieren, Heiligkeit nicht durch das Ideal weltabgewandter Reinheit darstellen. Vielmehr ist darzule-gen, wie die Wesenseigenschaften der Kirche – Einheit, Heiligkeit, Katholizität und Apostolizität – theologisch in der Treue Gottes gründen und vom Versprechen dieser Treue getragen werden; fer-ner wie sie anthropologisch im anamnetisch-epikletischen Cha-rakter gläubigen Handelns als Erhoffte erinnert und als Erinnerte erhofft werden. Das Verständnis von Einheit, Heiligkeit, Katholizi-tät und Apostolizität hat mit anderen Worten das Verständnis der Kirche als Kommerzium von göttlicher und menschlicher Freiheit zur Voraussetzung. Kirche ist berufen zur geschichtlichen Darstel-lung von Einheit, Heiligkeit, Katholizität und Apostolizität, die als eschatologische Bestimmungen der Kirche[21] dem Wirken des Geistes zugeschrieben werden und anamnetisch-epikletisch erfleht werden müssten.

Dabei gilt, dass Einheit nicht ohne Heiligkeit, Katholizität und Apostolizität anamnetisch-epikletisch dargestellt werden kann, Heiligkeit nicht ohne Einheit, Katholizität und Apostolizi-tät, usw.[22] Insofern handelt es sich, wenn im Folgenden die Cha-rakteristika im Einzelnen betrachtet werden, um den relationalen Aspekt der Eigenschaften ausblendende Abstraktionen. Die We-senseigenschaften der Kirche können ebenso, wie sie nicht von-einander getrennt verstanden werden können, losgelöst von der

---

21  Nach *W. Kasper*, Das Zweite Vatikanum weiterdenken. Die apostolische Sukzession im Bischofsamt als ökumenisches Problem, in: KuD 44 (1998), 207–218, 217, kann „die Fülle der Katholizität und Apostolizität […] ohnedies eine erst eschatologische Wirklichkeit sein." Gleiches wird man wohl in Bezug auf die Fülle der Einheit und Heiligkeit unterstellen müssen.

22  Vgl. *H. Döring*, Notae ecclesiae, in: LThK[3] Bd. 7, 1998, 918–921, 920.

geschichtlichen Konkretion der komplexen Wirklichkeit der Kirche verstanden werden, was in *Lumen gentium* 8 seinen Niederschlag dadurch gefunden hat, dass im unmittelbaren Anschluss an die Bestimmung der Komplexität der Wirklichkeit Kirche festgestellt wird: „Dies ist die einzige Kirche Christi, die wir im Glaubensbekenntnis als die eine, heilige, katholische und apostolische bekennen [...]. Diese Kirche, in dieser Welt als Gesellschaft verfaßt und geordnet, ist verwirklicht in der katholischen Kirche." Vornehmlich geht es nämlich darum, die Wesenseigenschaften der Kirche als Charakteristika von ihrer komplexen Wirklichkeit her zu skizzieren. Nur in der Perspektive „beunruhigende[r] *Kriterien*"[23] für deren geschichtliche Konkretion können sie Kennzeichen der wahren Kirche sein, denn die ‚wahre' Kirche lässt sich mit nur empirischen Methoden wegen der Komplexität ihrer Wirklickeit nicht adäquat *fest*stellen.

Was bedeutet es für das Verständnis von Einheit, wenn diese in anamnetisch-epikletischer Gewissheit als von der Treue Gottes getragen angesehen und in der Dimension ihrer Vollendung eschatologisch erhofft wird? Wie kann Einheit als Geschehen des Geistes im ökumenischen Dialog als ‚beunruhigendes Kriterium' für die geschichtliche Konkretion der wahren Kirche dargestellt werden? Entscheidend für ein adäquates Verständnis der Einheit ist, dass durch es die Komplexität der Wirklichkeit der Kirche nicht unterboten wird. Einheit ohne Andersheit, Einheit ohne Vielfalt ist weniger vollkommen als Einheit in und durch Andersheit und Vielfalt. Anerkennung ist der Schlüssel für ein solches Einheitsverständnis: Zunächst und zuerst Anerkennung des Gottseins Gottes und darin der Andersheit der Anderen. Anerkennung bleibender Andersheit heißt Vielfalt. Anrufung Gottes, Erinnerung seiner Verheißungen, Klage über die fehlende Vollendung der Einheit und das Bemühen um wechselseitige Anerkennung gehören zusammen, bilden den Vollzug, der grundlegend für alle ökumenischen Gespräche und jede interkonfessionelle Begegnung ist und diese tragen sollten. Der anamnetisch-epikletische Vollzug

---

23 *R. Miggelbrink*, Einführung, 78 (in Anlehnung an K. Rahner).

prägt als fundamentales Charakteristikum der Wahrnehmung des ‚Sich-Gebens' Gottes jede ‚Gegebenheit' der Einheit. Alles andere ist, wenn auch nicht bedeutungslos, so doch sekundär.

Was bedeutet es für das Verständnis von Heiligkeit, wenn diese in anamnetisch-epikletischer Gewissheit als von der Treue Gottes getragen angesehen und in der Dimension ihrer Vollendung eschatologisch erhofft wird? Wie kann Heiligkeit als Geschehen des Geistes und als ‚beunruhigendes Kriterium' für die geschichtliche Konkretion der wahren Kirche dargestellt werden? Eine pure Weltabgewandtheit und Ausrichtung an moralischer Reinheit würde die Komplexität der Wirklichkeit der Kirche in ihrem Attribut der Heiligkeit unterbieten. Denn diese Heiligkeit selbst ist als komplexe Wirklichkeit zu verstehen. Die Komplexität der Wirklichkeit Kirche begründet sich nicht durch die Dialektik von Sünde und Heiligkeit. Nein, die Heiligkeit der Kirche ist selbst von komplexer Struktur, weil Kirche komplex, Kommerzium göttlicher und menschlicher Freiheit ist. Auch darf sich die Kirche nicht heiliger darstellen als sie ist; denn auch darin bliebe sie der Dialektik von Sünde und Heiligkeit verhaftet. Jedwede Heiligkeit der Kirche gründet in der Treue Gottes. Der menschenfreundliche und den Menschen vorbehaltlos zuwendende Gott allein ist heilig. In der anamnetisch-epikletischen Ausrichtung auf den allein Heiligen findet die Kirche den, der ihr heilig ist, stellt sich die Heiligkeit der Kirche als Berufung zur Vollkommenheit durch Gott (vgl. LG 11) und damit zugleich als Vertrauen darin dar, dass Gott eschatologisch sich als der, der nicht ohne die allumfassende Gemeinschaft mit den Menschen vollkommen sein will und der deshalb alle in seine Heiligkeit berufen hat, erweisen wird.

Was bedeutet es für das Verständnis von Katholizität, wenn diese in anamnetisch-epikletischer Gewissheit als von der Treue Gottes getragen angesehen und in der Dimension ihrer Vollendung eschatologisch erhofft wird? Wie kann Katholizität als Geschehen des Geistes und als ‚beunruhigendes Kriterium' für die geschichtliche Konkretion der wahren Kirche dargestellt werden? Sicher nicht dadurch, dass Katholizität als Konfessionsmerkmal die empirische Wirklichkeit nur einer Kirche schmückt und als Markenbegriff staatlichen Rechtsschutz genießt. Katholisch darf sich schließlich nicht jeder nennen! Ein solches Verständnis von Katholizität, welches diese vor allem als Gegensatz zu allem Nicht-Katholischen versteht, unterbietet wiederum das Verständnis der Kirche als komplexe Wirklichkeit. Gerade aufgrund ihrer Ausrichtung an der Katholizität des Heilswillens Gottes, der als einer erinnert wird, nichts und niemanden verloren gehen zu lassen, wird die Kirche unter dem Titel der Katholizität niemanden ausschließen können. Katholizität als im anamnetisch-epikletischen Vollzug darzustellendes Geschehen des Geistes zu verstehen, heißt, diese katholische Offenheit als Vertrauen in die göttliche Vollendung des Heilwerkes zeichenhaft zu leben.

Was bedeutet es für das Verständnis von Apostolizität, wenn diese in anamnetisch-epikletischer Gewissheit als von der Treue Gottes getragen angesehen und in der Dimension ihrer Vollendung eschatologisch erhofft wird? Wie kann Apostolizität als Geschehen des Geistes und als ‚beunruhigendes Kriterium‘ für die geschichtliche Konkretion der wahren Kirche dargestellt werden? Wäre es nicht ausreichend, auf die apostolische Sukzession der Amtsträger in ihr zu verweisen? Diese gründet als Implikation fortdauernder Handauflegung ja schließlich in einem anamnetisch-epikletischen Akt. Doch müsste man, wenn man die Komplexität der Wirklichkeit Kirche nicht unterbieten wollte, zumindest darauf hinweisen, dass dieser symbolische Akt die Erhörung des Gebets der ganzen Gemeinde darstellt. Auch der Begriff der Apostolizität lässt sich als Eigenschaft der Kirche nicht verstehen, wenn man ihn definierend und nicht eröffnend verwendet. Er eignet sich als theologischer Begriff nicht dazu, Abgrenzungen vorzunehmen. Das apostolische Zeugnis eröffnet der Kirche vielmehr in der Anamnese den Bezug zu ihrer christologischen Gründung und richtet sie im Vertrauen auf die darin offenbar gewordene Treue Gottes aus. Die Treue Gottes selbst kann von der Kirche nicht anders als in anamnetisch-epikletischer Gewissheit des ‚Handelns zu seinem Gedächtnis‘ bis zur Wiederkunft des Messias bewahrt werden. Walter Kasper verdient daher Zustimmung, wenn er aus der Einsicht, dass es „in besonderer Weise der pneumatologischen Dimension der apostolischen Sukzession, daß wir offen sind für das, was der Heilige Geist in den Kirchen wirkt"[24], entspricht, in ökumenischer Gesinnung fordert, „Ämter, die nach rein institutionellen Kriterien ungültig sind, die sich aber geistlich bewähren und als geistlich fruchtbar erweisen, in einem geistlichen Urteil anzuerkennen".[25] Die Gültigkeit eines Amtes in einer komplexen Wirklichkeit, wie sie die Kirche ist, kann nämlich, das sollte deutlich geworden sein, nur um den Preis der Unterbietung dieser Komplexität ausschließlich an institutionellen Kriterien festgemacht werden. Doch muss andererseits das geistliche Urteil, welchem Gewissheit aufgrund seines anamnetisch-epikletischen Charakters zukommt, und auf das Kasper in seiner prophetischen Dimension baut, auch rechtlich bewehrt werden können. Damit stellt sich wie in einem Brennglas an dem Problem, das schon Sohm bewegte, nämlich das der apostolisch legitimierten Herrschaft in der Kirche, die Frage nach der theologischen Begründung der rechtlichen Verfasstheit der Kirche erneut.

Blicken wir kurz zum Abschluss dieses Kapitels zurück. Wir haben die Kirche als Ganze als Subjekt der Epiklese erwiesen. Dadurch kam die ekklesial konstitutive Bedeutung des *sensus fidei* und der *participatio actuosa fidelium* ebenso wie eine Neubestimmung des ordinierten Amtes in den Blick. Wir haben die Kirche als geschichtliches Subjekt verstanden, deren Impuls zur Erneuerung darin gründet, der verheißenen Treue Gottes, nichts und niemanden verloren gehen zu lassen, zu entsprechen. Wir haben die Kirche als Ganze als von ihrem Ursprung und eschatologisch bestimmte verstanden und haben schließlich ihre Wesenseigenschaften von der pneumatologischen Einsicht in die Komplexität der Kirche sowie der Relationalität

---

24  *W. Kasper*, Das Zweite Vatikanum weiterdenken, 218.
25  *W. Kasper*, Die apostolische Sukzession als ökumenisches Problem, in: W. Pannenberg (Hg.), Lehrverurteilungen – kirchentrennend? III. Materialien zur Lehre von den Sakramenten und vom kirchlichen Amt (DiKi 6), Freiburg – Göttingen 1990, 329–349, 348.

der Eigenschaften reformuliert. Nach all dem ist es nun an der Zeit, sich der theologischen Begründung der rechtlichen Verfasstheit der Kirche zu widmen. Dazu ist die Handlungsform der Epiklese als Autoritätsform des Rechts, das heißt als die Form, in der die Autorität Gottes durch die Kanonistik für das kirchliche Recht in Anspruch genommen werden kann, zu erweisen.

# X.

## Zur Begründung des Kirchenrechts

Klaus Mörsdorf ist in den fünfziger Jahren des vergangenen Jahrhunderts zur Erkenntnis gelangt, dass die kirchenaufbauenden Elemente von Wort und Sakrament deshalb als theologische Grundlage des Kirchenrechtes angesehen werden müssten, weil sie von Jesus Christus mit Vollmacht vollzogen, gestiftet und ausgestattet worden seien, also aufgrund ihrer formalen Qualität. In der theologischen Grundlegung des Kirchenrechts durch Mörsdorf spiegelt sich das theologische Verständnis seiner Zeit sowie das an Willensmacht (*voluntas*) und Pflichtensoll (*officium*) orientierte römische Verständnis des Rechts.[1] In ihr spielt ekklesiologisch folglich die von Christus übertragene Vollmacht die entscheidende Rolle. Das Recht hatte daher die wesentliche Aufgabe, den Vollmachtsanspruch durchzusetzen.

Ein wesenhaft anamnetisch-epikletisches Verständnis von Wortverkündigung und sakramentalem Geschehen in der Kirche, das die Bitte, das ,Flehgebet' um den Heiligen Geist als konstitutiv für diese Vollzüge ausweist, vermag einen Schritt über Mörsdorf hinaus das Recht in der Kirche theologisch nicht auf der Basis von Willensmacht und Pflichtensoll, sondern heilsgeschichtlich auf der Basis der in der gegenseitigen freien Gewähr von Anrufung und Erhörungsgewissheit zur Sprache kommenden Treue Gottes zu verstehen und kann es von daher als erste Aufgabe dieses Rechts ansehen, dieses gegenseitige Anerkennungsverhältnis zu schützen. Insofern scheint es konsequent, mit dem Gedanken von Lothar Lies, die Treue Gottes als Rechtstitel für die Epiklese zu verstehen, auch eine Erneuerung der theologischen Grundlegung des Kirchenrechts über Mörsdorf hinaus, aber auf der Grundlage seiner

---

1 Vgl. *G. Söhngen*, Grundfragen, 33–36.

wegweisenden und durchaus auch heilsgeschichtlich orientierten Gedanken anzustreben.

Dass die Bezugnahme auf den Geist in anderer Weise als bei Libero Gerosa erfolgt, der neben den ekklesialen Aufbauelementen Wort und Sakrament den Charismen eine grundlegende Bedeutung für die Konstitution der Kirche und die Grundlegung des Kirchenrechts beimisst, dann aber zwischen Kirche als Institution und Kirche als Ereignis unterscheiden muss, weil das Charismatische aufgrund seiner Formlosigkeit nicht institutionalisiert werden könne, sollte bereits deutlich geworden sein.

## Zum Stand der Diskussion

Bevor die theologische Grundlegung des Kirchenrechts vom anamnetisch-epikletischen Verständnis der Kirche her erfolgt, sollen zunächst noch einmal thesenartig die bisher schon an verschiedenen Stellen der Studie thematisierten Sachverhalte zu einer Grundlegung des Kirchenrechts zusammengefasst werden.

1. *„Ubi societas, ibi et ius"*. Mit dieser Formulierung wurde in der Schule des Ius Publicum Ecclesiasticum das Recht in der Kirche sozialphilosophisch begründet, weil die Kirche ebenso wie der Staat eine perfekte Gesellschaft sei, die über alle Mittel zur Erreichung ihres Zwecks verfüge, weshalb ihr auch „Eigenrechtsmacht" (J. Listl) zukomme.

2. Dieses Modell wird durch Rudolph Sohm grundsätzlich in Frage gestellt. Sohm behauptet einen Gegensatz zwischen dem Wesen der Kirche (geistlich) und dem Wesen des Rechts (weltlich). Er exemplifiziert den Gegensatz durch das Paradigma der Herrschaft. Eine dem Wesen der Kirche entsprechende, geistlich begründete, charismatische Herrschaft, wie es sie – nach Sohm – in den Urgemeinden gegeben habe, sei formlos und labil; rechtlich begründete Herrschaft sei formgebunden. Sie zeichne sich durch Stabilität aus. Es gebe sie deswegen zwar notwendigerweise in der Kirche; sie entspreche jedoch nicht deren Wesen, welches in der frühen Kirche verwirklicht worden sei. An dem von Sohm auf-

gezeichneten Widerspruch zwischen Kirche und Recht, der es nicht mehr ohne weiteres erlaubte, von einer Kirche im Rechtssinn zu sprechen, haben sich alle auf ihn folgenden Bemühungen um die theologische Begründung des Kirchenrechts abgearbeitet.

3. Hans Barion hält die Argumentation von Rudolph Sohm für schlüssig und legt doch dar, dass der Widerspruch zwischen Kirche und Recht kein notwendiger sei. Er sei vielmehr vom vorausgesetzten Kirchenbegriff abhängig. Kirche im Glaubenssinn und Kirche im Rechtssinn sind nach Barion notwendig identisch, wenn man Kirche nicht nur als unsichtbare, geistige Wirklichkeit verstehe und zudem ein formales Rechtsverständnis zugrunde lege. Nach Barion gründet die Kirche im Glaubenssinn ebenso wie die Kirche im Rechtssinn im göttlichen Recht, wie es im Willen des Papstes zum Ausdruck kommt. Barion nimmt also die Unterscheidung zwischen der Kirche als geistlicher und der Kirche als weltlicher Größe auf und setzt sie in katholischer Lesart als miteinander identische Größen in ein notwendiges Beziehungsverhältnis zueinander. Das Recht hat in der Kirche Heilsbedeutung. Hans Barions philosophischer Gewährsmann ist der Begründer der politischen Theologie, Carl Schmitt, mit dem er durch eine lange und intensive Freundschaft verbunden war. Entscheidend für Schmitts Ansatz ist der Gedanke der Souveränität (Wer entscheidet im Notfall?) und der Repräsentanz. Beide Gedanken bezieht Barion auf die Kirchenleitung. Sein Kirchen- und Rechtsverständnis ist positivistisch (kirchliches Recht ist gesetztes Recht), voluntaristisch (einer muss es setzen) und totalitär (nur einer entscheidet). Barions Verdienst besteht darin, die Abhängigkeit der Sohmschen These vom impliziten Kirchenbegriff aufgewiesen zu haben.

Joseph Klein bestimmt in Ergänzung und Abgrenzung gegenüber Barion zudem die Grenzen des Rechts vom vorausgesetzten Kirchen- beziehungsweise Glaubensbegriff her. Seine Thesen haben unter dem Schlagwort ‚Kirche der freien Gefolgschaft‘ eine gewisse Berühmtheit erlangt, weil sie dem Societas-perfecta-Modell theologische Grenzen setzen.

4. Klaus Mörsdorf begründet das Kirchenrecht theologisch, und zwar dadurch, dass er nachweist, dass den Aufbauelementen

der Kirche – Wort und Sakrament – eine rechtliche Dimension eigen ist. Wort und Sakrament treten mit formalem Geltungsanspruch auf. Sie verpflichten aufgrund ihres christologischen Grundes, weil sie von Jesus Christus mit Vollmacht eingesetzt worden seien. Mörsdorf reflektiert also auf die theologischen Grundlagen der Ekklesiologie, die autoritative Verkündigung und sakramentale Heilszusage. Er hat damit einen hochgradig geeigneten Weg für die theologische Grundlegung des Kirchenrechts gewiesen. Allerdings bleibt er einem christozentrischen Modell der Ekklesiologie verhaftet.

Bei seiner Begründung des Kirchenrechts ist Mörsdorf zudem 1950 von einem seinerzeit vorherrschenden instruktionstheoretischen Modell im Verständnis der Offenbarung ausgegangen. Dieses Modell wurde in der Dogmatischen Konstitution *Dei Verbum* durch ein personales Offenbarungsverständnis und ein dem entsprechendes kommunikationstheoretisches Modell vertieft und abgelöst. Gott hat durch Jesus Christus nicht irgendetwas in Form von Satzwahrheiten offenbart, sondern sich selbst ‚in personaler Form', indem er die Menschen wie Freunde angeredet hat. Hinzu trat die vertiefte Einsicht in die Geschichtlichkeit der Selbstoffenbarung Gottes in Jesus Christus. Sein Leben, Tod und seine Auferstehung als Einheit genommen, lässt sich nämlich verstehen, wenn man ihr die Bedeutung beimisst, endgültige Selbstoffenbarung Gottes zu sein. Das Vertrauen darin, dass Jesu Lebensweg der von Gott eröffnete Weg zum Leben ist, lässt sich nun aber nur unzureichend durch einzelne Satzwahrheiten wie durch die Kategorien der Vollmacht und des Glaubensgehorsams erfassen. Damit steht ein Heilsverständnis zur Debatte, das einseitig auf geschuldeten Gehorsam, sei es nun Rechts- oder Glaubensgehorsam, setzt.

5. Mörsdorfs Entwurf hat desungeachtet Schule gemacht. Seine Weise der Kirchenrechtsbegründung ist als ‚Münchener Schule' in die Kanonistik eingegangen. Sie erwies sich als eine für weitere Entwicklungen offene Basis. Vor allem W. Aymans, O. Saier, A. M. Rouco-Varela, L. Gerosa und E. Corecco haben die Schultradition fruchtbringend fortgeführt.

6. In der Frage der Heilsrelevanz des mit Wort und Sakrament konstituierten Rechts werden zugleich unterschiedliche Positionen vorgetragen. Gottlieb Söhngen beschränkt das Recht in seiner Heilsrelevanz, indem er von einem antekanonistischen Heilsgeschehen ausgeht. Wilhelm Bertrams und Hans Barion behaupten die rechtfertigende Funktion des sakramentalen Rechts. Norbert Lüdecke und Georg Bier sind ihnen darin gefolgt.[2] Für die subjektive Glaubenserkenntnis und den subjektiven Glaubensakt kennt dieses Konzept keinen rechtlich gesicherten Freiraum. Während Barion positivistisch die von der Kirche als verbindlich erklärten Glaubenssätze als göttlich-rechtliche Kanones[3] ansieht, versteht Bertrams die Kirche als Fortsetzung der Inkarnation.

7. Dieses inkarnatorische Verständnis der Kirche wird durch *Lumen gentium* 8 korrigiert, ebenso das Verständnis der Kirche als nur sichtbare oder nur geistliche Wirklichkeit. *Lumen gentium* 8 versteht Kirche als komplexe Wirklichkeit und setzt das Verhältnis zwischen Geist und dem gesellschaftlichen Gefüge der Kirche in eine Analogie zum Verhältnis zwischen göttlichem Logos und der Menschwerdung. Diese Analogie muss in ihrer pneumatologischen Akzentsetzung verstanden werden. Das Verhältnis von Geist und gesellschaftlichem Gefüge der Kirche lässt sich nicht im Modell einer hypostatischen Union vorstellen. Die pneumatologische Korrektur, die *Lumen gentium* 8 in die Analogie von Christus und der Kirche eingeflochten hat, konnte bisher, soweit ich sehe, seine

---

2 „Insoweit ist deren Rechtsgestalt Heilsorgan, verwirklicht sich Heilsteilhabe durch Rechtsgefolgschaft." *N. Lüdecke, G. Bier, Das römisch-katholische Kirchenrecht,* 16. Bier und Lüdecke können sich auf Barion berufen, der gegen Söhngen ausgeführt hat: „Das rechtlich Wesentliche am göttlichen Kirchenrecht ist nicht die in ihm gegebene Ordnung, sondern die aus dieser Ordnung nicht ableitbare, vielmehr kraft positiver göttlicher Setzung zu ihr hinzutretende Unabänderlichkeit und Heilsnotwendigkeit." H. Barion, Lage, GA 352, zit. nach: *M. T. Kleinwächter, Das System des göttlichen Kirchenrechts. Der Beitrag des Kanonisten Hans Barion (1899–1973) zur Diskussion über Grundlegung und Grenzen des kanonischen Rechts* (fzk 26), Würzburg 1996, 117. Kleinwächter urteilt, dass bei Barion „die ‚Heilsnotwendigkeit' ausdrücklich an die Rechtsform, nicht an den Inhalt gebunden" wird (ebd.).
3 Vgl. *M. T. Kleinwächter, Das System des göttlichen Kirchenrechts,* 310f.

Bedeutung für die Grundlegung des kirchlichen Rechts noch nicht voll entfalten. Zwar hat Libero Gerosa den christozentrischen Ansatz von Klaus Mörsdorf insofern pneumatozentrisch kontrapunktiert, als er in Anlehnung an *Lumen gentium* 12 Charisma als Rechtsquelle neben Wort und Sakrament auszuweisen vermochte, jedoch dies nur um den Preis einer Unterscheidung zwischen der Konstitution einer institutionell geprägten Kirche und der Konstitution einer durch das Charisma nicht institutionell geprägten Kirche, sowie durch ein Charismenverständniss, welches das Charisma auf Einzelne beschränkt. Gerosa stellt Wort, Sakrament und Charisma als Aufbauelemente der Kirche nebeneinander. Er fragt nicht nach der Rolle des Heiligen Geistes im Vollzug von Wort und Sakrament und erkennt deshalb nicht, dass Wortverkündigung und die Feier der Sakramente wesentlich anamnetisch-epikletisch geprägt sind.

8. Weil die Kirche eine komplexe Wirklichkeit ist und sich darin von einer staatlichen Gesellschaft unterscheidet, wird das herrschende Verständnis der Kirche als *societas perfecta* durch ihr Verständnis als *communio* abgelöst. Communio umfasst das sichtbare und unsichtbare Element der Kirche und bezeichnet damit die Komplexität ihrer Wirklichkeit als Ganze. Dies zeigt sich in einer Entfaltung des Communio-Begriffs in seinen unterschiedlichen Dimensionen *(communio cum Deo, communio fidelium, communio ecclesiarum, communio hierarchica)*. Die Zugehörigkeit zum Geist, das „*Spiritum Christi habere*", wird zum entscheidenden Kriterium der Kirchlichkeit.

9. Papst Paul VI. hat 1973 auf dieser Basis eine pneumatologische Erneuerung der Ekklesiologie und eine entsprechende Grundlegung des Kirchenrechts gefordert. Die Lehre des Zweiten Vatikanischen Konzils sei dementsprechend zu ergänzen. Sein Ruf ist unerhört verhallt. Der Geist findet keinen Ort im Codex Iuris Canonici von 1983.

10. Weil sich die Ekklesiologie und die Theologie der Offenbarung seit den fünfziger Jahren maßgeblich weiterentwickelt haben und weil das Kirchenrecht zudem einem zeitgemäßen Rechtsverständnis entsprechen muss, ist der christozentrische Ansatz von

Klaus Mörsdorf, der sich am römischen Rechtsverständnis sowie an einem instruktionstheoretischen Offenbarungsmodell orientiert, pneumatologisch weiterzuführen beziehungsweise zu reformulieren. Dies geschieht aufgrund der Einsicht, dass kirchliche Vollzüge und Strukturen wesentlich anamnetisch-epikletischen Charakter haben. Dieser Charakter bestimmt nämlich – wie vor allem die Liturgiewissenschaft herausgearbeitet hat – *formal* das Wort- und sakramentale Geschehen, welche für den Aufbau der Kirche nach Mörsdorf entscheidend sind.

## Theologische Aspekte

Theologischen Grund findet der anamnetisch-epikletische Charakter kirchlicher Vollzüge und Strukturen – und damit auch das Kirchenrecht – aufgrund des bisher Ausgeführten in der Treue Gottes. Im Rahmen einer epikletischen Grundlegung des Kirchenrechts wäre das Recht im Sinne des *ius divinum* – mit Lies – zu verstehen als Moment der Treue Gottes. Lies selbst hatte dafür den entscheidenden Hinweis gegeben, indem er die Treue als ‚Rechtstitel' für die Anrufung Gottes bezeichnet hatte.

Wenn die Epiklese wesentlich *alle* kirchlichen Vollzüge und Strukturen formal prägt, durch welche die Kirche auferbaut wird, kann der Geltungsbereich dieser Prädikation hin auf die Kirche insgesamt ausgeweitet, das heißt auch auf ihr Recht bezogen werden. *Die Treue Gottes ist der Titel, in und unter dem das Recht und die ‚Eigenrechtsmacht' der Kirche als legitimiert angesehen werden kann.* Die der Treue Gottes zugehörige göttliche Autorität kann von der Kirche jedoch nicht anders als epikletisch in Anspruch genommen werden. Das gilt auch dann, wenn sie kanonistisch als *ius divinum* bezeichnet wird. Insofern mit Thomas Pröpper die Treue Gottes als ‚Unbedingtheit der Liebe unter Zeitindex' verstanden werden kann, wird damit dem Zeitindex entsprechend die Notwendigkeit eines mit temporär begrenztem Geltungsanspruch je neu zu formulierenden Kirchenrechts, eines *ius mere ecclesiasticum*, durch das *ius divinum* begründet, welches zum Ziel hat, die

Kirche als und das Kommerzium der Freiheiten in ihr zu schützen. Die *theologische* Grundlegung des Kirchenrechts und auch der rechtlichen Gestalt der Kirche erfolgt *teleologisch*, weil die Treue Gottes eine verheißene ist. Sie ist *eschatologisch* ausgerichtet, weil die Unbedingtheit der Liebe als eschatologische Erfüllung des Gesetzes (Röm 13,10) zu verstehen ist.

Der herrschenden Meinung, Recht sei ein Implikat der vollmächtigen Sendung der Kirche, wird damit aus theologischen Gründen insofern widersprochen, als das damit nicht erfasst werden kann, dass ein dem Wesen der Kirche angemessenes Recht der verheißenen Treue Gottes zu entsprechen habe. Wer nämlich die Kirche nur von der Vollmacht her begründet sieht, springt zu kurz. Er übersieht, dass Kirche in der eschatologischen Treue Gottes gründet. Im anamnetisch-epikletischen Charakter ihrer Vollzüge und ihrer Strukturen bringt sie zum Ausdruck, dass sie diese für sie konstitutive Treue Gottes formal in Anspruch nimmt.

Deshalb gilt für alle Vollmacht in der Kirche, selbst für die des sich auf die Petrusnachfolge berufenden Bischofs von Rom: Sie ist allenfalls Zeichen der Treue Gottes zu seinem Volk. Kirche baut ihre Heilshoffnung nicht auf den mit höchster und umfassender Vollmacht ausgestatteten Felsen Petri, sie baut auf die Treue Gottes zu seinem Volk:

„Zu dir rufe ich, Herr, mein Fels. Wende dich nicht schweigend ab von mir! Denn wolltest du schweigen, würde ich denen gleich, die längst begraben sind. Höre mein lautes Flehen, wenn ich zu dir schreie" (Ps 28,1f.).

Die Vollmacht des Petrus ist vom Zeichencharakter der Kirche nicht ausgenommen. Die Unfehlbarkeit, mit der Christus seine Kirche ausgestattet wissen wollte, ist von der begründeten Heilshoffnung auf die Treue Gottes zu seinem Volk und zu den Menschen her zu verstehen und findet ihre Autoritätsform wie auch deren Grenzen in der anamnetisch-epikletischen Struktur der ganzen Kirche.

Treue Gottes manifestiert sich in epikletischen Vollzügen, denn das Herbeiflehen Gottes in der Epiklese – „Herr, höre mein Gebet, vernimm mein Flehen; in deiner Treue erhöre mich, in deiner Gerechtigkeit" (Ps 143,1) – setzt die Treue Gottes voraus und wird theologisch durch diese erst ermöglicht und legitimiert. Nur deshalb kann die Epiklese beanspruchen, konstitutiv für das kerygmatische, liturgische, diakonische und leitende Handeln in der Kirche sein zu wollen.

*Epiklese ist die Weise, in der wir als Kirche von Gott her als wir selbst leben.* In ihr kommt das Selbstverständnis der Kirche zum Ausdruck. Die Epiklese ist die Form dieses Selbstverständnisses. Die epikletische Praxis bezeugt dies. Dabei ist das im epikletischen Vollzug sich manifestierende formative Selbstverständnis der Kirche umfassender und weiter als es Normen zum Ausdruck bringen können. Deshalb gilt: Auch das normative Verständnis von Kirche, die Kirche im Rechtssinn, gründet in der Treue Gottes. Das Recht der Kirche, welches in der Treue Gottes gründet, die im epikletischen Vollzug sichtbar wird, lässt sich auf dieser Basis verstehen als durch den Zeitindex unbedingter Liebe notwendiges Recht. Legitim ist es, wenn es der Treue Gottes strukturell mit geschichtlich konkreten Normen entspricht.

Damit ist die Dichotomie von Recht und Liebe prinzipiell theologisch und abstrakt überwunden, jedoch hat dies auch Auswirkungen auf die konkrete Rechtsgestalt der Kirche. Sie steht unter dem Anspruch, dass in ihr das anamnetisch-epikletische Kirchenverständnis zum Ausdruck kommen muss.

Der epikletische Charakter der Kirche impliziert nun aber zunächst und zuerst ein dialogisches Kirchenverständnis. Das bedeutet für das Recht in der Kirche, dass es nicht positivistisch vom Aspekt einer in erster Linie Gehorsamspflicht fordernden kirchlichen Willensmacht her konstituiert werden kann, wie es römischem Rechtsdenken entspricht: Kirche kann ebensowenig wie der Staat als *societas perfecta* verstanden werden, deren Vollkommenheit darin besteht, dass sie alle Mittel zur Erreichung ihres Zwecks in sich hat.

Die Epiklese zeigt vielmehr heilsgeschichtlich die Verwiesenheit der Kirche an. Sie zeigt, dass auch die Kirche von Voraussetzungen lebt, die sie selbst nicht zu garantieren vermag. Die einseitigem Souveränitätsdenken entspringende Doktrin, der Bestand der Kirche sei unabhängig von der Zustimmung der Gläubigen gesichert, muss aus theologischen Gründen widersprochen werden, da Gott die sich ebenfalls in der epikletischen Praxis manifestierende Freiheit der Zustimmung zur Realisierung seiner Treue selbst voraussetzt. Deshalb hat kirchliches Recht die Freiheit der Treue Gottes ebenso wie die Freiheit des Glaubensaktes zu schützen. Deshalb hat es strukturell Dialog und Synodalität zu fördern.

Das in Hinblick auf den Staat formulierte Böckenfördesche Paradox gilt auch für die Kirche. Ernst-Wolfgang Böckenförde hatte 1964 gegen ein Societas-perfecta-Denken ausgeführt: *„Der freiheitliche, säkularisierte Staat lebt von Voraussetzungen, die er selbst nicht garantieren kann. Das ist das große Wagnis, das er, um der Freiheit willen, eingegangen ist. Als freiheitlicher Staat kann er einerseits nur bestehen, wenn sich die Freiheit, die er seinen Bürgern gewährt, von innen her, aus der moralischen Substanz des einzelnen und der Homogenität der Gesellschaft, reguliert. Andererseits kann er diese inneren Regulierungskräfte nicht von sich aus, das heißt, mit den Mitteln des Rechtszwanges und autoritativen Gebots zu garantieren versuchen, ohne seine Freiheitlichkeit aufzugeben[…].“*[4]

Jürgen Habermas hat dieses Paradox seit einiger Zeit immer wieder aufgegriffen und zuletzt 2012 nach der Bedeutung ritueller Praxis für die Erzeugung von Normativität gefragt. Er hat die gewagte Hypothese aufgestellt, dass sich im Ritus „der ursprüngliche Prozess der Erzeugung von Normativität" manifestiert.[5] Nicht je-

---

4 *E.-W. Böckenförde*, Staat, Gesellschaft, Freiheit, Frankfurt a. M. 1976, 60. Die von dem Rechtsphilosophen Ernst-Wolfgang Böckenförde hier vorgestellte Denkfigur parallelisiert einen Gedanken der Wirtschaftsethik von Max Weber. Nach Weber konnte der aufstrebende Kapitalismus seinen Antrieb aus den religiösen Motiven der einzelnen Gläubigen beziehen, die er ebenfalls nicht zu garantieren vermochte, durch die er jedoch im arbeitsteiligen Kollektiv seine Durchschlagskraft entfaltete.

5 *M. Bauer*, Kostbarer Kult. Das nicht festgestellte Denken nicht festgestellter Tiere: Jürgen Habermas erkundet das Verhältnis von Philosophie und Religion und entdeckt den Ritus als „Quelle der Normativität", in: SZ, Nr. 233 vom 9.10.2012, Sachbuch/Literatur V3/17. Bauer bespricht *J. Habermas*, Nachmetaphysisches Denken II. Aufsätze und Repliken, Berlin 2012.

der beliebige Ritus, so wird man ihm entgegnen müssen, sondern die formativ epikletische Praxis, in der sich die Treue Gottes zu seinem Volk in der Hinwendung der Menschen zu Gott manifestiert, müsste nach dem Ausgeführten als konstitutiv für die Erzeugung von Normativität in der Kirche angesehen werden.

Das hat Konsequenzen für die konkrete Gestalt der kirchenrechtlichen Normen und deren Interpretation, was im folgenden Kapitel eigens thematisiert werden soll. Zuvor ist der theologische Aspekt jedoch nochmals hinsichtlich seiner anthropologischen Implikationen zu bedenken.

## Anthropologische Implikationen

Für die Grundlegung des Rechts in der Kirche ist es nämlich wegen der Komplexität ihrer Wirklichkeit zwingend erforderlich, neben dem theologischen den anthropologischen Aspekt zu benennen. Der Hinweis allein, dass der Ansatz bei der Treue Gottes einem heilsgeschichtlichen Rechtsdenken, wie es vor allem in Psalm 71 thematisiert ist, genügt und dass damit eine Orientierung am römischen Rechtsdenken bibeltheologisch korrigiert wird, reicht nicht aus. Vielmehr ist auf eine auch dem neuzeitlichen Rechtsverständnis entsprechende Rechtsbegründung abzustellen. Sie kann daran anknüpfen, dass Gott sich in seiner Treue die *selbstgesetzgebende* Freiheit des Menschen voraussetzt.

Dass der Rekurs auf die Freiheit, dem wir hier begegnen, für eine rechtstheoretische Begründung des Rechts unverzichtbar ist, darauf hat Hermann Krings in transzendentaler Reflexion hingewiesen: „Der transzendentale Akt der Anerkennung des Menschen als frei und als sittliche Person begründet *das Recht*. In der Tradition des klassischen und des christlichen Denkens ist der Ursprung des Rechts zutreffend als göttlich bezeichnet worden. Doch nicht deswegen, weil Gott in absoluter Willkür eine beliebige Satzung als Recht erklärt hätte, sondern weil der Grund des Rechts die unbedingte Achtung vor dem Unbedingten im Menschen, die Achtung seiner Freiheit ist. Gott selbst achtet nach der christlichen

Lehre die Freiheit des Menschen; daß der Mensch sündigen kann und daß er erlöst werden kann, sind Zeichen dieser Entäußerung Gottes. Und Gottes Gerechtigkeit ist ohne Gesetz geoffenbart worden (Röm 3,21). Sich eines Handelns bewußt zu sein, das durch keine genetische Ausstattung und keinen Umwelteinfluß bedingt, sondern unbedingt ist, ist die Auszeichnung eines Wesens, das nach dem Bilde Gottes geschaffen ist."[6]

In transzendental*theologischer* Perspektive ließe sich thetisch formulieren: Das Paradigma der Freiheit ist Bedingung der Möglichkeit dafür, den Geist als freie und aktive Treue Gottes gegenüber seiner Schöpfung zu verstehen und das Recht als die Regel zu legitimieren, die der von Gott unbedingt geachteten Würde des Menschen entspricht. Das Paradigma der Freiheit scheint also theologisch wie anthropologisch geeignet, den Widerspruch zwischen Geist und Recht in der Ekklesiologie zu beheben.

Dass das Kommerzium göttlicher und menschlicher Freiheit Recht als wesentlich impliziert und zu begründen vermag, hat Krings über den Gedanken der Achtung des Unbedingten im Menschen durch Gott gezeigt. Diese Achtung realisiert sich intersubjektiv in der Treue Gottes zu seinem Volk und den Menschen, die wir ja als Unbedingtheit der Liebe unter Zeitindex verstanden haben. Das Recht in der Kirche kann also intersubjektiv begründet werden.[7] Die der Anerkennung von Freiheit durch Freiheit implizite Achtung der Unbedingtheit der Freiheit vermag transzendentalphilosophisch das Recht zu begründen. Damit wird das gefor-

---

6 *H. Krings,* System und Freiheit, Gesammelte Aufsätze, Freiburg – München 1980, 198. Die Legitimation des Rechts von Krings schließt freilich ein, dass die Kirche vorpositives Recht anzuerkennen gehalten ist, wie dies hinsichtlich der Menschenrechte in der Erklärung *Dignitatis humanae* des Zweiten Vatikanischen Konzils auch erfolgt ist.

7 Vgl. dazu: *A. Honneth,* Die transzendentale Notwendigkeit von Intersubjektivität (Zweiter Lehrsatz § 3), in: Merle, J.-Ch. (Hg.), Johann Gottlieb Fichte. Grundlage des Naturrechts (Klassiker auslegen 24), Berlin 2001, 62–80; *ders.,* Das Recht der Freiheit – Grundriss einer demokratischen Sittlichkeit, Frankfurt a. M. 2011.

derte *Aggiornamento* hinsichtlich des Rechtsbegriffs als einer der Würde des Menschen entsprechende Regel vollzogen.

Die Treue Gottes zu den Menschen begründet teleologisch das kirchliche Recht durch göttliches Recht: Es hat das Kommerzium der Freiheiten unter Zeitindex zu schützen. Aus philosophisch aufweisbarem Grund und theologisch aufweisbarem Ziel kann das Recht als notwendiges Implikat der komplexen Wirklichkeit Kirche verstanden werden, die wir als *epikletische Union* bezeichnet haben.

Nun ist eine solche, am kommunikativen Freiheitsbegriff orientierte Begründung des Rechts keineswegs selbstverständlich. Hat nicht das Recht seine Legitimität durch einen notwendigen Bezug zur Gerechtigkeit zu erweisen? Diese Frage lässt sich kaum anders als mit einem eindeutigen ‚Ja' beantworten.

Will man trotzdem beim kommunikativen Freiheitsbegriff zur Begründung des Rechts ansetzen und dies als Implikation unbedingter Achtung der Freiheit verstehen, hat man diesen freiheitsorientierten mit einem gerechtigkeitsorientierten Ansatz zu vermitteln. In gewisser Weise ist das schon durch die Bezugnahme auf die Dialektik von Liebe und Gerechtigkeit nach Paul Ricœur geschehen. Doch noch ausdrücklicher hat diese Vermittlungsarbeit Axel Honneth[8] geleistet. Er hat sich mit den Konsequenzen, die sich aus dem kommunikativen Freiheitsbegriff für den Gegenstandsbereich einer Gerechtigkeitstheorie ergeben, befasst. Das Ergebnis präsentiert ein längeres Zitat:

„Wahrscheinlich ist es sinnvoll, die damit angedeutete Schlussfolgerung als einen Schritt der Reflexionssteigerung von Gerechtigkeit zu begreifen: sobald nämlich festgestellt wird, dass soziale Gerechtigkeit nicht einfach durch die gleichmäßige Gewährung von individuellen Grundfreiheiten, sondern nur durch eine egalitäre Ermöglichung der Partizipation an Anerkennungsverhältnissen [der Liebe, des Rechts und der sozialen Wertschätzung; MB] zu erreichen ist, muss die interne Moralität jener entspre-

---

8 Vgl. A. *Honneth*, Kampf um Anerkennung. Zur moralischen Grammatik sozialer Konflikte, Frankfurt a. M. 1994.

chenden Kommunikationssphären Berücksichtigung finden; dementsprechend darf die Gerechtigkeit sich nicht mehr nur auf das eine Prinzip kaprizieren, das im Sinne der Gleichheit die moralische Substanz des Rechts ausmacht, sondern muss auch jene anderen Prinzipien in sich aufnehmen, die die Moralität der beiden anderen Sphären definiert. Die Pluralisierung, von der als einer Konsequenz unserer bisherigen Überlegungen die Rede war, besteht mithin in einer Auffächerung der normativen Prinzipien, die es in einer Konzeption von sozialer Gerechtigkeit heute zu verteidigen gilt: im Namen eines übergreifenden Egalitarismus, den auch Hegel für die zentrale Herausforderung der Moderne hielt, macht die Idee der Gerechtigkeit in den drei Anerkennungssphären jeweils dasjenige Prinzip stark, das den Gehalt der wechselseitigen Verpflichtungen bestimmt. Insofern muss neben dem Grundsatz der Rechtsgleichheit ergänzend das Prinzip der Liebe (oder Bedürfnisgerechtigkeit) ebenso treten wie das Prinzip der Leistungsgerechtigkeit (oder fairen Arbeitsteilung): erst sie zusammengenommen legen fest – jedes Prinzip in seiner eigenen Domäne, aber sie gemeinsam doch auf die Ermöglichung von individueller Autonomie bezogen –, was unter den gegenwärtigen Bedingungen soziale Gerechtigkeit heißen kann", so A. Honneth[9], der damit den Nachweis geführt hat, dass die Theorie intersubjektiver Anerkennung als Theorie zur Begründung des Rechts die Theorie der Gerechtigkeit zu ergänzen und zu integrieren vermag.

---

9 *A. Honneth*, Gerechtigkeit und kommunikative Freiheit. Überlegungen im Anschluss an Hegel, http://www.eurozine.com/pdf/2007-01-17-honneth-de.pdf, 1–12, 10 (14.11.2011).

# XI.

## Zur Theologie des Kirchenrechts

Winfried Aymans hat die uneingeschränkt Zustimmung verdienende These vertreten, dass „die theologische Grundlegung" des Kirchenrechts „in die Theologie des Kirchenrechts ausmünden" müsse.[1] Angesprochen hat er damit die Notwendigkeit einer umfassenden theologischen Hermeneutik kirchenrechtlicher Normen. Diese betrifft einerseits die Kodifikationstechnik, durch welche die rechtlichen Aspekte theologischer Gehalte auszudrücken sind und andererseits die kanonistische Interpretation, in der die Deutung des Rechts im Licht der theologischen Lehre zu erfolgen hat.[2] Wenigstens einige hermeneutische Grundzüge sind – ohne jeden Anspruch auf Vollständigkeit – im Anschluss an die eben vorgenommene theologische Grundlegung des Kirchenrechts im Folgenden zu skizzieren.

Rechtstheoretisch beruht die Möglichkeit der theologischen Deutung des Rechts auf der Annahme, dass juristische Texte – Normen – Sinneinheiten darstellen, die interpretationsbedürftig sind.[3] Juristische Texte sind wie alle Texte „keine Träger einer offensichtlichen Bedeutung".[4] Eine positivistische Herangehensweise scheint aus dem genannten Grund nicht zureichend zu sein. Die Bedeutung ist einem Text kommentierend oder interpretierend

---

1   W. Aymans, K. Mörsdorf, Kanonisches Recht, Lehrbuch aufgrund des Codex Iuris Canonici Bd. I: Einleitende Grundfragen und Allgemeine Normen, Paderborn u. a. [13]1991, 62.
2   Vgl. R. Sobanski, Rechtstheologische Vorüberlegungen, 179.
3   Vgl. M. Böhnke, Die „armen Verwandten". Kanonistische Kommentare in der Moderne, dargestellt am Beispiel des Münsterischen Kommentars zum Codex Iuris Canonici, erscheint in: D. J. Kästle, R. Achenbach, G. Essen, N. Jansen (Hg.), Kommentare in Recht und Religion, Tübingen (erscheint 2013).
4   J. M. Broekman, Rechtstheorie, in: HWP Bd. 8, 1992, 342–352, 348.

zu „ent-nehmen", ohne dass der Kommentar, juristisch gesprochen, „logisch-kausal mit dem Text verbunden"[5] wäre. Die juristische Meinungsbildung und Entscheidungsfindung ist ein „i. S. der ursprünglichen Bedeutung ‚poetischer' Vorgang".[6]

Da kanonistische Texte theologische Gehalte normieren, deren Interpretation durchweg durch kirchlich gebundene Theologen und Kanonisten erfolgt, fließen de facto theologische Annahmen in die Interpretation mit ein. Sie vermögen ein angemessenes Verständnis kanonistischer Normen zu befördern, insofern diese als „Konkretisierung des göttlichen Rechts"[7] verstanden werden können. Die theologischen Annahmen sind jedoch hermeneutisch offenzulegen.

Kanonistische Texte können erst dann theologische Gehalte normieren, wenn zuvor der behauptete Widerspruch zwischen Geist und Recht widerlegt worden ist. Der Widerspruch zwischen einer Kirche im Glaubenssinn und einer Kirche im Rechtssinn war also zuvor als Schein zu entlarven und an seiner Stelle die Treue Gottes als theologisches Prinzip der Ekklesiologie und auch des Kirchenrechts zu erweisen. Damit ist das Feld bereitet worden, um theologische Anforderungen an die Rechtsgestalt der Kirche formulieren und geistlich durchsetzen zu können.[8] Auf der Basis der bisher erarbeiteten ekklesiologischen und kanonistischen Einsichten soll das im Folgenden exemplarisch geschehen.

Ein dem anamnetisch-epikletischen Charakter der Kirche entsprechendes Recht wäre, das wurde schon angedeutet, vorstellbar als geschichtliche Konkretion des *ius divinum*[9], das heißt als menschlich formuliertes und stets veränderbares Recht, das seine Legitimität nicht positiv-rechtlich aus sich selbst beziehungsweise seinem Gesetztsein hat. Als die Autorität Gottes in Anspruch neh-

---

5  Ebd.
6  Ebd.
7  G. *Luf*, Grundrechte und kirchlicher Rechtsschutz, 40.
8  Vgl. P. *Hünermann*, Ist der CIC revisionsbedürftig? Dogmatische Anfragen 15–30; G. *Bausenhart*, Zentrale theologische Desiderate für die kirchliche Gesetzgebung, 362–381.
9  Vgl. G. *Bausenhart*, Das Amt in der Kirche, 27–41.

mendes Recht können kirchliche Rechtssätze weder nur göttliches noch nur menschliches Recht sein. Als Konkretisierung des *ius divinum* ist kirchliches Recht seinem Rechtscharakter nach andererseits als wirkliches und nicht nur als analoges Recht anzusehen. Weil das kirchliche Recht einerseits die Treue Gottes in Anspruch nehmendes und weil es andererseits wirkliches Recht ist, kann sein Rechtscharakter zutreffend als komplex gekennzeichnet werden. *Kirchliches Recht ist komplexes Recht.*

Ein dem anamnetisch-epikletischen Charakter der Kirche entsprechendes Recht hätte die in der Treue Gottes *(ius divinum)* implizierte unbedingte Achtung und Anerkennung von Freiheit durch Freiheit, das heißt das Kommerzium göttlicher und menschlicher Freiheit, durch Rechtssätze zu schützen. Theologisch ist das die erste Aufgabe eines kirchlichen Rechts, das in der Treue Gottes gründet.

Deshalb kann es nicht die erste Aufgabe des kirchlichen Rechts sein, die kirchliche Lehre mit Gesetzeskraft durchzusetzen, was nach Eugenio Corecco jedoch der herrschenden Meinung entspreche. Ihr zufolge werde das Kirchenrechtsverständnis der lateinischen Kirche von der Überzeugung geleitet, „das Dogma auch auf der rechtlichen Ebene mit voller Geltung umzusetzen".[10] Eine solche Position sieht das Kirchenrecht als inneres Moment einer als zu glauben autoritativ vorgelegten Lehre und aufgrund des christozentrischen Ausweises der Autorität, die diese Lehre formuliert hat, als theologisch legitimiert an. Gegen diese – vor allem von der christozentrisch argumentierenden Münchener Schule vertretene – These zur theologischen Interpretation kanonistischer Normen ist vom hermeneutischen Standpunkt aus einzuwenden: Die kirchliche Lehre ist aus sich heraus aufgrund der in ihr ausgedrückten personalen Wahrheit verbindlich; sie formt, aber sie ist aus sich heraus nicht allein aufgrund formaler Rechtsgestalt verpflichtend; sie normiert nicht.[11] Als verpflichtende wird sie

---

10   *E. Corecco,* Theologie des Kirchenrechts, in: HdbKathKR, Regensburg 1983, 12–24, 16.

11   Vgl. zur Unterscheidung zwischen ‚verbindlich' und ‚verpflichtend': *J. Ass-*

erst durch die freie Glaubenszustimmung und Kirchenzugehörigkeit derjenigen übernommen, denen sie gilt. Darin verdient die
These Kleins von der ‚Kirche der freien Gefolgschaft' Zustimmung. Der verpflichtende Charakter sich auf die Autorität Gottes
berufender kirchlicher Lehre ist eine die Glaubenszustimmung vo-
raussetzende Konsequenz, aber keineswegs Wesensmerkmal der
Glaubenslehre, wenn jene wie in *Lumen gentium* 14 bundestheo-
logisch als Bund verstanden werden, mit dem die Christen durch
Christus im Geist mit dem Vater und untereinander verbunden
sind. Dieser Bund meint und eint alle Christen, die in anamnetisch-epikletischer Form und Haltung der verheißenen Treue Gottes trauen.

Die durch die Treue Gottes in der Taufe begründete Zugehörigkeit des Menschen zu Gott, die mit der Formel „*Spiritum
Christi habere*" ausgedrückt wird, begründet nicht zuerst die
Pflicht, sondern logisch zuvor das Recht der getauften Person.
Durch die Taufe wird ein Mensch als Person in der Kirche Träger
von Christenrechten. So hat es *Sacrosanctum Concilium* gesehen:
„vi baptismatis ius habet et officium" (SC 14). Erst als Träger von
Rechten kann ein Christ auch rechtlich verpflichtet werden, nicht
umgekehrt! Diesen von Papst Paul VI. mit den Worten „Der
Mensch ist nicht Person durch die Tatsache, dass er sozial ist, sondern er ist sozial, weil er Person ist"[12] gegebenen Impuls gilt es kanonistisch zu konkretisieren. Den Worten des Papstes zufolge
steht jedwede soziale Ordnung und Autorität, „die dazu bestimmt
ist, diese Ordnung zu gewährleisten",[13] unter der Selbstzwecks-
zung der Person.

Erste Konkretion: Weil der Mensch als Person durch die
Taufe als Träger von Christenrechten angesehen werden muss,
stellt es eine Verkürzung dar, dass das Kirchenrecht in seiner Zielsetzung nicht noch mehr als das ‚Heil der Seelen' in den Blick

*mann*, Das kulturelle Gedächtnis, in: Erwägen – Wissen – Ethik. Streitforum
für Erwägungskultur 13 (2002), 239–247, 244.
12  *P. Paul VI.*, Ansprache, 465.
13  Ebd.

nimmt. Nach Irenäus von Lyon ist die Ehre Gottes der lebendige Mensch: „*gloria Dei vivens homo*".[14] Darauf hat vor allem Johannes Paul II. in seiner Antrittsenzyklika *Redemptor Hominis* programmatisch und dann immer wieder nachdrücklich hingewiesen. Er hat immer wieder betont, dass der Mensch der Weg der Kirche sei.[15] Es geht um das volle Menschsein, um das Leben in Fülle, den Menschen als Person. Das schließt ein, ihn als Träger von Rechten, von Menschen- und Christenrechten zu achten und anzuerkennen.

Zweite Konkretion: Getaufte haben das Recht, sich Christen zu nennen. Sie haben das Recht, sich unabhängig von ihrer gesellschaftlichen Stellung, als Brüder und Schwestern anzureden. Die Anrede ‚Lieber Bruder Benedikt'[16], glaube ich, würde auch dem emeritierten Papst gefallen. Zweifellos unserem neuen Papst aufgrund seiner dies indizierenden Namenswahl die Bezeichnung ‚Bruder Franziskus' noch mehr. Sie haben das Recht, sich zu versammeln. Sie haben das Recht, Versammlungsgebäude zu errichten. Sie haben das Recht gemeinsam und öffentlich Gott anzurufen und ihn um seine verheißene Treue zu bitten. Sie haben das Recht, einer Kirche anzugehören. Sie haben das Recht, am Verkündigungs-, Heiligungs- und diakonischen Dienst der Kirche voll, aktiv und verstehend teilzuhaben und teilzunehmen. Sie haben das Recht, die Zeugnisse der Schrift und der Tradition zu erforschen. Sie haben das Recht freimütig ihre Meinung – auch in Fragen der theologischen Lehre – öffentlich kundzutun. Sie haben das Recht, sich in Vereinen und Vereinigungen zusammen zu schließen. Sie haben das Recht, dass diese und weitere Rechte durch die Kirche geschützt werden. „Eine Rechtsordnung, die diese Verhältnisse in der Kirche schützt, stellt eines der dringlichsten Desiderate der nachkonziliaren Zeit dar."[17]

---

14  Vgl. *I. v. Lyon*, Adversus Haereses (FC 8/4), IV, 20, 7.

15  *P. Johannes Paul II.*, Enzyklika *Redemptor Hominis* vom 4. März 1979, in: AAS 71 (1979), 257–324, dt. VAS 6, Nr. 14.

16  *Paulus*, Lieber Bruder Benedikt, Düsseldorf ²2011.

17  *P. Hünermann*, Sensus fidei, in LThK³ Bd. 9, 2000, 465–467, 467.

Das bedeutet konsequenterweise, dass die kirchlichen Gesetzgeber den Christen bei der Ausübung ihrer durch die Taufe erworbenen Rechte nicht mehr Verpflichtungen auflegen als für ein gemeinsames Glaubensleben unbedingt nötig (vgl. Apg 15,28). Denn das Gültigkeitskriterium für das Handeln der Getauften ist der anamnetisch-epikletische Charakter des Vollzugs: *ex opere operato*. Über die Frage, ob eine Pflicht für ein gemeinsames Glaubensleben unbedingt nötig ist, müssen die Christen das Recht haben, zu entscheiden. Somit erlangen kirchliche Normen, welche die Erlaubtheit von Handlungen betreffen, Verpflichtungscharakter nicht durch Zwang, sondern prinzipiell erst durch die freie Zustimmung des Menschen, die als Getaufte einer konkreten (Ritus)kirche angehören. Deren Recht beschränkt die Reichweite jener Normen eben auf jene Christen, die ihr angehören, wie dies in der römisch-katholischen Kirche der Fall ist (vgl. can. 1 CIC/1983: „Die Canones dieses Codex betreffen allein die lateinische Kirche").

Durch ein konkretes und signifikantes Beispiel aus der jüngsten Vergangenheit kann das im letzten Absatz Ausgeführte veranschaulicht werden. Papst Benedikt XVI. hat in seiner viel gelobten Enzyklika *Deus caritas est* das diakonische Handeln als wesentlichen Selbstvollzug der Kirche bezeichnet und damit als unmittelbar zur Sendung der Kirche gehörend gewürdigt.[18] Er ist damit all denen entgegengekommen, die sich eine diakonische Kirche wünschen. Im Motu proprio *Intima Ecclesiae natura* über den Dienst der Liebe vom 11. November 2012, das als Ausführungsbestimmung zu *Deus caritas est* zu verstehen ist, werden zunächst die entsprechenden Rechte der Gläubigen hinsichtlich des diakonischen Selbstvollzugs der Kirche genannt. So heißt es in „Art. 1. – § 1. Die Gläubigen haben das Recht, sich in Vereinen zusammenzuschließen und Organisationen zu gründen, die bestimmte Dienste der Nächstenliebe leisten, insbesondere zugunsten der Armen und Leidenden […]" und in § 2 heißt es weiter:

---

18  Vgl. *P. Benedikt XVI.*, Enzyklika De christiano amore *Deus caritas est* vom 25. Dezember 2005, in: AAS 98 (2006), 217–252, dt. VAS 171, Nr. 25.

„In gleicher Weise haben die Gläubigen auch das Recht, Stiftungen zu errichten, um konkrete karitative Initiativen zu finanzieren [...]."[19] Dann folgen auf diese knapp gehaltene Benennung der Rechte hin fünfzehn, in mehrere Paragraphen untergliederte Artikel, in denen die Aufsicht über diese Rechte detailliert und zum Schutz der Kirchlichkeit und Katholizität des diakonischen Tuns geregelt wird. Bestimmungen zum Schutz dieser Rechte finden sich in den fünfzehn Artikeln des Motu proprio nicht. Der freien Initiative von Gläubigen, die Not sehen und handeln, werden damit enge Grenzen gesetzt. Sie wird von vornherein der bischöflichen Aufsicht unterstellt. Die zugrunde liegende Logik ist klar: Wenn das diakonische Handeln Selbstvollzug der Kirche ist, untersteht es auch voll der kirchlichen Aufsicht. Die dazu formulierten Gesetze beanspruchen aus formalem Grund Geltung. Im Konfliktfall unterliegt der Geist der Barmherzigkeit der Maßgabe des Rechts.

Wenn man die Mitarbeiterinnen und Mitarbeiter der institutionalisierten Caritas in diesem Maß dem Diktat der bischöflichen Aufsicht unterstellt, muss man sich nicht wundern, dass es, wie im Kölner Klinikskandal, zu einem angstgesteuerten Verhalten kommt, durch welches das Gegenteil dessen, was mit dem diakonischen Engagement der Kirche intendiert ist, erreicht wird. Auch muss man sich nicht wundern, wenn ein nach dieser Logik konzipiertes Leitungshandeln dazu führt, ‚die Kirche‘ nur noch als Obrigkeit wahrzunehmen, deren Integrität Kirchenkritiker bei jeder Gelegenheit dann nur allzuleicht auf den Prüfstand stellen.

Ganz anders sähe es aus, wenn die in Art. 1 §§ 1 und 2 des Motu proprio benannten Rechte durch kirchliche Gesetze wirksam geschützt würden. So könnten beispielsweise Regeln für die Förderung und Anerkennung freier Initiativen und Freiräume für diakonisches Engagement aufgestellt werden. Für Mitarbeiterin-

---

19 *P. Benedikt XVI.*, Motu proprio De caritate ministranda *Intima Ecclesiae natura* vom 11. November 2012, in: AAS 104 (2012), 996–1004, dt. in: http://www.vatican.va/holy_father/benedict_xvi/motu_proprio/documents/ hf_ben-xvi_motu-proprio_20121111_caritas_ge.html (08.04.2013).

nen und Mitarbeiter in der organisierten Caritas könnte ein täglich fünfzehn-minütiges Recht auf Stille gesetzlich festgeschrieben werden, es könnte ein Brevier der Barmherzigkeit aufgelegt, es könnten Zeiten und Räume für Gebet und Zweifel zugesichert[20] und ein geregelter Dialog über neu aufkommende ethische Fragen und notwendige Revisionen ethischer Bewertungen, wie etwa hinsichtlich der ‚Pille danach‘, rechtlich verankert werden. So oder ähnlich hätten Rechtsnormen auszusehen, mit denen sich die Ausübung der Rechte der Gläubigen im diakonischen Bereich wirksam schützen ließe.

Basis für eine mehr als nur disziplinarisch ausgerichtete Rechtsordnung wäre das nur epikletisch zu gewinnende und diakonisches Handeln formierende Vertrauen in die verheißene Treue Gottes.

Doch zurück zum Thema: Weder Verkündigung, noch sakramentale Handlungen sind wesentlich als Rechtsakte zu verstehen. Die das Gegenteil behauptende These von Bertrams ist, wie bereits gezeigt werden konnte, schlicht unzutreffend.[21] Sie ist zudem ökumenisch desaströs. Bei beiden handelt es sich um anamnetisch-epikletische Vollzüge, und diese Vollzugsform kennzeichnet das Handeln einer Gruppe auch als das die Autorität Gottes in Anspruch nehmende Handeln der Kirche. Darin ist das diakonische Handeln der Verkündigung und der Liturgie gleichgestellt.

Rechtlich lässt sich lediglich der in der römisch-katholischen Kirche geltende Rahmen zur Gewährleistung der Freiheit des Glaubensaktes im Kommerzium des verkündigenden, sakramentalen und diakonischen Handelns festlegen, und damit dem Wesen des als anamnetisch-epikletisches Gebet konstituierten soteriologischen

---

20 Dies hätte nahegelegen, da sich P. Benedikt XVI. in *Deus caritas est* für eine engere Verbindung von Liturgie und Diakonie ausgesprochen hat. „Wer betet, vertut nicht seine Zeit […]“, heißt es in Nr. 36. Ausdrücklich möchte ich diese Aussage aus dem mit zahlreichen Problemen aufgeladenen Kontext lösen, in dem sie in Nr. 36 und 37 der Enzyklika steht. Weder das Verhältnis von Orthodoxie und Orthopraxis, noch das von Aktionismus und Säkularismus und auch nicht die dort angedeutete Theodizeefrage sollen hier Thema sein.
21 Vgl. W. *Bertrams*, Die Bedeutung des 2. Vatikanischen Konzils, 129.

und ekklesialen Geschehens entsprechen, nicht lässt sich aber das Wesen des Verkündigungsgeschehens und des sakramentalen und diakonischen Aktes selbst rechtlich bestimmen. Das Kirchenrecht ist auf dieses Heilsgeschehen hingeordnet, kann aber selbst nicht als heilvermittelnd angesehen werden. So hat es bereits 1958 Gottlieb Söhngen dargestellt.[22] Der Fundamentaltheologe und Lehrer von Joseph Ratzinger hat das Verhältnis von Heilsordnung und Rechtsordnung systematisch reflektiert und zutreffend als asymmetrisch bezeichnet. Er hält die Rede vom Rechtscharakter der Heilsordnung aufgrund der in Analogie zur Inkarnation des Logos gedachten Struktur der Kirche für möglich und sinnvoll, verneint aber entschieden den Heilscharakter der Rechtsordnung.[23]

Als Konsequenz wird man mit rechtlichen Mitteln nicht mehr die Gültigkeit sakramentalen Geschehens feststellen können. Allenfalls die Ungültigkeit eines sakramentalen Vollzugs oder lehramtlichen Handelns ließe sich mit den Mitteln des Rechts feststellen. Die Frage der Erlaubtheit bleibt davon unberührt.

Für eine Kirche, die das Recht als wesentliches Implikat des Kommerziums der Freiheiten versteht, könnten die folgenden Thesen von Peter Krämer richtungsweisend sein. Erstens: „Kirchliches Recht ist legitim, sofern und soweit es das Recht auf religiöse Freiheit zur Geltung bringt; es ist illegitim, wenn eben dieses Recht verletzt oder außer Kraft gesetzt wird" und zweitens: „Kirchliches Recht ist legitim, wenn es der Verwirklichung eines lebendigen Glaubensvollzuges dient und zugleich dazu beiträgt, den Gehalt des Glaubens vor Fehlinterpretationen zu schützen, die die christliche Botschaft entstellen oder verzerren."[24]

---

22 Vgl. *G. Söhngen*, Grundfragen.

23 Vgl. ebd., 74–85.

24 *P. Krämer*, Katholische Versuche einer theologischen Begründung des Kirchenrechts, in: Die Kirche und ihr Recht (Theologische Berichte 15), Zürich – Einsiedeln – Köln 1986, 11–37, 30f. Krämer orientiert sich an J. Klein, Grundlegung und Grenzen des kanonischen Rechts. Er führt die freiheitstheoretische Reformulierung der Legitimation des Kirchenrechts nicht vollständig und radikal durch. Vielmehr verankert er die theologische Grundlegung des Kirchenrechts in der Dialektik von Freiheit und Bindung. Konsequenter sind die

Für Krämer ist „mit dem Recht auf religiöse Freiheit ein wichtiges Datum für eine mögliche theologische Grundlegung des kirchlichen Rechts gegeben […]. Denn mit diesem Recht kommt ein rechtlicher Aspekt in der Korrelation Offenbarung – Glaube in den Blick; das heißt, das Recht auf religiöse Freiheit bildet eine Voraussetzung für die Korrelation Offenbarung – Glaube, freilich keine Voraussetzung, die dieser Korrelation äußerlich bliebe oder mit ihr gar nichts zu tun hätte, sondern eine Voraussetzung, die das Offenbarungsgeschehen und den Glaubensvollzug selbst bestimmt. Hieraus ergibt sich dann noch einmal die Forderung, daß das Recht auf religiöse Freiheit in der konkreten Gestaltung des kirchlichen Rechts nicht unberücksichtigt bleiben darf; andernfalls würde die grundsätzliche Anerkennung der Religionsfreiheit in eine Alibifunktion abgedrängt und so ein dieser Anerkennung entgegengesetztes Verhalten in Einzelbereichen des kirchlichen Lebens verbergen."[25]

Dabei versteht sich nach dem bisher Ausgeführten von selbst, dass die Verwirklichung eines lebendigen Glaubensvollzuges nicht als rechtlich gefordertes, sondern nur als „von Gott her ermöglichtes und getragenes Handeln"[26] verstanden werden kann, das die Freiheit des Menschen voraussetzt und achtet und deshalb durch das Recht zu schützen ist.

Das Kirchenrecht hätte sich mit anderen Worten dadurch zu bewähren, dass es das von Gott her ermöglichte und getragene Handeln, die ‚Freiheit im Geist', das heißt die Freiheit Gottes, der Menschen und der Kirche, die Freiheit des Glaubens und Gewissens,[27] den freien Vollzug der Lehre, der Liturgie, des Gebetes

---

rechtsphilosophischen Bemühungen von G. Luf, die jedoch noch einmal vom Gedanken der Anerkennung von Freiheit durch Freiheit her gegengelesen werden müssten. Vgl. G. Luf, Rechtsphilosophische Grundlagen des Kirchenrechts, in: HdbKathKR, Regensburg 1983, 24–32; ferner: ders., Neuzeitliche Freiheitsgeschichte und Kirchenrecht, in: ÖAKR 30 (1979), 550–571.

25 P. Krämer, Religionsfreiheit in der Kirche. Das Recht auf religiöse Freiheit in der kirchlichen Rechtsordnung (Canonistica 5), Trier 1981, 13.

26 T. Pröpper, Zur vielfältigen Rede, 259.

27 Vgl. M. Böhnke, Recht der Wahrheit – Recht der Freiheit. Überlegungen

und der Diakonie als Elemente der Partizipation an freien Anerkennungsverhältnissen garantiert und schützt, wie es schon Papst
Paul VI. gefordert hat: „Deshalb geht auch alles, was um der Sicherung von Ordnung und Frieden in der Gemeinschaft der Christen
willen angeordnet wird – wie das kanonische Recht im äußeren
Bereich –, letztlich aus vom Geiste und schafft deshalb keinen
Nachteil für die Freiheit und die Würde der menschlichen Person,
vielmehr stärkt und verteidigt es diese."[28]

Das bedeutet konsequenterweise, dass die Kanonistik sich bei
einer Revision kirchlicher Gesetze *strukturell* an der Treue Gottes
und dem Subjektcharakter der Gläubigen zu orientieren und die
sich daraus ergebenden Grundrechte anzuerkennen hätte. Nicht
ausgeschlossen werden dürfte dabei der Respekt vor dem Glaubensleben der Gläubigen, auch im Fall des öffentlich vorgetragenen Glaubenszweifels. Um den Glauben darf und kann öffentlich
und argumentativ und mit grosser Freimut gerungen werden. Allerdings wird das nur möglich sein, wenn das Institut des Rechtsschutzes in der Kirche systematisch im Recht verankert und wirkungsvoll in der Praxis ausgebaut würde. Geschieht dies nicht,
dürfte eine weitere Privatisierung des Glaubens die Folge sein.

Krämers Lösung für den Konfliktfall lautet übrigens: „Wenn
jemand allerdings eine unaufgebbare Grundwahrheit des Glaubens
in endgültiger Weise leugnet, sind kirchenrechtliche Konsequenzen nicht zu vermeiden; das heißt, die Kirche hat in diesem Fall
das Recht und die Pflicht, den Widerspruch zu ihrem eigenen
Glaubensverständnis festzustellen. Damit aber eine solche Feststellung, aus der sich disziplinar- und strafrechtliche Folgen ergeben
bzw. ergeben können, nicht zur Verletzung des Rechts auf religiöse
Freiheit führt, muß dem Betroffenen ein möglichst großer Rechtsschutz gewährt werden."[29]

---

zur dogmatischen Begründung des personalen Rechts auf Glaubensfreiheit, in:
M. Böhnke, M. Bongardt, G. Essen, J. Werbick (Hg.), Freiheit Gottes und der
Menschen (FS T. Pröpper), Regensburg 2006, 503–526.
28  P. *Paul VI.*, Ansprache, 467.
29  P. *Krämer*, Religionsfreiheit in der Kirche, 24.

Die Kanonistik steht vor der Aufgabe, das eklatante Rechtsschutz-defizit des Kirchenrechts zu beheben. Es mag entstanden sein, weil man sich nicht vorstellen konnte, dass innerkirchlich das Recht als Antagonist von Herrschaftsansprüchen auftritt, zu deren Begründung man sich auf den Willen Gottes berief. Gegenwärtig stellt sich die Kirche als eine Institution dar, die „das Minimum an Rechtssicherheit und Partizipation [unterschreitet; MB], das heute für die allermeisten Menschen notwendig ist, um mit gutem Gewissen Mitglied einer Organisation sein zu können."[30] Das gilt zum Beispiel für den Fall der Denunziation und der anonymen Bezichtigung – aber auch weniger spektakulär – für die Frage der Rechtsmittel, von der Anhörung über Akteneinsicht bis zur Frage einer unabhängigen Verwaltungsgerichtsbarkeit.

Die Kanonistik wird konkret überlegen müssen, wie die mit der Taufe gegebenen Rechte der Christinnen und Christen ausformuliert, kodifiziert und geschützt werden können.

Sie wird ferner konkret überlegen müssen, wie transparente Verfahren bei der Formulierung von Rechtspflichten ermöglicht und gesichert werden können.

Auch wird sie ein Verfahren entwickeln müssen, durch das Reformen in der Kirche zeitnah rechtlich konkretisiert und dadurch geschützt werden können.

Das gilt vor allem, aber nicht nur, für Entwicklungen im Bereich der Ökumene, die bisher kaum oder nur unzureichend rechtlich konkretisiert, begleitet und gesichert worden sind.

Zudem wird die Kanonistik, welche die Menschenrechte als unveräußerbare Grundlage auch des kirchlichen Rechts anerkennt, darüber nachdenken müssen, wie eine dem Grundsatz der Gleichheit von Mann und Frau gerecht werdende Neustrukturierung der kirchlichen Ämter konkretisiert, begleitet und gesichert werden könnte. Die vom epikletischen Charakter der Weihehandlung möglich Entkoppelung von Vollmacht und Weihe böte dazu auch unter Beachtung der Tatsache, dass die römisch-katholische Kirche sich nicht als befugt ansieht, Frauen, die sich zum Priester-

---

30  K. *Gabriel*, Die Religion der Stunde?, 13.

und Bischofsamt berufen fühlen, zur Weihe zuzulassen, weitergehende Möglichkeiten.

Und last but not least wird die Kanonistik darüber nachdenken müssen, wie konkret die Option für die Armen rechtlich ein-
gelöst werden könnte. „Eine rechte Ordnung hat, biblisch gesprochen, die Aufgabe, der Witwe und dem Weisen zu ihrem Recht zu
verhelfen. Sie muß den Schwachen schützen, der sich aus eigener
Kraft nicht durchsetzen könnte"[31] (Ex 22,20–26). Und damit ist
schließlich die Notwendigkeit des Rechtsschutzes der Opfer sexueller Gewalt durch das kirchliche Recht angesprochen. Bisher enthält der Codex keine entsprechenden Bestimmungen.

Nun wäre es nicht angemessen, so zu tun, als seien die genannten Anforderungen dem CIC von 1983 fremd. Denn das trifft
keineswegs zu. Das kirchliche Gesetzbuch kennt eine Vielzahl von
Rechten der Gläubigen. Francesco Coccopalmerio hat aus Anlass
des 30. Jahrestages der Inkraftsetzung des Neuen Codex für die Lateinische Kirche im Gesetzbuch realisierte Reformen benannt. So
hat er zu Recht „auf Bestimmungen zu den Diözesan- und Pfarr-
gemeinderäten, in denen die vom Konzil gewollte aktivere Rolle
der Laien deutlich geworden sei", hingewiesen. „Die neuen Strukturen erlaubten ,eine wirkliche Teilhabe der Gläubigen an den pastoralen Entscheidungen des Bischofs oder Pfarrers'.

Vom Geist des Konzils sei auch die Sichtweise bestimmt, die
Kirchengemeinde in erster Linie als Gemeinschaft von Gläubigen
und nicht nur als Struktur oder Territorium zu verstehen. Durch
überarbeitete Synodalregeln sei daneben das Prinzip der Kollegialität der Bischöfe gestärkt worden, so der Kardinal."[32]

Woran es dem Codex fehlt und es kanonistisch zu fehlen
scheint, ist das Bewusstsein, dass das Kirchenrecht über diese ein-

---

31 *P. Neuner*, Ekklesiologie – Die Lehre von der Kirche, in: W. Beinert (Hg.),
Glaubenszugänge. Lehrbuch der katholischen Dogmatik, 3 Bde., Paderborn
u. a. 1995, Bd. 2, 401–578, 478.
32 *Kathweb*, Vatikan will Kirchenrecht überarbeiten. Kirchengesetzbuch
Codex Iuris Canonici (CIC) seit 30 Jahren in Kraft – Kurienkardinal Coccopalmerio kündigt nötige Änderungen an, in: http://www.kathweb.at/site/nach-
richten/database/52046.html (22.01.2013).

zelnen Bestimmungen hinaus strukturell auf der unbedingten
Achtung und Anerkennung der Freiheit durch Freiheit aufbaut,
und sind es weiterhin die dem entsprechenden Bestimmungen zu
einem umfassenden und durch entsprechende Verfahren (Media-
tion, Appellation) und unabhängige Instanzen garantierten
Rechtsschutz der Gläubigen. Warum sollte dieser Dienst an der
Kirche nicht vor allem von dazu ausgebildeten Frauen geleistet
werden können?

Die erforderlichen Änderungen in der Rechtsgestalt der Kirche wären der Preis, den die Kanonistik für eine zeitgemäße theologische Grundlegung des Kirchenrechts, die gleichzeitig und aus
gleichem Grund mit der pneumatologischen Reformulierung der
Ekklesiologie erfolgt, zu entrichten hätte. Wäre man den Leitsät-
zen zur Codexreform von 1967, insbesondere dem 5 Leitsatz,[33] in
dem die Anwendung des Subsidiaritätsprinzips für das Kirchenrecht gefordert wird, sowie den Impulsen von Papst Paul VI. gefolgt, würde die Rechtsgestalt der Kirche heute anders aussehen.
Die strukturelle Relevanz der Pneumatologie für das Kirchenverständnis müsste sich deshalb in dementsprechenden Reform-
schritten bewähren. So ließe sich die aus Besitz und Herrschafts-
denken resultierende Übermacht des Rechts dem Geist gegenüber
abbauen und Armut als Kennzeichen der Kirche institutionell –
auch mit den Mitteln des Rechts – realisieren.

---

33 Vgl. Vorrede zum Codex des Kanonischen Rechts, XLIII.

# XII.
## Skizzen zur pneumatologischen Reformulierung der Ekklesiologie

Eine pneumatologisch reformulierte Ekklesiologie hat, das dürfte deutlich geworden sein, nur Bedeutung, wenn dem Geist in seinem Wirken darin eine andere Rolle als nur die des Präambelgottes zukommt. Deshalb galt es zunächst, die Bedeutung des anamnetisch-epikletischen Selbstvollzugs der Kirche für eine Grundlegung des Kirchenrechts zu erweisen und daraus Anforderungen für eine Theologie dieses Rechts zu entwickeln. Es sollte zudem deutlich geworden sein, dass ein pneumatologisch bestimmtes Kirchenrecht vom Recht der Getauften, das heißt derjenigen, die im Geist Christus zugehörig sind, ausgehen muss. Das, was für das Kirchenrecht gilt, hat nun auch für die Kirche als Institution zu gelten. Die Ekklesiologie hat auch zur Beschreibung der institutionellen Gestalt der Kirche von der in der Taufe erworbenen Rechtspersonalität und den in der Taufe erworbenen Rechten der Getauften auszugehen.

Aus dieser Perspektive sind die großen ekklesiologischen Fragen neu zu bearbeiten, welche die Kirche als Institution betreffen. Das kann hier nur skizzenhaft, pointiert und keineswegs erschöpfend geschehen. Alles andere wäre vermessen, denn diese Fragen sind hundertfach bedacht, bearbeitet, dargelegt und entfaltet worden.

Im Folgenden werde ich meine Skizzen auf einige Aspekte des Institutionellen in der Kirche konzentrieren, nachdem ja Selbstvollzug, Strukturen und Subjekte im Laufe der Studie bereits thematisiert worden sind. Die Konzentration gewinnt ihren Reiz dadurch, dass sie im Ausgang von der Rechtspersonalität der Getauften Person und Institution gegenüberstellt. Genau darin besteht der kirchenrechtliche Beitrag zur Ekklesiologie.

Das gängige Schema der Gegenüberstellung von Institution und Ereignis wird damit durchbrochen, steht doch in der Tat, wie es die Grenzproblematik der Ablehnung medizinischer und medizinrechtlicher Hilfeleistung für ein Vergewaltigungsopfer durch kirchliche Kliniken in Köln im Dezember 2012 exemplarisch gezeigt hat, ein der Würde der menschlichen Person entsprechendes Verhalten oftmals mit einem von der Institution geforderten Verhalten in Konflikt.

Mit diesen Skizzen zur pneumatologischen Reformulierung der Ekklesiologie wird keine andere Kirche angestrebt. Aber es wird versucht, diese Kirche und ihr Recht anders zu verstehen. Wie sieht Kirche, wie sehen kirchliche Institutionen aus, wenn sie sich vom anamnetisch-epikletischen Vollzug her verstehen, jener Handlungsform, durch welche die Kirche die Autorität Gottes in Anspruch nehmen kann und von der wir begründet hoffen, dass durch sie allein Gotteskrise, Glaubenskrise und Kirchenkrise überwunden werden könnten?

Wenn kirchliche *Institutionen* vom anamnetisch-epikletischen Vollzug her verstanden werden und zu verstehen sind, bedeutet das, sie als geschichtlich-konkrete Wirklichkeiten und damit als veränderbar zu verstehen. Die geschichtlich konkrete Wirklichkeit der Kirche, die als Inbegriff der kirchlichen Institutionen selbst als eine die Autorität Gottes epikletisch in Anspruch nehmende Institution verstanden werden kann, gründet – man kann es auch in einer wissenschaftlichen Studie nicht oft genug wiederholen – in der Treue Gottes zu den Menschen und realisiert das Vertrauen in die göttliche Gegenwart in der Epiklese zeitbedingt. Institutionen in der Kirche werden dementsprechend durch anamnetisch-epikletische Vollzüge konstituiert. Kriterologisch könnten sie dieser Handlungsform etwa wie folgt entsprechen.

Gott wird in der dem Flehgebet eigenen Gewissheit als zu Erinnernder tradiert. Die Konstitution der Kirche in ihrer institutionellen Gestalt ist deshalb kein ein-maliger Akt. Sie ist vielmehr ein je-malig neues Geschehen, das aus der Erinnerung schöpft und sich anamnetisch der strukturellen Kontinuität zur Reich-Gottes-Verkündigung Jesu vergewissert, deren Sinn sie der Menschheit epikletisch vergegenwärtigt.[1]

---

1 Vgl. *M. Kehl*, Kirche als Institution, in: HFTh 3, Tübingen – Basel [2]2000,

*Tradition* ist ein lebendiger Prozess, der Lehre, Leben und Kult umgreift. Glaubenserkenntnisse werden als lehramtliche Aussagen in das Gedächtnis der Kirche aufgenommen und so institutionalisiert. Gleiches gilt für diejenigen, die öffentlich den Glauben verkünden. Sie finden als in apostolischer Sukzession stehend Aufnahme in das Gedächtnis der Kirche. Das Lehramt findet so seine institutionelle Gestalt. Lehramtliche Aussagen, die dem Gedächtnis der Kirche eingeschrieben worden sind, gelten dann selbst als zu Tradierende, die Sukzessoren im apostolischen Amt selbst als Tradenten. Tradenten und zu Tradierendes kann es mit theologischer Dignität jedoch nur unter der Voraussetzung der Treue Gottes zu seinem Volk als des wesentlichen Inhalts der göttlichen Selbstoffenbarung geben. Sie legen die Selbstoffenbarung Gottes aus, können jedoch dafür keinen höheren Gewissheitsgrad als den in Anspruch nehmen, der dem anamnetisch-epikletischen Charakter des Vollzugs der *traditio* eigen ist. Dies gilt sowohl für das zu Tradierende, die Dogmen und anderen auf die Offenbarungswahrheit hingeordneten und feierlich verkündeten Dokumente des kirchlichen Lehramtes, als auch für die Tradenten, das heißt die Gläubigen und auch die Amtsträger, die als Glieder in der Kette der apostolischen Sukzessoren zur Tradition gehören.

## Das Verständnis kirchlicher Dogmen

Dogmen sind feierliche Formen der Verkündigung, die eine als wahr erkannte Glaubensaussage dem Gedächtnis der Kirche einschreiben. Sie basieren auf Dogmatisierungsprozessen.[2] Dogmen haben ihre Verpflichtungskraft nicht – soviel sollte bereits deutlich geworden sein – aufgrund ihres formalen Charakters und auch

---

129–145, 139f. Bei Kehl bleibt die pneumatologische Begründung der Kirche als Institution abstrakt. Er reflektiert nicht auf den anamnetisch-epikletischen Charakter kirchlichen Selbstvollzugs und damit der Kirche.

2  Vgl. *G. Essen, N. Jansen (Hg.)*, Dogmatisierungsprozesse in Recht und Religion, Tübingen 2011.

nicht aufgrund der formalen lehramtlichen Autorität in der Kirche, sondern aufgrund ihres Bezuges zur Offenbarung, die sie auslegen und tradieren. „[…] es besteht kein Recht, die ‚inspirierte‘ Lehrvorlage des Konzils dem Wort der Schrift gleichzuordnen. Denn alle Lehrverkündigung der Kirche hat immer nur die eine Aufgabe, das apostolische Offenbarungsdepositum auszulegen und *weiterzureichen* […].“[3] Dogmen formulieren also keine neue Offenbarung (LG 25). Sie sind auch nicht deren sie dominierende Hüterin. Ihr Bezug zur Selbstoffenbarung Gottes wird maßgeblich durch das Kriterium der ‚Hierarchie der Wahrheiten‘ bestimmt.

„Beim Vergleich der Lehren miteinander soll man nicht vergessen, daß es eine Rangordnung oder ‚Hierarchie‘ der Wahrheiten innerhalb der katholischen Lehre gibt, je nach der verschiedenen Art ihres Zusammenhangs mit dem Fundament des christlichen Glaubens.“ (UR 11)

Das Kriterium der ‚Hierarchie der Wahrheiten‘ ist durch das Zweite Vatikanische Konzil an die Stelle des formalen Rechtscharakters zur Beurteilung des Geltungsanspruchs eines Dogmas gesetzt worden. Dabei ist von Bedeutung, dass im Zeugnis des Johannesevangeliums der Geist als der verheißen ist, der „in die *volle* Wahrheit“ (Joh 16,13) einführt. Als diese volle Wahrheit kann die Treue Gottes, die Unbedingtheit seiner Liebe unter Zeitindex angesehen werden. Diese kann kaum, so die entscheidende Einsicht, additiv als Summe von Wahrheiten aufgefasst werden.

Dogmen wären missverstanden, würde man sie als in sich selbst stehend betrachten. Eine solche ‚Diktatur des Platonismus‘ setzt auf die Unveränderlichkeit dogmatisierter Lehrmeinungen und übergeht nur allzu leicht deren Geschichtlichkeit. Wenn Dogmen die Treue Gottes, der sie in konkreten, verbindlichen Lehrmeinungen entsprechen wollen, zum Ausdruck bringen, kann dies nur geschichtlich geschehen. Wenn Treue Gottes bedeutet, dass Gott sich vom anderen bestimmen lässt und am an-

---

3 *H. Bacht*, Lehrentscheidungen, 137. Die Formulierung ‚Offenbarungsdepositum‘ ist vom heutigen Offenbarungsverständnis als objektivistisch zu kritisieren.

deren anders werden kann, wenn mit anderen Worten, die Unveränderlichkeit Gottes theologisch kritisch hinterfragt wird und aus guten Gründen hinterfragt werden muss, kann Unveränderlichkeit nicht das erste Prädikat, durch das Dogmen charakterisiert werden, sein.

Dogmen können dem Vertrauen in die Treue entsprechend nur verstanden werden, wenn man ihre relationale Struktur erhellt. Sie stehen in Relation zur biblisch bezeugten Selbstoffenbarung Gottes in Jesus Christus, deren Wahrheit sie in konkreten Situationen bestimmen. Sie stehen in Relation zur Geschichte, indem sie die so bestimmte Wahrheit der Offenbarung dem Gedächtnis der Kirche als zu überliefernde anvertrauen. Dogmen haben „wie alle Glaubenserkenntnis Stückwerkcharakter (vgl. 1 Kor 13,9)."[4] Es handelt sich um Aussagen „von bleibender Zukunft".[5] Sie stehen zudem aufgrund ihrer „doxologische[n] Struktur"[6] in Relation zum liturgischen Vollzug, weil ihre eschatologische Gewissheit nicht anders als anamnetisch-epikletisch konstituiert und vergegenwärtigt werden kann.[7]

Wenn als Träger dieses liturgischen Vollzugs die Kirche als Ganze zu verstehen ist, können die Gläubigen zudem nicht nur als Adressaten dogmatisch ‚gesicherter' Glaubenslehre angesprochen werden.

Es ist als ein Element der Tradierungskrise des Glaubens zu werten, wenn Glaubenslehren durch Dogmatisierung dem Dialog und der Diskussion entzogen werden. Die in Dogmen feierlich bezeugte Glaubenswahrheit ist aufgrund der sich in ihr bezeugenden Treue Gottes zu glauben. Dies geschieht in der Form der Bitte um den Geist, der in die volle Wahrheit einführt. Dass die dogmatisch bezeugte Glaubenswahrheit Resonanz in den Gläubigen findet, setzt andererseits die aktive Teilnahme der Gläubigen, setzt ihr Subjekt-

---

4 W. *Kasper*, Dogma/Dogmenentwicklung, in: NHThG Bd. 1, 1991, 292–309, 302.
5 Ebd.
6 Ebd.
7 Vgl. *J. Drumm*, Dogma, in: LThK³ Bd. 3, 1995, 283–286, 285.

sein voraus. Wer die anamnetisch-epikletische Subjektwerdung im Glauben und damit ein auf Vergegenwärtigung ausgerichtetes Ringen um den Glauben durch Dogmatisierung unterbindet, kann kaum noch mit der Bereitschaft rechnen, dass die Gläubigen den Glauben der Kirche als ihren auch subjektiv angeeigneten Glauben missionarisch überzeugend bezeugen werden. Eine mündige Glaubenszustimmung setzt eine mündige Auseinandersetzung mit dem Glauben als Kehrseite des Vertrauens in die Treue Gottes voraus. Dogmen werden stets in feierlicher Form verkündet. Sie treten nicht einfach wie ein Gesetz durch einen autoritativ-formalen Gesetzgebungsakt des Papstes in Kraft. Nach Schulz ist der moderne Dogmenbegriff, der auf den Franziskaner Philipp Neri Chrismann (1751–1810) zurückgeht, dem „Rationalismus und Juridismus der Aufklärung"[8] verhaftet. Chrismann hatte 1792 in seiner ‚Regula Fidei Catholicae et collectio dogmatum credendorum' definiert, „daß ein Dogma des Glaubens eben die göttliche geoffenbarte Lehre und Wahrheit ist, die durch öffentliche Entscheidung der Kirche als mit göttlichem Glauben zu glauben so vorgelegt wird, daß die entgegengesetzte Lehre von der Kirche als häretisch verdammt wird".[9] Seinem Verständnis zufolge gehören die Bestimmung der Häresie und die Anathem-Androhung, nicht jedoch die feierliche Form, wesentlich zum Dogmatischen. Die Glaubenspflicht und der geforderte Glaubensgehorsam werden damit juridisch bestimmbar. Das Verständnis für die verheißene Treue Gottes als umfassendem Prinzip der Gottes-, Menschen- und Weltbegegnung wird unterwandert durch eine mit diesem Dogmenbegriff einhergehende „Reduktion des verbindlich zu Glaubenden auf das unter Anathem-Androhung Definierte".[10] Der in der liturgischen Feier der Verkündigung intendierte formative und eschatologische Charakter eines Dogmas gerät darüber leicht in Vergessenheit.

---

8  H.-J. Schulz, Bekenntnis statt Dogma, 164.
9  Ebd. unter Verweis auf W. Kasper, Dogma unter dem Wort Gottes, Mainz 1965, 36.
10  Ebd.

Bekanntlich hat sich das Zweite Vatikanische Konzil von diesem Dogmenbegriff, der durch Papst Pius IX. lehramtlich rezipiert worden ist, emanzipiert, indem es keine Verurteilungen ausgesprochen hat. Es hat den Glauben nicht „als *Gehorsamsakt* der Annahme einer Offenbarungswahrheit *‚propter auctoritatem Dei revelantis (et ecclesiae veritatem revelatam proponentis)'"*[11] verstanden, sondern ein umfassenderes Glaubensverständnis vertreten. Es wollte die Gewissheit über den katholischen Glauben so darlegen, dass dadurch keinerlei Hindernis für den ökumenischen Dialog entsteht (vgl. UR 11). Deshalb hat das Konzil auf Verurteilungen verzichtet, den dogmatischen Anspruch hinsichtlich der eschatologischen Glaubensgewissheit durch die feierliche Form einer Konstitution aber beibehalten.

Wie fast zu erwarten, ist der CIC von 1983 in can. 750ff. dieser veränderten Form, in der sich das Konzil der Offenbarungswahrheit vergewissern wollte, nicht gerecht geworden. Für die Kanonistik vollzieht sich der Glaubensgehorsam, indem man den Glaubenswahrheiten [Plural!; MB] „entgegenstehende Lehren jedweder Art" (can. 750 CIC/1983) meidet. Der feierlichen Form wird als Kennzeichen der Dogmatisierung von den Kanonisten keinerlei Bedeutung beigemessen, zumindest von den Kanonisten, die für die Übersetzung des Codex ins Deutsche Sorge getragen haben. Dort ist vollkommen sinnentstellend vom „feierlichen Lehramt der Kirche" (can. 750 CIC/1983) die Rede. Es müsste „durch feierliche Ausübung des Lehramts" heißen. Dass durch die feierliche Form die Relation des Dogmas auf Verkündigung, Liturgie und die eschatologische Heilshoffnung der ganzen Kirche in ihrem Subjektcharakter dargestellt wird und dass diese Form nicht ohne Bedeutung für die Selbstvergewisserung des Glaubens sein kann, wird schlicht nicht gesehen, weil in der offiziellen Übersetzung die Feierlichkeit den Amtsträgern zugeordnet wird. Jorge Mario Bergoglio (Papst Franziskus) hat diesen Narzissmus in seiner nachträglich bekannt gewordenen

---

11  Ebd., 168.

Rede im Kardinalskollegium vor dem Konklave mit deutlichen Worten bedacht.[12] Für die Ekklesiologie hat Hans-Joachim Schulz die radikale Konsequenz gezogen, die Kirche weniger von ihrer lehramtlichen und juridischen Abgrenzung nach außen und mehr von ihren Lebensvollzügen her zu verstehen. So komme in der Feier der Eucharistie das, woraus Kirche lebt – der erinnerten und erflehten Teilhabe am Christusmysterium –, tiefer zum Ausdruck als in ihrem dogmatischen Bestreben, mit Mitteln des Rechts die Gewissheit des Glaubens zu sichern. Schulz geht „von der liturgischen Überlieferung" aus, die er „als ganzheitliche[n] Ausdruck der geschriebenen und ungeschriebenen apostolischen Tradition" auffasst. In ihr misst er der Feier der Eucharistie, deren Gestalt er bei Hippolyt und Basilius prototypisch gegeben sieht, eine besondere Bedeutung bei. „Gerade die Fundamentalbitte der eucharistischen Epiklese um die Gewährung der Teilhabe ‚am Heiligen' und um das Einswerden aller, die von den ‚heiligen Gaben' empfangen, im Heiligen Geist, ist Spiegel des Wesens der Kirche und der gnadenhaften Auferbauung in ihren Gliedern"[13], lautet seine dem ökumenischen Gespräch mit den orthodoxen Kirchen ebenso wie dem Ansatz einer eucharistischen Ekklesiologie verpflichtete Bilanz.

Wenn die Kirche ihrer lehramtlich durch das Zweite Vatikanische Konzil festgestellten Komplexität in ihren Selbstvollzügen anamnetisch-epikletisch entspricht und umgekehrt, ließe sich der von Schulz herausgestellte Gegensatz zwischen Bekenntnis und Dogma ebenso wie ein einseitig juridisches Dogmenverständnis überwinden. Es handelt sich keineswegs um einen notwendigen Gegensatz. Er wirkt unter den Voraussetzungen des anamnetisch-epikletisch skizzierten Dogmenverständnisses konstruiert.

---

12 Vgl. Kardinal Bergoglio vor dem Konklave: „Die egozentrische Kirche beansprucht Jesus für sich", in: http://de.radiovaticana.va/news/2013/03/27/kardinal_bergoglio_vor_dem_konklave:_%E2%80%9Edie_egozentrische_kirch/ted-677282 (07.05.2013)
13 Ebd., 403.

## Das Verständnis des kirchlichen Amtes

Ein vom anamnetisch-epikletischen Charakter der Kirche her entwickeltes Amtsverständnis erschließt sich auf der Basis der im Zweiten Korintherbrief gegebenen ‚Stellenbeschreibung': Amtsträger sind paulinisch „Gesandte an Christi statt, und Gott ist es, der durch uns mahnt. Wir bitten an Christi statt: Lasst euch mit Gott versöhnen!" (2 Kor 5,19f.)

Gesandte an Christi statt fungieren als Tradenten der Offenbarung, indem sie an Christi statt um Versöhnung bitten. Dieses „Bitten im Namen Jesu" vollzieht sich dem Zeugnis des Johannes zufolge unter dem Beistand des Geistes der Wahrheit (Joh 14,16) und unter der Zusage der Erfüllung durch den Sohn zur Verherrlichung des Vaters (Joh 14,13f.).

Durch die Weihe, die Anrufung des Geistes und die Auflegung der Hände, werden Personen in der Kirche seit alters her zu diesem Tun öffentlich bestimmt. Vom öffentlichen und epikletischen Charakter der Weihe her kann sich der Amtsträger selbst und kann die Kirche als Ganze ihn als das stets erhörte Gebet der Gemeinde verstehen. In seinem amtlichen Handeln setzt er das Erhörtsein des Gebets der Gemeinde (Lk 11,9–13) voraus und spricht die Treue Gottes, beispielsweise durch seinen Segen, den Menschen verbindlich zu. Auch wenn zum Amtsverständnis die Institution der apostolischen Sukzession gehört, durch welche die Amtsträger in die Kette der Zeugen eingefügt werden, lässt sich das Weiheamt nicht durch horizontale Vollmachtsübertragung begründen. Es stellt als stets erhörtes Gebet der Gemeinde eine geschichtliche Konkretion der Treue Gottes dar und ist insofern göttlichen Rechts.

Der Gemeindebezug ist konstitutiv. „So wird die Ordination nicht eigentlich ‚gespendet' oder ‚erteilt', sondern erbeten, im Glauben empfangen und dankbar gefeiert, und zwar von der ganzen Gemeinde; denn es geht ‚nicht nur um die formale Charakteristik als ‚Gebet', sondern um die Beteiligung der ganzen Kirche am Ordinationsgeschehen'."[14]

---

14  *G. Bausenhart*, Das Amt in der Kirche, 215. Bei Bausenhart finden sich die

Weil es ohne das epikletische Gebet der Gemeinde keine Ordination in der Kirche geben kann, ist der Gemeindebezug des Amtes für das Weiheamt konstitutiv. Auch berechtigt die Institution der apostolischen Sukzession nicht dazu, Amt und Gemeinde voneinander zu trennen und Apostolizität amtstheologisch zur Rechtfertigung eines Vorrangs des Weiheamts vor der Gemeinde in Anspruch zu nehmen; denn der Vorrang gebührt allein der erflehten göttlichen Heilsgegenwart. „Die Apostolizität ist nach katholischem Verständnis nicht nur eine Frage des Amtes und der Sukzession, sondern primär eine solche der Heilswahrheit, die nur als apostolische in der öffentlichen Verkündigung der Kirche Raum hat."[15]

Das Verhältnis von Gemeinde und Amt ist vom Recht der Gläubigen, sich zu versammeln und gemeinsam und öffentlich anamnetisch und epikletisch den Glauben zu feiern, zu bestimmen. Das hierarchisch gegliederte Amt steht im Dienst der Gemeinde, die einen Rechtsanspruch auf den Dienst des sie repräsentierenden und ihr Christus verkündigenden Amtes hat.

Von daher hat die Gemeinde auch einen Rechtsanspruch zu bestimmen, wem in ihr ein Amt übertragen wird. Das kann, aber muss nicht unbedingt durch eine Wahl, es kann auch durch einen Akt der Akklamation oder Zustimmung geschehen, wie er im liturgischen Weiheritus enthalten ist. Aber es muss geschehen, und zwar mit der gleichen Selbstverständlichkeit, mit der die Kardinäle im Konsistorium zusammenkommen, um unter Herabrufung des Geistes – „Lasst uns zum Herrn flehen", so Kardinal Angelo Sodano im feierlichen Gottesdienst ‚Pro eligendo Romano Pontifex' am 12. März 2013 – einen neuen Papst zu wählen, und in der die Ordensleute zusammenkommen, um einen neuen Abt oder eine neue Äbtissin beziehungsweise einen neuen Prior oder eine neue Priorin zu wählen. Warum sollte nicht auch ein Bischof durch

---

notwendigen exegetischen und theologiegeschichtlichen Nachweise für diese Praxis. Vgl. ebd., 175–212.
15  *H. Bacht*, Lehrentscheidungen, 137.

die Hand von Wahlfrauen und und Wahlmännern gewählt werden wie ein Papst „durch die Hand der Kardinäle"?[16] Bischof Wilhelm Kempf prägte in seiner Eröffnungsansprache zur Limburger Diözesansynode am 17. Juni 1977 den zwischenzeitlich wieder in Vergessenheit geratenen, doch sehr treffenden Begriff ,Pneumatokratie'[17]. Wer sich kategorisch gegen ,pneumatokratische' Verfahren in der Kirche ausspricht, hat nicht verstanden, dass es ohne Wahl, die stets unter Anrufung des Heiligen Geistes stattfindet, keinen Papst gibt, wobei die Kardinäle, denen das aktive Wahlrecht zukommt, die römische Gemeinde vertreten.

Entscheidend ist zudem die Erkenntnis, dass es aufgrund ihres epikletischen Charakters keine absolute Ordination geben kann. Das hierarchische Amt ist als Dienst am Subjektcharakter der Gemeinde zu verstehen.[18] Balthasar Fischer hat es unnachahmlich ausgedrückt: „Ein Pfarrer sollte wissen, daß er seinen Dienst als Erhörung der Gebete der Kirche zu verstehen hat."[19]

In Kanon 6 des Konzils von Chalkedon (451) hat das seinen normativen Ausdruck gefunden, was schon die Kirchenordnung bei Hippolyt (215)[20] und die durch ihn vorgefundene Tradition bestimmt hatte: „Niemand darf absolut ordiniert werden, weder ein Presbyter noch ein Diakon noch überhaupt jemand, der zum

---

16 *Papst Benedikt XVI.* hat in seiner Rücktrittsankündigung, datiert vom 10.02.2013 und verkündet am 11.02.2013 zutreffend darauf verwiesen, dass ihm „das Amt des Bischofs von Rom" [sic!], auf das er „mit voller Freiheit" verzichtet, „durch die Hand der Kardinäle" anvertraut worden sei. Vgl. ders., Declaratio vom 10. Februar 2013, dt. in: http://www.vatican.va/holy_father/benedict_xvi/speeches/2013/february/documents/hf_ben-xvi_spe_20130211_decla ratio_ge.html (02.05.2013)

17 Bischof Kempf sagte: „Die Synode kann erweisen, daß die Kirche ein gesellschaftliches Gebilde eigener Art ist, das man etwa bezeichnen könnte als eine ,Pneumokratie', d. h. als eine Gemeinschaft, die vom heiligen Pneuma, vom Geist Gottes geleitet wird. Eben dies kann und soll auf einer Synode erfahrbar werden." Den Hinweis verdanke ich T. Schüller (e-mail vom 17.04.2013).

18 Vgl. *R. Miggelbrink*, Einführung, 149.

19 *B. Fischer,* Das Gebet der Kirche, 177.

20 Vgl. *G. Bausenhart*, Das Amt in der Kirche, 179–181.

kirchlichen Stand gehört; [das heißt, die Ordination ist] nur [gültig], wenn der Ordinierte in besonderer Weise einer Kirche in der Stadt oder auf dem Land, einem Martyrium oder Kloster zugesprochen wird. Bezüglich derer, die absolut ordiniert werden, hat die heilige Synode entschieden: Wegen der Anmaßung des Ordinierenden ist eine solche Handauflegung ungültig, und die Ordinierten können nirgends ihr Amt ausüben."[21] Mit dem Zweiten Laterankonzil (1179) hat sich die Lesart dieser Bestimmung verändert. „Man interpretiert die Bestimmung nun nicht mehr als Regel zum Schutz des Selbstbestimmungsrechtes einer Kirche/Gemeinde, sondern als Regel zum Schutz eines neu zu ordinierenden Priesters vor Verarmung: Ein Weihebewerber darf nur ordiniert werden, wenn sein *Lebensunterhalt* gesichert ist, das heißt, wenn er entweder einen *titulus ecclesiae* zugewiesen bekommt oder wenn sein Bischof ihm gegenüber eine dementsprechende *Versorgungsverpflichtung* eingeht. Das Verbot der absoluten Ordination ist im Hochmittelalter nicht mehr Ausdruck eines kirchlichen Wissens um die Notwendigkeit einer Bestätigung des Amtsträgers durch die Gemeinde als *Aspekt seiner ekklesialen Eingliederung*."[22]

Die sich daraus ergebende Konsequenz ist, dass die Praxis der de-facto-absoluten Ordination das Amtsverständnis der Priester beeinflusst. Sie müssen sich nicht als „Diener einer bestimmten Gemeinde [verstehen], der in seinem sakramentalen Handeln das Handeln der gesamten Gemeinde zur Darstellung bringt."[23] Sie können sich auch als Träger einer Vollmacht verstehen, die sie unabhängig von der Gemeinde innehaben. Jedoch verzichten sie dann gegebenenfalls auf das existenziell bedeutsame Getragenwerden durch die Gemeinde. Wenn jedoch eine Gemeinde beispielsweise die priesterlich zölibatäre Lebensform nicht mehr mitträgt,

---

21 Konzil von Chalkedon, Kanon 6, in: J. Wohlmuth (Hg.), Dekrete der ökumenischen Konzilien, Bd. 1, Konzilien des ersten Jahrtausends (COD 1), Paderborn u. a. ³2002, 90.
22 *R. Miggelbrink*, Einführung, 148.
23 Ebd., 149.

weil sie den Zölibat weniger als Ausdruck des Glaubens und mehr als Grund für den Priestermangel ansieht, dann wird es für die Priester zunehmend unmöglich, den Zeugnischarakter dieser Lebensform zu leben. Vom anamnetisch-epikletischen Verständnis der Ordination her stehen Gemeinde und Amt im strengen Sinn relativ zueinander. Auch sie bilden ein Kommerzium, eine ‚komplexe Wirklichkeit'.

## Das Verständnis der kirchlichen Vollmacht

Abschließend ist noch zu skizzieren, wie das Verständnis der *Vollmacht* in der Kirche deren epikletischen Charakter entsprechen könnte. Dass sie als Legitimationsgrund für das Recht und die rechtliche Verfasstheit der Kirche ausgedient hat, wurde hinreichend dargelegt. Ebenfalls wurde bereits angedeutet, dass Vollmacht weiter als nur juridisch zu verstehen ist, nämlich vom Anspruch der ganzen Kirche her, zu den Menschen gesandt zu sein.

Wenn der Begriff der Vollmacht zur Bestimmung des Herrschaftsanspruchs der Kleriker den christgläubigen ‚Laien' gegenüber missbraucht wird, geschieht dies nicht selten unter Berufung darauf, dass die Träger des Weiheamtes dazu bestimmt seien, den Christgläubigen Christus als das Haupt der Kirche zu repräsentieren und in seinem Namen zu handeln. Das ekklesiologisch Wesentliche wird dabei verstellt; ist die Kirche doch dazu berufen, den Menschen Christus als das Haupt aller Menschen[24] darzustellen, was nichts anderes meint, als die Reich-Gottes-Botschaft zu verkünden.

Wer in Bezug auf die Binnengestalt der Kirche die Denk- und Redeweise Papst Leo XIII., dass Christus gleichsam das Haupt der Kirche sei und der Geist gleichsam ihre Seele, anstelle der bei Papst Paul VI. dominierenden metaphorischen Dualität von Leib und Seele beibehalten möchte, sollte sich nicht nur der alltagssprach-

---

24 Vgl. *M. Seckler*, Das Haupt aller Menschen, in: ders., Die schiefen Wände des Lehrhauses, Freiburg – Basel – Wien 1988, 26–39.

lichen Plausibilität der Metaphern ‚Haupt' und ‚Oberhaupt' bedienen, er sollte sich auch über den geistesgeschichtlichen Gebrauch der Metapher ‚Seele' im Klaren sein, gehört doch zu den vielfältigen Seelenvermögen alles, was das Leben bestimmt: Verstand, Gefühl, Wille. Die Vorstellung von Christus gleichsam als dem ‚Haupt' und dem Geist gleichsam als der ‚Seele' der Kirche hingegen wird gewöhnlich so gedeutet, dass die Kirche, verstanden als Leib Christi, von Christus als dessen Haupt geleitet und dieser dabei durch den Heiligen Geist als seiner Seele unterstützt werde. Es könnte mit guten Gründen auch so gedeutet werden, dass das ‚Haupt' für die Erkenntnis und die ‚Seele' für den Willen steht. Eine geistesgeschichtlich adäquate, jedoch zugegebenermaßen für das kirchliche Alltagsbewusstsein seltsame und eher der Imagination als präziser Erkenntnis dienende Unterscheidung, der ich nur einen heuristischen Wert, diesen allerdings nachdrücklich, beimessen möchte: denn mit dieser Interpretation der Metapher ließe sich die ‚Kraft des Geistes' als ek-zentrische Willensmacht des kirchlichen Handelns ausweisen. Vom Geist geleitet, könnte als Wollen der Kirche gelten, Gott lobpreisend so anzuerkennen, wie er sich in Jesus Christus endgültig geoffenbart hat und von dieser Selbstoffenbarung her erkannt werden kann: Als unbedingt zuvorkommende Liebe, der sich den Menschen als denjenigen, dem diese Liebe gilt, in Freiheit als freies Wesen vorausgesetzt und als solchen erschaffen hat.

Auf dieser Basis ließe sich dann auch die Spur für eine positive Bestimmung eines umfassenderen als nur juridischen Verständnisses von Vollmacht in der Kirche aufnehmen: Kirchliche Vollmacht als Vollmacht zur Liebe gibt es nur in der Form der Bitte unter der Zusage der Erhörungsgewissheit (vgl. Mk 9,29). Die klassische Stelle zur Begründung der Vollmacht in der Kirche, Joh 20,21–23, stellt diese in den Zusammenhang der Sendung „Wie mich der Vater gesandt hat, so sende auch ich euch" und versteht sie zudem von ihrer pneumatologischen Voraussetzung her: „Empfanget heiligen Geist".

Ein primär juridisches Verständnis der Vollmacht führt deshalb auf die falsche Fährte, nämlich auf die der Über- und Unterordnung. Dem Weiheamt kommt keine Vollmacht zu, durch die es über die Kirche verfügen könnte. Auch das Weiheamt muss hören, „was der Geist den Gemeinden sagt" (Offb. 2,7), muss mit anderen Worten die pneumatologische Würde der Gemeinden als kirchliche Handlungssubjekte anerkennen. „Bei der Feier der Sakramente kann sie [die Kirche; MB] nur vollmächtig um das Kommen des Heiligen Geistes bitten."[25] Nach Klaus Hemmerle ist Macht „erst Vollmacht, wo sie nicht nur über anderes, sondern im anderen mächtig ist, will sagen, wo das andere von sich aus, mit seinem Ja, mit seiner eigenen Mächtigkeit einstimmt in das, was von mir ausgeht (auctoritas meint Macht, die anderes von innen her bestimmt, so daß es aus sich selber aufgeht und wächst)".[26] Das aber ist ein Geschehen im Heiligen Geist, der als der Geist Jesu Christi in die Herzen der Menschen ausgegossen ist (Röm 5,5) und als Geist der Liebe, indem er freie Zustimmung will, Anerkennung der Priorität des Anderen bedeutet. „Autorität ist nur wahr, wenn sie Freiheit weckt."[27] Denn nur so ist jene Gemeinschaftsstiftung möglich, durch die der ihrer Apostolizität entsprechende missionarische Zweck der Vollmacht erfüllt wird. „Die Kirche lebt aus dem beständigen Gebetsruf: ,Veni, Sancte Spiritus!'".[28]

---

25  W. Kasper, Die Kirche Jesu Christi, 77.
26  K. Hemmerle, Vorspiel zur Theologie (AS 2) Freiburg – Basel – Wien 1996, 12–121, 36.
27  H. Hammans, Statement zum finanziellen Konsolidierungsprozess im Bistum Aachen, in: http://www.kirche-im-bistum-aachen.de/kiba/opencms/traeger/3/prozess-weggemeinschaft/raetetreffen/statement.html (12.12.2003).
28  W. Kasper, Die Kirche Jesu Christi, 77.

# XIII.

## Zu ökumenischen Perspektiven

Wenn im Folgenden von ökumenischen Perspektiven die Rede ist, kann nicht erwartet werden, dass die ökumenische Dimension der Ekklesiologie vollkommen ausgeleuchtet wird. Auch geht es nicht darum, die Thematisierung der Epiklese im ökumenischen Dialog nachzuzeichnen. Beabsichtigt wird lediglich, die ekklesiologischen Voraussetzungen der Ökumene zu benennen, und zwar wiederum im Licht des anamnetisch-epikletischen Charakters der Kirche. Damit werden weder alle ökumenisch brennenden Fragen angesprochen noch gelöst werden können. Auch hier geht es nur um eine Skizze, mit der gezeigt werden soll, wie durch den pneumatologischen Rekurs auf den epikletischen Charakter der Kirche der ökumenische Dialog pneumatologisch fundiert,[1] verhärtete Fronten im ökumenischen Dialog aufgeweicht und grundlegende Fragestellungen neu bearbeitet werden könnten.

Die bisherigen ökumenischen Gespräche bilanzierend hat Walter Kasper 2009 festgestellt, dass „der volle Durchbruch in ekklesiologischen Fragen erst noch kommen" müsse.[2] „Die Hauptfrage, die die Kirchen immer noch trennt, ist das Verständnis der Kirche selbst",[3] so Kasper weiter. Und er präzisiert, dass es um die Frage gehe, wo Kirche subsistiert. In groben Zügen skizziert er drei bisher als unvereinbar angesehene „Weisen des Kirchenverständ-

---

1 D. *Sattler* hat sich programmatisch den Perspektiven einer pneumatischen Ökumene verpflichtet. Dass ihr dabei der epikletische Charakter der Kirche nicht in den Sinn gekommen ist, ist zu bedauern. D. Sattler, „Im Geist zu einer Wohnung Gottes erbaut" (Eph 2,22). Perspektiven einer pneumatischen Ökumene, in: Cath 56 (2002), 128–143.
2 W. *Kasper,* Die Früchte ernten. Grundlagen christlichen Glaubens im ökumenischen Dialog, Paderborn – Leipzig 2011, 159.
3 Ebd., 207.

nisses" und fordert von künftigen ökumenischen Dialogen das Bestreben, „diese Sichtweisen in einer sakramentalen ekklesiologischen Perspektive eher als komplementär denn als gegensätzlich
zu sehen".[4] Die verschiedenen Sichtweisen der Kirche hat Kasper
sodann wie folgt beschrieben:

„Gemäß der katholischen *sakramentalen* Sicht subsistiert die
Kirche Christi und ihr ganzes Geheimnis, ohne dass ihre cha-
rismatische Dimension übersehen wird, in einer konkreten und
dauerhaften institutionellen Struktur, in Gemeinschaft mit dem
Bischof von Rom und der Bischöfe in Gemeinschaft mit ihm.
Die andere Sichtweise vertritt, ohne dass der institutionelle
Aspekt völlig aufgegeben würde, ein Verständnis der Kirche als
*Ereignis*, die überall dort existiert, wo das Evangelium recht ge-
predigt und die Sakramente ordnungsgemäß gespendet werden.
Ein weiterer häufiger Gegensatz besteht zwischen der Bevor-
zugung der örtlichen Gottesdienstversammlung als Kirche im pri-
mären Sinn und der Auffassung der Kirche als der Gemeinschaft
örtlicher Vereinigungen/Kirchen, die eins werden durch die Gemeinschaft ihrer Oberhirten im bischöflichen *Ordo*, dessen Ursprung und Grund der Einheit personal im Bischof von Rom gegeben ist."[5]

Kasper hat damit zwei grundlegende Differenzen benannt.
Die eine bestimmt, vereinfacht gesagt, den ökumenischen Dialog
mit den Kirchen der Reformation, die andere den ökumenischen
Dialog mit den orthodoxen Kirchen. Er hat zugleich das Feld ab-
gesteckt, in dem die Lösung zu suchen wäre: nämlich in „der
grundlegenden und alles bestimmenden Frage nach dem sakramentalen Wesen der Kirche und der Beziehung zwischen Gottes
souveränem Handeln und der menschlichen und kirchlichen Mitwirkung, die dadurch ermöglicht wird".[6]

Diese grundlegende und alles bestimmende Frage lässt sich,
wie wir gesehen haben, grundsätzlich durch den Hinweis auf den

---

4  Ebd.
5  Ebd.
6  Ebd., 207f.

anamnetisch-epikletischen Charakter der Kirche beantworten. Die Komplexität der Wirklichkeit Kirche verlangt, in allen Dimensionen der Ekklesiologie und gegen alle Versuchungen der Elementarisierung durchgehalten zu werden: Für den kirchlichen Selbstvollzug und die Strukturen, für die Subjekte kirchlichen Handelns, für das kirchliche Recht und die kirchlichen Institutionen haben wir diese Komplexität durchdekliniert. Die Frage selbst erfährt dadurch eine Veränderung. Sie lautet nicht mehr, wo Kirche subsistiert, sondern wie die Autorität Gottes im Handeln der Kirchen subsistiert.

Theologisch kann allein die verheißene Treue Gottes, welche die komplexe Wirklichkeit der Kirche trägt, Einheitsgrund der Kirche in den Kirchen sein, in denen die eine Kirche subsistiert. Dieser Treue können sich die Christen in allen Kirchen, so verschieden sie auch sein mögen, in Lob und Dank, Bitte und Klage nicht anders als anamnetisch-epikletisch vergewissern. Das „Spiritum Christi habere", die durch die Taufe begründete Zugehörigkeit zum Geist Christi, ist entscheidend für die Einheit der Christen, die in unterschiedlicher Weise, nämlich in der rechten Evangeliumsverkündigung und ordnungsgemäßen Sakramentenspendung, in der Feier der Eucharistie oder auch in der Einheit des Episkopats aktualisiert werden kann.

Für eine Einheit der Kirchen könnte man das berühmte „satis est" der Augsburger Konfession (CA 7) auf das „Spiritum Christi habere" beziehen. Daran sollte sich auch die Frage der Kirchlichkeit einer christlichen Gemeinschaft entscheiden, die diese in unterschiedlichen Formen aktualisiert und aktualisieren kann. Den Anspruch, die Fülle möglicher Aktualisierungsformen zu realisieren, könnte in der römisch-katholischen Kirche unabhängig davon aufrechterhalten bleiben. Allerdings würde davon nicht mehr die Kirchlichkeit einer christlichen Gemeinschaft abhängig gemacht werden können.

In diesem Zusammenhang sei noch einmal daran erinnert, dass die Charakterisierung der Kirche als epikletisch ökumenische Wurzeln hat. Wurde doch dieser Charakter im Rahmen des römisch-katholisch-orthodoxen Dialogs 1982 in München

entdeckt und einvernehmlich formuliert: „Die Kirche ist unablässig im Zustand der Epiklese, der Herabrufung des Heiligen
Geistes."[7] Diese epikletische Seinsweise der Kirche mag dem orthodoxen Denken näher sein als dem römisch-katholischen. Sie ist
aber auch in den vom Ökumenischen Rat der Kirchen verantworteten Lima-Texten zustimmend rezipiert worden.

Dem ökumenischen Dialog bieten sich, so die hier vertretene
These, bisher unausgeschöpfte Anknüpfungsmöglichkeiten, wenn
die bestehenden Kirchenverständnisse konsequent von der Komplexität der Wirklichkeit der Kirche, verstanden als Kommerzium
der Freiheiten, her reformuliert würden. Dazu gäbe es in allen
Konfessionen zahlreiche und bisher nicht systematisch genutzte
Anknüpfungspunkte.

Auch die Ökumene der Kirchen wäre, mit anderen Worten,
vom Recht der Gläubigen auf Anerkennung ihrer Zugehörigkeit
zu Christus im Geist her zu bestimmen. Dies schließt ein Recht
der Gläubigen auf Einheit der Kirchen ein und setzt neben der
Einheit im Kriterium Kirchlichkeit Einheit im theologischen
Rechtsverständnis bei unterschiedlicher Rechtsgestalt voraus.

Konkret werden sich Beschränkungen und Pflichten, welche
die Kirchenleitungen den dem Geist Christi Zugehörigen auflegen, als Einschränkungen des Rechts auf die durch die Taufe begründete Einheit mit Christus und unter den Christen zu rechtfertigen haben und von diesem Recht her durch die Gläubigen zu
überprüfen sein, denn, so Joseph Ratzinger, „nicht die Einheit bedarf der Rechtfertigung, sondern die Trennung".[8]

Die Einrichtung einer ökumenisch besetzten, die Einheit
verteidigenden Instanz, vergleichbar der des Ehebandverteidigers,
ist zum Schutz der Einheit in allen Kirchen erforderlich, weil
„die Einheit ein vordringliches Gut ist, das Opfer verlangt, wäh-

---

7  Das Geheimnis der Kirche und der Eucharistie im Licht des Geheimnisses
der Heiligen Dreifaltigkeit, 533.
8  *J. Ratzinger,* Prognosen für die Zukunft des Ökumenismus, 211.

rend Trennung gerechtfertigt werden muß in jedem einzelnen Fall".[9] Für die römisch-katholische Kirche werden der Papst und die Bischöfe als Diener der Einheit der Christen für je ihren Zuständigkeitsbereich den Prozess der Überprüfung und der großzügigen Auslegung wie Revision beschränkender Bestimmungen, etwa hinsichtlich der *participatio actuosa fidelium*[10] zu ihren verpflichtenden Aufgaben zu zählen haben. Gleiches wird von den Bischöfen, Bischöfinnen und kirchenleitenden Instanzen der Kirchen erwartet werden können, die sich in ihrem Selbstverständnis der Treue Gottes zu seinem Volk anamnetisch-epikletisch verpflichtet wissen. Und sollten sie zögern, wird der ,*advocatus unitatis*' sie an ihre Pflicht nachdrücklich zu erinnern haben.

Papst und Bischöfe der römisch-katholischen Kirche wie auch die Bischöfe, Bischöfinnen und kirchenleitenden Instanzen anderer Kirchen üben – kriteriologisch gesprochen – dann den Dienst an der Einheit als Organ des Heiligen Geistes Jesu Christi aus, wenn sie in ihrem Handeln die *Komplexität dieser Einheit* nicht unterbieten.

Der Kölner Architekt und Kirchenbaumeister Ulrich Königs hat den Gedanken ,komplexer Einfachheit' für den Kirchenbau in der Moderne fruchtbar gemacht. Das Resultat ist unter anderem in der 2012 eingeweihten Kirche am Meer im Nordseebadeort Schillig, nördlich von Wilhelmshaven, zu bewundern, in der das Licht wellenförmig und zu jeder Tages- und Jahreszeit anders, gelenkt durch das Spiel der Wolken und Sonne, in das Kirchengebäude von oben einfällt. Er schreibt: „Die Komplexitätstheorie hat sich diesbezüglich als Wissenschaftsfeld zu Beginn der neunziger Jahre soweit etabliert, dass sich inzwischen weite Kreise verschiedenster Disziplinen auf diesen Denkansatz beziehen. So wie jedes andere System bestehen komplexe Systeme aus einer Reihe von Einzelkomponenten [...]. Sie zeichnen sich durch Stabilität

---

9  Ebd., 213.
10  Vgl. *P. Benedikt XVI.*, Nachsynodales Apostolisches Schreiben *Sacramentum Caritatis*, Nr. 56.

und Robustheit aus, sind aber gleichzeitig vielfältig und anpassungsfähig."[11] Das Zusammenspiel zwischen *Stabilität, Vielfalt und Anpassungsfähigkeit* kennzeichnet Königs zufolge Komplexität, die sich nicht durch deterministische Modelle erfassen lasse. Jene sollten deshalb auch nicht die ökumenischen Einheitsvorstellungen bestimmen. „Als Alternative zu deterministischen Modellen hat sich", so Königs weiter, „über den Begriff der Emergenz ein Erklärungsmuster für komplexe Systeme etabliert. Emergenz liegt dann vor, wenn aus einer Summe von Einzelkomponenten ein übergeordnetes System generiert wird, dessen Eigenschaften einen qualitativen Mehrwert schaffen, den die Summe der Teile für sich alleine nicht hätten erzeugen können."[12] Mit diesem Gedanken des *qualitativen Wachstums* wird man die ökumenischen Einheitsvorstellungen ebenso behaften müssen wie mit dem Zusammenspiel von Stabilität, Vielfalt und Anpassungsfähigkeit.

---

11  *U. Königs,* Komplexe Einfachheit, in: Output 6, 32–37, 33, auch in: http://www.buw-output.uni-wuppertal.de/ausgabe6/p_pics/Output6_koenigs.pdf (25.02.2012).
12  Ebd.

# XIV.

## *Rückblick*

Im Folgenden möchte ich noch einmal auf den zurückgelegten Weg zurückblicken. Auf diese Weise sollen die Überlegungen explizit gemacht werden, welche für den Fortgang der Studie leitend geworden sind. In bewusster Differenz zum grassierenden theologisch-nostalgischen ‚Konzilserinnerungsjubiläumswahn' bin ich davon ausgegangen, dass durch das Zweite Vatikanische Konzil nicht alle ekklesiologischen Probleme gelöst worden sind. Es gibt Probleme, die das Konzil nicht gelöst hat und auch nicht hat lösen können, weil es sie nicht bearbeitet hat oder bearbeiten durfte. Zu den grundlegenden nicht bearbeiteten Problemen gehört das Verhältnis zwischen Geist und Recht. Der Konflikt zwischen der Macht des Geistes und der Übermacht des Rechts ist durch das Konzil nicht etwa nur unzureichend gelöst worden, wie es die herrschende Meinung durch die These von den beiden Ekklesiologien in *Lumen gentium* insinuiert hat, er ist schlicht nicht behandelt worden. Dies zu sehen, ist Voraussetzung für ein Verständnis der durchgängigen inneren Zerstrittenheit der römisch-katholischen Kirche, welche die nachkonziliare Entwicklung bestimmt hat und bis heute bestimmt. Sie reicht bis in die im Namen des Papstes handelnde römische Kurie, in der dies durch den Deckmantel des ‚Dienstes an der Einheit' nur zu leicht kaschiert werden konnte. Sie lässt sich beispielsweise ablesen an den unterschiedlich ausgerichteten Reformen in Liturgie und Recht, Ökumene und verbindlicher Glaubenslehre. Die römisch-katholische Kirche ist auf dem Weg zur Kirchenspaltung. Kirche im Glaubens-, Heils- und Rechtssinn entsprechen einander nicht mehr und driften immer weiter auseinander.

Durch die Lakunen in der Ekklesiologie des letzten Konzils rinnt ein ständiger Tropfen und höhlt den Stein, oder sollte ich besser sagen, den Fels, auf dem, wie Rom nicht müde wird zu betonen, Christus seine Kirche gebaut wissen wollte.

Papst Paul VI. hat die durch das Konzil gelassene Lücke deutlich gesehen. Er hat mit klaren Worten dazu aufgerufen, sie zu füllen. Sein Ruf blieb unerhört. Er ist verhallt. Jedoch ist sein Impuls von bleibender Bedeutung, gleichermaßen für die Formulierung der Ekklesiologie wie für die theologische Grundlegung des Kirchenrechts. Deshalb habe ich ihn aufgegriffen.

Und dann gleicht das weitere Vorgehen dem bei einer Zahnbehandlung. So wie der behandelnde Zahnarzt die Zahnlücke zunächst untersucht, den Zahn exkaviert und reinigt, so muss das Maß der Lücke zunächst theologisch und kanonistisch analysiert werden. Zudem gilt es, den Schmelzfrass des nachwirkenden Problems, das heißt die zum Widerspruch gesteigerte Konkurrenz zwischen Geist und Recht, zu stoppen, indem man seine Ursache freilegt, hier, das Paradigma der charismatisch und rechtlich sich legitimierenden Herrschaft. Beide widersprechen einander, insofern charismatische Herrschaft als formlos und rechtliche als formal angesehen wird.

Erst durch einen Paradigmenwechsel, hin zum Paradigma der Freiheit, konnten die Grundlagen für eine erfolgreiche Therapie gelegt, und es konnte mit dem Aufbau einer dem Verständnis der Kirche als komplexe Wirklichkeit entsprechenden ‚Füllung' durch die Epiklese als deren Handlungs- und Autoritätsform begonnen werden. Kriteriologisch war dabei zunächst zu klären, was die Kirche von sich selber denkt, mit anderen Worten, wie die Komplexität der Wirklichkeit Kirche im Anschluss an ihre pneumatologische Reformulierung in *Lumen gentium* 8 verstanden werden kann. Der Heilige Geist, so das Ergebnis, wirkt die Gewissheit der Wahrheit Jesu, das heißt die in Jesu Leben, Tod und Auferstehung offenbar gewordene Unbedingtheit der göttlichen Liebe, indem er ihn stets neu in seinem Sich-Geben vergegenwärtigt. Er kann als öffentliche Person, als Resonanz Christi in den Menschen vorgestellt werden, die um die Gegenwart des Herrn im Geist, um die verheißene Treue Gottes hoffnungsvoll bitten. Das mit dem Begriff ‚Komplexität' bezeichnete Verhältnis von

Geist und Sozialgestalt der Kirche ließ sich pneumatologisch als
‚epikletische Union' beschreiben und im Modell des Kommerziums der Freiheiten, in dem sich die Achtung vor dem Unbedingten in der Anerkennung des Anderen symbolisch realisiert, bestimmen.

Der sich anschließende Erweis des epikletischen Charakters
der Kirche ging von der Epiklese, durch die sich die Kirche in ihrer Sozialgestalt auf den Geist bezieht und in der deshalb die
Komplexität der Kirche zur Darstellung kommt, als Form des
gläubigen Handelns in all seinen Dimensionen aus. Zweierlei
wird damit impliziert: zum einen der Vorrang des gläubigen Handelns vor der theologischen Reflexion, zum anderen, dass der Heilige Geist als formgebende Autorität im gläubigen Handeln der
Kirche als Ganzer (und nicht nur in den Charismen einer Minderheit) gegenwärtig ist und an den Vollzügen dieses Handelns wiederentdeckt werden kann. Diese zunächst hypothetisch Geltung
beanspruchenden Aussagen galt es zu bewähren. Das Wiederent-
decken der konstitutiven Bedeutung des epikletischen Geistbezugs
in den und für die kirchlichen Grundvollzüge der Verkündigung,
der Liturgie, der Diakonie und darüber hinaus in den und für die
kirchlichen Strukturen und Institutionen, die sich aus diesen
Grundvollzügen entwickelt haben und die als Entwickelte diese
Grundvollzüge mitprägen, und in den und für die Subjekte, die
als deren im Geist geeinte Träger angesehen werden müssen, hat
deshalb die Studie in ihrer Durchführung maßgeblich geleitet.
Dabei ist deutlich geworden, dass der epikletische Charakter einer
konkreten Handlung und nicht deren Rechtscharakter diese als
ein göttliche Autorität in Anspruch nehmendes Handeln der Kirche ausweist. Die epikletische Handlungsform konnte so als „Autoritätsform des Evangeliums" (E. Jüngel) für das Wachstum des
Leibes Christi in Anspruch genommen werden. Insofern konnten
Überlegungen der durch Klaus Mörsdorf begründeten Münchener
Schule zum Aufbau der Kirche durch Wort und Sakrament aufgegriffen, durch die Reflexion auf die Wort, Sakrament und Diakonie bestimmende Vollzugsform vertieft und pneumatozentrisch
weitergeführt werden.

Sodann mussten die wesentlichen Strukturmerkmale dieses anamnetisch-epikletischen Charakters der Kirche und ihrer Selbstvollzüge herausgestellt und in theologischem und anthropologischem Zusammenhang erläutert werden. Die Epiklese, so konnte mit Lothar Lies gezeigt werden, gründet theologisch in der verheißenen Treue Gottes zu seinem Volk und zu den Menschen; Treue ihrerseits ließ sich als Unbedingtheit der Liebe unter Zeitindex verstehen, wobei die Liebe zugleich das Versprechen ihrer Treue beinhaltet. Das epikletisch aktualisierte Verhältnis Gottes in seinem Geist zum Menschen ließ sich als dialogisch, als Kommerzium, kennzeichnen. Anthropologisch setzt dies die Freiheit des Menschen voraus; theologisch die Freiheit Gottes. *Kirche ist – ihrem pneumatologischen Selbstverständnis und ihrem epikletischen Selbstvollzug zufolge – Kommerzium der Freiheiten.* Nur epikletisch, so lässt sich das Ergebnis bis dahin zusammenfassen, kann sie sich Gottes aufgrund seiner verheißenen Treue gewiss sein und die Autorität Gottes für ihre Existenz und ihr Handeln, ihre Strukturen und ihr Subjekt-Sein in Anspruch nehmen.

Auf dieser Basis konnte die Aufgabe einer theologischen Grundlegung des Kirchenrechts und zugleich einer Reflexion auf die Grenzen des Kirchenrechts in Angriff genommen werden. Wenn die Epiklese als Form des kirchlichen Handelns zugleich die Form ist, in der allein die Autorität Gottes in Anspruch genommen werden kann, sei es als *modus iustificandi et salvandi*, *modus sanctificandi* oder auch als *forma sacramenti*, und wenn für die theologische Grundlegung des Kirchenrechts ebenso wie für die Existenz und das Handeln der Kirche die Autorität Gottes in Anspruch genommen wird und werden muss, dann kann die theologische Grundlegung des Kirchenrechts nicht anders als epikletisch erfolgen.

Auf das *ius divinum*, verstanden als Gottes Treue, in dem das zum Aufbau des Leibes Christi notwendige Recht der Kirche gründet, kann nur epikletisch Bezug genommen werden. Einzelne Normen oder Normgehalte des Rechts unmittelbar als *iure divino* zu behaupten wird damit unmöglich. Sie stellen allenfalls zeitlich bedingte und veränderbare Konkretionen des *ius divinum* dar.

Eine weitere Grenze liegt darin, dass das Recht kirchliche Handlungsvollzüge in Verkündigung, Liturgie und Diakonie nicht zu konstituieren vermag. Der Heilscharakter des Rechts musste negiert werden. Der Rechtscharakter des Heils konnte so reformuliert werden, dass dank des anamnetisch-epikletischen Charakters des Taufgeschehens Menschen zu Personen in der Kirche und damit dank der verheißenen Treue Gottes Träger und Trägerinnen von Christenrechten werden. In einer die theologische Grundlegung des Kirchenrechts wie auch die Reflexion auf seine Grenzen ergänzenden Theologie des Kirchenrechts konnten diese Rechte konkretisiert werden.

Zugleich konnte begründet dargelegt werden, dass diese Rechte nicht mehr als nötig eingeschränkt werden dürfen, die Einschränkungen nur die Erlaubtheit von kirchlichen Handlungen betreffen und es deshalb als angemessen angesehen werden kann, dass die letzte Entscheidung über verfügte Einschränkungen prinzipiell der Entscheidung der Gläubigen überlassen werden könnte: *„Quod omnes tangit, ab omnibus tractari et approbari debet* [kursiv: MB]."[1]

Erst nachdem so die Rechtsbedeutsamkeit des Geistbezugs der Kirche aufgewiesen und durchgeführt worden ist, ließ sich glaubwürdig die Aufgabe einer pneumatologischen Reformulierung der Ekklesiologie angehen, welche diesen Namen verdient. Die großen ekklesiologischen Fragen, das heißt die Frage nach dem sakramentalen Charakter der Kirche, die Frage nach der Überlieferung, dem zu Tradierenden und den Tradenten, die Frage nach dem Verhältnis von Gemeinde und Amt, die Frage nach der Rolle der heiligen und kirchlichen Vollmacht sowie die Frage nach der ökumenischen Einheit der Kirchen ließen sich von dem Rechtspersonalität einschließenden Charakter der Gläubigen als der dem Geist Christi Zugehörigen konsistent und kohärent reformulieren.

So hat die zurückgelegte Wegstrecke eine konsistente und kohärente Grundlegung des Kirchenrechts und zugleich die Bestimmung der Kirche als geistlichen Vollzug, differenzierte Struktur

---

1 H. *Müller*, Freiheit in der kirchlichen Rechtsordnung? in: AkathKR 150 (1981), 454–476, 473.

und geschichtlich-konkrete Institution, ausgehend von der Treue Gottes zu seinem Volk ermöglicht und zugleich zu zeigen vermocht, dass die Autorität Gottes nicht anders als epikletisch in Anspruch genommen werden kann. Kirche ist, anamnetisch-epikletisch verstanden, Zeichen der Treue Gottes. Sie wird erst dann wieder allgemeine Hochschätzung erfahren, wenn sie den lebendigen Menschen, den Gott sich selbst als Adressaten seiner Treue vorausgesetzt hat und dem diese Treue gilt, ins Zentrum ihres Kirchen- und auch ihres Rechtsverständnisses stellt.

# XV.

## *Zum Ertrag*

Der so neuentdeckte und durchbuchstabierte anamnetisch-epikletische Charakter der Kirche ermöglicht – zumindest theoretisch –
die Behebung von Spannungen, die durch das Zweite Vatikanische
Konzil nicht gelöst worden sind und welche die Praxis der Kirche
bis heute belasten. Sie konnten auch durch die bisherigen Ekklesiologien kaum entschärft werden, da es sich um Spannungen
handelt, die erst nach einer konsistenten Bestimmung des Verhältnisses von Geist und Recht lösbar erscheinen.

So wird die Kirche als Mysterium zwar wiederentdeckt, das
Verhältnis von Mysterium und sichtbarer Kirche aber nicht konsequent vom Wirken des Geistes her bestimmt. Nach *Lumen gentium* 8 hätte das geschehen müssen.

So werden die Charismen als biblisch bezeugte Gaben des
Geistes zwar wiederentdeckt, die Bestimmung des Verhältnisses
von Amt und Charisma sowie von Charisma und Institution aber
nicht konsequent vom epikletischen Charakter der Kirche her vorgenommen, was in doppelter Konsequenz zum Auszug des Charismatischen aus der Kirche und zur Beherrschung des Charismatischen durch das Institutionelle in der Kirche geführt hat.

So wird das Geistwirken in den ‚Zeichen der Zeit‘, den anderen Konfessionen und Religionen zwar wiederentdeckt, die Konsequenzen für das Verhältnis von Heilsnotwendigkeit und Sichtbarkeit der Kirche aber nicht endgültig durchdacht, was zum
unseligen und lähmenden Streit um das Prädikat der Kirchlichkeit
geführt hat.

So wird der Geist in den Epiklesen der Liturgie zwar wiederentdeckt, ihre konstitutive Bedeutung für das sakramental-liturgische Geschehen jedoch ebensowenig zureichend herausgestellt wie
der Charakter aller Gläubigen als Subjekt der Liturgie. Zudem

wird das Verhältnis zwischen lex orandi und lex credendi bisweilen einseitig vom Aspekt der Glaubenslehre her bestimmt[1], was die Dichotomie zwischen Inhalt und Vollzug, zwischen Gehalt und Gestalt, zwischen Lehre und Leben zur Folge hat.

Diese und weitere Spannungen haben sich auch in der nachkonziliaren Entwicklung – bei allem Wandel und allen Verschiebungen, die hier nicht im Einzelnen zu entfalten sind – durchgehalten. Als Hinderungsgrund dafür wird ein ekklesiologisches Denken verantwortlich gemacht werden müssen, das sich einseitig dem Prinzip der Vollmacht verpflichtet weiß, und dem es letztlich um Besitz und Herrschaft geht.

Die diagnostizierten Spannungen lassen sich auflösen, wenn man die hier entfaltete pneumatologische Ekklesiologie zugrunde legen würde, die auch die sich durch all diese Spannungen durchziehende Grundspannung zwischen Geist und Recht in der Kirche vom Paradigma der Freiheit her zu lösen vermochte.

Die bei Sohm dem Herrschaftsparadigma verpflichtet bleibende formlose Autorität des Charismas und die formale Autorität des Rechts sollten durch die dem Freiheitsparadigma verpflichtete Handlungsform der Epiklese als Autoritätsform der Kirche und der ekklesiologischen Erkenntnis abgelöst werden.

---

1 Das Apostolische Schreiben *P. Benedikt XVI.*, *Sacramentum caritatis*, ist um eine ausgewogene und wechselseitige Verhältnisbestimmung bemüht. Vgl. ebd., Nr. 34. Im Apostolischen Schreiben *Summorum Pontificium* vom 07. Juli 2007 hat Papst Benedikt XVI. mit Bezug auf die Allgemeine Einführung in das Römische Messbuch die lex orandi nur noch als Anwendungsform einer vorher feststehenden lex credendi bezeichnet: „quia Ecclesiae lex orandi eius legi credendi respondet", AAS 99 (2007), 777–782, 777. Zur Begründung der Wiedereinführung der ‚tridentinischen Messe' führt er aus: „Hae duae expressiones ‚legis orandi' Ecclesiae, minime vero inducent in divisionem ‚legis credendi' Ecclesiae; sunt enim duo usus unici ritus Romani" (ebd., 779). Auf dieser Basis ließe sich jedoch die Form des liturgischen Vollzugs kaum als *forma sacramenti* im dogmatischen Sinn erweisen. *M. Fiedrowicz*, Theologie der Kirchenväter. Grundlagen frühchristlicher Glaubensreflexion, Freiburg – Basel – Wien 2007, 237–254, gibt hingegen der Gebetsform den Vorzug vor dem Dogmatischen, weil durch sie die Apostolizität des Geglaubten verbürgt wird. Für die Pneumatologie scheint dies im besonderen Maße zu gelten.

So ließe sich die zu Beginn thematisierte Spannung von mächtigem Geist und übermächtigen Strukturen überwinden. So könnten sich zudem Kriterien für notwendige Innovationen in der kirchlichen Praxis formulieren lassen, sei es im Hinblick auf das Verständnis der Tradition und der Hierarchie in der Kirche, oder auch der Ökumene.

Die theoretische Basis für eine solcherart bestimmte Perspektive, die in dem Verständnis der Kirche als Kommerzium der Freiheit mündet, sollte durch diese Studie, in deren Zentrum die verheißene Treue Gottes steht, gelegt worden sein.

# Epilog

„In Deutschland ist die Kirche bestens organisiert. Aber steht hinter den Strukturen auch die entsprechende geistige Kraft – Kraft des Glaubens an den lebendigen Gott? Ich denke, ehrlicherweise müssen wir doch sagen, daß es bei uns einen Überhang an Strukturen gegenüber dem Geist gibt. Ich füge hinzu: Die eigentliche Krise der Kirche in der westlichen Welt ist eine Krise des Glaubens. Wenn wir nicht zu einer wirklichen Erneuerung des Glaubens finden, wird alle strukturelle Reform wirkungslos bleiben."[1] Mit dieser Aussage von Papst Benedikt XVI. haben wir begonnen. Der Überhang an Strukturen wird sich so schnell nicht abbauen lassen. Aufgrund des Öffentlichkeitscharakters des Glaubens und der Kirchen ist zudem fraglich, ob nicht der Abbau von Strukturen in die falsche Richtung weist. Deshalb möchte ich den Satz des emeritierten Papstes, in dem es um die zukünftige Gestalt der Kirche in Deutschland und in Westeuropa geht, zum Schluss von der Relation her interpretieren, die ihn prägt: von der *Erneuerung* des Verhältnisses zwischen den Strukturen und dem Geist.

Es geht Benedikt XVI., recht verstanden, nicht darum, Strukturen abzubauen, es geht darum, sie von neuem mit Geist zu füllen. In ihnen muss der anamnetisch-epikletische Charakter der Kirche zur Darstellung kommen können.

Man kann in der Kirche freimütig reden und streiten. Man kann konferieren und handeln. Sitzungskatholizismus ist kein Schimpfwort. Er ist eine Form der *communicatio fidelium*. Organisation, Planung und Auseinandersetzungen sind notwendig. Doch

---

1 http://www.papst-in-deutschland.de/fileadmin/redaktion/microsites/Papstbesuch/Tagebuch/Reden_Papst/ DT_24092011_SH_13_ZDK_FB.pdf (26.01.2012), 1–3, 2f.

in einem sollte die Kirche einig sein: in ihrer Beziehung auf Gott, in der anamnetisch-epikletischen Hinwendung zu ihm, im Bewusstsein der Verheißung, dass alles christliche Reden, Handeln und Streiten von der Treue Gottes zu den Menschen getragen wird. Die *Erneuerung der Strukturen durch den Geist* ist auf das epikletische Gebet als Ausdruck des Glaubens der ganzen Kirche angewiesen. Gelebtes Christentum! Bei jeder Zusammenkunft, vom Ökumenischen Konzil bis zum basisgemeindlichen Treffen.

Man stelle sich vor: Jede Sitzung, sei es die eines Pfarrgemeinderates oder Kirchenvorstands, sei es die eines Arbeitskreises oder Ausschusses, sei es die eines Diözesan-Priesterrates oder Pastoralrates, sei es die eines Vermögensverwaltungsrates oder des Caritasverbandes, sei es die einer Bischofskonferenz oder des Zentralkommitees der Deutschen Katholiken, sei es die eines Bundesverbandes oder eines Hilfwerkes, beginnt mit einem gemeinsam gesprochenen Gebet. Nicht irgendeinem! Sie beginnt überall mit immer demselben, der gemeinsam gesprochenen Bitte um den Heiligen Geist, dem wunderbaren Gebet, mit dem Konzilssitzungen feierlich eröffnet wurden und werden:

„Adsumus, – hier sind wir, Herr, Heiliger Geist.
Hier sind wir, mit großen Sünden beladen,
doch in deinem Namen ausdrücklich versammelt.
Komm in unsere Mitte, sei uns zugegen,
ergieße dich mit deiner Gnade in unsere Herzen!
Lehre uns, was wir tun sollen,
weise uns, wohin wir gehen sollen,
zeige uns, was wir wirken müssen,
damit wir durch deine Hilfe dir in allem wohlgefallen!
Du allein sollst unsere Urteile wollen und vollbringen,
denn du allein trägst mit dem Vater und dem Sohne
den Namen der Herrlichkeit.
Der du die Wahrheit über alles andere liebst,
laß nicht zu,
daß wir durcheinanderbringen, was du geordnet hast!
Unwissenheit soll uns nicht irreleiten,

Beifall der Menschen nicht verführen,
Bestechlichkeit und falsche Rücksichten
sollen uns nicht verderben.
Deine Gnade allein möge uns binden an dich.
Laß uns eins sein in dir
und nicht abweichen von der Wahrheit.
Wie wir in deinem Namen versammelt sind,
so laß uns auch in allem,
vom Geist der Kindschaft geführt,
festhalten an der Gerechtigkeit des Glaubens,
daß unser Denken hier nie uneins werde mit dir,
und daß wir in der kommenden Welt
für rechtes Handeln ewigen Lohn empfangen. Amen."[2]

Kirche kann ebensowenig wie der Staat als societas perfecta verstanden werden, deren Vollkommenheit darin besteht, dass sie alle Mittel zur Erreichung ihres Zwecks *in sich* hat. Die Epiklese zeigt die Verwiesenheit der Kirche an. Sie zeigt, dass auch die Kirche von Voraussetzungen lebt, die sie selbst nicht zu garantieren vermag. Der einseitigem Souveränitätsdenken entspringenden Doktrin, dass der Bestand der Kirche unabhängig vom Handeln und von der Zustimmung der Gläubigen gesichert sei, muss aus theologischen Gründen widersprochen werden, da Gott die sich ebenfalls in der epikletischen Praxis manifestierende Freiheit der Zustimmung zur Realisierung seiner Treue selbst voraussetzt. Deshalb hat kirchliches Recht die Freiheit der Treue Gottes ebenso wie die Freiheit des Glaubensaktes zu schützen. Deshalb hat es strukturell Dialog und Synodalität zu fördern.

Kirche wird nicht durch einen einmaligen Gründungsakt konstituiert. Sie konstituiert sich im immerwährenden anamnetisch-epikletischen Vollzug, in dem Verheißung, Bitte und freie Gewähr ineinanderspielen. Die Vorstellung der Kirche als Ort oder Raum wird damit als unzureichend zurückgewiesen. Kirche

---

2 Zit. nach: *M. Plate*, Weltereignis Konzil. Darstellung – Sinn – Ergebnis, Freiburg – Basel – Wien 1966, 104f.

ist Kommerzium der göttlichen und menschlichen Freiheit, Interaktion im Gebet. Und nur so ist sie. Die Organizität der Leib-Christi-Vorstellung wird pneumatologisch aufgebrochen. Es gibt nicht eine sterbende Kirche, denkbar ist lediglich eine Kirche, die nicht mehr betet, und zwar als eine ihrer Wirklichkeit nicht mehr entsprechende Kirche, als Kirche, der die Kirchlichkeit abhanden gekommen ist.

Weil es so wichtig ist, wiederhole ich das, was ich in der Durchführung des Themas bereits einmal ausgeführt habe, noch einmal in geraffter Form zum Schluss, nämlich dass das in Hinblick auf den Staat formulierte Böckenfördesche Paradox auch für die Kirche und ihr Recht gilt. Ernst-Wolfgang Böckenförde hatte ausgeführt, dass der „freiheitliche, säkularisierte Staat [...] von Voraussetzungen [lebt; MB], die er selbst nicht garantieren kann".[3]

Jürgen Habermas hatte im Anschluss an diesen Gedanken die Hypothese aufgestellt, dass sich im Ritus „der ursprüngliche Prozess der Erzeugung von Normativität" manifestiert.[4] Nicht in jedem beliebigen Ritus, so habe ich erwidert, sondern spezifisch in dem der epikletischen Praxis, denn die Epiklese realisiert die Achtung vor dem Unbedingten. Sie erkennt das Unbedingte im Anderen, das heißt den Anderen als Freiheit an. Beides können die Kirche und ihr Recht nicht garantieren, denn die Achtung vor dem Unbedingten wie auch die Anerkennung des Anderen können allein von der verheißenen Treue Gottes ‚garantiert' werden. Beides hat die Kirche durch das Kirchenrecht deshalb zu schützen. Dieser Aufgabe vermögen die kirchlichen Gesetzgeber gerecht zu werden, wenn sie die Vorgegebenheit des Unbedingten im *ius divinum* wie in der Menschenwürde als durch das Recht unbedingt zu achtende ansehen und den Vorrang der Person durch eine subsidiäre Ordnung des Rechts anerkennen. In ihr kommt den Bestimmungen zum Rechsschutz eine bedeutende Rolle zu.

---

3  E.-W. *Böckenförde*, Staat, Gesellschaft, Freiheit, 60.
4  M. *Bauer*, Kostbarer Kult; Vgl. *J. Habermas*, Nachmetaphysisches Denken II. Aufsätze und Repliken, Berlin 2012.

Papst Franziskus scheint für sein Handeln die dem entsprechende innerkirchliche Geltung des Subsidiaritätsprinzips, dessen lehramtliche Formulierung auf Papst Pius XI.[5] zurückgeht, anzuerkennen. Doch ist es einen Monat nach dem Beginn seines Pontifikates vielleicht noch zu früh für ein solches Urteil. Sollte sich diese Einschätzung in der Zukunft als zutreffend erweisen, würde er sich in genau diesem Punkt von seinem Vorgänger im Amt unterscheiden, dessen Kräfte am Ende nicht mehr gereicht haben, um den von der Kurie inszenierten römischen Zentralismus zu tragen. Und damit komme ich zurück zum Anfang.

Das Buch kann nicht enden, ohne nochmals auf die für eine Ekklesiologie nach dem Missbrauchsskandal entscheidende Frage eingegangen zu sein. Sie lautete: Wie kann die Kirche ,Zeichen und Werkzeug' des Heils für diejenigen sein, die unter Berufung auf den Namen Gottes und der Kirche von kirchlichen Amtsträgern missbraucht und gedemütigt worden sind? Wie kann die Kirche angesichts des Missbrauchsskandals ihren Anspruch aufrecht erhalten, dass der Gott, der nichts und niemanden verloren gehen lässt, dieses Heil durch *ihr* Handeln und *ihre* Amtsträger ,wirkt'? Wie kann sie den Anspruch aufrecht erhalten, dass sie auch denen „das Geheimnis der Liebe Gottes zu den Menschen zugleich offenbart und verwirklicht" (GS 45), die im Vertrauen auf diese Botschaft durch Amtsträger gedemütigt und verletzt worden sind?

---

5  P. Pius XI., Enzyklika De ordine sociali instaurando et ad evangelicae legis normam perficiendo *Quadragesimo Anno* vom 15. Mai 1931, in: AAS 23 (1931), 177–228, 203, dt. in: Texte zur katholischen Soziallehre. Die sozialen Rundschreiben der Päpste und andere kirchliche Dokumente, Kevelaer 1975. Das Subsidiaritätsprinzip lautet: „[…] wie dasjenige, was der Einzelmensch aus eigener Initiative und mit seinen eigenen Kräften leisten kann, ihm nicht entzogen und der Gesellschaftstätigkeit zugewiesen werden darf, so verstößt es gegen die Gerechtigkeit, das, was die kleineren und untergeordneten Gemeinwesen leisten und zum guten Ende führen können, für die weitere und übergeordnete Gemeinschaft in Anspruch zu nehmen; zugleich ist es überaus nachteilig und verwirrt die ganze Gesellschaftsordnung. Jedwede Gesellschaftstätigkeit ist ja ihrem Wesen und Begriff nach subsidiär; sie soll die Glieder des Sozialkörpers unterstützen, darf sie aber niemals zerschlagen oder aufsaugen." (121)

Die einzige Antwort, die mir darauf einfällt, hat Papst Franziskus gegeben. Seine epikletische Haltung, die Versammelten mögen für ihn als ihren Bischof beten, damit er sie segnen könne, ist theologisch überzeugend. Papst und Bischöfe sollten die Opfer sexueller Gewalt – so wichtig und unverzichtbar dies auch ist – nicht nur um Verzeihung bitten. Sie sollten nicht nur alles tun, was es den Opfern ermöglicht, mit ihrer Erinnerung zu leben. Sie sollten sie auch bitten, zu Gott zu beten und zum Herrn zu flehen, damit sie sie segnen, damit sie sie unter den Schutz und die Treue Gottes stellen können. Anders als auf diese Weise werden sie die Autorität Gottes für das Handeln im Namen der Kirche kaum noch in Anspruch nehmen können.

# Literatur

## 1. Lehramtliche, liturgische und kirchenrechtliche Dokumente

*Konzil von Chalkedon (451)*, in: J. Wohlmuth (Hg.), Dekrete der ökumenischen Konzilien, Bd. 1, Konzilien des ersten Jahrtausends (COD 1), Paderborn u. a. ³2002, 75–103

*II. Vatikanisches Konzil*, Constitutio de Sacra Liturgia *Sacrosanctum Concilium* vom 4. Dezember 1963, in: AAS 56 (1964), 97–134, dt. in: http://www.vatican.va/archive/hist_councils/ii_vatican_council/documents/vat-ii_const_19631204_sacrosanctum-concilium_ge.html (08.04.2013)

*II. Vatikanisches Konzil*, Constitutio dogmatica de ecclesia *Lumen gentium* vom 21. November 1964, in: AAS 57 (1965), 7–75, dt. in: http://www.vatican.va/archive/hist_councils/ii_vatican_council/documents/vat-ii_const_19641121_lumen-gentium_ge.html (08.04.2013)

*II. Vatikanisches Konzil*, Constitutio dogmatica de Divina revelatione *Dei Verbum* vom 18. November 1965, in: AAS 58 (1966), 817–836, dt. in: http://www.vatican.va/archive/hist_councils/ii_vatican_council/documents/vat-ii_const_19651118_dei-verbum_ge.html (08.04.2013)

*II. Vatikanisches Konzil*, Constitutio pastoralis de Ecclesia in mundo huius temporis *Gaudium et spes* vom 7. Dezember 1965, in: AAS 58 (1966), 1025–1115, dt. in: http://www.vatican.va/archive/hist_councils/ii_vatican_council/documents/vat-ii_const_19651207_gaudium-et-spes_ge.html (08.04.2013)

*II. Vatikanisches Konzil*, Declaratio de ecclesiae habitudine ad religiones non-christianas *Nostra aetate* vom 28. Oktober 1965, in: AAS 58 (1966), 740–744, dt. in: http://www.vatican.va/archive/hist_councils/ii_vatican_council/documents/vat-ii_decl_19651028_nostra-aetate_ge.html (08.04.2013)

*II. Vatikanisches Konzil*, Declaratio de libertate religiosa *Dignitatis humanae* vom 07. Dezember 1965, in: AAS 58 (1966), 929–946, dt. in: http://www.vatican.va/archive/hist_councils/ii_vatican_council/documents/vat-ii_decl_19651207_dignitatis-humanae_ge.html (08.04.2013)

*II. Vatikanisches Konzil*, Decretum de institutione sacerdotali *Optatam totius* vom 28. Oktober 1965, in: AAS 58 (1966), 713–727, dt. in: http://www.vatican.va/archive/hist_councils/ii_vatican_council/documents/vat-ii_decree_19651028_optatam-totius_ge.html (08.04.2013)

*II. Vatikanisches Konzil*, Decretum de pastorali episcoporum munere in ecclesia *Christus Dominus* vom 28. Oktober 1965, in: AAS 58 (1966), 637–696, dt. in: http://www.vatican.va/archive/hist_councils/ii_vatican_council/documents/vat-ii_decree_19651028_christus-dominus_ge.html (08.04.2013)

*II. Vatikanisches Konzil*, Decretum de presbyterorum ministerio et vita *Presbyterorum Ordinis* vom 7. Dezember 1965, in: AAS 58 (1966), 991–1024, dt. in: http://www.vatican.va/archive/hist_councils/ii_vatican_council/documents/vat-ii_decree_19651207_presbyterorum-ordi nis_ge.html (08.04.2013)

*Papst Pius VII.*, Breve *Adorabile Eucharistiae* an den Patriarchen von Antiochien und die Bischöfe der griechischen Melkiten vom 8. Mai 1822 [DH 2718]

*Papst Leo XIII.*, Enzyklika *Divinum illud* vom 9. Mai 1897, in: ASS 29 (1896/97), 644–658

*Papst Pius XI.*, Enzyklika *Mortalium animos* vom 6. Januar 1928, in: AAS XX (1928), 5–16

*Ders.*, Enzyklika De ordine sociali instaurando et ad evangelicae legis normam perficiendo *Quadragesimo Anno* vom 15. Mai 1931, in: AAS 23 (1931), 177–228, 203, dt. in: Texte zur katholischen Soziallehre. Die sozialen Rundschreiben der Päpste und andere kirchliche Dokumente, Kevelaer 1975

*Papst Pius XII.*, Enzyklika *Mystici Corporis* vom 29. Juni 1943, in: AAS 35 (1943), 193–248

*Ders.*, Enzyklika *Divino afflante Spiritu* vom 30. September 1943, in: AAS 35 (1943), 297–326

*Ders.*, Allocutio vom 20. Februar 1946, in: AAS 38 (1946), 141–151

*Ders.*, Constitutio Apostolica *Sacramentum Ordinis* vom 30. November 1947, in: AAS 40 (1948), 5–7

*Papst Johannes XXIII.*, Sollemnis allocutio ad emos patres cardinales in urbe praesentes habita, die XXV januarii anno MCMLIX, in coenobi monarchorum Benedictinorum ad S. Pauli extra moenia, post missarum sollemnia, quibus beatissimus pater in patriarchali basilica Ostiensi interfuerat, in: AAS 51 (1959), 65–69

*Papst Paul VI.*, Ansprache vom 17. September 1973 an die Teilnehmer des

II. Kongresses für Kanonisches Recht in Mailand (OR Nr. 213 vom 17./18. September 1973), dt. in: AkathKR 142 (1973), 463–471

Ders., Constitutio Apostolica *Pontificalis Romani* vom 15. August 1968, in: AAS 60 (1968), 369–373

*Papst Johannes Paul II.*, Constitutio Apostolica *Sacrae Disciplinae Leges* vom 25. Januar 1983, in: AAS 75 (1983), Pars II, VII–XIV, dt. in: http:// www.vatican.va/holy_father/john_paul_ii/apost_constitutions/docu ments%20/hf_jp-ii_apc_25011983_sacrae-disciplinae-leges_ge.html (27.06.2012)

Ders., Enzyklika *Redemptor Hominis* vom 4. März 1979, in: AAS 71 (1979), 257–324, dt. VAS 6

Ders., Enzyklika De Spiritu Sancto in vita ecclesiae et mundi *Dominum et Vivificantem* vom 18. Mai 1986, in: AAS 78 (1986), 809–900, dt. VAS 71

Ders., Enzyklika De oecumenico officio *Ut unum sint* vom 25. Mai 1995, in: AAS 87 (1995), 921–982, dt. VAS 121

Ders., Enzyklika De eucharistia eiusque necessitudine cum ecclesia *Ecclesia de Eucharistia* vom 17. April 2003, in: AAS 95 (2003), 433–475, dt. VAS 159

*Papst Benedikt XVI.*, Enzyklika De christiano amore *Deus caritas est* vom 25. Dezember 2005, in: AAS 98 (2006), 217–252, dt. VAS 171

Ders., Nachsynodales Apostolisches Schreiben De eucharistia vitae missionisque ecclesiae fonte et culmine *Sacramentum Caritatis* vom 22. Februar 2007, in: AAS 99 (2007), 105–180, dt. VAS 177

Ders., Apostolisches Schreiben Motu proprio *Summorum Pontificium* vom 7. Juli 2007, in: AAS 99 (2007), 777–782, dt. VAS 178

Ders., Ansprache in Assisi am 27.Oktober 2011, in: http://www.vatican. va/holy_father/benedict_xvi/ speeches/2011/october/documents/hf_ ben-xvi_spe_20111027_assisi_ge.html (28.10.2011)

Ders., Enzyklika De humana integra progressione in caritate veritateque *Caritas in veritate* vom 29. Juni 2009, in: AAS 101 (2009), 641–709, dt. VAS 186 und in: http://www.vatican.va/holy_father/benedict_xvi/encyclicals/documents/hf_ben-xvi_enc_20090629_caritas-in-veritate_ge.html (06.04.2013)

Ders., Motu proprio De caritate ministranda *Intima Ecclesiae natura* vom 11. November 2012, in: AAS 104 (2012), 996–1004, dt. in: http:// www.vatican.va/holy_father/benedict_xvi/motu_proprio/documents/ hf_ben-xvi_motu-proprio_20121111_caritas_ge.html (08.04.2013)

Ders., Declaratio vom 10. Februar 2013, dt. in: http://www.vatican.va/ho-

ly_father/benedict_xvi/speeches/2013/february/documents/hf_ben-xvi
_spe_20130211_declaratio_ge.html (02.05.2013)

*Papst Franziskus,* Erste Grußworte am 13. März 2013, dt. in: http://
www.vatican.va/holy_father/francesco/speeches/2013/march/docu-
ments/papa-francesco_20130313_benedizione-urbi-et-orbi_ge.html
(06.04.2013)

*Kongregation für die Glaubenslehre,* Litterae ad Catholicae Ecclesiae episcopos de aliquibus aspectibus Ecclesiae prout est communio *Communionis notio* vom 28. Mai 1992 in: AAS 85 (1993), 838–850, dt: VAS 107

*Dies.,* Declaratio De Jesu Christi atque Ecclesiae unicitate et universalitate
salvifica *Dominus Jesus* vom 6. August 2000, in: AAS 92 (2000), 742–765,
dt. VAS 148, dt. in: http://www.vatican.va/roman_curia/congregations/
cfaith/documents/rc_con_cfaith_doc_20000806_dominus-iesus_ge.html
(08.04.2013)

*Päpstlicher Rat zur Förderung der Einheit der Christen,* Richtlinien für die
Zulassung der Eucharistie zwischen der Chaldäischen Kirche und der Assyrischen Kirche des Ostens vom 20. Juli 2001, in: OR v. 26.10.2001, 7f.

*Die Feier der Buße:* nach dem neuen Rituale Romanum. Studienausgabe,
hg. von d. Liturg. Inst. Salzburg – Trier – Zürich – Einsiedeln u. a. 1974,
Nachdruck: Trier 2008

*Die Feier der Firmung:* in den katholischen Bistümern des deutschen
Sprachgebietes, hg. im Auftr. d. Bischofskonferenzen Deutschlands,
Österreichs u. d. Schweiz u. d. Bischöfe von Bozen-Brixen u. von Lu-
xemburg, Freiburg – Basel – Wien 2011

*Die Feier der Heiligen Messe.* Messbuch für die Bistümer des deutschen
Sprachgebietes. Authentische Ausgabe für den liturgischen Gebrauch,
hg. im Auftr. d. Bischofskonferenzen Deutschlands, Österreichs u. d.
Schweiz sowie d. Bischöfe von Luxemburg, Bozen-Brixen u. Lüttich,
Einsiedeln u. a. [2]1988

*Die Feier der Kindertaufe:* in den Bistümern des deutschen Sprachgebietes,
2. Authentische Ausgabe auf der Grundlage der Editio typica altera
1973, Freiburg – Basel – Wien 2007

*Die Feier der Trauung:* in den katholischen Bistümern des deutschen
Sprachgebietes, hg. im Auftr. d. Bischofskonferenzen Deutschlands,
Österreichs u. d. Schweiz sowie d. (Erz-)Bischöfe von Bozen-Brixen,
Lüttich, Luxemburg und Straßburg, Zürich u. a. [2]2010

*Die Weihe des Bischofs, der Priester und der Diakone. De ordinatione episco-
pi, presbyterorum et diaconorum,* hg. im Auftr. d. Bischofskonferenzen
Deutschlands, Österreichs u. d. Schweiz sowie der (Erz-)Bischöfe von
Bozen-Brixen, Lüttich, Luxemburg u. Straßburg, Trier [2]1994

*Ökumenischer Rat der Kirchen (Hg.),* Die Eucharistische Liturgie von Lima, in: http://www.oikoumene.org/de/dokumentation/documents/oerk-programme/unity-mission-evangelism-and-spirituality/spirituality-and-worship/die-eucharistische-liturgie-von-lima.html#c20306 (13.02.2013)

*Codex Iuris Canonici* Pii X Pontificis Maximi iussu digestus, Benedicti Papae XV auctoritate promulgatus, in: AAS 9 (1917), Pars II

*Codex Iuris Canonici,* auctoritate Ioannis Pauli PP. II. promulgatus, in: AAS 75 (1983), Pars II, dt. Codex Iuris Canonici. Codex des Kanonischen Rechts. Lateinisch – deutsche Ausgabe mit Sachverzeichnis, Kevelaer ⁴2009

*Principia* quae Codicis Iuris Canonici recognitionem dirigant, in: Communicationes 1 (1969), 77ff, dt. in: Codex Iuris Canonici. Codex des Kanonischen Rechts. Lateinisch-deutsche Ausgabe, Kevelaer ⁴2009, XLI–XLV

## 2. Zur pneumatologischen Reformulierung der Ekklesiologie

*Acerbi, A.,* Due ecclesiologie. Ecclesiologia giuridica ed ecclesiologia di communion nella ‚*Lumen gentium*‘, Bologna 1975

*Ambrosius von Mailand,* De sacramentis. De mysteriis. Über die Sakramente. Über die Mysterien, übers. u. eingel. v. J. Schmitz CSSR (FC 3), Freiburg – Basel – Wien 1990

*Arendt, H.,* Vita activa oder Vom tätigen Leben, München 1960

*Assmann, J.,* Religion und kulturelles Gedächtnis, München 2000

*Ders.,* Das kulturelle Gedächtnis, in: Erwägen – Wissen – Ethik. Streitforum für Erwägungskultur 13 (2002), 239–247

*Bacht, H.,* Sind die Lehrentscheidungen der ökumenischen Konzilien inspiriert?, in: Cath 13 (1959), 128–139

*Balthasar, H. U. v.,* Der Unbekannte jenseits des Wortes, in: ders., Spiritus Creator, Einsiedeln 1967, 95–105

*Bass, B. M.,* Leadership and performance beyond expectations, New York 1985

*Bauer, M.,* Kostbarer Kult. Das nicht festgestellte Denken nicht festgestellter Tiere: Jürgen Habermas erkundet das Verhältnis von Philosophie und Religion und entdeckt den Ritus als „Quelle der Normativität", in: SZ, Nr. 233 vom 9.10.2012, Sachbuch/Literatur V3/17

*Bausenhart, G.,* Das Amt in der Kirche. Eine not-wendende Neubestimmung, Freiburg – Basel – Wien 1999

*Bellarmin, R.,* Controversiae generales: De conciliis III c. 2, in: tzt Dogmatik 5.2, Nr. 154

*Böckenförde, E.-W.,* Staat, Gesellschaft, Freiheit, Frankfurt a. M. 1976

*Böckenförde, W.*, Zur gegenwärtigen Lage in der römisch-katholischen Kirche, in: Orientierung 62 (1998), 228–234

*Böhnke, M.*, Einheit in Mehrursprünglichkeit, Eine kritische Analyse des trinitarischen Ansatzes im Werk von Klaus Hemmerle (BDS 33), Würzburg 2000

*Ders.*, „… und kannst zu Gott dein Angesicht erheben". Theologische Anmerkungen zur Bedeutung der freimütigen Rede (παρρησία) und ihrer Bestimmung als Gabe des Geistes, in: ders., E. Dirscherl, H. Gasper (Hg.), „… damit auch ihr Gemeinschaft habt" (1 Joh 1,3). Wider die Privatisierung des Glaubens. FS für Wilhelm Breuning (ODS 2), Osnabrück 2000, 131–150

*Ders.*, Die komplexe Wirklichkeit der Kirche als pneumatologisches Problem, in: Cath 61 (2007), 264–278

*Ders.*, Von scheinbaren Lösungen zu existentiellen Fragen. Zur verantworteten Rede von Gott angesichts des Leids, in: ders., G. Neuhaus, M. Schambeck, L. Schwienhorst-Schönberger, E. Stögbauer, T. Söding, Leid erfahren – Sinn suchen (Theologische Module 1), Freiburg – Basel – Wien 2007, 69–105

*Ders.*, Kein anderer Glaube? Das Veränderungsverbot des nizänischen Glaubens in Spätantike und Frühmittelalter, in: G. Essen, N. Jansen (Hg.), Dogmatik und Dogmatisierung, Tübingen 2011, 39–53

*Ders.*, Wider die falschen Alternativen. Zur Hermeneutik des Zweiten Vatikanischen Konzils, in: Cath 65 (2011), 169–183

*Ders.*, Wie Einheit geht. Zur Phänomenologie der Gemeinschaft bei Klaus Hemmerle, in: G. Bausenhart, M. Böhnke, D. Lorenz (Hg.), Phänomenologie und Theologie im Gespräch. Impulse des Denkens von Bernhard Welte und Klaus Hemmerle, Freiburg – Basel – Wien 2013, 284–299

*Ders., Kattan, A., Oberdorfer, B. (Hg.)*, Die Filioque-Kontroverse. Historische, ökumenische und dogmatische Perspektiven 1200 Jahre nach der Aachener Synode (809) (QD 245), Freiburg – Basel – Wien 2011

*Bongardt, M.*, Gottes Liebe als Vorzeichen christlicher Existenz. Aspekte der Erfahrung und Bezeugung der Gnade, in: T. Pröpper, Theologische Anthropologie II, Freiburg – Basel – Wien 2011, 1437–1489

*Bonhoeffer, D.*, Widerstand und Ergebung (1944), hg. v. E. Bethge, München 1970

*Bouyer, L.*, L'Eglise de Dieu. Corps du Christ et Temple de l'Esprit, Paris 1970

*Ders.*, Die Kirche I. Ihre Selbstdeutung in der Geschichte, Einsiedeln 1977

*Breuning, W.*, Zur Frage nach dem Sinn des priesterlichen Dienstes, in: ders., Communio Christi. Zur Einheit von Christologie und Ekklesiologie, hg. v. J. Herberg, Düsseldorf 1980, 237–250

*Brockhaus, U.*, Charisma und Amt. Die paulinische Charismenlehre auf dem Hintergrund der frühchristlichen Gemeindefunktionen, Wuppertal 1972

*Canterbury, A. von*, Cur Deus homo. Warum Gott Mensch geworden, Darmstadt [5]1993

*Congar, Y.*, Die Wesenseigenschaften der Kirche, in: MySal IV/1, Zürich u. a. 1972, 357–599

*Ders.*, Der Heilige Geist, Freiburg – Basel – Wien 1982

*Ders.*, Die christologischen und pneumatologischen Implikationen der Ekklesiologie des II. Vatikanums, in: G. Alberigo, Y. Congar, H. J. Pottmeyer (Hg.), Kirche im Wandel. Eine kritische Zwischenbilanz nach dem Zweiten Vatikanum, Düsseldorf 1982, 111–123

*Dalferth, I. U.*, Kombinatorische Theologie. Probleme theologischer Rationalität (QD 130), Freiburg – Basel – Wien 1991

Das Geheimnis der Kirche und der Eucharistie im Licht des Geheimnisses der Heiligen Dreifaltigkeit. Dokument der Gemischten Internationalen Kommission für den theologischen Dialog zwischen der Römisch-Katholischen Kirche und der Orthodoxen Kirche, in: DwÜ 2, Paderborn – Frankfurt a. M. 1992, 531–541

*Deutsche Bischofskonferenz (Hg.)*, Katholischer Erwachsenen-Katechismus. Das Glaubensbekenntnis der Kirche, Kevelaer u. a. 1985

*Dirscherl, E.*, Der Heilige Geist und das menschliche Bewußtsein. Eine theologiegeschichtlich-systematische Untersuchung (BDS 4), Würzburg 1989

*Döring, H.*, Notae ecclesiae, in: LThK[3] Bd. 7, 1998, 918–921

*Dombois, H.*, Juristische Bemerkungen zur Satisfaktionslehre des Anselm von Canterbury, in: Neue Zeitschrift für Systematische Theologie und Religionsphilosophie 9 (1967), 339–355

*Dröge, M.*, Kirche in der Vielfalt des Geistes. Die christologische und pneumatologische Begründung der Kirche bei Jürgen Moltmann, Neukirchen-Vluyn 2000

*Drumm, J.*, Dogma, in: LThK[3] Bd. 3, 1995, 283–286

*Ehrensperger, A.*, Die Liturgiereform des Zweiten Vatikanischen Konzils, in: http://www.liturgiekommission.ch/Orientierung/III_E_08_Vat2.pdf, 1–21 (05.10.2012)

*Eijk, T. van*, Die Epiklese in den neuen Eucharistiegebeten der christlichen Traditionen, in: IKaZ Communio 96 (2006), 89–110

*Erbacher, J. (Hg.)*, Entweltlichung der Kirche? Die Freiburger Rede des Papstes, Freiburg – Basel – Wien 2012

*Essen, G.*, Die Freiheit Jesu, Der neuchalkedonische Enhypostasiebegriff im

Horizont neuzeitlicher Subjekt- und Personphilosophie (ratio fidei 5), Regensburg 2001

*Ders.*, Gottes Treue zu uns. Geschichtstheologische Überlegungen zum Glauben an die göttliche Vorsehung, in: IkaZ Communio 36 (2007), 382–398

*Ders.*, Spätantike Dogmatisierungsprozesse zwischen kirchlicher Traditionsbildung, hellenistischer Wissenskultur und römischer Verfahrensordnung, in: ders., G. Jansen (Hg.), Dogmatisierungsprozesse in Recht und Religion, Tübingen 2011, 23–37

*Ders.*, Die Personidentität Jesu Christi mit dem ewigen Sohn Gottes. Dogmenhermeneutische Überlegungen zur bleibenden Geltung der altkirchlichen Konzilienchristologie, in: IKaZ Communio 41 (2012), 80–103

*Essen, G., Danz, C. (Hg.)*, Philosophisch-theologische Streitsachen. Pantheismusstreit – Atheismusstreit – Theismusstreit, Darmstadt 2012

*Essen, G., Jansen, N. (Hg.)*, Dogmatisierungsprozesse in Recht und Religion, Tübingen 2011

*Faber, E.-M.*, Commercium, in: LThK³ Bd. 2, 1994, 1274–1275

*Felfe J.*, Transformationale und charismatische Führung. Stand der Forschung und aktuelle Entwicklungen, in: Zeitschrift für Personalpsychologie 5 (2006), 163–176

*Fiedrowicz, M.*, Theologie der Kirchenväter. Grundlagen frühchristlicher Glaubensreflexion, Freiburg – Basel – Wien 2007, 237–254

*Fischer, B.*, Das Gebet der Kirche als Wesenselement des Weihesakramentes. Vergessene Dimensionen der Sakramententheologie, in: LJ 20 (1970), 166–177

*Frohnhofen, H.*, Heiliger Geist – Quelle, Ziel und Frucht unseres Gebetes, in: GuL 71 (1998), 1–10

*Fuchs, G.*, Gottes Welt-Innen-Raum. Zur gegenwärtigen Theologie des Heiligen Geistes, in: Diakonia 21 (1990), 158–169

*Ders.*, Geist-Vergessen – Geist-Erinnern, in: GuL 70 (1997), 69–71

*Gabriel, K.*, Die Religion der Stunde? Anmerkungen zur Soziologie des gegenwärtigen Katholizismus, in: ThPQ 161 (2013), 12–19

*Geiselmann, J. R.*, Die Einheit der Kirche oder das Prinzip des Katholizismus. Dargestellt im Geiste der Kirchenväter der ersten drei Jahrhunderte, Köln – Olten 1956

*Gerhards, A.*, Entstehung und Entwicklung des Eucharistischen Hochgebets im Spiegel der neueren Forschung. Ein Beitrag der Liturgiewissenschaft zur liturgischen Erneuerung, in: A. Heinz, A. Rennings (Hg.), Gratias agamus. Studien zum Eucharistischen Hochgebet (FS B. Fischer), Freiburg – Basel – Wien 1992, 75–96

*Ders., Kranemann, B.*, Einführung in die Liturgiewissenschaft, Darmstadt 2006

*Gloyna, T.*, Treue, in: HWP Bd. 10, 1998, 1473–1478

*Greshake, G.*, Geschenkte Freiheit. Einführung in die Gnadenlehre, Freiburg – Basel – Wien 1977

*Griechische Liturgien.* Übers. von Remigius Storf; mit Einl. versehen von Theodor Schermann (BKV, 1. R. Bd. 5), München 1912

*Grillmeier, A.*, Das Konzil von Chalcedon und der Geist des Christentums. Zur 1500-Jahrfeier (451–1951) einer Glaubensentscheidung, in: GuL 24 (1951), 404–414

*Ders.*, Kommentar zur Dogmatischen Konstitution über die Kirche, in: Das Zweite Vatikanische Konzil. Konstitutionen, Dekrete und Erklärungen (LThK² Erg. Bd. I), Freiburg – Basel – Wien 1966, 170–175

*Groupe des Dombes*, L'Esprit, L'Eglise et les sacraments, Nr. 94, in: Pour la communion des Eglises. L'apport du groupe des Dombes (1937–1987), Paris 1988

*Guardini, R.*, Das Erwachen der Kirche in der Seele, in: Hochland 19 (1922), 257–267

*Güntner, D.*, Das Prinzip der Participatio und die Strukturen der Lebenswelt, in: Archiv für Liturgiewissenschaft 38/39 (1996/1997), 25–41

*Habermas, J.*, Nachmetaphysisches Denken II. Aufsätze und Repliken, Berlin 2012

*Halbfaß, W.*, Gewißheit, in: HWP Bd. 3, 1974, 592–594

*Hammans, H.*, Statement zum finanziellen Konsolidierungsprozess im Bistum Aachen, URL: http://www.kirche-im-bistum-aachen.de/kiba/opencms/traeger/3/prozess-weggemeinschaft/raetetreffen/statement.html (12.12.2003)

*Haunerland, W.*, Vom „Gottesdienst" zur „Gemeindefeier"? Prinzipien und Herausforderungen nachkonziliarer Liturgiereform, in: ThPQ 153 (2005), 67–81

*Hauschild, W.-D.*, Gottes Geist und der Mensch. Studien zur frühchristlichen Pneumatologie, München 1972

*Heinrichs, J.*, Sinn und Intersubjektivität, in: ThPh 45 (1970), 161–191

*Ders.*, Ideologie oder Freiheitslehre?, in: ThPh 49 (1974), 395–436

*Held, K.*, Lebendige Gegenwart. Die Frage nach der Seinsweise des transzendentalen Ich bei Edmund Husserl, entwickelt am Leitfaden der Zeitproblematik (Phaenomenologica 23), Den Haag 1966

*Hemmerle, K.*, Thesen zu einer trinitarischen Ontologie, Einsiedeln 1976

*Ders.*, Spiritualität und Gemeinschaft, in: J. Sauer (Hg.), Lebenswege des Glaubens, Freiburg – Basel – Wien 1978, 73–95 (AS 4, 170–187)

*Ders.*, Vorspiel zur Theologie, Freiburg – Basel – Wien 1996 (AS 2, 12–121)

*Hilberath, B. J.*, Das Verhältnis von gemeinsamem und amtlichem Priestertum in der Perspektive von *Lumen gentium* 10, in: TThZ 94 (1985), 311–326

*Ders.*, Pneumatologie (Leitfaden Theologie 23), Düsseldorf 1994

*Ders.*, Forschungsbericht: Schwerpunkte und Tendenzen in der Ekklesiologie, in: ThQ 181 (2001), 238–246

*Ders.*, Forschungsbericht: Schwerpunkte und Tendenzen in der Ekklesiologie (2), in: ThQ 184 (2004), 287–303

*Ders., Grätz, H.*, Forschungsbericht: Schwerpunkte und Tendenzen in der Ekklesiologie (3), in: ThQ 187 (2007), 234–245

*Hobbes, T.*, Leviathan. Materie, Form und Macht eines kirchlichen und staatlichen Gemeinwesens (PhB 491), Hamburg 2004

*Hoff, G. M.*, Die prekäre Identität des Christlichen. Die Herausforderung postModernen Differenzdenkens für eine theologische Hermeneutik, Paderborn u. a. 2001

*Ders.*, Ekklesiologie (Gegenwärtig Glauben Denken – Systematische Theologie 6), Paderborn u. a. 2011

*Hoping, H.*, Theologischer Kommentar zur Dogmatischen Konstitution über die göttliche Offenbarung *Dei Verbum*, in: HThK Vat. II Bd. 3, Freiburg – Basel – Wien 2005, 695–831

*Hryniewicz, W.*, Epiklese IV. In der Theologie der Ostkirche, in: LThK[3] Bd. 4, 1995, 1312–1313

*Hünermann, P.*, Ekklesiologie im Präsens. Perspektiven, Münster 1995

*Ders.*, Volk Gottes – katholische Kirche – Gemeinde. Dreiheit und Einheit in der Ekklesiologie des Zweiten Vatikanischen Konzils, in: ThQ 175 (1995), 32–45

*Ders.*, Theologischer Kommentar zur dogmatischen Konstitution über die Kirche *Lumen gentium*, in: HThK Vat. II Bd. 2, Freiburg – Basel – Wien [2]2004, 263–582

*Husserl, E.*, Cartesianische Meditationen. Eine Einleitung in die Phänomenologie (PhB 291), Hamburg 1977

*Internationale Theologenkommission*, Mysterium des Gottesvolkes, Einsiedeln 1987

*Irenäus von Lyon*, Adversus Haereses IV (FC 8/4), Freiburg – Basel – Wien 1997

*Jedin, H.*, Krisis und Abschluß des Trienter Konzils 1562/63. Ein Rückblick nach vier Jahrhunderten, Freiburg – Basel – Wien 1964

*Jünemann, A.*, Kirche – Werkzeug des Geistes. Elemente einer pneumatologischen Ekklesiologie (TThSt 70), Trier 2003

*Jüngel, E.*, Die Autorität des bittenden Christus. Eine These zur materialen Begründung der Eigenart des Wortes Gottes. Erwägungen zur Infallibilität in der Theologie, in: ders., Unterwegs zur Sache. Theologische Bemerkungen, München 1972, 179–188

*Ders.*, Gottesgewißheit, in: ders., Entsprechungen. Gott – Wahrheit – Mensch, München 1980, 252–264

*Jungmann, J. A.*, Gewordene Liturgie, Innsbruck 1941

*Kardinal Bergoglio* vor dem Konklave: „Die egozentrische Kirche beansprucht Jesus für sich", in: http://de.radiovaticana.va/news/2013/03/27/kardinal_bergoglio_vor_dem_konklave:_%E2%80%9Edie_egozentrische_kirch/ted- 677282 (07.05.2013)

*Kasper, W.*, Dogma unter dem Wort Gottes, Mainz 1965

*Ders.*, Die Kirche als Sakrament des Geistes, in: ders., G. Sauter, Kirche – Ort des Geistes, Freiburg – Basel – Wien 1976, 13–55

*Ders.*, Gottes Gegenwart in Jesus Christus, in: Weisheit Gottes – Weisheit der Welt (FS Joseph Ratzinger), St. Ottilien 1987, 311–341

*Ders.*, Die apostolische Sukzession als ökumenisches Problem, in: W. Pannenberg (Hg.), Lehrverurteilungen – kirchentrennend? III. Materialien zur Lehre von den Sakramenten und vom kirchlichen Amt (DiKi 6), Freiburg – Göttingen 1990, 329–349

*Ders.*, Dogma / Dogmenentwicklung, in: NHThG Bd. 1, 1991, 292–309

*Ders.*, Kirche II. Theologie- und dogmengeschichtlich, in: LThK³ Bd. 5, 1996, 1458–1465

*Ders.*, Kirche, III, Systematisch-theologisch, in: LThK³ Bd. 5, 1996, 1465–1474

*Ders.*, Das Zweite Vatikanum weiterdenken. Die apostolische Sukzession im Bischofsamt als ökumenisches Problem, in: KuD 44 (1998), 207–218

*Ders.*, Das Verhältnis von Universalkirche und Ortskirche. Freundschaftliche Auseinandersetzung mit der Kritik von Joseph Kardinal Ratzinger, in: StZ 125 (2000), 795–804

*Ders.*, Die Kirche Jesu Christi – Auf dem Weg zu einer Communio-Ekklesiologie, in: ders., Die Kirche Jesu Christi. Schriften zur Ekklesiologie I (WKGS 11), Freiburg – Basel – Wien 2008, 15–120

*Ders.*, Zukunft aus der Kraft des Konzils. Kommentar von Walter Kasper zur außerordentlichen Bischofssynode von 1985, in: ders., Die Kirche Jesu Christi. Schriften zur Ekklesiologie I (WKGS 11), Freiburg – Basel – Wien 2008, 153–199

*Ders.*, Der Geheimnischarakter hebt den Sozialchrakter nicht auf, in: ders.,

Die Kirche Jesu Christi. Schriften zur Ekklesiologie I (WKGS 11), Freiburg – Basel – Wien 2008, 445–454

*Ders.*, Zum Subsidiaritätsprinzip in der Kirche, in: ders., Die Kirche Jesu Christi. Schriften zur Ekklesiologie I (WKGS 11), Freiburg – Basel – Wien 2008, 455–465

*Ders.*, Der theologische Status der Bischofskonferenzen, in: ders., Die Kirche und ihre Ämter. Schriften zur Ekklesiologie II (WKGS 12), Freiburg – Basel – Wien 2009, 438–450

*Ders.*, Aspekte einer Theologie der Liturgie. Liturgie angesichts der Krise der Moderne – für eine neue liturgische Kultur, in: ders., Die Liturgie der Kirche (WKGS 10), Freiburg – Basel – Wien 2010, 15–83

*Ders.*, Gottesdienst nach Katholischem Verständnis, in: ders., Die Liturgie der Kirche (WKGS 10), Freiburg – Basel – Wien 2010, 130–143

*Ders.*, Sakrament der Einheit, in: ders., Die Liturgie der Kirche (WKGS 10), Freiburg – Basel – Wien 2010, 222–313

*Ders.*, Der Weg der eucharistischen Ekklesiologie in der katholischen Kirche, in: ders., Die Liturgie der Kirche (WKGS 10), Freiburg – Basel – Wien 2010, 314–333

*Ders.*, Die Früchte ernten. Grundlagen christlichen Glaubens im ökumenischen Dialog, Paderborn – Leipzig 2011

*Ders.*, Die katholische Kirche. Wesen – Wirklichkeit – Sendung, Freiburg – Basel – Wien 2011

*Ders,* Theologen-Memorandum – Kommen wir zur Sache!, in: FAZ vom 11.Februar 2011, 35, wiederabgedruckt in: *T. Schüller, J. Könemann (Hg.),* Das Memorandum. Die Positionen im Für und Wider, Freiburg 2011, 148–152

*Kehl, M.*, Kirche als Institution (FTS 22), Frankfurt a. M. 1976

*Ders.*, Die Kirche. Eine katholische Ekklesiologie, Würzburg 1992

*Ders.*, Kirche als Institution, in: HFTh 3, Tübingen – Basel ²2000, 129–145

*Ders.*, Die eine Kirche und die vielen Kirchen, in: StZ 219 (2001), 1–16

*Ders.*, Zum jüngsten Disput um das Verhältnis von Universalkirche und Ortskirche, in: Kirche in ökumenischer Perspektive (FS W. Kasper), Freiburg – Basel – Wien 2003, 81–101

*Kirchliche Statistik der (Erz-)Bistümer in Deutschland.* Jahreserhebung 2010 – Eckdaten, in: Katholische Kirche in Deutschland. Zahlen und Fakten 2010/11 (Arbeitshilfe 249), http://www.dbk.de/fileadmin/redak tion/Zahlen%20und%20Fakten/Kirchliche%20Statistik/Allgemein_-_ Zahlen_und_Fakten/Zahlen-Fakten10-11-de.pdf, 20 (18.02.2013)

*Klauck, H.-J.*, Die Autorität des Charismas, in: E. Klinger, R. Zerfaß (Hg.), Die Kirche der Laien, Würzburg 1987, 25–37

*Klein, N.,* Glaube und Geschichte. Zu drei Zeitschriftenbeiträgen über das Zweite Vatikanische Konzil, in: http://www.stimmen-der-zeit.de/zeitschrift/online_exklusiv/details_html?k_beitrag=3617760 (08.01.2013)

*Kleinheyer, B.,* Preisung und Anrufung Gottes zur Feier der Sakramente, in: LJ 42 (1992), 3–24

*Knauber, A.,* Pastoraltheologie der Krankensalbung, in: Handbuch der Pastoraltheologie IV, Freiburg – Basel – Wien 1969, 145–178

*Knop, J.,* Ecclesia orans. Liturgie als Herausforderung für die Dogmatik, Freiburg – Basel – Wien 2012

*Dies.,* Satisfaktionstheorie, in: W. Beinert, B. Stubenrauch (Hg.), Neues Lexikon der katholischen Dogmatik, Freiburg – Basel – Wien 2012, 576–578

*Dies.,* Participatio actuosa: Liturgie feiern – Kirche sein, in: B. Jeggle-Merz, B. Kranemann (Hg.), Liturgie und Ökumene. Grundfragen der Liturgiewissenschaft im interkonfessionellen Gespräch, Freiburg – Basel – Wien (erscheint 2013)

*Koch, K.,* Die Gemeinde und ihre gottesdienstliche Feier. Ekklesiologische Anmerkungen zum Subjekt der Liturgie, in: StZ 214 (1996), 75–89

*Koep, L.,* Die Liturgie der Sessiones generales auf dem Konstanzer Konzil, in: A. Franzen, W. Müller (Hg.), Das Konzil von Konstanz. Beiträge zu seiner Geschichte und Theologie, Freiburg – Basel – Wien 1964, 241–251

*Kraus, G.,* Die Kirche, Gemeinschaft des Heils. Ekklesiologie im Geist des Zweiten Vatikanischen Konzils, Regensburg 2012

*Krieger, G.,* Konkret, in: LThK[3] Bd. 6, 1997, 270–271

*Krings, H.,* System und Freiheit, Gesammelte Aufsätze, Freiburg – München 1980

*Kroll, T.,* Max Webers Idealtypus der charismatischen Herrschaft und die zeitgenössische Charisma-Debatte, in: E. Hanke, W. J. Mommsen (Hg.), Max Webers Herrschaftssoziologie, Tübingen 2001, 47–72

*Kruip, G., Heimbach-Steins, M., Wendel, S. (Hg.),* „Kirche 2011: Ein notwendiger Aufbruch". Argumente zum Memorandum, Freiburg – Basel – Wien 2011.

*Königs, U.,* Komplexe Einfachheit, in: Output 6, 32–37, 33 (http://www.buw-output.uni-wuppertal.de/ausgabe6/p_pics/Output6_koenigs.pdf [25.02.2012])

*Kühn, U.,* Abendmahl IV. Das Abendmahlsgespräch in der ökumenischen Theologie der Gegenwart, in: TRE Bd. 1, 1977, 145–212

*Landau, P.,* Epikletisches und transzendentales Kirchenrecht bei Hans Dombois? Kritische Anmerkungen zu seiner Sicht der Kirchenrechtsgeschichte, in: ZSRG Kan. Abt. 104 (1987), 131–154

*Lefebvre, S.,* Konflikt der Konzilsinterpretationen. Die Debatte zwischen Ratzinger und Kasper, in: Conc(D) 42 (2006), 86–96

*Legrand, H. M.,* Die Entwicklung der Kirchen als verantwortliche Subjekte: Eine Anfrage an das II. Vatikanum, in: G. Alberigo , Y. Congar, H. J. Pottmeyer (Hg.), Kirche im Wandel. Eine kritische Zwischenbilanz nach dem Zweiten Vatikanum, Düsseldorf 1982, 141–174

*Ders.,* Vierzig Jahre danach. Wie steht es mit den kirchlichen Reformen, die das II. Vaticanum beabsichtigt hatte?, in: Conc(D) 41 (2005), 397–411

*Lehmann, K.,* Das theologische Verständnis der Ordination nach dem liturgischen Zeugnis der Priesterweihe, in: R. Mumm, G. Krems (Hg.), Ordination und kirchliches Amt, Paderborn – Bielefeld 1976, 19–52

*Lies, L.,* Eucharistie in ökumenischer Verantwortung, Graz – Wien – Köln 1996

*Lockmann, U.,* Dialog zweier Freiheiten. Studien zur Verhältnisbestimmung von göttlichem Handeln und menschlichem Gebet (ITS 66), Innsbruck – Wien 2004

A. *Loisy,* L'Évangile et L'Église, Paris 1902

*Luz, U.,* Charisma und Institution in neutestamentlicher Sicht, in: EvTh 49 (1989), 76–94

*Marion, J.-L.,* Eine andere ‚Erste Philosophie' und die Frage der Gegebenheit, in: ders., J. Wohlmuth (Hg.), Ruf und Gabe. Zum Verhältnis von Phänomenologie und Theologie, Bonn 2000, 13–34

*Marx, R.,* „Der Nachfolger Petri kann kein Monarch sein", in: http://www. sueddeutsche.de/panorama/muenchner-kardinal-marx-der-nachfolger -petri-kann-kein-monarch-sein-1.1634452-3 (08.04.2013)

*Menke, K.-H.,* Identifikation von Amt und Charisma?, in: ThGl 92 (2002), 263–276

*Ders.,* Symbol V. Theologiegeschichtlich u. systematisch-theologisch, in: LThK³ Bd. 9, 2000, 1158–1160

*Ders.,* Treue Gottes, II. Systematisch-Theologisch, in: LThK³ Bd. 10, 2001, 214–215

*Mertes, K.,* Kirche und Trauma, in: StZ 231 (2013), 327–338

*Metz, J. B.,* Gotteskrise. Versuch zur „geistigen Situation der Zeit", in: Diagnosen zur Zeit, mit Beiträgen von J. B. Metz u. a., Düsseldorf 1994, 76–92

*Ders.,* Abstract, in: www.univie.ac.at/moraltheologie/pages/.../abstract-vo-metz.rtf (16.11.2012)

*Ders.,* Zum Begriff der neuen politischen Theologie. 1967–1997, Mainz 1997

*Ders.,* Memoria passionis. Ein provozierendes Gedächtnis in pluralistischer Gesellschaft, Freiburg 2006

*Meuffels, O.*, Theologie der Liebe in postmoderner Zeit, Würzburg 2001

*Meyendorff, J.*, Zum Eucharistieverständnis der orthodoxen Kirche, in: Conc(D) 3 (1967), 291–294

*Meyer, H.*, Amt und Geist: Protestantische Stellungnahme, in: Conc(D) 15 (1979), 539–544

*Meyer, H. B.*, Eucharistie, VIII. Liturgiewissenschaftlich, in: LThK³ Bd. 3, 1995, 957–965

*Miggelbrink, R.*, Einführung in die Lehre von der Kirche, Darmstadt 2003

„*Mit den Suchenden auf die Suche gehen*". Ein Gespräch mit dem tschechischen Theologen Tomáš Halík über Glauben heute, in: HerKorr 67 (2013), 69–73

*Möhler, J. A.*, Die Einheit der Kirche oder das Prinzip des Katholizismus. Dargestellt im Geiste der Kirchenväter der ersten drei Jahrhunderte, hg. v. J. R. Geiselmann, Köln – Olten 1956

*Ders.*, Rezension, in: ThQ 5 (1823), 497 (tzt Dogmatik 5.2, Nr. 157)

*Moeller, Ch.*, Die Entstehung der Konstitution, ideengeschichtlich betrachtet, in: G. Baraúna (Hg.), De Ecclesia. Beiträge zur Konstitution über die Kirche des Zweiten Vatikanischen Konzils, Freiburg – Basel – Wien 1966, Bd. 1, 71–105

*Mühlen, H.*, Das Verhältnis zwischen Inkarnation und Kirche in den Aussagen des Vaticanum II, in: ThGl 55 (1965), 171–190

*Ders.*, Die Kirche als die geschichtliche Erscheinung des übergeschichtlichen Geistes Christi. Zur Ekklesiologie des Vaticanum II, in: ThGl 55 (1965), 270–289

*Ders.*, Die Wirksamkeit des Heiligen Geistes als Ermöglichung jeglichen liturgischen Tuns, in: P. Bormann, H. Degenhart (Hg.), Liturgie in der Gemeinde Bd. 2, Salzkotten 1965, 40–61

*Ders.*, Una mystica persona. Die Kirche als das Mysterium der heilsgeschichtlichen Identität des Heiligen Geistes in Christus und den Christen: Eine Person in vielen Personen, München – Paderborn – Wien ²1966

*Ders.*, Der Heilige Geist als Person. In der Trinität, bei der Inkarnation und im Gnadenbund: Ich-Du-Wir, Münster 1969

*Müller, G. L.*, Geleitwort des Herausgebers, in: ders. (Hg.), Der Primat des Nachfolgers Petri im Geheimnis der Kirche. Studien der Kongregation für die Glaubenslehre, Würzburg 2010, 9–14

*Müller, W.*, „Keiner kann sagen: Jesus ist der Herr! – wenn er nicht aus dem Hl. Geist redet" (1 Kor 12,3). Dogmatische Anmerkungen zur Verhältnisbestimmung von Christologie und Pneumatologie, in: MThZ 44 (1993), 325–335

*Mumm, R., Krems, G. (Hg.)*, Ordination und kirchliches Amt, Paderborn – Bielefeld 1976

*Negel, J.*, ,Weil die Welt nicht ganz dicht ist …'.Eine philosophisch-theologische Erörterung der Frage nach dem Wirken Gottes in der Welt, in: http://www.uni-marburg.de/hosting/ks/personal/negel/weildiewelt.pdf (11.02.2013)

*Neuner, P.*, Ekklesiologie – Die Lehre von der Kirche, in: W. Beinert (Hg.), Glaubenszugänge. Lehrbuch der katholischen Dogmatik, 3 Bde., Paderborn u. a. 1995, Bd. 2, 401–578

*Ders. (Bearb.)*, Ekklesiologie I. Von den Anfängen zum Mittelalter (tzt Dogmatik 5.1), Graz – Wien – Köln 1994

*Ders. (Bearb.)*, Ekklesiologie II. Von der Reformation bid zur Gegenwart (tzt Dogmatik 5.2), Graz – Wien – Köln 1995

*Nissiotis, N.*, Die Einheit von Schrift und Tradition von einem östlich-orthodoxen Standpunkt aus, in: ÖR 14 (1965), 271–292

*Ders.*, Berufen zur Einheit oder die epikletische Bedeutung der kirchlichen Gemeinschaft, in: ÖR 26 (1977), 297–313

*Nolte, E.*, Führer in: HWP Bd. 2, 1972, 1128–1129

*O'Malley, J. W.*, „The Hermeneutic of Reform". A Historical Analysis, in: TS 73 (2012), 517–546

*Paulus*, Lieber Bruder Benedikt, Düsseldorf [2]2011

*Pax, W.*, Führung in der Kirche. Eine Führungskonzeption für die Katholische Kirche (Benediktbeurer Studien 15), München 2007

*Ders.*, Wer will schon gerne Schaf sein? Aspekte für eine reflektierte Führung in kirchlichen Kontexten, in: M. Hilden, G. Poell (Hg.), Die Kirche im Dorf lassen. Stimmen zur Pastoral auf dem Land, gesammelt aus Anlass der Verabschiedung von Bezirksdekan Dieter Lippert, Beselich 2010, 84–87

*Pesch, O. H.*, Das Zweite Vatikanische Konzil. Vorgeschichte, Verlauf – Ergebnisse, Nachgeschichte, Würzburg [3]1994

*Philips, G.*, L'Église et son mystère au IIe Concile du Vatican. Histoire, texte et commentaire de la Constitution *Lumen gentium*, Tome I, Paris 1967 – Tome II, Paris 1968

*Plate, M.*, Weltereignis Konzil. Darstellung – Sinn – Ergebnis, Freiburg – Basel – Wien 1966

*Pottmeyer, H. J.*, Der eine Geist als Prinzip der Einheit der Kirche. Auswege aus einer christomonistischen Ekklesiologie, in: PThI 5 (1985), 235–284

*Ders.*, Normen, Kriterien und Strukturen der Überlieferung, in: HFTh 4, Tübingen – Basel [2]2000, 85–107

*Probst, M.*, „All das aber geschieht in der Kraft des Heiligen Geistes" (SC 6). Wie weit hat die nachkonziliare Liturgiereform diese Aussage eingeholt, in: G. Augustin, K. Krämer (Hg.), Gott denken und bezeugen (FS W. Kasper), Freiburg – Basel – Wien 2008, 459–478

*Pröpper, T.*, Erlösungsglaube und Freiheitsgeschichte. Eine Skizze zur Soteriologie, München [3]1991

*Ders.*, Zur vielfältigen Rede von der Gegenwart Gottes und Jesu Christi. Versuch einer systematischen Erschließung, in: ders., Evangelium und freie Vernunft. Konturen einer theologischen Hermeneutik, Freiburg – Basel – Wien 2001, 245–265

*Ders.*, Theologische Anthropologie, 2 Bde., Freiburg – Basel – Wien 2011

*Rahner, K.*, Kirche und Sakramente (QD 10), Freiburg – Basel – Wien 1960

*Ratzinger, J.*, Prognosen für die Zukunft des Ökumenismus, in: ders., Theologische Prinzipienlehre. Bausteine zur Fundamentaltheologie, München 1982, 203–214

*Ders.*, Kirche – systematisch, in: ders., Kirche – Zeichen unter den Völkern. Schriften zur Ekklesiologie und Ökumene. Erster Teilband (JRGS 8/1), Freiburg – Basel – Wien 2010, 205–219

*Ders.*, Die Ekklesiologie des Zweiten Vatikanischen Konzils, in: ders., Kirche – Zeichen unter den Völkern. Schriften zur Ekklesiologie und Ökumene. Erster Teilband (JRGS 8/1), Freiburg – Basel – Wien 2010, 258–283

*Ders.*, Die Ekklesiologie der Konstitution *Lumen gentium*, in: ders., Kirche – Zeichen unter den Völkern. Schriften zur Ekklesiologie und Ökumene. Erster Teilband (JRGS 8/1), Freiburg – Basel – Wien 2010, 573–598

*Richter, K.*, Die Konstitution über die heilige Liturgie Sacrosanctum Concilium, in: F. X. Bischof, S. Leimgruber (Hg.), Vierzig Jahre II. Vatikanum. Zur Wirkungsgeschichte der Konzilstexte, Würzburg 2004, 29–49

*Ricœur, P.*, Symbolik des Bösen. Phänomenologie der Schuld II, Freiburg – München 1960

*Ders.*, Liebe und Gerechtigkeit (Amour et justice), hg. v. O. Bayer, Tübingen 1990

*Ders.*, Nommer Dieu, in: Études théologiques et religieuses 52 (1977), 489–508; dt.: Gott nennen, in: ders., Hermeneutische Aufsätze (1970–1999), übers. u. hg. v. P. Welsen, Hamburg 2005, 153–182

*Rosenstiel, L. v.*, Leadership und Change, in: H. Bruch, S. Krummaker, B. Vogel (Hg.), Leadership. Best Practices and Trends, Wiesbaden 2006, 145–156

*Ruster, T.*, Die verlorene Nützlichkeit der Religion. Katholizismus und Moderne in der Weimarer Republik, Paderborn u. a. [2]1997

*Rynne, X.,* Die zweite Reformation. Die erste Sitzungsperiode des Zweiten Vatikanischen Konzils, Entstehung und Verlauf, Köln – Berlin 1964

*Sattler, D.,* „Im Geist zu einer Wohnung Gottes erbaut" (Eph 2,22). Perspektiven einer pneumatischen Ökumene, in: Cath 56 (2002), 128–143

*Dies.,* Der lebendige Erinnerer an das apostolische Erbe. Pneumatologische Argumentationen in den ökumenischen Gesprächen über die Ämter, in: dies., G. Wenz (Hg.), Das kirchliche Amt in apostolischer Nachfolge III. Verständigungen und Differenzen, Freiburg – Göttingen 2008, 13–39

*Dies.,* Erinnerung an den göttlichen Erinnerer. Römisch-katholische Überlegungen zur Pneumatologie in ökumenischer Perspektive, in: JBTh 24 (2009), 401–428

*Schilson, A.,* Lex orandi – lex credendi, in: LThK$^3$ Bd. 6, 1997, 871–872

*Schmälzle, U.,* Diakonische Pastoral. Geschichte, Dimensionen, Perspektiven. Manuskript des Referats zum Tag der Räte in Würzburg 10.03.2001, in: downloads.kirchenserver.net/18/1723/1/113334368584 70791.pdf, 3–10 (04.02.2013)

*Schneider, M.,* Die Wandlung der eucharistischen Gaben nach orthodoxer Theologie, Köln 2004

*Schrader, C.,* De corpore Christi mystico sive De Ecclesia Christi theses (1866), in: tzt Dogmatik 5.2, Nr. 176

*Schüller, T.,* Die aktuelle Situation der Kirche aus kirchenrechtlicher Perspektive, in: LS 63 (2012), 388–392

*Schüller, T., Könemann, J. (Hg.),* Das Memorandum. Die Positionen im Für und Wider, Freiburg – Basel – Wien 2011

*Schulz, H.-J.,* Bekenntnis statt Dogma. Kriterien der Verbindlichkeit kirchlicher Lehre (QD 163), Freiburg – Basel – Wien 1996

*Seckler, M.,* Über den Kompromiß in Sachen der Lehre (1972), in: ders. u. a. (Hg.), Begegnung. Beiträge zu einer Hermeneutik des theologischen Gesprächs, Graz 1972, 45–57; auch in: ders., Im Spannungsfeld von Wissenschaft und Kirche. Theologie als schöpferische Auslegung der Wirklichkeit, Freiburg – Basel – Wien 1980, 99–109

*Ders.,* Das Haupt aller Menschen, in: ders., Die schiefen Wände des Lehrhauses, Freiburg – Basel – Wien 1988, 26–39

*Sekretariat der Deutschen Bischofskonferenz (Hg.),* Schlußdokument der Außerordentlichen Bischofssynode 1985 (VAS 68), Bonn 1985

*Sellmann, M.,* Zuhören, Austauschen, Vorschlagen. Entdeckungen pastoraltheologischer Milieuforschung, Würzburg 2012

*Sesboüé, B.,* Der Geist in der Kirche, in: Conc(D) 47 (2011), 394–402

*Sieben, H. J.,* Die Konzilsidee der Alten Kirche, Paderborn 1979

*Ders.*, Traktate und Theorien zum Konzil, Frankfurt a. M. 1983

*Söding, T.*, Das Apostelkonzil als Paradebeispiel kirchlicher Konfliktlösung. Anspruch, Wirklichkeit und Wirkung, in: http://www.ruhr-uni-bochum.de/imperia/md/content/nt/aktuelles/tagungdialogprozessek-giibochum/das_apostelkonzil-1.pdf, 1–10 (18.01.2012)

*Ders.*, Die Zeit für Gottes Wort. Die Offenbarungskonstitution des Konzils und die Hermeneutik der Reform, in: ThRv 108 (2012), 443–458

*Ders.*, Nichts wird geheim gehalten, außer damit es an die Öffentlichkeit kommt (Mk 4,22). Ein exegetischer Kommentar zur Aufklärung des Missbrauchsskandals, in: http://www.ruhr-uni-bochum.de/imperia/md/content/nt/nichts_wird_geheim_gehalten1.pdf, 1–5 (21.01.2013)

*Specker, T.*, Einen anderen Gott denken? Zum Verständnis der Alterität Gottes bei Jean-Luc Marion (FTS 64), Frankfurt a. M. 2002

*Steinfeld, T.*, Die Verfeinerung des Faustkeils. Zur Lage der Gewalt 1: Schwedische Tagung widerspricht dem Optimismus, in: SZ Nr. 92, 20. April 2012, 11

*Stippler, M., Moore, S., Rosenthal, S., Dörffer, T.*, Führung. Ansätze – Entwicklungen – Trends, (Bertelsmann Stiftung Leadership Series), Gütersloh 2010, in: http://www.bertelsmann-stiftung.de/cps/rde/xbcr/SID-894DCA 45–6140680C/bst/xcms_bst_dms_32939__2.pdf (11.05.2013)

*Striet, M.*, Das Versprechen der Gnade. Rechenschaft über die eschatologische Hoffnung, in: T. Pröpper, Theologische Anthropologie II, Freiburg – Basel – Wien 2011, 1490–1520

*Stubenrauch, B.*, Anrufung des Geistes/Epiklese, in: W. Beinert, ders. (Hg.), Neues Lexikon der katholischen Dogmatik, Freiburg – Basel – Wien 2012, 62–65

*Stuflesser, M.*, Actuosa participatio – zwischen hektischem Aktionismus und neuer Innerlichkeit. Überlegungen zur „tätigen Teilnahme" am Gottesdienst der Kirche als Recht und Pflicht der Getauften, in: LJ 59 (2009), 147–186

*Tönnies, F.*, Gemeinschaft und Gesellschaft. Abhandlung des Communismus und des Socialismus als empirischer Culturformen, Berlin 1887

*Tomberg, M.*, Glaubensgewißheit als Freiheitsgeschehen. Eine Relecture des Traktats „De analysi fidei" (ratio fidei 8), Regensburg 2002

*Treue*, in: http://www.franz-sales-verlag.de/fsvwiki/index.php/Lexikon/Treue (03.02.2013)

*Verweyen, H. J.*, Gottes letztes Wort, Grundriß der Fundamentaltheologie, Düsseldorf ²1991

*Viterbo, J. de*, De regimine christiano. A Critical Edition and Translation by R. W. Dyson, Leiden 2009

*Vischer, L.,* Nikos Nissiotis 1925–1986, in: ÖR 35 (1986), 369–372

*Walf, K.,* Lakunen und Zweideutigkeiten in der Ekklesiologie des II. Vatikanums, in: G. Alberigo, Y. Congar, H. J. Pottmeyer (Hg.), Kirche im Wandel. Eine kritische Zwischenbilanz nach dem Zweiten Vatikanum, Düsseldorf 1982, 195–207

*Wegge, J., Rosenstiel, L. v.,* Führung, in: H. Schuler (Hg.), Lehrbuch Organisationspsychologie, Bern 2004, 475–512

*Weinrich, H.,* Über das Haben. 33 Ansichten, München 2012

*Welker, M.,* Der Heilige Geist, in: EvTh 49 (1989), 126–141

*Ders.,* Gottes Geist. Theologie des Heiligen Geistes, Neukirchen-Vluyn ²1993

*Werbick, J.,* Grundfragen der Ekklesiologie, Freiburg – Basel – Wien 2009

*Wiedenhofer, S.,* Societas perfecta, in: LThK³ Bd. 9, 2000, 681–682

*Wiederkehr, D.,* Ekklesiologie und Kirchen-Innenpolitik. Protokoll einer Re-lecture der Kirchenkonstitution vom Vaticanum II, in: M. Kessler, W. Pannenberg, H. J. Pottmeyer (Hg.), Fides quaerens intellectum. Beiträge zur Fundamentaltheologie, Tübingen 1992, 251–267

*Winter, S.,* Liturgie – Gottes Raum. Studien zu einer Theologie aus der lex orandi (Theologie der Liturgie 3), Regensburg 2013

*Zizioulas, J.,* Christologie, Pneumatologie und kirchliche Institutionen aus orthodoxer Sicht, in: G. Alberigo, Y. Congar, H. J. Pottmeyer (Hg.), Kirche im Wandel. Eine kritische Zwischenbilanz nach dem Zweiten Vatikanum, Düsseldorf 1982, 124–140

*Ders.,* Die pneumatologische Dimension der Kirche, in: IKaZ Communio 2 (1973), 133–147

### 3. Zur theologischen Grundlegung des Kirchenrechts

*Aymans, W.,* Die kanonistische Lehre von der Kirchengliedschaft im Lichte des II. Vatikanischen Konzils, in: AkathKR 42 (1973), 397–417

*Ders., Mörsdorf, K.,* Kanonisches Recht, Lehrbuch aufgrund des Codex Iuris Canonici, Bd. I: Einleitende Grundfragen und Allgemeine Normen, Paderborn u. a. ¹³1991

*Ders.,* „Volk Gottes" und „Leib Christi" in der Communio-Struktur der Kirche. Ein kanonistischer Beitrag zur Ekklesiologie, in: ders., Kirchenrechtliche Beiträge zur Ekklesiologie (Kanonistische Studien und Texte 42), Berlin 1995, 1–15

*Ders.,* Die wissenschaftliche Methode der Kanonistik, in: ders., Kirchenrechtliche Beiträge zur Ekklesiologie (Kanonistische Studien und Texte 42), Berlin 1995, 351–370

*Ders.,* Kirche VI, Kirchenrechtlich, in: LThK³ Bd. 5, 1996, 1478–1479

*d'Azegoli, L. Taparelli*, Saggio teoretico di diritto naturale appoggiato sul fatto, Palermo 1840–1843, 5 Bde. (4. [endgültige] Aufl. Rom 1855); dt: Versuch eines auf Erfahrung begründeten Naturrechts, übers. u. hg. v. F. Schöttl u. C. Rinecker, Regensburg 1845

*Barion, H.*, Rudolph Sohm und die Grundlegung des Kirchenrechts, Tübingen 1931

*Ders.*, Kirche und Kirchenrecht. Gesammelte Aufsätze, hg. v. W. Böckenförde, Paderborn u. a. 1984

*Bausenhart, G.*, Zentrale theologische Desiderate für die kirchliche Gesetzgebung, in: P. Hünermann (Hg.), Das Zweite Vatikanische Konzil und die Zeichen der Zeit heute, Freiburg – Basel – Wien 2006, 362–381

*Bellarmin, R.*, Controversiae IV. De conciliis et ecclesia, III, 2: Opera omnia 2, Neapel 1857

*Bertrams, W.*, Die Eigennatur des Kirchenrechts, in: Gr 27 (1946), 527–566

*Ders.*, Die Bedeutung des 2. Vatikanischen Konzils für das Kirchenrecht, in: ÖAKR 23 (1972), 125–162

*Böckenförde, W.*, Der neue Codex Iuris Canonici, in: NJW 36 (1983), 2532–2540

*Ders.*, Der korrekte Kanonist. Einführung in das kanonistische Denken Barions, in: H. Barion, Kirche und Kirchenrecht. Gesammelte Aufsätze, hg. v. W. Böckenförde, Paderborn u. a. 1984, 1–23

*Ders. (Hg.)*, Kirche und Kirchenrecht. Gesammelte Aufsätze, Paderborn 1984, 79–104

*Böhnke, M.*, Recht der Wahrheit – Recht der Freiheit. Überlegungen zur dogmatischen Begründung des personalen Rechts auf Glaubensfreiheit, in: M. Böhnke, M. Bongardt, G. Essen, J. Werbick (Hg.), Freiheit Gottes und der Menschen (FS T. Pröpper), Regensburg 2006, 503–526

*Ders.*, Die „armen Verwandten". Kanonistische Kommentare in der Moderne, dargestellt am Beispiel des Münsterischen Kommentars zum Codex Iuris Canonici, erscheint in: D. J. Kästle, R. Achenbach, G. Essen, N. Jansen (Hg.), Kommentare in Recht und Religion, Tübingen 2013

*Broekman, J. M.*, Rechtstheorie, in: HWP Bd. 8, 1992, 342–352

*Burghardt, D.*, Institution Glaubenssinn, Die Bedeutung des *sensus fidei* im kirchlichen Verfassungsrecht und für die Interpretation kanonischer Gesetze, Paderborn 2002

*Campenhausen, H. v.*, Die Begründung kirchlicher Entscheidungen beim Apostel Paulus. Zur Grundlegung des Kirchenrechts, Heidelberg 1957

*Coccopalmerio, F.*, Quid significent verba „Spiritum Christi habentes" *Lumen gentium* 14,2, in: PRMCL 68 (1979), 253–276

*Ders.*, Die kirchliche communio. Was das Konzil sagt und worüber die Codices schweigen, in: E. Gütthoff, S. Haering, H. Pree (Hg.), Der Kirchenaustritt im staatlichen und kirchlichen Recht (QD 243), Freiburg – Basel – Wien 2011, 90 –123

*Corecco, E.,* Theologie des Kirchenrechts. Methodologische Ansätze, Trier 1980

*Ders.,* Theologie des Kirchenrechts, in: HdbKathKR, Regensburg 1983, 12–24

*Demel, S.,* Dringender Handlungsbedarf. Der Glaubenssinn des Gottesvolkes und seine rechtliche Umsetzung, in: HerKorr 58 (2004), 618 –623

*Dies.,* Wer interpretiert wen? Der Codex Iuris Canonici als „Krönung" des Konzils, in: Konzil im Konflikt – 50 Jahre Zweites Vatikanum (HerKorr Spezial 2), 2012, 13 –18

*Dies.,* Zwischen Rechtspositivismus und Kirchenspiritismus. Eine theologische Grundlegung und Theologie des Kirchenrechts, in: dies., L. Müller (Hg.), Krönung oder Entwertung des Konzils? Das Verfassungsrecht der katholischen Kirche im Spiegel der Ekklesiologie des Zweiten Vatikanischen Konzils, Trier 2007, 17–38

*Dies., Müller, L. (Hg.),* Krönung oder Entwertung des Konzils? Das Verfassungsrecht der katholischen Kirche im Spiegel der Ekklesiologie des Zweiten Vatikanischen Konzils, Trier 2007

*Erdö, P.,* Theologie des kanonischen Rechts. Ein systematisch-historischer Versuch, hg. und mit einer Einleitung versehen von L. Gerosa (Kirchenrechtliche Bibliothek 1), Münster 1999

*Gänswein, G.,* „Spiritum Christi habentes". Zur Frage von Kirchenzugehörigkeit und Heil, in: PRMCL 86 (1997), 275 –319; 397 – 418

*Geringer, K.-T.,* Die Entstehung des neuen Gesetzbuches der Lateinischen Kirche, in: Universität Passau, Nachrichten und Berichte, 29 (November 1983), 8 – 9

*Gerosa, L.,* Charisma und Recht. Kirchenrechtliche Überlegungen zum „Urcharisma" der neuen Vereinigungsformen in der Kirche, Einsiedeln – Trier 1989

*Graulich, M.,* Unterwegs zu einer Theologie des Kirchenrechts. Die Grundlegung des Rechts bei Gottlieb Söhngen (1892–1971) und die Konzepte der neueren Kirchenrechtswissenschaft (Kirchen- und Staatskirchenrecht 6), Paderborn 2006

*Hilberath, B. J.,* Der CIC als authentische Rezeption des Zweiten Vatikanums?, in: ThQ 186 (2006), 40 – 49

*Honneth, A.,* Kampf um Anerkennung. Zur moralischen Grammatik sozialer Konflikte, Frankfurt a. M. 1994

*Ders.,* Die transzendentale Notwendigkeit von Intersubjektivität (Zweiter

Lehrsatz § 3), in: Merle, J.-Ch. (Hg.), Johann Gottlieb Fichte. Grundlage des Naturrechts (Klassiker auslegen 24), Berlin 2001, 62–80

Ders., Das Recht der Freiheit – Grundriss einer demokratischen Sittlichkeit, Frankfurt a. M. 2011

Hünermann, P., Volk Gottes – Katholische Kirche – Gemeinde, in: ThQ 175 (1995), 32–45

Ders., Sensus fidei, in: LThK³ Bd. 9, 2000, 465–467

Ders., Ist der CIC revisionsbedürftig? Dogmatische Anfragen an die Kanonistik zur Interpretation des CIC/1983, zum bischöflichen Amt, zur Ortskirche und zu den Laien, in: ThG 50 (2007), 15–30

Kirchliche und kanonistische Konsequenzen der sakramentalen Natur der Kirche. Kirchliche Communio, Konziliarität und Autorität. Ravenna 13. Oktober 2007, in: http://www.vatican.va/roman_curia/pontifical_councils/chrstuni/ch_orthodox_docs/rc_pc_chrstuni_doc_20071013_documento-ravenna_ge.html (31.03.2013)

Kirchliches Recht als Freiheitsordnung. Gedenkschrift für Hubert Müller (fzk 27), Würzburg 1997

Klein, J., Grundlegung und Grenzen des kanonischen Rechts, Tübingen 1947

Kleinwächter, M. T., Das System des göttlichen Kirchenrechts. Der Beitrag des Kanonisten Hans Barion (1899–1973) zur Diskussion über Grundlegung und Grenzen des kanonischen Rechts (fzk 26), Würzburg 1996

Krämer, P., Religionsfreiheit in der Kirche. Das Recht auf religiöse Freiheit in der kirchlichen Rechtsordnung (Canonistica 5), Trier 1981

Ders., Theologische Grundlagen des kirchlichen Rechts nach dem CIC/1983, in: AkathKR 153 (1984), 384–398

Ders., Katholische Versuche einer theologischen Begründung des Kirchenrechts, in: Die Kirche und ihr Recht (Theologische Berichte 15), Zürich – Einsiedeln – Köln 1986, 11–37

Krings, H., Freiheit als Chance. Kirche und Theologie unter dem Anspruch der Neuzeit. Hermann Krings antwortet Eberhard Simons, Düsseldorf 1972

Ders., Zur Wahrung der Freiheit, in: Bischöfliche Studienstiftung Cusanuswerk (Hg.), Beiträge zum Leiterwechsel, Bonn 1982, 7–15

Listl, J., Kirche und Staat in der neueren katholischen Kirchenrechtswissenschaft (Staatskirchenrechtliche Abhandlungen 7), Berlin 1978

Lüdecke, N., Der Codex Iuris Canonici von 1983: „Krönung" des II. Vatikanischen Konzils?, in: H. Wolf, C. Arnold (Hg.), Die deutschsprachigen Länder und das II. Vatikanum (Programm und Wirkungsgeschichte des II. Vatikanums 4), Paderborn u. a. 2000, 209–237

*Ders.*, Feiern nach Kirchenrecht. Kanonistische Bemerkungen zum Verhältnis von Liturgie und Ekklesiologie, in: JBTh 18 (2003), 395–456

*Ders.*, Der Codex Iuris Canonici als authentische Rezeption des Zweiten Vatikanums. Statement aus kanonistischer Sicht, in: Rottenburger Jahrbuch für Kirchengeschichte 26 (2007), 47–69

*Lüdecke, N., Bier, G.*, Das römisch katholische Kirchenrecht. Eine Einführung, Stuttgart 2012

*Luf, G.*, Grundrechte und kirchlicher Rechtsschutz. Erwägungen zu einer hermeneutischen Rechtstheologie, in: ÖAKR 26 (1975), 25–54

*Ders.*, Rechtsphilosophische Grundlagen des Kirchenrechts, in: HdbKathKR, Regensburg 1983, 24–32

*Ders.*, Neuzeitliche Freiheitsgeschichte und Kirchenrecht, in: ÖAKR 30 (1979), 550–571

*Ders.*, Glaubensfreiheit und Glaubensbekenntnis, in: HdbKathKR, Regensburg 1983, 561–567

*Ders.*, Grundrechte im CIC/1983, in: ÖAKR 35 (1985), 107–131

*Ders.*, Freiheit als Rechtsprinzip. Rechtsphilosophische Aufsätze, hg. v. E. Holzleitner u. a. Somek, Wien 2008

*Maurer, W.*, Vom Ursprung und Wesen des kirchlichen Rechts, in: ZEvKR 5 (1956), 1ff.

*Mörsdorf, K.*, Zur Grundlegung des Rechtes der Kirche, in: MThZ 3 (1952), 329–348

*Ders.*, Schriften zum kanonischen Recht, hg. v. W. Aymans, Paderborn u. a. 1989

*Müller, H.*, De Analogia Verbum incarnatum inter et Ecclesiam (LG 8a), in: PRMCL 66 (1977), 499–512

*Ders.*, Zugehörigkeit zur Kirche als Problem der Neukodifikation des kanonischen Rechts, in: ÖAKR 28 (1977), 81–98

*Ders.*, Freiheit in der kirchlichen Rechtsordnung?, in: AkathKR 150 (1981), 454–476

*Ders.*, Communio als kirchenrechtliches Prinzip im Codex Iuris Canonici von 1983?, in: M. Böhnke, H. Heinz (Hg.), Im Gespräch mit dem dreieinen Gott. Elemente einer trinitarischen Theologie (FS W. Breuning), Düsseldorf 1985, 481–498

*Ders., Pottmeyer, H. J.*, Die Bischofskonferenz – theologischer und juridischer Status, Düsseldorf 1989

*Müller, L.*, Das kanonische Recht zu Beginn des dritten Jahrtausends, in: AkathKR 170 (2001), 353–382

*Ochmann, F.*, Kirchliches Recht in und aus dem Leben der Communio – Zur „Rezeption" aus kanonistischer Sicht, in: W. Beinert (Hg.), Glaube als Zustimmung. Zur Interpretation kirchlicher Rezeptionsvorgänge (QD 131), Freiburg 1991, 123–163

*Ohly, Chr.*, Inkarnation und Kirche – Eine Analogie und ihre Konsequenzen, in: Kriterien der Wahrheit christlicher Glaubenserfahrung, hg. v. Katholischen Säkularinstitut Cruzadas de Santa María (Pasinger Philothea 1), St. Ottilien 2006, 77–104

*Ottaviani, A.*, Institutiones Iuris Publici Ecclesiastici (1926), Rom ⁴1958

*Pöschl, A.*, Kurzgefaßtes Lehrbuch des Katholischen Kirchenrechtes auf Grund des neuen kirchlichen Gesetzbuches, Graz – Leipzig ²1921

*Pottmeyer, H. J.*, Konzil oder CIC/1917?, in: A. Gabriels, H. J. F. Reinhardt (Hg.), Ministerium Iustitiae (FS H. Heinemann), Essen 1985, 51–63

*Riedel, M.*, Gesellschaft, bürgerliche, in: HWP Bd. 3, 1974, 466–473

*Rouco Varela, A. M.*, Die katholische Reaktion auf das „Kirchenrecht I" Rudolf Sohms, in: A. Scheuermann, G. May (Hg.), Ius Sacrum (FS K. Mörsdorf), Paderborn 1969, 15–52

*Ders.*, Grundfragen einer katholischen Theologie des Kirchenrechts. Überlegungen zum Aufbau einer katholischen Theologie des Kirchenrechts, in: AkathKR 148 (1979), 341–352

*Ders.*, Die katholische Rechtstheologie heute. Versuch eines analytischen Überblickes, in: ders., Schriften zur Theologie des Kirchenrechts und zur Kirchenverfassung, hg. v. W. Aymans, L. Gerosa u. L. Müller, Paderborn u. a. 2000, 165–181

*Ders.*, Schriften zur Theologie des Kirchenrechts und zur Kirchenverfassung, hg. v. W. Aymans, L. Gerosa u. L. Müller, Paderborn u. a. 2000

*Ders.*, Theologische Grundlegung des Kirchenrechts – Neue Perspektiven, in: AkathKR 172 (2003), 23–37

*Saier, O.*, „Communio" in der Lehre des Zweiten Vatikanischen Konzils. Eine rechtsbegriffliche Untersuchung, München 1973

*Schatz, K.*, Päpstlicher Primat und politische Verfassungsgeschichte – Spiegel oder Kontrast?, in: StZ 209 (1991), 435–451

*Schneider, H.*, „… cum forma sit de essentia rei". Konzilsliturgie im Konziliarismus, in: P. Erdö (Hg.), Proceedings of the Thirteenth International Congress of Mediavel Canon Law, Città del Vaticano 2010, 731–746

*Schulz, W.*, Der „Geist des Konzils" als Interpretationsmaxime der Kanonischen Rechtsordnung? Zur Auslegung der kodikarischen Interpretationsregeln, in: Apoll 55 (1982), 449–460

*Sobanski, R.*, Rechtstheologische Vorüberlegungen zum neuen kirchlichen Gesetzbuch, in: ThQ 163 (1983), 178–188

*Söhngen, G.*, Grundfragen einer Rechtstheologie, München 1962

*Sohm, R.*, Wesen und Ursprung des Katholizismus, Tübingen 1909, ⁵1912

*Ders.*, Kirchenrecht I. Die geschichtlichen Grundlagen 1892, München – Leipzig [2]1923, Neudruck Berlin 1970

*Ders.*, Kirchenrecht II. Katholisches Kirchenrecht, München – Leipzig 1923

*Stubenrauch, T.*, Der Heilige Geist als Träger der Liturgie im CIC/1983, in: AkathKR 171 (2002), 38–71

*Ders.*, Wer ist Träger der Liturgie? Zur Rezeption des II. Vatikanischen Konzils im Codex Iuris Canonici von 1983 (TThSt 68), Trier 2002

*Swidler, L., Connor, P.*, „Alle Katholiken haben das Recht …". Freiheitsrechte in der Kirche, München 1990

# Abkürzungsverzeichnis

| | |
|---|---|
| AAS | Acta Apostolicae Sedis |
| AkathKR | Archiv für katholisches Kirchenrecht |
| Apol. | Apologia Confessionis Augustanae |
| Apoll | Apollinaris |
| AS | Ausgewählte Schriften |
| ASS | Acta Sanctae Sedis |
| Athan.incarn. | Athanasius, De incarnatione |
| Bd. | Band |
| BDS | Bonner Dogmatische Studien |
| BKV | Bibliothek der Kirchenväter |
| CA | Confessio Augustana |
| can. | canon |
| Cath | Catholica |
| CD | Christus Dominus |
| CIC | Codex Iuris Canonici |
| Conc(D) | Concilium |
| COD | Conciliorum Oecumenicorum Decreta |
| D | Dogmatik |
| DH | Denzinger/Hünermann |
| DH | Dignitatis humanae |
| DiKi | Dialog der Kirchen |
| dpa | Deutsche Presse-Agentur |
| DS | Denzinger/Schönmetzer |
| DV | Dei Verbum |
| DwÜ | Dokumente wachsender Übereinstimmung |
| EvTh | Evangelische Theologie |
| FAZ | Frankfurter Allgemeine Zeitung |
| FC | Fontes Christiani |
| FS | Festschrift |
| FTS | Frankfurter Theologische Studien |
| fzk | Forschungen zur Kirchenrechtswissenschaft |
| Gr | Gregorianum |
| GS | Gaudium et spes |

| GuL | Geist und Leben |
|---|---|
| HdbKathKR | Handbuch des katholischen Kirchenrechts |
| HerKorr | Herder-Korrespondenz |
| HFTh | Handbuch der Fundamentaltheologie |
| HThK Vat II. | Herders Theologischer Kommentar zum Zweiten Vatikanischen Konzil |
| HWP | Historisches Wörterbuch der Philosophie |
| IKaZ Communio | Internationale katholische Zeitschrift Communio |
| ITS | Innsbrucker Theologische Studien |
| JBTh | Jahrbuch für Biblische Theologie |
| JRGS | Joseph Ratzinger, Gesammelte Schriften |
| KuD | Kerygma und Dogma |
| LG | Lumen gentium |
| LJ | Liturgisches Jahrbuch |
| LS | Lebendige Seelsorge |
| LThK | Lexikon für Theologie und Kirche |
| MThZ | Münchener theologische Zeitschrift |
| MySal | Mysterium Salutis |
| NA | Nostra aetate |
| NHThG | Neues Handbuch Theologischer Grundbegriffe |
| NJW | Neue Juristische Wochenschrift |
| NWZ | Nordwest Zeitung |
| ÖAKR | Österreichisches Archiv für Kirchenrecht |
| ODS | Osnabrücker Dogmatische Studien |
| OR | L'Osservatore romano |
| ÖR | Ökumenische Rundschau |
| OT | Optatam totius |
| PhB | Philosophische Bibliothek |
| PO | Presbyterorum Ordinis |
| PRMCL | Periodica de re moralia canonica liturgica |
| PThI | Pastoraltheologische Informationen |
| QD | Quaestiones disputatae |
| SC | Sacrosanctum Concilium |
| STh | Thomas v. Aquin, Summa theologica |
| StZ | Stimmen der Zeit |
| SZ | Süddeutsche Zeitung |
| ThG | Theologie der Gegenwart |
| ThGl | Theologie und Glaube |
| ThPh | Theologie und Philosophie |
| ThPQ | Theologisch-praktische Quartalschrift |

| | |
|---|---|
| ThQ | Theologische Quartalschrift |
| ThRv | Theologische Revue |
| TRE | Theologische Realenzyklopädie |
| TS | Theological Studies |
| TThSt | Trierer Theologische Studien |
| TThZ | Trierer Theologische Zeitschrift |
| tzt | Texte zur Theologie |
| UR | Unitatis redintegratio |
| US | Una Sancta |
| VAS | Verlautbarungen des Apostolischen Stuhls |
| WKGS | Walter Kasper, Gesammelte Schriften |
| ZEvKR | Zeitschrift für evangelisches Kirchenrecht |
| ZSRG Kan. Abt. | Zeitschrift der Savigny-Stiftung für Rechtsgeschichte. Kanonistische Abteilung |

# Personenregister